国家社科基金
GUOJIA SHEKE JIJIN HOUQI ZIZHU XIANGMU
后期资助项目

企业民主管理法的理论与制度

Understanding the
Enterprise democratic management law

李海明 著

北京师范大学出版集团
BEIJING NORMAL UNIVERSITY PUBLISHING GROUP
北京师范大学出版社

图书在版编目(CIP)数据

企业民主管理法的理论与制度/李海明著. —北京:北京师范大学出版社,2020.5
ISBN 978-7-303-25548-1

Ⅰ.①企… Ⅱ.①李… Ⅲ.①企业管理-民主管理-法规—研究-中国 Ⅳ.①D922.291.914

中国版本图书馆 CIP 数据核字(2020)第 016036 号

营 销 中 心 电 话	010-58802181　58805532
北师大出版社科技与经管分社	www.jswsbook.com
电 子 信 箱	jswsbook@163.com

QIYEMINZHUGUANLI FA DE LILUN YU ZHIDU

出版发行:北京师范大学出版社　www.bnupg.com
　　　　　北京市西城区新街口外大街 12-3 号
　　　　　邮政编码:100088
印　　刷:保定市中画美凯印刷有限公司
经　　销:全国新华书店
开　　本:710 mm×1000 mm　1/16
印　　张:22.75
字　　数:385 千字
版　　次:2020 年 5 月第 1 版
印　　次:2020 年 5 月第 1 次印刷
定　　价:65.00 元

策划编辑:李红芳　　　　　责任编辑:李红芳
美术编辑:刘　超　　　　　装帧设计:刘　超
责任校对:赵非非　黄　华　责任印制:赵非非

国家社科基金后期资助项目

出 版 说 明

后期资助项目是国家社科基金设立的一类重要项目，旨在鼓励广大社科研究者潜心治学，支持基础研究多出优秀成果。它是经过严格评审，从接近完成的科研成果中遴选立项的。为扩大后期资助项目的影响，更好地推动学术发展，促进成果转化，全国哲学社会科学规划办公室按照"统一设计、统一标识、统一版式、形成系列"的总体要求，组织出版国家社科基金后期资助项目成果。

全国哲学社会科学规划办公室

郑　序

　　海明将其前期的一些研究成果整理汇集成了这本"非主流"劳动法学专著。说它"非主流"，只因"企业民主管理"话题曾引起不小的舆论风波，企业民主管理本是一个理论问题，最后却演变为"网红"话题。海明此前曾主持、参与中华全国总工会民主管理部委托的相关课题，我国若干省市或颁布《企业民主管理条例》，或颁布《职工代表大会条例》，体现的都是企业治理领域劳动者参与的路径和方法问题。据说，网上曾有律师诉病人力资源和社会保障部时任副部长邱小平，谓邱部长为"法盲"。实在说，这位律师又何以以"懂法"自居？至少他对劳动法了解得不透彻。这从另一侧面反映出，中国法律制度的完整性或法学教育的偏科性何等严重。可以这样讲，雇员代表制与雇员参与是企业治理的必然组成部分，这是世界大部分产业发达国家的通例。海明此著阐释了企业民主管理制度的来龙去脉及企业经济民主理念的内涵，一定程度上，缓释了目前"资本至上""企业家养了工人"的粗浅认知，属于该领域较少的学术专著，值得关注。

　　企业所有权属于谁？看似简单的问题，实际上反映了一个历史范畴及其演变的问题。众所周知，在工业革命初期，随着"自由、平等、博爱"等反封建思想的扩散，"自由"不仅体现在人们思想上的"自由"，亦体现在营业领域的"自由"。自由资本主义时期，企业的资本构成"私人"成分较重，企业规模亦未扩张，企业中的雇员与资本家之间的关系基本上是以"契约自由"形成的劳资关系，即使今日普遍推行的劳动基准那时也并不存在。例如，工作时间普遍在每日十小时以上，契约自由所涵盖的是劳动报酬的额度、劳动风险的分担等，企业亦无须缴纳社会保险费。为了保障资本家营业"自由"，法律甚至规定了禁止劳工结社等条款。此间，企业是谁的？毫无疑问是属于资本家的，与劳动者毫无瓜葛。此时，雇员代表制度、雇员参与制度，便无从谈起，更不要说企业民主管理了。资本主义社会的恶已经成为"普世价值"，就连我们通常说起的欧美发达国家、近邻日本、海峡对岸的教科书、专著、论文中都对资本主义大加挞伐。这里所说的资本主义，更多地反映的是资本至上主义，也就是资本不受约束的十七世纪、十八世纪，它累积出的社会矛盾，所孕育的社会变革思想，以及"资本主义"必然灭亡的规律，正是资本不受节制，私人资本嚣张带来社会危害的结果。就连民国时期人物阎百川先生都主张"产私有、资公有"，可见，资本社会化乃是历史演变、社会发展的结果。

19世纪上半叶，欧洲社会变革，革命思潮云涌，甚至出现过针对资本私有制而言的社会变革尝试，如空想社会主义，亦爆发过暴力性的巴黎公社革命。至于欧洲19世纪流行的社会主义思潮，可谓波及欧洲各国。19世纪中后期欧洲社会变革、阶级调和及其经济基础变革皆取源于两个因素：经济民主与社会改良。社会改良的呼声和经济民主的思潮相辅相成，经济民主是社会改良的经济基础，经济无法实现民主，社会改良便无基础。欧洲今日企业到底是私有制，还是公有制？实质上说，乃是社会所有制。例如，奥地利这样一个所谓的资本主义高度发达的国家，其国有资本成分占到其经济总量的80％，着实让人大跌眼镜。企业属于谁的？企业最初是属于私人的，之后，慢慢演变为企业是属于"社会"的。其路径无非是产权社会化之股份制度、雇员参与、政府调控。当然，经济和社会的发展并非一成不变。例如，上世纪六七十年代后，私有化重拾升势，似乎人们忘记了自由资本主义曾经的丑恶与垄断资本主义的嚣张。不过，经历19世纪欧洲社会主义思潮和社会主义改良，以及20世纪人类极端战争的恶斗，社会主义要素在不同国家和地区皆有不同程度的输入，世界范围内，企业形态很难再回到私人家族模式中，企业的社会性大于其私人性已经为人们所认知。改革开放后，我国私营经济得到了空前发展，与计划经济时期消灭私营经济的态势相比，私营经济的发展在四十多年经济繁荣过程中发挥了重要作用。至此，有部分观点认为私营经济的存在就等同于企业属于私人，雇员不能参与其中，客观上形成了另类的极端主义。

我国的企业民主管理制度起源于新中国成立前夕的东北，从国民党手中夺取的官僚资本，尤其是东北的重工业企业，直接转化为国营企业，并直接形成了生产力，支援了解放战争时期的军需和民用。该时期，企业民主管理、职工代表大会制度，全员参与，释放了难以想象的生产力，此后，这样的制度被新中国成立后的国营企业全盘接收。至于说，我国的企业民主管理制度、职工代表大会制度究竟有无缺陷，与域外的雇员代表制度存在多大差异，这些肯定是值得研究和探讨的。当然，一个社会中，任何制度都不可能是孤立的，我国企业民主管理制度、职工代表大会制度源于国营企业，是否止于国有企业？这是需要研究的课题，亦是无法回避的问题。

我国存在大量的私营企业,其经营方式存在"私"的成分,如家族决策、家族执行等,其根源在于投资直接来源于私人,且资本构成未及社会化,至多属于私人性合伙。这样的企业是否属于私人?不论企业规模的大小,皆属私人企业。这样的企业不需要雇员参与?众所周知,企业存在两类主体:资方和劳方,不论是国有性质企业资方主体模糊,还是私营企业资方清晰,皆有资方存在;同样,世界上尚不存在毫无雇员的企业。如何协调劳资关系不外乎政府统合、劳资谈判与斗争、劳资合作与民主参与等几种方式,或者这几种方式交互适用。雇员代表制度是劳资合作与劳资参与的选择,亦是大部分产业发达国家和地区企业治理的有机组成部分。我国私营经济的发展如果完全排斥了这一通行惯例,或者说,企业以"私"发端,而以"私"结束,导致多数私营企业属于短命企业,或者说,企业发展受制于私人家族的传承力。如何将我国职工民主管理制度、职工代表大会制度与私营经济的发展、壮大有机结合,有着无数的难题需要解决。但是,无法回避!

海明的著作以专著的形式来分析该制度的来龙去脉。职工民主管理制度、劳资合作与职工参与的系统性研究著作不多。该著作不仅对于了解该制度本身,而且对于全面透视劳资关系,深刻理解劳资关系亦不无裨益。

郑尚元

2020 年年初

樊 序

企业是个好东西！尽管企业以自身营利为目的，主要为投资人利益而存在，但客观上起到了解决社会问题的作用。企业发展壮大了，第一个贡献就是解决就业，让广大劳动者有了衣食之源，让无数家庭欢乐和睦，让政府税收增加、财政充盈，让社会有序运转、和谐稳定，让统治者无为而治、政绩卓著。当企业把人们组织起来埋头创造社会财富的时候，人们便无暇搞莫名其妙的事情，整个社会充满"正能量"。搞好企业，是政府的一项重要职责。企业民主管理，也是为企业发展而虑，并非纯粹为彰显"民主"概念而设。而通过法律制度来推进和保障企业民主管理，其宗旨应该是立法者为了更好地发展企业。

企业虽由投资人设立，但企业的发展，却不能局限于投资人的能力和利益。投资人要在发展企业的路上招贤纳士，吸纳投资人之外的社会人士一起上路。用人之力，不如用人之智。如果员工仅仅是按老板要求完成任务，那对企业的贡献是极为有限的。如果企业主能重视员工，充分保障员工的利益，并乐于在企业发展中让员工得以发展，给予员工参与企业发展的机遇，那企业必定会因汇集众人之智而高速发展。民主管理是企业发展的必然需要。据说"老干妈"陶华碧没有读过书，只会写自己的名字，但她的企业（贵阳南明老干妈风味食品有限责任公司）能发展壮大，效益卓著，关键取决于企业的吸纳人才，以人才之智发展企业，这本质上也是一种民主管理。作为国内股权激励典型的华为公司，其给予内部员工股权激励，采用轮值董事长的制度方式，调动从普通员工到高级管理层的积极性、创造性，也是民主管理的典范。民主管理并不是在任何事情上一人一票的简单决议，也不是不分岗位角色的平起平坐，而是在合理层面、特定事项上的民主。

我在多家国企和私企担任过法务经理、法律顾问，在既往提供的法律服务中，发现企业文化中"民主"精神的有无或多寡，是企业发展好坏的重要因素。以法律服务本身而言，如果能有效参与到企业法律风险防控中，参与到管理决策过程中，那企业就能减少纠纷、节约管理成本并在维权时处于主动地位。反之，如果管理层私欲过重，独断专横，只把法律服务当作纠纷发生后"平事"之用，往往导致法律顾问无法尽心献计，企业内部纠纷多发，无谓的成本消耗增加，维权时企业被动难堪。更不必说企业内部其他具体业务部门的生态了。

《商君书》之《更法》篇写道："论至德者不合于俗，成大功者不谋于众"、"民不可与虑始，而可与乐成。"其思想强调立法者的绝对权威。但是，在变法的实际操作上，仍然奖励军功，让有功之人晋升职位，享有更大的权利。商鞅本人就是凭军功而获得封地的。正如后来李斯在《谏逐客书》中所言："夫物不产于秦，可宝者多；士不产于秦，而愿忠者众。"秦王朝的变法之所以成功，主要就是顾及了众人之利，采集了众人之智，发挥了众人之力，其本质还是民主管理。

刘邦总结自己夺取天下的成功经验时说："夫运筹帷幄之中，决胜于千里之外，吾不如子房；镇国家，抚百姓，给饷馈，不绝粮道，吾不如萧何；连百方之众，战必胜，攻必取，吾不如韩信。三者皆人杰，吾能用之，此所以取天下者也。"刘邦的决策之道，实际就是一种民主管理：政治上张良说了算，行政上萧何说了算，军事上韩信说了算，刘邦本人只是形式上的最高领导。

毛主席在《井冈山的斗争》中写道："中国不但人民需要民主主义，军队也需要民主主义。军队内的民主主义制度，将是破坏封建雇佣军队的一个重要的武器"，"红军的物质生活如此菲薄，战斗如此频繁，仍能维持不敝，除党的作用外，就是靠实行军队内的民主主义。"我们知道，军队是"军人以服从命令为天职"的"专制"色彩极为明显的领域，但是仍需要通过发扬民主来解决问题，可见"民主"具有它的优越性。所谓民主者何也？不过人尽其才，物尽其用而已。

企业发展，自然也离不开民主管理。但目前我国法律对于企业民主管理的规定实在贫乏，强调劳资对立关系的内容居多。企业的民主管理，成了企业文化层面的事情。孟子说："君之视臣如手足，则臣视君如腹心；君之视臣如犬马，则臣视君如国人；君之视臣如土芥，则臣视君如寇雠。"劳资双方之间的关系，很大程度上类似孟子所说的君臣互动关系。能否在企业中发扬民主管理，基本取决于企业家的智慧和情怀。李海明博士对企业民主管理从立法层面予以探讨，无疑有助于推动我国企业管理的立法建设。

相信本书能对立法者完善立法有所警示，能为企业家朋友们完善企业管理有所启迪。

是为序。

樊大谋 律师
2020 年元月十五日

前　言

一、你支持企业开展民主管理吗

企业民主管理制度是我国基层民主制度的重要内容和形式，也是我国劳动法律制度的重要组成部分，对保障劳动者合法权益、完善企业管理、促进政治民主均有长远意义。然而，实践中，企业民主制度却遭遇到很多障碍，实施效果并不理想。自 2012 年开始劳动法教学以来，我不断地问那些将走向各行各业工作岗位的"90 后"乃至"00 后"，希望他们简单化地表达其对企业民主管理制度的态度，要求其只能选择"反对"和"支持"中的一个并表明理由。因此，形成了如下支持或反对企业民主管理制度的若干理由。

(一)反对企业开展民主管理的理由

列举反对企业开展民主管理的若干理由，并附加笔者相应的解释或初步的分析：

1. 企业民主管理会增加企业的管理机构，使企业机构变得臃肿，增加企业在管理方面的费用，以致相对会减少企业利润。该理由主要是担心企业民主管理制度会产生新的公司机构，不利于企业管理机构的精简。

2. 企业民主管理太过温和，其监督力差。企业民主管理相对劳动者而言，不能够使之真正地成为管理者。该理由主要是针对现今的企业民主管理制度而言的，诸如职工代表大会、职工董事、职工监事(以下简称职工董监事)、厂务公开，等等，虽然也在推行一些强制性的规范，但是多没有在企业管理中占据显赫的位置，相应地，监督力也大打折扣。

3. 劳动者不具有参与企业管理的能力，企业民主管理作为管理模式是不可行的。倘若推行企业民主管理，则必然使得决策不经济而没有效率。此可谓素质论，劳动者不是管理者，这应该是一个常识，那劳动者该如何参与到企业民主管理中呢？这不仅涉及参与的深度，还涉及是否需要代理人，等等。事实上，从管理过程来看，劳动者参与企业管理更多地是管理中的互动因素，而并非劳动者在管理上的决策能力。

4. 企业民主管理会使各方互相推卸责任，会各顾各的利益，最终会损害企业利益。该理由可能是在多元决策的框架内思考管理权力。事实上，在民主管理之上成立委员会，的确可能出现互相推卸责任的情况。但是，从我国目前的企业民主管理制度来看，企业民主管理尚不构成推卸责任的理由。此外，企业民主管理就是要考虑劳动者的利益，允许劳动者在企业民主管理过程中考虑自己的利益。

5. 企业民主管理会在职工中产生一些代表参与到企业管理当中，这包括职工代表大会的代表、职工董监事等。换言之，企业民主管理会在一线职工中分化出一部分管理者。此可谓职工分化论。该理由可能更多地考虑了劳动者代表蜕变对劳动者利益的损害。该理由的坚持者可能更倾向于劳资自治，而不太相信劳资共治。

6. 企业民主管理形同虚设。该反对理由直截了当，可能是对企业民主管理制度的一般性评价，更可能是对其所感知的现实中的企业民主管理制度的具体评价。

7. 企业民主管理存在管理上的矛盾。该反对理由在于对管理的狭义认识，在其视野中，企业管理和企业民主存在逻辑上的矛盾，其认为管理在根本上是一种权威，被管理者也成为管理者是不合情理的。

8. 企业民主管理会带来腐败，企业民主管理机构自身会成为新的腐败主体。该反对理由仍然在于社会感受，尤其是在大企业中的民主管理机构官僚化以后，民主管理者最容易成为被腐败的对象。

9. 企业民主管理违反企业精神。该反对理由不同于以上的制度上的理由，而是观念上的理论。坚持该理论者可能更相信企业的股东本位、企业家精神，还可能坚持企业的投资者所有权观念。基于对所有权的保护，劳动者在企业管理中不能以民主权利而僭越雇主权利。

10. 企业民主管理存在民主的通病。该反对理由还是基于民主原则不适宜企业而思考的，这里的民主通病更多的是指民主的局限性，特别是民主在企业管理中的局限性。

（二）支持企业民主管理的理由

列举支持企业民主管理的理由，并附加笔者相应的解释或初步的分析：

1. 企业民主管理可以提高劳动者的参与性，有助于其认可企业的各项劳动规章制度。该支持理论是最务实的理由，企业的各项劳动规章制度需要劳动者去遵守，没有劳动者的参与，企业的规章制度就是死制度。这的确应该是企业推行企业民主管理的一个重要动力。

2. 企业民主管理可以增强劳动者的归属感、认同感。该支持理由更多考虑企业与劳动者的共同体关系，把劳动者对企业的归属与认同作为一个目标。当我们强调企业民主管理是劳动者参与企业管理的时候，参与往往是强化归属与认同的平台与途径。

3. 企业民主管理使得决策科学、合理、民主。该支持理由强调企业民主管理在决策上的价值，并使用了"决策有质量"的描述。应该说，在不涉及职工切身利益的情况下，企业民主管理未必会更科学、合理；但是，在涉及职工切身利益的情况下，企业民主管理应该会让决策更合理。企业民主管理必然是一种民主的决策，但是民主的决策与科学的决策仍然是两个概念。一般认为，具有民主风气的决策过程往往能够兼顾各方，趋向合理，减少误会，这也是科学决策的表现。

4. 企业民主管理可引导企业守法的文化，培育民主气氛，使劳动者与企业共同发展。该支持理由有两个亮点：一是企业的守法，二是劳动者的发展。企业民主管理在我国是一个法律制度群，其中不乏强制性规范，企业实行民主管理首先是守法的表现，如在违反制定企业劳动规章的民主要求时，就可能使规章无效而给企业带来风险。企业民主管理可能更有利于企业内部晋升制度的透明化，在民主气氛下实现劳动者的人生价值。这可能是纠正当下劳动者过于依靠跳槽实现自我价值的一个途径。

5. 企业民主管理是中国特色社会主义的表现。在我国的基本制度中也强调企业民主管理，党的十八大报告中指出，"全心全意依靠工人阶级，健全以职工代表大会为基本形式的企事业单位民主管理制度，保障职工参与管理和监督的民主权利"。在域外也可以找到企业民主管理的一些细节，但是从国家基本制度的高度去重视和构建企业民主制度却是我国特有的。我们应该在这样的高度去理解企业民主管理。

6. 企业民主管理是解决争议的一种方法。该支持理由的视野是开阔的，不拘泥于制度核心，而是从制度辐射的角度去看企业民主管理的效用。企业民主管理一方面可以将争议化解于无形，另一方面也可以在企业民主管理中具体解决个别争议。例如，企业有厂务公开制度，当职工因企业的一项事务涉及自己利益而产生争议时，就可以在厂务公开制度的框架下进行斡旋，从而得到解决。企业民主管理制度与企业劳动争议处理有着天然的联系。

7. 企业民主管理可强化工会与企业的凝聚力。该支持理由并不符合西方工会制度的原理，但是却符合我国的现实。这是因为我国的工会职能比较多元，而且工会在职工代表大会中也具有很重要的地位。《企业民主管理规定》第五条明确规定："企业工会应当组织职工依法开展企业民主管理，积极参与企业管理。"据此，企业民主管理必然会重塑我们对工会的传统印象，实现企业与工会的紧密合作。

8. 企业民主管理可以提高企业效率，保障劳动者的知情权。该支持理由包括两个方面的观点：一方面认为企业民主管理可以提高企业效率，主要考虑点在劳动者参与管理后的主动性、创造性上；另一方面认为企业民主管理是对劳动者知情权的保障形式，主要考虑点在于职工参与涵盖了其所应获取的信息。事实上，这两个方面存有一定的冲突性，属于企业民主管理操作层面上较为根本的冲突性事项。如果企业民主管理实践能够很好地调和劳动者的知情权和企业的管理效率，那么企业民主管理的理论问题便基本解决。

9. 企业民主管理可维护劳动者的合法权益，使决策具有合法性。该支持理由仍然包括了两个方面的考虑，但在定位上更为基础、更为广阔。如相对于知情权，维护劳动者权益往往是指传统的职工权益，如劳动报酬、休息休假、培训权益、社会保险与福利等，它们均可经由企业民主管理得到保护；如相对于企业效率，决策合法性则显得更为基础，这主要还是遵守法律关于企业民主管理的强制性规范而言的。

10. 企业民主管理使企业管理公开透明，有利于企业创新。该支持理由与劳动者的知情权益有关联，但视角却非法律的视角，而是从管理公开透明的效用中去理解企业创新的。劳动者的积极参与会提高劳动者的工作质量，有利于创造性劳动。正是从这个角度讲，企业民主管理有利于企业创新。

11. 企业民主管理可以维稳、反腐。该支持理由仍然是从企业管理公开透明的角度出发的，这里的"维稳"主要指维护劳动关系稳定，减少劳动争议；这里的"反腐"主要指企业中的反腐倡廉。企业民主管理在维稳、反腐上的意义容易使我们对比国家治理，因为民主在国家治理中具有协调各方、维护稳定，参与监督、防治腐败之功效。

二、感知中的企业民主管理

如上关于反对或支持企业民主管理的理由是陈列式的，后面的理由在一定程度上会与前面的理由重复。它代表了年轻的新生代劳动者的集体智慧，也反映了这个群体对企业民主管理的认知。

(一)企业民主管理的动力

支持或反对企业民主管理的理由可以重新分类为企业民主管理的必要性事项、企业民主管理的可行性事项。就企业民主管理的必要性事项而言，主要是指为什么企业要实行民主管理，即什么样的力量推动了企业民主管理。

从企业来看，合法性是企业实行民主管理的一个重要动机。进一步来讲，企业民主管理是国家的强制性立法，企业首先需要考虑守法效益和违法成本。但是，基于合法性动机的企业民主管理往往成为反对企业民主管理的理由，这时候的企业民主管理容易形同虚设，容易俘虏职工代表。企业若要真正践行民主管理，则必须在企业效益上找动机，即职工参与企业民主管理有利于提升企业的决策水平、管理效率、经营效益等。

从劳动者来看，权益是职工参与企业管理的一个重要动机。在没有相应的权益机制的情况下，设想劳动者参与到企业管理当中是不现实的。职工的权益包括知情权、发展权等。从这个角度讲，企业民主管理的实质推动力应该是劳动者，即劳动者诉求支撑和不断推动着企业管理的民主化进程。

(二)企业民主管理的难点、重点

从反对和支持企业民主管理的理由来看，同样的事项既可能解释为反对的理由，又可能解释为支持的理由。例如，决策事项，有的将企业民主管理理解为决策无效率，而有的理解为决策科学、合理。这说明企业民主管理的难点在于实践，我们往往根据不同的实施效果来评价企业民主管理的优劣，这跟企业民主管理的理论推演有较大不同。整合支持和反对的理由，企业民主管理的重点问题应该有：其一，如何让企业民主管理更切实有用，尤其是使之符合企业管理的需要，如何实现企业民主管理与企业经营效益的协调；其二，如何在法律上有所突破，以防止企业民主管理空洞化。企业民主管理不应该仅仅是观念，而应该有着具体的权利义务。

(三)企业民主管理的社会基础

企业民主管理是一个好东西，但是操作性差，甚至容易在操作过程中适得其反。我国现在的企业民主管理制度亟待理论和实践上的诸多突破，此种情况下往往需要我们认真对待企业民主管理的社会基础问题。如上关于反对或支持企业民主管理的理由来自于一个非常年轻的群体，他们是"90后"，他们正要踏上工作岗位去实际感受或操作企业民主管理制度，他们并没有从事或参与企业管理的经验，他们有一些基本的人文社科知识，他们浸染近代的权利文化、民主精神。从他们被强制性划分为两组进行的支持或反对的理由列举来看，支持和反对的理由中暗藏着交锋，如就机构与决策而言，企业民主管理可能意味着管理不效率，又可能意味着民主性妥当；就腐败而言，企业民主管理可能产生新的腐败，又可能起到反腐的作用，等等。事实上，这种开阔的、辩证的认知，恰恰意味着企业民主管理知识在新生代中的重塑。重塑后的企业民主管理将深深地嵌入到管理学、经济学、政治学、法学、社会学、心理学等学科中，并重构为更具有制度理性的知识体系。

三、企业民主管理法的理论与制度和本书的逻辑

企业民主管理的思想与制度源远流长，企业民主管理的法制也十分丰富。但是，鉴于企业民主管理基础理论的薄弱以及其步入实践之艰难，本书专论企业民主管理法的理论与制度，意在探析企业民主管理的法律话语体系，其包括三部分内容：

第一部分是关于企业民主管理基础理论的基本范畴和话语体系，包括经济民主、劳资合作、劳资共轭、企业协商民主。对应前四章的内容，突出企业民主管理的理论演进，分析了不同社会背景下企业民主管理理论与制度的话语体系。

第二部分是劳资共轭理论下的企业民主管理的法理与路径问题，包括职工参与企业管理的法理分析、路径分析。对应第五章和第六章，把劳资共轭理论应用到企业民主管理的法理解析中，并在反思企业民主管理实现路径中分析了企业管理民主化和企业民主管理的互动与协进。

第三部分是企业民主管理制度中的三种形式，包括职工代表大会、职工董监事、职工股。对应后三章，属于具体制度分析，也是企业民主管理法中的三个重要分支范畴，在研究过程中对域外相关制度及其实践给予了较多关注，也深入分析了我国职工代表大会、职工董监事、职工持股等在实践中的一些突出问题。

本书是在系统论述企业民主管理的经济民主理论、劳资合作理论的基础上，提出并论述了劳资共轭理论，此外还回应性地论述了官方提出的企业协商民主理论。在完成劳资共轭理论的论述后，在企业民主管理法的法理分析与路径分析中阐释了劳资共轭理论的解释力和应用。然后，分别论述企业民主管理的几种形式，即职工代表大会、职工董监事、职工监事、职工股。本书的逻辑在于以劳资共轭为基本，统携职工代表大会、职工董事、职工监事、职工持股，来构建企业民主管理法的话语体系。

目 录

第一章　企业民主管理之经济民主

职工参与企业民主管理的思想源流是多元的，这是因为职工是否以及如何参与企业民主管理在不同国家或地区有着不同的实践，客观上形成了相对独立的语境和不同的逻辑。但是，我们常常又会看到相同或类似的制度细节。例如，美国有职工持股，中国也有职工持股，尽管两种职工持股的背景有很大不同，但至少均表现为职工持有公司股份。正是因此，职工参与企业民主管理的制度中，既有传统赓续的部分，又有法律移植的部分。以致我们可以从很多思想中抽取或推导职工参与企业民主管理的思想基础，形成了纷繁如星的职工参与企业民主管理的理论基础。例如，工业民主理论、经济民主理论、民主资本主义理论、共同治理理论（又可进一步划分为股东和雇员合作博弈理论、利益相关者理论等）、人力资本理论及企业社会责任理论、社会均衡理论、劳动与资本联合理论、企业社会成本理论及信息公开理论、管理科学理论、经营共同体理论、职工自主理论。① 诸多提法中的理论有着千丝万缕的联系，其中有些更多的是制度，而很难说是基础理论。事实上，"职工参与企业民主管理"本身就是一种理论，其可以同如上若干种理论有关联，或仅仅是异国异种或异国异称。

立足我国的企业民主管理，兼顾可触及的相关实践，经济民主和所有制是职工参与企业民主管理的两种对立的公法思想，两者均希望推行工作场所的民主，却在私有制上有着截然相反的观点，前者肯定并改良私有制，后者否定私有制并重构所有制；两者均沿着企业中强制规范的思路来确立职工参与的制度框架，属于国家干预企业内部的公法思想，这与企业内部的自治与自由思想有很大不同，因而我们一般不把集体谈判作为职工参与的形式。相对于公法属性，职工参与还有一条涓涓暗流，即人性尊严、体面劳动。究竟是什么样的思想推动了职工参与企业民主管理呢？职工的自身觉醒与权益塑造则具有更多的现实性与基础性。这里将归拢、梳理职工参与企业民主管理的三种源流，一方面试图撩拨职工参与企业民主管理的思想基础，寻求更为广阔的、系统的、可涵摄的

---

① 周超. 职工参与制度法律问题研究［M］. 北京：中国社会科学出版社，2006：71-72.

思想体系；另一方面试图对职工参与企业民主管理思想源流进行评价性的认知，以树立企业民主管理的思想标识，如民主、主人翁，抑或体面劳动。

第一节　企业民主管理与经济民主

"经济民主"是一个外来概念，虽然改革初期，国内学者也在阐释经济民主，却与这里的经济民主有所不同。"经济民主"有着特定的内涵，也有着特定的实践。一般而言，经济民主与美国学者的思想有很大关系，但是其理论影响力非常大，且在影响实践的层面上更是广播种子，殊不知我们在学习美国的企业管理制度的时候已经悄悄地受到了此种思想的影响，而这种思想可以从民主说起。

一、民主的含义

在定义民主的时候，很容易形成一些大而化之的共识，如民主与专制相对，如民主即人民作主。而事实上，具体认定民主却是一件非常麻烦的事情，民主甚至是具有明显意识形态色彩的争议概念。即便是在特定的意识形态下，民主概念也是不断发展变化的。民主不仅是一个抽象的哲学概念，更是一个丰富的生活概念、学科概念，至少我们从几个有代表性的辞典或著作中可了解到民主的几种含义。

1. 若干民主概念

(1)按照哲学辞典的民主概念，民主的含义是多数人的统治。[①]

(2)按照资本主义辞典的民主概念，"民主是一个历史范畴，在不同的历史时期有着不同的内涵……资产阶级民主制同封建专制相比的主要特点：①议会制代替专制君主制。②选举制代替等级制和世袭制。③实行分权制度。④实行政党政治。⑤有完备的法制。"[②]

(3)按照《邓小平著作学习大辞典》的民主概念，民主是指社会主义民主，实质是人民是国家的真正主人，一切权力属于人民，不仅政权属于人民，而且社会物质财富也属于人民。[③]

(4)科恩的民主概念。科恩批驳说，"我们说民主即人民自己管辖自

---

① 冯契. 哲学大辞典(修订本). 上[M]. 上海：上海辞书出版社，2007：4.

② 罗肇鸿，王怀宁. 资本主义大辞典[M]. 北京：人民出版社，1995：5.

③ 迟福林，张占斌. 邓小平著作学习大辞典[M]. 太原：山西经济出版社，1992.

己，人民即统治者，这只是一种比拟的说法，自治一词非常荒谬"。科恩认为，民主的关键是参与。① 其所说的参与不仅在科恩的概念中极为重要，而且已经成为西方民主的重要内容。但是，我们也看到，"具有讽刺意义的是，关于参与式民主实践的研究越来越精细，但是参与式民主理论却因为自由民主理论、协商民主理论、竞争性民主理论的推进而衰落"②。应当说，没有人去纠结民主的概念，而总是积极地描述自己的民主景象。

2. 关于民主的几点认识

从如上的民主概念中去认识西方的民主概念肯定不够全面，但是不影响我们有如下认识：

（1）所谓民主，理解上的差异很大。在当今各国，可沟通的范围越来越广，而在民主的概念上往往自说自话，各国政府如此，学者也如此。

（2）传统民主，是就政治民主而言的。倘若民主是哲学上的抽象概念的话，政治领域的民主概念是最成熟的，是哲学上抽象民主概念的主要原型。

（3）阐释民主，其与所有制的关系是个问题。在我国传统定义中，基于所有制对民主进行了高级与不高级的区分。在我们的推导逻辑中，所有制不同也必然会导致不同的民主模式。在此意义上，阐释民主与所有制有密切关系。然而，换一个角度，我们会发现民主在制度细节上并不与所有制发生关系。按照从政治领域向经济领域延伸的思路，民主更像是从国家向企业延伸的治理模式，与所有制属于可交错的制度域，却并不互相依赖。此点区分在企业的制度设计上表现得尤为突出。当我们希望在私营企业中推行现有的国有企业比较普遍的企业民主管理制度的时候，将民主与所有制进行关联上的剥离，将成为一个自然而然的思路。然而，民主与所有制之间的关系是一个极其本源性的命题，难以进行逻辑上的论证。

（4）承载民主的，不仅是制度，而且是文化；不仅是公领域，而且包括私领域。很多时候，我们可以把民主和承载民主的环境都理解为民主，这时候的民主不仅表现为制度，而且表现为某种文化氛围，如参与性的文化氛围、体面的文化因素、公正的文化传统；这时候的民主不仅是政

---

① 科恩. 论民主[M]. 北京：商务印书馆，1988：10-11.
② 董石桃. 公民参与和民主发展——当代西方参与式民主理论研究[D]. 浙江大学，2011.

治选举上的民主，而且表现为一般社会团体中选举规则上的民主。内涵与领域的再交叉，使得民主成为深入社会所有细胞的信念。这时候的民主已经大象无形，成为一种标识，故有"民主国家"之谓，其中含义，可以列举描述，却无可名状。

基于对民主如此理解，"企业民主管理"中的"民主"也同样在探究时令人无可名状，即不同的人会对企业民主管理中的民主做不同的理解，甚至会有人认为，企业中的资本多数决就是一种地道的民主。显然，企业民主管理意义上的民主，不是资本多数决意义上的民主，而与此相近的概念正是"经济民主"。事实上，对民主的如上认知正是为进入经济民主的范畴而做的准备。

二、经济领域的民主概念

"经济民主"是一个含义非常模糊的概念，这不仅源于语意本身的问题，而且源于理论共识的缺失、诸多的批判与独立重构。于是，我们看到的经济民主要么就是笼统的批判对象，要么就是非常个人化的理论建构。无论是哪一种情形，多不是为了建构"经济民主"的核心观念，而是借助"经济民主"来塑造另一个事物。因此，关于经济领域中的民主要区分两个问题：其一，经济民主是目的，还是手段；其二，经济民主是什么，该如何描述。两个问题的分析思路是不同的，前者在于价值或功能，后者在于要件或特征。两个问题并不冲突，其关键却在于如何作答第一个问题。之所以我们描述的经济民主千差万别，在很大程度上是因为我们并不试图勾勒以经济民主为目的的路径，而是将民主作为特定的手段，当然这容易出现描述上的差异。我们从所描述的民主出发，来分析经济领域的民主问题。

1. 经济领域中民主含义的模糊性和层次性

若经济民主即是经济领域中的民主，那么经济民主的含义不仅不是特定的，而且有着明显的层次感和不同的所指。因此，难免大家讨论的经济民主不是同一个事物。

(1)一种理解是市场经济意义上的民主。换言之，市场经济就是经济民主。不少人会在此意义上或者涵盖此意义上讲经济民主。我们所能想到的很好的例子就是一般企业可以进入诸多行业，而不是只有特定企业垄断，这就是市场竞争中的民主例子。马建兵梳理了我国学者蒋一苇、王保树、崔之元、刘俊海、李昌庚等关于经济民主的观点，使我们能够鲜明地感受到法律学者所界定的经济民主，更多的是市场经济意义上的民主。马建兵进一步讲，"一般认为经济民主大体指向宏观的超越企业经济层面的经济领域的民主，而工业民主更多地指向企业组织层面内部的民主。"①把工业民主和经济民主放到分类逻辑中，使得经济民主的含义更集中为市场经济意义上的自由与开放。

（2）一种理解是企业组织意义上的民主，即企业管理方式上的民主。在西方，所谓经济民主，多侧重于企业组织意义上的民主。仅就经济民主的字面含义来说必然是广泛的，但是所谓经济民主又集中在企业组织意义上，这可能与西方国家的市场经济已经相对成熟，故而对企业组织意义上民主的关注方凸显出来有关。下文我们提到的韦伯夫妇等，正是在此意义上展开的。在此意义上，不同的人对企业的经济民主有不同的认识，尤其是对民主的范围和路径有不同的描述和设想，进而企业组织意义上的经济民主几乎无法通过分类来进行描述。我们讨论的经济民主将大致在企业组织意义上进行。

（3）经济民主的层次性。企业中的民主是有不同层次的，一是决策机制上的民主，二是管理机制上的民主。决策机制上的民主在于追求更多的人参与到决策当中，或者在决策中考虑到更多人的意志；管理机制上的民主在于追求更多的人参与到企业事务执行中，或者在管理中考虑更多人的意愿。这两个方面都可能会带来常识上的误差，如决策不可能是多头的，专断决策往往是最有效率的，如管理不可能是大家一起管理，过多参与可能会消耗效率。正因如此，企业中民主的深度总是与企业的效率互相掣肘，我们越来越倾向于在效率可容忍的范围内不断地去探寻民主的空间，因而民主的层次性以及参与观念日益受到重视。

2.企业民主管理与经济民主的区别和联系

企业民主管理和经济民主有所不同，这是字义已经决定的，前者是一种管理，后者是一种民主，当然不能一致。我们所看到的，也是从理论支撑的角度来认识企业民主管理和经济民主的管理，即经济民主是企业民主管理的一种理论基础。但是，从企业民主管理和经济民主所指的内容来看，两个又有着高度的一致性。笔者认为，两者是同一个事物，只是发生在不同的时空或者不同的环境中。

（1）企业民主管理的存在形式

企业民主管理是我国逐渐摸索并逐步完善起来的一套制度和理论体

① 马建兵.职工民主管理中的治理法律问题研究：异质性民主的分隔与协商[M].北京：中国政法大学出版社，2012.

系。从法律渊源上看则包括，我国《宪法》第十六条和第十七条的规定；① 《公司法》第十八条的规定，② 《劳动法》第八条的规定，③ 《全民所有制工业企业法》(1988 年)第九条至第十一条的规定；④ 2012 年 10 月 24 日，国务院关于国有企业改革与发展工作情况的报告；⑤ 2012 年 11 月 8 日，胡锦涛同志在《坚定不移沿着中国特色社会主义道路前进——为全面建成小康社会而奋斗》一书的表述。⑥ 政府报告强调政治体制改革是我国全面改革的重要组成部分，绝不照搬西方政治制度模式，企业民主管理制度恰恰是我国的制度特色，是不照搬西方政治制度模式的表现。可见，在法律渊源上，"企业民主管理"是我国的基本法律制度，其背后则是人民主体地位的观念，特别是人民主人翁精神。

从历史渊源与理论支撑来看，企业民主管理是我国社会主义民主探索过程中不断摸索、不断尝试的理论，其制度形式也有所变化，如两参一改三结合、承包、股份合作制、职工持股等。但是，企业民主管理的根本没有变化过，即人民民主、主人翁、公有制等。

(2)经济民主的存在形式

经济民主则是西方国家在不动摇资本主义基本制度的情况下不断改良和丰富起来的一系列的思想及关联制度。经济民主在不同国家和不同时期有着不同的代表人物，相关的著述也颇为丰硕。关于此，我们可以

---

① 具体内容为，"国有企业在法律规定的范围内有权自主经营。国有企业依照法律规定，通过职工代表大会和其他形式，实行民主管理"。"集体经济组织在遵守有关法律的前提下，有独立进行经济活动的自主权。集体经济组织实行民主管理，依照法律规定选举和罢免管理人员，决定经营管理的重大问题"。

② 具体内容为，"公司职工依照《中华人民共和国工会法》组织工会，开展工会活动，维护职工合法权益。公司应当为本公司工会提供必要的活动条件。公司工会代表职工就职工的劳动报酬、工作时间、福利、保险和劳动安全卫生等事项依法与公司签订集体合同。公司依照宪法和有关法律的规定，通过职工代表大会或者其他形式，实行民主管理。公司研究决定改制以及经营方面的重大问题、制定重要的规章制度时，应当听取公司工会的意见，并通过职工代表大会或者其他形式听取职工的意见和建议"。

③ 具体内容为，"劳动者依照法律规定，通过职工大会、职工代表大会或者其他形式，参与民主管理或者就保护劳动者合法权益与用人单位进行平等协商"。

④ 具体内容为，"国家保障职工的主人翁地位，职工的合法权益受法律保护。企业通过职工代表大会和其他形式，实行民主管理。企业工会代表和维护职工利益，依法独立自主地开展工作。企业工会组织职工参加民主管理和民主监督"。

⑤ 其中明确，完善职代表大会、厂务公开和职工董事监事等制度，探索职工参与民主管理的有效途径和方式。

⑥ 其中的相关陈述如，"必须坚持人民主体地位。中国特色社会主义是亿万人民自己的事业。要发挥人民主人翁精神，坚持依法治国这个党领导人民治理国家的基本方略，最广泛地动员和组织人民依法管理国家事务，管理经济和文化事业，积极投身社会主义现代化建设，更好保障人民权益，更好保障人民当家作主"。

在英、美、法、德等国家中找到其流派，乃至在近现代的民主理论流派中产生了广泛的影响，成为民主理论中新发现的学术宝藏。但是，经济民主受到的批判的声音也一直很大，以致经济民主理论在很大程度上是一个美丽的饼，画得很美，却不是真实的。我们发现，西方企业不仅标榜民主，而且通过其他的理性来推动类似经济民主制度的实现，这可认为是来自实践的隔岸突破，似乎并不情愿被统摄入经济民主的观念。这些实践包括职工持股计划、利益相关者理论、企业社会责任理论等。乃至德国的劳资共决制度，更是企业组织中推行的具有强烈民主色彩的制度。值得注意的是，西方企业的实践有时候也带来了理论上的狂想，以致在理论上也在流行一种新的"企业所有权"理论。这符合了我们关于资本逻辑的判断，即资本逻辑生成形式上的自由、平等和民主，但同时又出现实质上的不自由、不平等和不民主。① 总之，经济民主虽然在理论上自我异化去迎合资本逻辑的各种改良，而资本逻辑总是在其框架内努力寻找可能的空间，而不轻易接受经济民主的观念。我们来看看西方民主流派中的经济民主是什么意思。

其一，西方民主史与经济民主。

在当代西方民主史上，随着古典民主理论如人民主权论、代议制论完成历史使命，对近代民主理论进行反思、改造、修正后出现了诸多新的见解，"其中较为系统、影响也较大的主要有精英民主论、多元民主论、新自由主义民主观、新保守主义民主观、民主社会主义民主观、西方马克思主义民主观及欧洲共产主义民主观七种"。② 可见，在当代西方民主的知识谱系中，流派纷呈，观点各异，却又自成体系。在如上所述民主理论的划分中，多元民主论和民主社会主义观则与经济民主有很大联系，而多元民主论又对民主社会主义有着深刻的影响。

多元民主论的代表是罗伯特达尔，"由于多元民主理论同美国等一些西方资本主义国家的社会发展和政治变迁更相契合，因而对包括民主社会主义在内的当代西方政治思想和实践产生了持久的影响"。③ 从多元民主理论的脉络看，沿着19世纪英德法学家团体真实人格理论，到提出了政治多元主义，到达尔的多元民主理论。在达尔多元民主理论中，多元

① 郗戈. 资本逻辑与"自由民主"的深层悖论[J]. 中国高校社会科学，2011(3)：33-39.

② 应克复，金太军，胡传胜. 西方民主史[M]. 北京：中国社会科学出版社，1997：467.

③ 应克复，金太军，胡传胜. 西方民主史[M]. 北京：中国社会科学出版社，1997：482.

社会是多元民主理论的重要内容，这意味着在一个多元的社会中，意见是多元的，利益是多元的，冲突是多元的，权力也是多元的，基于此提出了多头政制。① 作为多元民主理论的完善与改进，达尔在晚年提出了经济民主理论，这不仅是在广义的政治中把经济领域的民主纳入进来，也是希冀通过经济领域的民主来完善或补充其多元民主理论。如达尔所说，如果民主在国家治理中是合理的，那么民主在企业治理中也是合理的，即如果民主在企业治理中不合理，那么在国家治理中也不合理。② 在公司法学研究中，企业社会责任理论，尤其是利益相关者理论，在很大程度上是多元民主论下的制度产物。

"民主社会主义是 20 世纪以来西方社会中势力最大、影响最巨的社会政治思潮之一，50 年代以后又成为西欧社会党、工党和社会民主党的'官方'思想体系和政策基础，其内部流派众多，主张各异，但所有的民主社会主义流派都无一例外地把民主奉为其理论体系的核心和孜孜追求的崇高目标。"③民主社会主义思想的一个重要方面是经济领域的民主，经济民主是指生产者和消费者及其组织对生产、销售、分配等过程和决策产生影响，与资方共享决定权。此外，经济民主还意味着制订计划的民主化，然而，经济民主并无固定模式。④ 民主社会主义是一股改良主义浪潮，甚至包括如上的多元民主理论。

可见，无论是主流的民主理论，还是主流的民主思潮，经济民主均是将政治民主延伸或拷贝到企业当中，并不主张经济民主自身概念的周延性。正因如此，经济民主的概念也受到很大质疑，一种规范分析似的结论，如科恩认为，"'经济民主'既不是一种民主，也不是民主本身的条件。如在经济领域内完全或部分缺乏民主时，民主的范围就受到了限制。如在经济领域内民主受到排斥，在其他领域内民主会更易于受到限制和排斥，因为民主进程的习惯是不管人为的论题界限的。但如说'经济民主'系'真正民主'的必要或充分的条件，这种说法本身是混乱的，也会引

---

① 应克复，金太军，胡传胜. 西方民主史[M]. 北京：中国社会科学出版社，1997：482-485.
② Robert A Dahl. A Preface to Economic Democracy[M]. Cambridge：Polity Press，1985：111.
③ 应克复，金太军，胡传胜. 西方民主史[M]. 北京：中国社会科学出版社，1997：514.
④ 应克复，金太军，胡传胜. 西方民主史[M]. 北京：中国社会科学出版社，1997：517-520.

起混乱的错误"①。由此可见，经济民主虽然是当代西方民主的重要内容，却未必已成为其核心的标识——可以追求经济上的民主，但必须溯源至民主本身。无论是由政治民主囊括，还是由政治民主延伸，经济民主均难以成为核心标识，因此，对经济领域中民主有另一番解释的理论，如参与理论、商谈理论等，可能是一种思潮，也可能是一家理论，也会涉及经济领域的民主问题，但是由于没有明示"经济民主"，而要么被我们忽略，要么被我们并列起来分别介绍。

其二，经济民主与效率。

从理论到实践，往往不再称之为民主，而是转换成其他的制度形式。这意味着民主在企业实践中可能面临着某种障碍。这种障碍可能是多元的、多面的，我们需要突破其最大的障碍。贝尔指出，当代社会的不同领域是围绕着不同的轴心原则组织起来的，政治的轴心原则是平等，而经济的轴心原则是效率。② 而效率也恰恰是经济民主面临的最大障碍，一般认为，民主制度可能会有碍或消减效率。对比时我们会发现，企业对效率的追求如同战时国家对动员力的追求，过多的民主机制可能会消减其战斗力。同样，企业在竞争的市场中必须时刻保持着相当的效率，而民主机制可能会消减其竞争力。我们国家在改革开放过程中提出的"效率优先、兼顾公平"推动了企业内部的一场机制改革，在这个过程中，企业对效率的追求超过了对公平的追求。我们发现，在西方企业中，很少会直截了当地提到企业民主管理，而是通过其他的制度来表达民主与效率之间的均衡。

沿着效率的考虑，企业民主的制度探讨走向了两个方向，一个是讨论企业所有制中有多大的突破，代表性的观察如汉斯曼的企业所有权论；一个是转换视角后的实践有多大效果，这可能是伦理性的视角，如企业社会责任；也可能是管理性的视角，如人力资本；还可能是民主融入制度后的又一种临近称谓，如利益相关者。这些，在笔者看来，均可归入顾忌效率后的民主形式。

三、企业民主管理与当事人观念

为什么要推行经济民主？一方面是因为民主已经成为时代精神，其广泛地渗透到社会的角角落落，民主不仅已经成为政治领域的轴心原则，

① 科恩. 论民主[M]. 北京：商务出版社，1998：117-118.

② 刘学浩，佟德志. 财产权利与企业管理——达尔经济民主理论的两个重要维度[J]. 中共天津市委党校学报，2011，13(3)：53-56.

而且已经成为整个时代的轴心原则,深深地影响到了社会的各个领域,并逐渐突破旧式陈规。另一方面是因为企业组织内部若是不民主,则面临着诸多的实际问题,这些问题只怕是经济民主得以存在的真实原因。企业内部的不民主也有不同的层次或角度。一种角度是产权上的,即资本民主;一种是管理上的,即劳动者参与企业管理上的民主。后者即经济民主的核心含义。就此而言,企业民主管理即是经济民主,经济民主即是企业民主管理。从推动经济民主的动力来看,企业管理不民主的实际问题则是一种原动力。企业为什么要实行民主管理?只怕不仅仅是理论上的说教与强制法的束缚,更多的是企业内部逐渐觉醒后所发现的管理不民主的危害。

(1)对投资者而言,其所追求的是利润,而非不民主管理。随着企业制度的成熟和发展,这一点儿越来越凸显出来。如果说,小作坊式的投资者可能会追求利润之外的权利,甚至将管理上的权威作为收益固定下来,但是这已经不是主流的投资者。主流的投资者只关注利润,甚至不关心管理上的具体事情,进而成为纯粹的投资者。因此,企业是否需要民主管理,从投资者的角度来看,其评价标准就是利润。不民主,可能会带来超额利润。但是,我们发现,不民主越来越成为利润上的负担。尤其是在基层的、车间的民主作风都不具备的企业中,往往隐藏着劳动管理上的风险。在富士康事件的后续调研发现,频繁的跳楼自杀与企业的管理作风有很大关系——在存在责骂的、不人道现象的职场中,其利润虽然能艰难维持,却只能是越来越艰难。这不是投资者所希望的。

(2)对管理者而言,其越来越发现民主管理是一个不错的管理方法。管理科学不仅不排斥民主,反而在努力将民主的特征逐渐地引入到管理过程中。尽管管理科学并不直接讨论其与民主的关系,即不讨论民主在管理科学中的价值。然而,管理科学却研究与民主有着密切关联的沟通、控制、激励、决策等事项。而事实上,管理科学的发展,尤其是行为科学学派的发展,在很大程度上弥合了民主的观念。如在行为科学理论奠基过程中的人际关系学说的观点包括了职工是"社会人";提高职工的满意度,可以提高职工的士气,从而提高劳动生产率;正式组织中存在着"非正式组织"。[1] 管理者越来越倾向于借助民主气氛来提升管理效果。

(3)对劳动者而言,其诉求也在悄悄地发生变化。有人说,而今的"90后",已经不像"80后"那样,他们的诉求更个性化,更希望得到尊

---

① 冯国珍. 管理学[M]. 2版. 上海:复旦大学出版社,2011:41.

重。与早期的泰勒制相对应，劳动者的诉求在于缩短工时，提高单位工时工资。而随着劳动管理方式的多元化，劳动者的劳动自主性在一些行业表现得越来越突出，相应地工作时间越来越自主化，薪水构成日益复杂，绩效成为关键。在这样的背景下，劳动者受到一些因素的影响而表现为企业内部民主上的诉求：其一，劳动力市场的自由化，让部分劳动者能够深刻体会出自身的价值，劳动者与企业之间的用脚投票机制日益成熟；其二，随着社会保障法治的日益成熟和推广，劳动者的基本生存权益得到改善，按照人的需求理论，劳动者在企业中的诉求也发生了变化；其三，企业的劳动管理制度中出现了两种倾向，一种是核心员工的股东化，一种是边缘员工的商品化。客观上，它们在重塑中小企业的结构。在这些因素的影响下，劳动者对工作过程的体面有了更高的要求。劳动者倾向于选择管理民主的企业，不仅在于分享企业发展的成果，更重要的在于实现体面劳动和人性尊严。

四、企业民主管理的理论难题

既然经济领域中的民主也是一种趋向，而又为何更多地体现在学术和思潮中？企业民主管理到底面临着怎样的难题呢？只怕这正是企业民主管理思想的源头问题。换言之，企业民主管理的源头是经济不民主的情况下在理论和实践中所做的各种发散。有研究指出，我国企业民主管理在理论和操作上有三大难题：企业内部民主管理与企业管理协调问题、与企业形态的协调问题、实施和产生实效问题。[①] 也有观点认为，我国企业民主管理立法存在法律分散、缺乏刚性和可操作性、适用局限等四大问题，应该在立法中体现灵活性。[②] 由于企业民主管理是我国法律规定的一项法律制度，关于企业民主管理难题的研究也侧重于企业民主管理制度具体实施中的问题。然而，在企业民主管理制度的建构过程中，则存在一个源头性的矛盾。在某种意义上，企业民主管理术语本身如同经济民主术语一样，是一个充满了矛盾的结合体。倘若经济民主存在"经济"与"民主"的隔阂的话，那么企业民主管理也表明了企业中"民主"与"管理"之间的难题，而这些难题有几个不同的层面：

（1）权利基础上如何民主？即所有制如何民主？一种是资本民主，另一种是人本民主。就资本民主而言，其民主化思路是股权分散化；就人

---

① 林拓，田赛男，周炜，等．规范化：企业民主管理的重要趋势及破解难题——上海市建设行业企业民主管理规范化标准认证研究（上）[J]．中国工运，2011(4)：11-14．

② 杨冬梅．企业民主管理立法面临问题和解决思路[J]．工会博览，2009(2)：21-22．

本民主而言，其民主化思路是合伙化。事实上，从企业管理的经验来看，两种权利基础分别体制化后，资本民主的基础性地位得到强化，而人本民主则在全球处于式微之势。因此，企业民主管理第一层面上的制度难题是很难实现所有制上的员工所有。员工所有往往是一种不稳定的、个别的所有形态，很容易转化为投资者所有。目前，在企业民主管理权利基础上的民主化实践主要集中在人力资本理论上，即以人力入股。但是人力入股中的人力往往是被资本俘获的一部分管理者，其也很容易转化为投资者所有。至少他是依附于投资者所有的。企业的控制权究竟在人，还是在物，其辩证性、历史性，抑或实践性，均是极其复杂的。这是企业民主管理制度长久以来的立论难题。

（2）管理权利与民主权利之间如何协调？企业作为一种组织，其很好运转的关键在于各个职能之间的协调，而协调的关键还是管理权利的妥当行使。虽然在实践中，也会出现管理权利和民主权利妥当协调的例子，也有一些制度上的尝试，最典型的是在企业内部建立一种类似于国家治理结构的员工代议制，在员工中选举产生代表，再由代表参与企业治理。但是，这种实践在逻辑上与国家层面上的代议制有很大差别：其一，职工会与股东会之间不仅需要协调，而且很难协调，这在国家层面上是不存在的；其二，职工会很难有表决权利，进而其建议权也被虚置，这是由第一点延伸来的。倘若延续类比国家的视角，现代国家实现代议制主要还是建立在权利基础上的民主，而行政管理中至多有相对人参与的观念，而不可能再在管理中引入代议制。在企业管理过程中引入民主权利时，同样面临管理权利和民主权利的冲突，这在我国企业民主管理的基础理论建构中表现得尤为突出，尤其表现为职代会在公司治理机制中的定位。

（3）企业民主管理的内核和边界问题。"职工参与企业管理的民主权利"究竟是怎样的一组权利束？其内核是什么？其边界又是什么？这意味着我们可在多大范围内讨论企业民主管理这一主题。同时，这也意味着企业民主管理的发展路径问题。这可能包括了企业民主管理中的动力、方法、策略、远景等。虽然在理论上讨论企业民主管理或者经济民主的时候，有着相对一致的内核，但是在实践中，企业民主管理在不同的国家则有着不同的称谓，以及差异较大的实践形式。例如，厂务公开是我国企业民主管理中的一种重要形式，而在域外的实践中却不会在企业民主的框架下展开。此外，在整理企业民主管理的制度外延的时候，我们往往根据一个相对宽泛的标准来整理相关的制度或理论。虽然不同的研究视角会有不同的外延，但是李立新关于劳动者参与的范围则代表了一种较为开阔的理论框架，该框架包括了集体谈判、职工代表大会、职工持股、职工董监事①，而在《企业民主管理规定》中则包括了职工代表大会、厂务公开、职工董监事。事实上，将企业民主管理的边界界定得非常宽泛，有方便交流的一面，也有阻碍交流的一面。如把职工持股纳入企业民主管理中，在制度层面上具有可交流性，却在理论上缺少了交叉。另外，企业民主管理的内核仍然是企业民主管理中重要的立论以及路径问题。而在兼容经济民主的概念争议、所有制上的分歧见解的情况下，企业民主管理的边界必然会变得更宽泛，企业民主管理的内容上也会出现异质的制度。

(4)研究思路。针对如上难题，我们的研究思路将不是打破这些难题，而是旨在描述这些难题。在分析经济民主的概念的基础上，我们发现塑造企业民主管理或者经济民主的概念需要首先理清所有制问题。我们可以从两个层面上理解所有制的概念，一是所有制结构，二是企业所有权，无论何种理解，均是从生产资料的所有权上展开的。在当代，单一所有制结构的情况已经很少见。在经济领域少受管制、甚为自由的情况下，企业的所有权形式会多元化，可能是投资者所有，也可能是雇员所有，还可能是消费者所有。但是，所有制结构必然会影响一般的制度建构。我们须从私有制和公有制两种所有制结构下分别讨论其制度及观念。

第二节　经济民主思想及其影响

在私有制背景下讨论经济民主思想，并不拘泥于投资者所有的企业中的民主问题，而是在资本主义体制中讨论有关经济民主思想的理论和实践。尤其是介绍资本主义社会中体现着经济民主色彩的理论和制度，并进一步讨论这些理论和制度所产生的影响。经济民主思想在资本主义社会中是一种改良主义思想、一种非主流思想。这是因为经济民主思想在根本上与资本专断相冲突，故不可能成为企业管理的正统思想。但是在企业制度的前沿或边缘制度中却充满了经济民主思想的影子。

一、私有制下的企业民主思想

私有制下的企业民主思想包括资本主义的天然民主意识、资本主义

---

① 李立新. 劳动者参与公司治理的法律探讨[M]. 北京：中国法制出版社，2009.

可容忍的民主思想，以及已出现的异质性民主思想。因此，私有制下的企业民主思想首先指股东民主，然后包括非股东的参与。我们当然不是在股东民主意义上展开私有制下的企业民主思想，也不是拘泥于非股东的参与而展开的。故此，我们主要关注资本主义可容忍的民主思想及其制度形式。

1. 资本主义下产业关系的基本逻辑

(1)资本主义下的产业关系

从概念上分析，资本主义与产业关系是密切联系的。没有资本的概念，就不可能出现资方和劳方的对立，也不会有产业关系。当资本成为企业的核心时，企业的决策、管理、利润分配等权益事项也天然地归属资方，从而将雇佣关系异化为一种特殊的依附性关系，即产业关系。

在资本主义的确立过程中，自由、自治的观念日益深入人心，成为社会的普世价值。"自由主义既是一种理论学说，又是一种西方社会主流的意识形态，自由主义的历史，在某种程度上可以看作西方社会发展的历史映像。"[①]这种自由观念更多地支撑了产业关系中的雇佣观念，以致早期的产业关系中是不允许劳动者联合的，视劳动者联合为串通而加以惩罚。但是，随着自由、平等、民主等观念的持续发展，社团自治观念得到强化，并日益成为资本主义下产业关系的基本思想，并体现到宪法当中。社团之勃兴导致宪法上确立社团自治权的基本权利属性，进而对公权治理、民主形式产生了现实影响。[②] 在产业领域，也塑造出成熟的社团观念，典型的例子如工会。围绕工会而产生的一系列制度成为资本主义下产业关系的主要法律形式。

随着工会制度的成熟，产业关系在立法层面进行了个别与集体的剥离，个人层面由雇佣法律调整，集体层面由劳动法律调整，英美即是此种立法的典型。在个人层面，坚持雇佣自由原则，在集体层面坚持社团自治原则。

(2)产业关系的制度梗概

根据辞典对产业关系的解释，"也译作'工业关系'……介绍和分析一个国家或地区的产业关系状况包括以下内容：①工会的情况，主要是工会会员的数量、工会结构、工会密度的变化等；②雇主及其代表——管

---

① 陶建钟. 古典自由主义理论体系中的"自由与权利"述评——从霍布斯到柏克[J]. 社会科学评论，2007(2)：123-129.
② 李海平. 社团自治与宪法变迁[J]. 当代法学，2010(6)：19-26.

理层，分析管理层的管理战略与管理思想，剖析某些管理措施对产业关系的影响；③政府有关产业关系的法律规定，政府作为雇主在公营部门实行的政策，以及政府作为第三方对劳资关系的作用：调解与仲裁；④集体谈判与产业民主，包括雇员参与经营管理，集体谈判的覆盖面、集体谈判的内容等；⑤产业行动，着重分析罢工活动等。"①产业关系的法律制度也应该包括大致五方面的制度：工会法律制度、公司治理法律制度、劳动争议调解仲裁法律制度、集体协商与产业民主法律制度、罢工与闭厂法律制度。在西方的劳动法律中，更是在延续产业关系的基础上，将劳动法中的核心权利梳理为劳动三权，即团结权、争议权、罢工权。

按照社团自治的逻辑，产业关系通过工会、劳工委员会等实现劳资之间的平衡。在第二次世界大战刚结束后，工会的确在劳资平衡之间发挥了极其重要的作用。然而，随着全球劳工运动的式微，劳资对抗的社会动力逐渐消弱，劳动者入会率也呈下降趋势，工会在劳资关系中的地位受到了质疑。"劳动力个别化的发展不仅侵蚀了工会发展的基础，也导致了三种不同反应：第一，反工会化，因为工会充其量只是代表劳工众多利益的一部分；第二，劳工运动因为组织间分裂而瓦解；第三，以内部政策冲突换来全国或部门层级组织单一性形式的维持。"②社团自治在向个人自由回归。虽然可以肯定回归后的雇佣自由不同于以往的雇佣自由，但是雇佣自由作为口号就已经深深地忽略了劳动者在企业中的民主权利。这是当今劳动关系领域最值得反思的现象。

2. 改良主义与产业民主

（1）改良主义

在资本主义下产业关系发展的主线之下，还相伴着一条伏线，即改良主义思路。改良主义是在国际劳工运动的大背景与资本主义的自我修正发展之间存在的一种夹缝思想，在有关表述与主张中很难一以贯之。从广义来看，改良主义有两种，一种是对资本主义的改良，另一种是对社会主义的改良，这种区别往往体现为不同的立场，而在过程乃至目标上则可能千差万别。从实践来看，英国和美国的工人运动都没有走向暴力革命的道路。"改良主义是英国工人运动的典型特征。从1792年英国工人建立第一个政治组织开始，和平合法斗争就深深地植根于工人运动

---

① 胡代光，高鸿业. 西方经济学大辞典[M]. 北京：经济科学出版社，2000.
② 班柏. 国际与比较雇佣关系[M]. 赵曙明等，译. 南京：南京大学出版社，2008：13.

当中。"①此即英国工人运动的改良主义思想，而 20 世纪以来美国作为资本主义国家的典型，在处理劳资关系上的思想，则称之为资本主义的修正思想。

在更广的意义上去理解改良主义，则包括了 19 世纪中期的非科学社会主义，第二国际时期的修正主义，以及两次世界大战之间的改良主义。②其三类划分均理解为广义的改良主义，并有着历史演进的次序。改良主义使得资本主义在不断地自我完善与修正，从而推动了资本主义制度的容忍度和萌芽异质制度的空间。

(2)韦伯夫妇的产业民主理论

在关于社会民主主义的三类划分中，英国的工联主义是在 19 世纪中期形形色色的非科学社会主义中对民主社会主义影响较大的思潮，英国的费边主义是第二国际时期的重要的修正主义。③我国学者在介绍产业民主的时候，会追溯到英国的韦伯夫妇，这源自于其 1897 年的《产业民主》。韦伯夫妇正是著名的英国工联主义和费边社会主义理论家、改良主义政治活动家。费边社的理论在资产阶级知识界获得颇多拥护，其理论宣传极大阻碍了马克思主义在英国工人运动中的迅速传播。④韦伯夫妇的《产业民主》所描述的产业民主，被谓之"韦伯的产业民主理论"，并写入我们的工会学辞典。这种理论将政治领域的代议制适用到产业领域，并认为，使工人摆脱竞争、消除自由劳动市场和个人交涉权利的不足，不能限制劳工供应的人数，而是要统一工资水平；还认为，私有制和劳工运动可长期并存；特别是，劳工运动在民主社会中是不可缺少的。可见，所谓产业民主之"产业"，主要强调企业组织意义上的民主，而且是针对劳工运动而言的。所谓产业民主是不能成为"产业民主主义"的，而是改良主义的产物。

在关于企业民主管理、职工参与公司治理、职工民主管理法律问题等的研究中，我们习惯将产业民主作为理论起点，甚至将产业民主和经济民主区别定义后分别作为理论基础。从历史发展的角度来看，这样是不妥当的。但是，产业民主和经济民主之间的确有着一定的传承关系，寻找早期的经济民主理论，追溯到产业民主是比较妥当的，"这种工业民

①　孟艳. 19 世纪英国工人运动改良主义成因分析[J]. 科学社会主义，2011(3)：140-
142.
②　杨晓青. 社会民主主义法学思想研究[M]. 北京：知识产权出版社，2007：20.
③　杨晓青. 社会民主主义法学思想研究[M]. 北京：知识产权出版社，2007：21-23.
④　韦伯夫妇. 世界历史名人谱[M]. 北京：人民出版社，1998：166.

主可以被看作经济民主的雏形，其创始人当数韦伯夫妇。"[1] 但是，将"产业民主"通过"经济民主"而成为企业民主管理理论思想则显然不妥。因为在传播产业民主理论的时代，还存在着更为主流并显然影响了我国的科学社会主义。当我们将一切与企业内部的民主性现象都囊括为理论思想的时候，恐怕是因为对自身理论欠缺自信。

3. 后资本主义与经济民主

(1)后资本主义的趋向

原本就很难界定"资本主义"，而"后资本主义"更代表了一种模糊的、不确定的概括。但是，"后资本主义"的语境是排斥社会主义的概念的。[2] 这种认识宁愿将其理解为资本主义的完善与发达，而不愿将其理解为资本主义向社会主义的转换。尽管，有时候也使用"社会"这样的概念，却必然会明示其与社会主义的差异。这与社会主义引领工人运动时代要借称社会主义的情形大相径庭。

后资本主义实际上是当代资本主义理论的前瞻性态度，代表了学者对资本主义发展趋势和发展阶段的各种观点的认识。不同的学者对后资本主义有着不同的认识。如德鲁克认为，生产力发展和管理革命缓和了劳资对抗，并随着退休基金、工人持有资本而改变了资本的性质，并称之为"没有资本家的资本主义"。[3] 后资本主义又是在描述当代资本主义的一些状况，代表了资本主义下改良实践的成功和推广。

(2)达尔的经济民主

罗伯特·达尔是西方著名的民主理论家，他的多元化理论不仅在传统民主领域有很大的影响，而且在经济领域也有着相当的建树。达尔认为，企业内的民主有助于政治生活中的民主，而且企业内部也能实行民主，他的经济民主旨在完善他的民主理论，以在理论上构建一个民主社会。而且，我们从有关罗伯特·达尔的介绍中会发现，达尔著述颇丰，以多元民主理论著称，却极少将其晚期著作《经济民主前言》列举出来。从这个意义上，我们不认为达尔的经济民主旨在构建一种理论模式，而是在延伸其多元民主理论。如达尔认为，虽然经济民主存在四个方面的

---

① 马建兵. 职工民主管理中的治理法律问题研究：异质性民主的分离与协商[M]. 北京：中国政法大学出版社，2012.

② 李惠斌，阿里夫·德里克. 关于"后资本主义"问题的对话[J]. 马克思主义与现实，2007(2)：6-26.

③ 李惠斌，阿里夫·德里克. 关于"后资本主义"问题的对话[J]. 马克思主义与现实，2007(2)：6-26.

问题，但是公司自治是民主社会非常重要的目标。① 达尔在强调企业中民主权利后提到了经济民主的四个路径问题。

这四个问题分别是：其一，如何实现公平。特别是在经济领域，适当的不平等反而更加公平。其二，如何分配所有。若要走向平等，除了个人所有制，还有多种所有制形式，理论上的所有制与现实的主流所有制有着明显差异。其三，如何管理或领导的问题。实行民主并不是说不要领导，但在自治企业中必须面对创新问题。达尔认为，自治尤其适用于小企业。其四，如何转型的问题。经济民主的大难题是如何使广大集权式决策企业转向自治式企业。达尔设想，如有企业陷入困境，政府应对以自治的方式接管企业的给予税收减免、信贷以及各种担保的便利，或者由政府接管后卖给雇员。② 如此问题等，皆转述于他人，可见各个问题均或多或少受到了质疑。故可认为，达尔的经济民主理论在很大程度上是达尔的名人效应所产生的理论辐射。其在经济民主上的制度构建并不清晰，重在引入经济民主，而不太关注经济民主会成为什么样子。换言之，达尔眼中的经济民主是政治民主在经济领域中的翻版。

(3)施韦卡特的经济民主

施韦卡特是西方著名的马克思主义理论家，他致力于资本主义替代方案的研究，在对自由资本主义种种弊端批判的基础上，多角度分析了"经济民主"将市场与社会主义相结合的优点，即"经济民主市场社会主义"。在西方，围绕"经济民主"而进行一系列理论研究的学者非施韦卡特莫属。施韦卡特认为，资本主义的特征是私人所有制、市场和工资劳动，以苏联为代表的社会主义的特征是集体化、中央计划和工资劳动，而经济民主的特征是集体化和市场，但取消工资劳动。③ 施韦卡特的理论更多地被关注，但是其经济民主的模式尚未实践化。

在施韦卡特的经济民主中，比照资本主义，列举了三个特点：其一，工人的自我管理；其二，市场形成的价格机制；其三，受社会控制的资产。④ 倘若进行大致的对比，我们会发现，施韦卡特的工人自我管理超过了我国的实践。可以说，我们曾经尝试着实现工人自我管理，却最终走向了行政管理企业。

① Robert A. Dahl. A Preface to Economic Democracy[M]. Cambridge：Polity Press. 1985：137.

② 包雅钧. 罗伯特·达尔经济民主思想述评[J]. 经济社会体制比较，2006(3)：139-144.

③ 大卫·施韦卡特. 超越资本主义[M]. 北京：社会科学文献出版社，2006：69.

④ 大卫·施韦卡特. 超越资本主义[M]. 北京：社会科学文献出版社，2006：68-69.

二、经济民主思想的影响

经济民主思想是一种批判的思想、构想的模式，它往往不是一种现实的实践、制度的分析。因而，经济民主思想更多的是一种界限不太清楚的思潮，不同的学者完全可以闭门造车，互不打扰。但是，经济民主思想和其影响不是直接沿袭的，这与经济民主思想自身的批判立场是直接相关的。因此，我们可先定位一种传统的、典型的经济民主思想，然后再去描述那些与经济民主思想有关联的现实制度。

1. 非主流的经济思想、民主思想

经济民主思想经过长期的发展变化，共有四个特征：其一，在制度设计上多有不同，但是总体上是批评性的，既批判国家主义经济体制，又批判资本主义经济体制。其二，企业的工人自治是所有经济民主理论的重要特征。其三，与企业的工人自治相对应，拥护资本的社会所有理论。其四，市场与社会主义的结合。① 这些特征均是一以贯之的，但是经济民主思想在裹挟着工人自治的内核以后，其与资本主义明显是相悖的。这注定经济民主思想在西方资本主义国家是一种非主流的经济思想、非主流的民主思想。

当代的主流经济思想是市场经济。市场经济的进一步发展有了企业外市场和企业内市场的划分。如在科斯的理论中，行政指令和雇佣关系中的权力是企业的本质，而没有这种权力和通过独立的合同订立活动进行的治理是市场的本质。沿着科斯的企业理论，成本分析成为企业理论的基础分析方法。而工人自治很难经受成本分析方法的考验。

当代的民主思想是开放的，包括精英民主、多元民主、协商民主等，也不乏民主从政治领域延展到其他领域的观念。但是，民主思想从政治领域延展到其他领域后更多地表现为参与式民主。企业自治意义上的经济民主是非常边缘的，其虽然应承民主思想的开放化，却未必能够被主流的民主思想所吸纳。进一步讲，即便民主理论大家对经济民主持有某种欣赏的观点，但是却没有通达的路径。经济民主在西方民主理论中必然是隔岸花、水中月。

2. 体现经济民主思想的制度

经济民主思想不仅是一种制度模式，具有某些制度特征，而且是一种社会思潮，包括了企业层面上一系列的新实践、新制度。我们认为，

---

① 乌钧. "经济民主"思想批判与重解[D]. 吉林大学，2008.

以下制度虽然不能完整地归入到经济民主的思想体系当中，但是必然是受到了经济民主思想的影响，至少与经济民主思想相辅相成并有着交叉的内核。

（1）职工股

简言之，职工股就是员工拥有其所在企业的股份，可能是福利性的持股，也可能是奖励性的持股。其重要实践源自于美国发达的职工持股计划。"职工持股计划是美国企业实行的一种股份改造计划，是由美国参议员倡导的。"① 其初衷是应对社会分配不公，使普通人获得劳动收入和资本收入。从职工持股的概念和渊源看，职工持股是从资本民主、分配公平出发的。但是，职工持股客观上会将职工纳入到企业的管理体制中，成为扩展狭窄的企业资本民主的一个重要思路。国内学者也往往把职工持股作为企业民主管理的一种理论，或者把职工持股作为职工参与企业管理或治理的一种方式。可见，企业民主与职工持股之间存在着天然联系。尽管职工持股的可能仅仅是红利权益，但是仍然无法阻碍我们把职工持股拉入到经济民主的框架下。甚至，当公司股份极度分散、惠及普通民众的情况下，我们也会认为这是民主的表现。其实，这种民主路径是私有制体制下最顺畅的逻辑、最自然的进步。

我国也曾摸索过职工持股，至今还有职工持股会，但是我们的职工持股会与美国的职工持股在背景、内容上还有很大差别。王保树认为，"职工持股问题是国内外公司实践中的一个重大问题，职工持股会采用何种形式直接涉及持股职工的利益，也涉及职工持股有效运作的问题。目前，国内实践尚未找到一个在法律框架中可行的形式。应结合我国的经验教训，比较国外已采用的合伙形式、有限公司形式和信托形式，择其善者而行之，并不必在法律中作出统一规定"。② 似乎并不主张职工持股的制度化，意味着其欣赏职工持股的选择性计划，回到了实践本有的干股、人力股。朱慈蕴认为，"中国的职工持股实践是从 20 世纪 90 年代初期伴随着中国经济体制转轨和建立现代企业制度的进程而展开的……职工持股立法应建立在人力资本理念基础之上，这是将职工持股引向深入的关键"。③ 这又似乎是希望坚持职工持股的制度化改革，并强调人力资

① 曹凤岐，刘力. 美国职工持股计划与我国的企业内部职工持股[J]. 管理世界，1995（2）：87-93.

② 王保树. 职工持股会的法构造与立法选择[J]. 法商研究（中南政法学院学报），2001（4）：3-10.

③ 朱慈蕴. 职工持股立法应注重人力资本理念的导入[J]. 法学评论，2001（5）：125-132.

本观念。

可见，美国的职工持股计划的动力更多在于分配上，希望人力资本能够获得资本收入。而我国学者似乎更注重人力资本的观念，而不希冀法律上的突破。从实践情况来看，我国的职工持股改革并不算成功，其背后的原因有很多，而从法律移植的角度看，在指引职工持股制度的精神上可能出现了偏差。其实，职工持股制度更接近经济民主的范畴，但在实践中却更接近资本民主的范畴。

(2)合作社制度

合作社制度与经济民主并没有必然的联系，但是合作社作为一种生产组织形式，是一种有别于投资者所有的企业，也有别于雇员所有的企业。其特殊之处在于服务社员的观念替代了资本盈利的观念，在组织管理上采取民主管理。合作社理论在西方备受青睐。[①] 一般地，合作社作为一种联盟或作为一种契约，均是比较自然的认识，而随着合作社理论和实践的发展，合作社作为一种企业形式逐渐得到肯定。

合作社的发展是企业主体开放的产物，是以市场自由为前提的。合作社作为一种企业形式，具有天然的民主管理的趋向，与经济民主思想有着莫大的关联。我国存在一种合作制的企业类型叫股份合作社。股份合作的做法是劳动联合和资本联合的结合，资本是以股份为主构成，职工股东共同劳动，实现按资按劳分配，权益共享，风险共担，自负盈亏，独立核算。我国的股份合作制在原理上也是合作制，但是与域外的合作社还是有些不同。但是，可以肯定，当雇员合作之后，雇员就不再是雇员，这样的企业往往不存在领导问题，而是民主决策，这也意味着股份合作社多适用于中小企业。

(3)企业社会责任

"企业社会责任是 20 世纪初以来凸显于西方国家，尤其是英美等国诸多学科领域的一个重要概念……然于其诠释，歧义颇多，即便是在企业社会责任的倡导者中，也未能就其形成一致公认的解说。"[②] 企业社会责任代表了一种反思的理念，即反思企业为股东盈利的单一责任，在这一点上，企业社会责任与经济民主有着共同的使命，即批判企业以资本为核心的恶性。而且企业社会责任理论还带有伦理支持。盖因为所谓社会责任，往往具有道德约束力，并包括两个典型的方面：其一，企业的

---

① 郭红东，钱崔红. 关于合作社理论的文献综述[J]. 中国农村观察，2005(1)：72-77.
② 卢代富. 国外企业社会责任界说述评[J]. 现代法学，2001(3)：137-144.

环境责任；其二，企业对员工的责任。在推行企业社会责任的过程中，这两个方面分别称之为绿色条款、蓝色条款，通过关联企业之间的约束推动企业的环境责任、劳动法上的责任。在企业社会责任的氛围中，经济民主观念可以获得很好的环境，为员工的民主参与提供条件。换言之，当经济民主成为一种思潮时，企业治理结构自然应当考虑劳动者的参与和权益，并把此作为一种责任。

（4）利益相关者理论

利益相关者理论很难称为一种法律理论，而是对企业社会责任的一种解释或者补充。这一术语首先来自于伦理学。按照伦理学辞典的解释，"亦译'利益相关者理论''利权人理论'"，是经济伦理学术语。由宾夕法尼亚大学和弗吉尼亚大学教授威廉·伊文和爱德华·弗里曼提出。其基本观点是，公司的社会责任并不是像弗里德曼（Milton Friedman）所说的只增进股东利润，并提出了其所增进利益者的新概念，即"关民"。① 可见，利益相关者理论中包含了企业治理中的制约观念，具有明显的移植国家政治民主的色彩。

（5）人力资本理论

人力资本理论本来是管理学上的理论。但是，在人力资本理论中有一种人本观念，即将劳动者作为投资性资源，这很好地映衬了职工持股计划，也在管理学意义上扩展了产权视角的民主空间。

倘若我们把此五种具体的制度或理论分类，一类则是所有制思维下的制度，如职工持股、人力资本理论；另一类则是政治民主影响下的制度，如企业社会责任、利益相关者理论，以及合作社。

第三节　公有制难题与职工主人翁精神

在分析经济民主概念，以及私有制下企业民主管理思想后，这里所谓的企业民主管理则专指公有制下的企业民主管理。我们在分析企业民主管理思想基础的时候忽略了所有制的影响，以致混淆了两种所有制脉络的多种冲突性思想。但是，当我们在区分所有制的情况下再次分析企业

---

① "所谓'关民'指的是'影响一组织的目标成就或受它影响的任何集团或个人'，包括六类人：股东、雇员、顾客、经理、供应商和地方社会。关民理论主要围绕两个问题展开：（1）私有财产及其代理人的权利和义务与这种财产对其他人权利的影响；（2）由管理层控制公司把追求股东利益作为公司目标和管理层责任所带来的后果与现代公司对其他人利益的影响。"关民理论[EB/OL]. 伦理学大辞典. http://epub.cnki.net/kns/brief/default_result.aspx.

民主管理思想时，则可能面临一个疑问：公有制体制下如何将企业民主管理从公有制企业中扩展到私有制企业中，这是当前我国面临的现实情况。

一、公有制下的企业管理

我们已经从私有制下的企业民主思想中整理出了若干学说、制度，这些学说和制度均带有企业民主管理思想的成分，很容易让我们理解其可作为企业民主管理思想之源流。然而，笔者的大历史逻辑认为，社会主义思潮下才有民主社会主义这一伏线，改良思想内延续的社会主义转化为诸多的、分散的、难以体系化的经济民主思想和相关性制度。倘若寻找源流，应该是更具有源头上的纯正性的企业民主管理思想。因此，我们认为，企业民主管理思想的源流仍然是在所有制上，即社会主义公有制。

1. 公有制下的管理、效率、劳动关系

公有制有两种形式，一种是国家所有，一种是集体所有。在企业形态中，国家所有制企业和集体所有制企业均是公有制企业。公有制企业同样没有一成不变的模式，尤其是在公有制的历史积淀尚不深厚的情况下，公有制企业的管理模式往往会显得不成熟，在模式选择与变化上缺乏连贯性、妥当性。但是，我们仍然能够梳理出公有制与企业管理的若干关系。

（1）市场是连接两者的重要因素

周其仁认为，公有制企业否认市场交易和利润激励，但不能否认个人所有的人力资本，其动员个人资本的方法是国家租金激励机制，由于"委托—代理"框架和"所有权经营权分离"框架都不适合分析公有制企业的经济性质，因而提出"法权的和事实的产权不相一致"的框架。[①] 在没有市场，而由计划替代的公有制企业中，其管理模式应该是行政化的。而事实证明，公有制并不意味着取消市场，公有制企业也需要市场的刺激。

事实上，市场是所有制内的选择因素。在经济所有制内没有市场机制的情况下，就是计划经济；在经济所有制内有市场机制的情况下，就是市场经济。我们可以在计划经济下分析企业管理，也可以在市场经济下分析企业管理。我国曾经的"鞍钢宪法"就是计划经济条件下公有制下的企业管理探索；现在的职工董监事就是市场经济条件下公有制下的企

---

① 周其仁. 公有制企业的性质[J]. 经济研究，2000(11)：3-12＋78.

业管理探索。

(2)公有制的效率问题

我们往往会忽略公有制的效率与公有制企业的效率的区分，两者实际上是两个不同的问题，前者决定经济结构的选择，后者决定企业管理上的选择。事实上，公有制和私有制均已经在人类历史上出现，将二者比较分析自然会发现，各有优缺点。有学者认为，公有制企业效率低并不等于公有制经济效率低，并强调，"①应全面理解作为整体的公有制经济的效率；②借鉴西方经济学的效率理论来解释公有制经济和非公经济的差异；③分析目前实证研究中的样本偏差；④讨论对有大量价格扭曲和外部效应的国有企业采用传统度量指标的局限性"。[1] 倘若注意到这些，我们会发现公有制的效率并不一定低于私有制，公有制中也会有市场以及部分的私有制企业。

(3)公有制的劳动关系

公有制下仍然有所有观念，但是公有制企业的所有观念发生了变化，客观上容易出现产权主体虚位的情况，但是"企业方"的观念却不会因为产权主体虚位而消失。换言之，公有制企业仍然存在劳资关系，在弱化资本的背景下，会将其称之为劳动关系。

公有制下劳动关系会在伦理和法律上出现一种倾向，即职工主人翁观念。在有关经济民主的理论建构中，也以工人自治为其核心内容。然而，在公有制企业管理实践中，无论是在资本主义国家，还是在社会主义国家，无论是在计划经济条件下，还是在市场经济条件下，均未长期存在着工人自治的公有制企业管理形态。而从我国的公有制下的企业劳动关系来看，其也未建立一种工人自治的企业管理模式。

2. 公有制下的企业管理形式

(1)两难的企业民主管理制度

在兼顾公有制下企业的市场竞争力和内部效率的情况下，将公有制下的劳动关系进行法律化的过程，则是一个确立职工主人翁观念的过程。而确立主人翁观念，则势必赋予职工一定的企业管理权利。同时，在企业治理结构上又不放弃独立于劳动者的投资者拥有企业的观念。因而，在企业管理中出现了两难局面：要么企业的控制权归职工，建立以职工为核心的管理制度；要么企业的控制权归投资者，建立以资方为核心的管理制度。这两种制度能在多大程度协调在一起，则是企业民主管理制

---

① 刘浩. 论公有制经济效率的认识误区[J]. 财经研究，2004(3)：94-105.

度的两难问题。

（2）企业民主管理的制度形式

企业民主管理的制度形式大致有两种：一种是正式制度，一种是非正式制度。正式制度是通过法律强制性规定在企业管理机制中确立下来的制度。在正式制度中又分为代议性制度和参与性制度。德国的劳资共决机制下的劳工委员会、我国的职工代表大会均是一种旨在构建劳动者在企业管理中主体地位的代议制制度。我国的职工董监事虽然旨在实现职工代表嵌入到公司治理结构当中，故可认为是代议性制度的延伸，但在实践中则属于参与性制度。此外，企业在管理过程中，推行厂务公开，赋予劳动者个体以监督权，属于典型的参与性制度。企业民主管理还包括一些非正式制度，如企业内部的各种监督机制。

二、职工主人翁精神与公有制经济下的体面劳动

职工参与企业民主管理，作为我国的企业制度，必然会受到美国经济民主思想的影响。最明显的表现是，我们引入了利益相关者理论、企业社会责任理论、职工持股理论，乃至"经济民主"这样的概念。在这样的背景下，建立在所有制基础上的传统企业民主管理理论在学术界受到了很大的挑战，企业民主管理的理论自足在法律移植过程中，出现了理论基础上的多元。

倘若我们停留在认知劳动关系的视角，长期多元化认知企业民主管理理论，则有可能弱化企业民主管理的实践，使得企业民主管理形骸化、空洞化。此外，随着劳动关系与劳动法的学科弥合，法学开始越来越多地切入企业民主管理理论与实践中，这种切入是实践与理论之间不断穿梭的结果，尤其是随着劳动关系的法制化，企业民主管理成为显性的法律实践，直接体现为现实的权利义务关系。这时候，劳动法，乃至法学的一些基本价值、观念成为助推企业民主管理的思想基础，而且我们也在现实中感受到了此种事实，这就是体面劳动的诉求、人性尊严的诉求。

企业为什么要实施民主管理，为什么要职工参与？诸多的理论可能指向了效率，尽管以"民主"的名义，也可能落脚到效率，其本质上是在说服企业主；而否定企业主的理论不仅意味着意识形态的冲突，而且还面临着现实的低效率。应当说，在效率面前，我国传统的以公有制为基础的企业民主管理已经在制度上不断妥协，却又很难融合到前者当中。到底什么是中国的企业民主管理？我们正在慢慢地放弃我们的标识，如"公有制""主人翁"。必须承认，国有企业已经不是解决就业的大头，曾

经的"主人翁"也已经渐渐被淡忘了。那么，这是否意味着我们应该放弃这些标识呢？肯定有这种风险。但是，西方理论并不能否认这些标识的价值，既然是意识形态的问题，就多少是带有信仰的问题，不管在理论上如何推导，我国的企业民主管理恰恰是以公有制为主体的经济制度为背景的，在我们国家推行企业民主管理不是改变资本主义的经济民主，而是巩固和发展公有制经济，鼓励、支持、引导非公有制经济发展下的经济民主。企业要实行民主管理，是我们国家基层民主的要求，这不是法律移植，是制度赓续。因此，有必要强调我们曾经的经验和标识，如"两参一改三结合"、主人翁精神。

国际劳工组织在 1999 年提出了"体面劳动"的概念，为此确定了工作中权利、就业、社会保护、社会对话等方面的目标。我国公有制经济中最与体面劳动接近的观念是职工主人翁精神。目前没有关于主人翁精神与体面劳动之间关系的论述。但是，破解我国公有制下企业民主的难题，可能不是引入西方的经济民主思想或者制度，而是挖掘自有的职工主人翁精神，从劳动者劳动的制度描述中实现与国际上体面劳动思想的衔接。从对比的角度来看，我国的企业民主管理制度形式是比较丰富的，经济民主思想所确立的制度模式仍然是私有制下的幻想，不一定适合我国的公有制经济。而职工的主人翁精神如何渗入到企业管理当中，则是我国企业民主管理突破企业所有制形式限制后的重要课题。换言之，公有制企业中塑造的职工主人翁精神，以及各种正式与非正式的制度如何在私营企业中适用将是一个开拓性的课题。

第二章　企业民主管理之劳资合作

第一节　劳动者在企业中主体地位的法律分析

一、劳动者在企业中的地位问题——问题域的解析

(一)劳动者的主体地位

在法律上分析劳动者在企业中的主体地位，显然不是在雇佣意义上考虑的。雇佣意义上的劳动者与企业是对等的双方，在劳动关系的塑造过程中把企业作为一方当事人，在一定程度上把劳动者塑造为企业之外的法律主体，企业作为拟制人的色彩是极其浓厚的。所以，在拟制法人的法律框架下，只存在劳动者与企业之间的法律关系，却一般不会涉及劳动者在企业中的地位问题。然而，这并没有使得劳动者如企业债权人一般与企业往往有着明显的界限，相反，劳动者深深地陷入了企业之中，并成为近现代社会中最基本的社会角色——工人，在一定程度上，我们所指称的资本主义社会或者我们所处的社会可以称为"工人社会"。① 按照这样的逻辑，劳动者的地位思考是一个极为终极性的问题，其理论整合要涉及诸多的学科，如法学、政治学、政治经济学、社会学以及经济学等，而本章关于劳动者在企业中主体地位的肯定性思考正是本章的导引、基点。

可是，由于劳动者地位的终极性，关于劳动者地位的理论支撑更容易成为一种价值判断，并在逻辑上有两分之可能：一种是把劳动者的主体地位推向极致，认为劳动者创造了剩余价值，劳动者创造了历史，劳动者是国家的主人和企业的主人；另一种是把劳动者的客体地位推向极致，把劳动者物化为商品，历史是资本的历史，劳动者不具有政治上的

---

① 奴隶社会、封建社会和资本主义社会中的最基本的关系分别是奴隶主和奴隶的关系、地主和农民的关系以及资本家和工人的关系，故而此三种社会可以分别称为奴隶社会、农民社会和工人社会。这种使用"工人社会"的概念，并不能反映"资本主义社会"本质，正如"农民社会"的概念不能反应"封建"之本质，然而，却反应特定社会中绝大数人最基本的生活或生存方式，这里是基于此来强调此种社会关系的重要性。

地位，在经济组织中也只是被指挥和使用的生产要素。马克思研究资本
的本质，构建了劳动者生产剩余价值的理论，在终极意义上肯定了劳动
者的主体地位。在马克思的《资本论》中，考察了劳动和资本结合过程的
剩余价值的生产，换个角度，即劳动者对工厂生产积累的所有，这是符
合所有权的朴素原理的，其定律：商品的价值取决于为生产该商品所需
要的物化的(过去的)劳动量和活的(现在的)劳动量。① 进一步推理，随
着劳动量的积累，劳动者对工厂便具有了所有权意义上的权益，劳动者
对企业的控制与管理符合资本家对企业的控制和管理的逻辑。

　　然而，从历史的角度来看，社会产品或资料的生产与所有远不是同
一的，作为生产意义上的劳动者从来都是依附于生产而物化，只是到了
近代，劳动者的地位才有明显的提升。劳动者从奴隶到农民，再到工人
的身份转化，正诠释了社会产品或资料的生产者独立人格的觉醒，法律
上主体地位的肯定与提升。按照我们关于历史的常识，奴隶是不具有人
格的，农民具有法律上的人格，却是一种很弱的人格，农民被束缚在庄
园里或者井田中。而从农民到工人的身份变化并没有在制度上自然地提
升劳动者的法律地位，只是解除劳动者对土地(或地主)的依附，在一定
程度上给了劳动者选择依附的自由。例如，处于变迁状态的农民工，或
者工人阶级形成过程中的工人，仍然处于法律上的弱人格状态，我们可
以抽象地称之为物化的劳动者，劳动者进入企业之前是人化的、主体化
的，进入企业之后是物化的生产要素。然而，随着人权理论的延伸与劳
动保护的立法，劳动者在依附于资本(或雇主)的过程中，其法律上的主
体地位却在逐步加强，雇主对劳动力(界定劳动、劳动力、劳动者是令人
迷思的)的指挥与使用越来越受到来自法律的规制。无论这种规制的立论
何在，这种规制的客观效果是缓和或纠正了劳动者的不利处境，肯定了
劳动者的主体地位，使得劳动者与企业两者的法律关系不只是局限于个
别之间的雇佣合同，而是深入到两者的依附式的劳动力使用过程中，劳
动者有了一些来自于法律的发言权。② 这种发言权可以看作劳动者在企
业中地位的去物化努力。而法律为何去做这种努力呢？笔者认为，这不
一定是建立在所有权理念上的，而是权利和权力理念的延伸，从农民到

---

① 马克思，恩格斯，列宁，斯大林. 马克思剩余价值理论[M]. 北京：人民出版社，
1976：454.

② 劳动者来自于法律的发言权多是法律对企业法律责任的强制性规定，这些规定所涉及
的权益往往不需要劳动者去主张，这可以看作是因劳动者自觉发言权益障碍而产生的
替代机制。

工人的身份转化的同时，人权概念逐步发展，平等、自由和博爱成为社会普世的价值，深入日常生活；另外，政治国家的理论也发生了深刻变化，社会契约、天赋人权、三权分立等融释到国家法治中，这两种变化的结果是，个别的自然人普遍具有了法律上的独立意义，并在个人权利意识和组织权力限制理念的双重作用下，企业中的劳动者地位得到了肯定和发展。

可以肯定，劳动者的主体地位是一个抽象的价值判断，也是一个意识形态的政治概念，这是讨论劳动者在企业中的主体地位的前提，也是诠释劳动者在企业中主体性权益的理论基础。

（二）劳动者在企业中的法律地位

劳动者在企业中的主体地位，在法学逻辑上也有两个最基本的向度，一个是劳动者在公司法（企业法）意义上获得的地位，另一个是劳动者在劳动法意义上获得的地位。这两个向度并不以企业法和劳动法的严格界分为前提，而是以企业生产中的不同要素为起点而构建的法律制度。以资本为中心来构建企业制度，提供资金者为企业当然之控制权的来源，典型者如合资公司，而提供劳动者则向着资金拟制或借助于资金而获得企业的控制权利。所谓向着资金拟制，最典型的思维是把劳动资本化[①]，在法律上的资本化可能要转化为一个问题，即劳动能不能作为资本来出资，而有关的实践则可能是"干股"或人力股问题。所谓借助于资金，是在资本控制的框架下赋予劳动者一定的资本占有，典型的做法是职工持股制度。以劳动为中心来构建企业制度，提供劳动者为企业当然之控制权的来源，典型者如合伙企业。当企业的资金提供者可能难以有效或无法控制企业时，劳动可能成为构建合资企业的一个视角。同时，企业社会责任理念的出现以及企业治理中的利益相关者理论均有一定的解释空间。[②] 而以劳动为中心对资本中心的公司治理的进一步冲击可能要体现在两个方面：一方面是劳动者团结权行使以求集体协商对公司治理的影响，一方面是劳动者或者其代表直接进入公司的治理结构中去。由于历史的自然脉络是以资本为中心来形成现代企业制度的，以资本为基点而形成的公司治理结构走向融有劳动一极或者完全以劳动为基点的公司治理结构，则必然有两个进路，一是提供资金者主动吸纳提供劳动者到公

---

① 这不同于人力资本或者人力资源的提法，不是出于人力资源管理的考虑，而是法律上的权利基础的考虑。

② 目前，在公司治理的研究中，以利益相关者理论切入劳动者、债权人乃至社会对企业治理的参与正是如此。

司治理结构中去，二是因劳动者争取而在公司治理结构中体现劳动要素之权益者地位，① 而这两个进路则较为对应地分别体现于公司法和劳动法中。

在公司法中，并没有"劳动者"的概念，这需要对"劳动者"进行一个术语的转换。在公司中，存在的主体有股东、董事、监事、经理、一般员工，从生产要素的角度来看，股东的人力投入姑且不论，董事、监事和经理仍然属于广义上的劳动者。然而，这里的"劳动者"在公司法上对应于一般员工。② 一般的公司法理论告诉我们，现代公司制度是在私有财产的基础上演变而来的，"公司制度趋向于使先前依附于所有权的各项职能发生分离"③，特别是，控制权脱离所有权而成为一项独立权力。正是在这种背景下，一般员工在企业中的法律地位有了超越被雇佣者的实践，雇员开始进入到企业的治理结构当中，一种是假借所有权之途径，通过雇员与股东的身份重合来获取法律上的地位，典型的例子是职工持股计划；另一种是重新认识职工的身份，直接进入公司的治理结构中或者修正传统的公司治理结构，典型的例子是职工董事、职工监事以及职工代表大会等制度。这里需要区分的是，假借所有权之路径是按照从所有权中分割控制权的逻辑而展开的，其身份无非股东或者其代理人；而重新认识职工的身份则事实上也在重新认识控制权基础，并实质上批判了传统的财产所有权基础，同时在生产要素意义上重新认识劳资关系，并把劳动者作为劳动要素之所有者而纳入到公司的控制权框架中。

在劳动法中，劳动者在企业中的法律地位转化为劳动者与用人单位之间的劳动关系。企业作为用人单位是劳动法律关系的一方主体，与劳动者之间是雇佣者与被雇佣者之间的关系，具有私际契约的实质性内容④，这意味着企业和劳动者之间具有天然的自治性，一方给付报酬和一方给付劳动所形成的交易性市场是供需调控的，在合意形成上企业与

---

① 在抛弃一种制度而重建一种制度的意义上，也存在劳动者完全控制的公司治理结构向吸纳资金提供者进入到公司治理结构之情形，我国的企业改革在某种意义上体现了这种情形。

② 雇员、员工、职工、劳动，这几个概念在范围上基本一致，统一指以工资收入为生的、受雇于企业的普通劳动者……来源于各国各地使用习惯中的一般使用方法……它们共同不包括企业高管在内。参见：李立新. 劳动者参与公司治理的法律探讨[M]. 北京：中国法制出版社，2009：13-14.

③ 阿道夫·A. 伯利加德纳·C. 米恩斯. 制度经济学译丛——现代公司与私有财产[M]. 北京：商务印书馆，2005.

④ 正是因此，劳动法律关系两方主体的个体性越强，来自立法的规制也显得越虚弱无力，我国目前劳动合同法之实施困境的根蒂即在此。

劳动者互相独立，无所谓劳动者在企业中的地位问题。然而，合意形成之后，劳动之给付则甚为复杂，以致劳动关系被历史性地区分为个别劳动关系和集体劳动关系，并且集体劳动关系法和劳动基准法律制度成为劳动法的重要组成部分，并在一些国家中（例如美国），劳动法就是劳工联合和集体谈判法。应当说，劳工联合和集体谈判必然影响到企业的经营，甚至直接影响企业的经营决议，但是，这种影响与企业经营本身是有着制度上的明晰界限的。关于此，黄越钦先生分析为，在传统观念中，雇主保留全权处理其业务的当然权利，订立集体协议已经是让步了。①应当说，在劳动法的体系中，劳动者在企业中的地位与企业之经营权益无法律上之直接关系，而仅仅通过团体之力量在与企业对等的平台上影响企业之经营权益，劳动者之天然地位为受雇之人。

劳动者在企业中的法律地位问题同时伴随着另外一个问题，即劳动者与企业的关系问题。从经济生产的角度来看，劳动者在企业中的地位均是劳动要素与生产资料要素的结合方式问题，只是在法律思辩中有了企业内和企业外两种情况。而在单纯地关注劳动者在企业内的法律地位的时候，前者为控制性地位，后者为依附性地位，两者所体现的主体性是不同的。由此，沿着劳动者在企业中主体地位的思考，劳动者在企业中的法律地位更多的是公司法上的破题与立论。破立之关键则聚焦在公司治理（结构）中。笔者沿着这一思路，把劳动者在企业中的主体地位放在劳动者对企业的管理权益上，并以此为基础来梳理和分析我国关于劳动者在企业中主体地位的有关法律。

二、劳动者在企业中主体地位的法律突进
——公有制立法框架下的法律完型

劳动者在企业中的主体地位是与社会主义的政治理想紧密联系在一起的。劳动者是企业的主人作为政治理想，随着新中国的成立，很快进入经济生活当中，并在社会主义改造中得到了强化，塑造了我国劳动者在企业中主体地位的一次完型——企业的主人。企业主人之定位当从两个层面来理解，一个是观念层面的企业主人，这从新中国成立前的国营企业经营管理，到新中国成立之后的私营企业经营管理、公有制企业的经营管理中都普遍存在；一个是制度层面的企业主人，此以公有制企业中的职工代表大会为核心。我们可以沿着历史探索与制度改革的脉络去

---

① 黄越钦. 劳动法新论[M]. 北京：中国政法大学出版社，2003：247.

分析劳动者在企业中主体地位的一次完型。

(一)中华人民共和国成立前企业管理实践与劳动者定位

在中华苏维埃时期,《苏维埃国有工厂管理条例》第一条规定了厂长负责制,① 同时第三条又规定了早期实践中的"三人团"。② 此即国有工厂管理体制探索中的"三人团"企业管理,也是比较成熟的规范性表述,并有积极的评价。如认为,此时形成的"三人团"企业领导体制模式至少存续了20年,符合了战争年代的需要。③

企业管理的"三人团"是以企业国有为前提的,体现了民主的原则,也体现了集中的原则,其运行之效果与民主和集中之间的分寸有关系。而《苏维埃国有工厂管理条例》下的"三人团"则定为一种协同处理厂内的日常问题的组织,而工厂管理委员会则定为解决厂内的重大问题。同一时期,党的领导人的分析可以看出其背后的问题。1934年3月31日,刘少奇在《论国家工厂的管理》中认为,厂长不能真正负责是不能把工厂管理好的,工会过多约束了厂长。④ 刘少奇的观点是,应建立完全的厂长个人负责制,并应该领导工厂的管理委员会。⑤ 这可看作《苏维埃国有工

---

① 具体条文内容为,"国有工厂负责者为厂长,厂长由各该隶属上级苏维埃机关委托,对于厂内一切事务,有最后决定之权,并向苏维埃政府负绝对的责任"。

② 具体条文内容为,"在厂长之下,设工厂管理委员会,由厂长、党支部代表、工会代表、团支部代表、工厂其他负责人、工人代表五人至七人组织之,开会时以厂长为当然主席,以解决厂内的重大问题,管理委员会内组织'三人团'由厂长、党支部代表及工会支部代表组织之,以协同处理厂内的日常问题"。

③ 朱同清. 我国革命战争时期实行的"三人团"企业领导体制[J]. 中国商办工业,1996(5):37.

④ 具体描述:"在国家工厂中,我们还没有建立真正的工厂制度,没有科学地去组织生产。厂长的权限没有正式规定,一切工厂还没有负责的工头领班,生产品完全没有检验。甚至卫生材料厂由工会的小组长来管理各部分的生产。有些厂长这样宣布说:'工会要我怎样办我就怎样办。'这种情形是没有可能把工厂管理好的。"刘少奇. 论国家工厂的管理[EB/OL]. 人民网. http://www. people. com. cn/GB/shizheng/8198/30513/30515/33959/2523849. html.

⑤ 具体陈述:"必须把工厂中的完全的个人负责制建立起来。厂长对于全厂的生产与行政,负有绝对的责任,因此他有权力来决定和支配全厂的一切问题。在不违犯劳动法的范围内,关于工资、工作时间、生产数量以及调动、处分和开除工人职员等,厂长是有完全的权力决定与执行的。但厂长在决定各种问题时,必须事先与党的支部书记和工会的主任商量,尽可能取得他们的同意,配合党与工会的系统来一致执行。但党的支书与工会主任不同意时,厂长有最后决定执行的权力(有政委时一定要得到政委同意),并同时提到上级机关来讨论。我们现在要用这种'三人团'的方式来管理我们的工厂。工厂的管理委员会应该是厂长之下的讨论与建议的机关。"刘少奇. 论国家工厂的管理[EB/OL]. 人民网. http://www. people. com. cn/GB/shizheng/8198/30513/30515/33959/2523849. html.

厂管理条例》的背景。在这里强调建立有效的组织管理，劳动者通过工会之代表而实现对企业管理的参与。虽然工会对企业的管理有很大的权限，然而在制度上，仍然是肯定厂长的决定权，劳动者的民主管理权益通过工会代表进入管理委员会而得到表达，并没有从国有推出企业的劳动者所有。

然而，由于战争的原因，国有企业管理的实践很少在理论上进行讨论，三人团和工厂管理委员会制度的实践在以后的抗日战争和解放战争中得到了肯定，特别是比较早的厂务公开的实践成为劳动者生产监督权利的保障。同时，也强调用新的态度对待新的劳动，强调国有企业、合作社中的工人不再是为地主资本家劳动，而是工人阶级为自己劳动，强调爱护"自己的——民众的工厂企业"，鼓励工作中的竞赛、义务劳动，自动减低工资，刘少奇在强调跟几千年的旧习惯作斗争时，引述列宁的话，"为自己的劳动取代强制的劳动，是人类历史上最伟大的更迭"。①这种强调奉献性的劳动态度是与革命信仰联系在一起的，并一直延续到中华人民共和国成立后的企业管理和劳动中。

（二）新中国成立后的私营企业改造与劳动者定位

中华人民共和国刚成立时国民经济成分是多元的。② 在《中华人民共和国宪法》（1954 年）中也基本肯定这些多元化的经济。③ 但是这种经济结构并没有持续多久，在 1954 年《宪法》中已经明确了对农业、手工业和资本主义工商业的社会主义改造的过渡时期总任务，对资本主义工商业的社会主义改造很快完成。然而，我们还是可以看出，在过渡时期，以存在私营企业为前提的企业管理是一种特殊的制度经历，其法理阐释实为必要。而在社会主义改造完成后，劳动者在企业中的地位成为我国经济制度的一个完型，只是在缺乏法治的背景下，这个完型显得有些模糊。

1. 中华人民共和国成立之初私营企业中的劳动者定位——劳资两利与劳资协商会议

根据 1949 年《中国人民政治协商会议共同纲领》第 32 条的规定，"私人经营的企业，为实现劳资两利的原则，应由工会代表工人职工与资方

---

① 刘少奇. 刘少奇选集：上卷[M]. 北京：人民出版社，1981：21.

② 具体包括国营经济、合作社经济、国家资本主义经济、私人资本主义经济、小商品经济和半自然经济。

③ 具体规定："中华人民共和国的生产资料所有制现在主要有下列各种：国家所有制，即全民所有制；合作社所有制，即劳动群众集体所有制；个体劳动者所有制；资本家所有制。"

订立集体合同"。劳动者在私营企业中的经济利益通过集体合同得以保证。之后,1950 年 4 月 21 日政务院第二十九次政务会议批准的《劳动部关于在私营企业中设立劳资协商会议的指示》也明确,"劳资协商会议为劳资双方平等协商的机关,不负企业经营与行政管理的责任"。但是,劳资协商会议之议事范围却是比较广泛的,包括了生产管理、集体合同、劳动管理、社会福利等。①

应当说,在新中国刚刚诞生的时候,经济制度尚未定型,然而在新民主主义革命胜利的背景下,代表工农的中国共产党执政首先意味着工人的政治地位得到认可,这在私营企业的经营管理中也有反映。根据《劳动部关于在私营企业中设立劳资协商会议的指示》②,劳资协商会议虽然不负企业经营与管理的责任,却在企业经营与管理中有广泛的协商权益,所坚持的原则是劳资两利,这在关于私营企业中劳动力是否为商品的官方答复中也可得到印证。其答复的核心是,新民主主义社会中私营企业的工人出卖劳动力的基本性质仍然没有变化,工人在私营企业中已获得了相当的经济政治权利,但仍然没有变更劳动力是商品这个性质,无须遮掩,但须防止过左情绪,应当说明工人的社会主人翁地位,必须实行劳资两利的政策。

我们可以假设一种状态,在这种状态下,私营企业之经营与管理权归企业主(股东),但是劳资协商会议制度让劳动者(工人、职工)在企业中有广泛的协商权益,劳资两利以劳资协商为载体,这种状态当是中华人民共和国成立之时的劳资定位。

2."三反""五反"与劳资关系——兼论职工"小股子"问题及其处理

劳资两利原则下的企业私营与劳资协商并不是制度目标,而是初始的制度设想,在之后的实践操作中,这种原初的认识或者构想很快向着社会主义改造的方向发展,这是历史之大背景。值得注意的是,

---

① 具体包括:甲、有关订立集体合同及如何履行集体合同中各项规定之事项;乙、有关生产计划之研讨与生产任务之完成及提高产量、质量,节约材料、工具等事项;丙、有关改进生产组织,如劳动力配备,机器工具的调整,原料调配等事项;丁、有关改良技术,改善操作法,提高生产效率与工人技术水平等事项;戊、有关业务、管理之改进及工厂规则、奖惩制度之拟定与修改等事项;己、有关职工之雇用与解雇、职级升降及其他人事问题等事项;庚、有关工资、工时、生活待遇及其他职工福利设施等事项;辛、有关工商企业安全卫生及职工疾病、伤亡、残疾、女工生育待遇等事项。中国资本主义工商业的社会主义改造中央卷:上[M].北京:中共党史出版社,1993:102.

② 中国资本主义工商业的社会主义改造中央卷:上[M].北京:中共党史出版社,1993:154.

在这个过程中，私营企业经营管理有着微妙的变迁。"三反"是反对贪污、反对浪费、反对官僚主义的简称，"五反"是反对行贿、反对偷税漏税、反对盗骗国家财产、反对偷工减料和反对盗窃经济情报的简称。前者主要指向党政机关，后者主要指向资本家（私营企业主），然而其内容却是互相配合、浑然一体的。在这一过程中，不仅私营企业很快走向了公私合营的社会主义改造，而且私营企业中的劳资关系也发生了变化。

其一，劳资地位发生变化。1952年1月5日周恩来在《"三反"运动与民族资产阶级》的讲话中表达了私人经济应当受限制的观点，并指出劳资两利是以承认工人阶级领导为前提的。[①] 这里的工人阶级领导之前提实际已经把私营企业主的经营权益限制了很多，而在私营企业对外关系上的竞争市场的消失，以国家委托加工为依托的生产使得私营企业实际上已经不再是企业，而仅仅是拥有私人产权的工厂。

同时，在私营企业对内关系上，工人之监督权限在"五反"的基础上得到了强化和制度化。在《中共中央转发刘澜涛同志关于监督私营企业的生产和经营问题向中央的报告》（1952年4月28日）中已经发现了一些问题。例如，监督太广、太严、干涉太多，甚至把监督做成管理，要资本家劳动，按劳评资。应当说该报告还是客观而富有理性的。例如，报告强调，要把国家依靠并经过工人店员对私营企业实行监督和私营企业中的劳资关系这两种性质不同的问题加以区别。在监督制度化上，厂、店中工人监督的组织，由工会基层委员会提名，群众通过，经上级节约检查委员会批准，依据大、中厂店的不同情况，设工人监督委员会或工人监督小组，并明确其权利。[②] 以此分析，工人之协商权虽然与监督权在理论上是分开的，但是工人监督委员会制度必然使得劳资协商会议边缘化，或者工人之协商权与监督权的复合使得企业主之经营管理权化为虚无。

其二，职工"小股子"问题及其处理。应当说，在"三反""五反"背景

---

① 中国资本主义工商业的社会主义改造中央卷：上[M]. 北京：中共党史出版社，1993：243.

② 工人监督委员会和工人监督小组的权利包括：有向资本家要报表和看账目、单据及各种合同的权利，资本家不得拒绝；有向资方提出质问之权，资方对所质问须作答复；有检举资本家一切违法事实之权，但不得向资本家随便进行检查，必要检查时，须经节约检查委员会批准，发给检查证始得进行；对资本家违法事实，有立即抓脏作证之权。中国资本主义工商业的社会主义改造中央卷：上[M]. 北京：中共党史出版社，1993：291-295.

下，审视企业之内部关系，在劳资协商会议和工人监督委员会制度的框架下，职工对企业经营管理之控制力不断上升。在此情况下，私营企业主在股权上与工人分享当是理性之选择，是为"小股子"问题。笔者以为，此属于企业主在经营管理权危机时的对策处理，就危机处理而言，其与当下企业经营管理权发生危机时的对策处理之机理是一样的。

（1）"小股子"问题

根据《中华全国总工会党组关于私营企业中职工加入"小股子"问题的报告》之描述，"商店、小工厂和手工作坊中职工加入'小股子'的情况是普遍存在的"。① "小股子"的形式主要有：

①顶生意股或称红利股。"是由资本家自己决定什么人可以分红利。新中国成立前，高级职员（会计、跑街）和资方心腹才能分红，新中国成立以后，店员工人也可以分些红利了。这样可使职工忠实地为资本家利润服务。分红一般为'东六伙四'，在职员中这是最为普遍的形式。"② 这里的顶生意股或红利股与当下的工资提成制度可能相同，也可能与高管之期权股相同。

②顶身股或称人力股。"资本家为了残酷剥削店员工人，骗取他们顶身股。被骗取顶身股的工人，大多是工资低、工时长，工人又不会算账，结果数年分不到红利。即使分到一些红利，也不如应得的工资多，在贫苦老实的店员工人中也是普遍存在的一种欺骗形式。"③ 这里的顶身股与现在的合伙制度、职工持股计划有几分类似。应当说，这里看似夸张了的顶身股问题或欺骗性质在现在合伙制度和职工持股计划中都是其深层次的问题。

③吃劳金股。"店员工人一生不挑柜（厂），为资本家做一生牛马，到年老时随便做一点杂工，店里营业正常时，资本家就给他一定的酬劳金，这也是顶身股的性质。"④ 这里的吃劳金股虽然与身份有关系，却远没有股东之性质，就劳动者之个别来看，其是一种养老保障。

④赠送股也叫顶空财股。"资本家营业发展了，对做工多年的职工进

---

①　中国资本主义工商业的社会主义改造中央卷：上[M]. 北京：中共党史出版社，1993：285.

②　中国资本主义工商业的社会主义改造中央卷：上[M]. 北京：中共党史出版社，1993：285.

③　中国资本主义工商业的社会主义改造中央卷：上[M]. 北京：中共党史出版社，1993：285-286.

④　中国资本主义工商业的社会主义改造中央卷：上[M]. 北京：中共党史出版社，1993：286.

行拉拢，送几厘股以收买职工，这是财股形式，实质上是身股。"① 这里的财股形式、身股实质是很贴切的总结，现在看来就是劳动力入股。

⑤顶财股。"有两种情况，一种是资方规定没有股就不能做工，职工入一点'小股子'以保证职业，有些保证金性质；另一种是职工有发财思想，找一些钱（如典卖东西）顶'小股子'，希望获利。实质上还是靠工资生活。"② 顶财股就其制度形式来看是一种投资，换个角度看是一种融资，这种现象在现在也很普遍。

⑥强迫性顶财股。"一种情况是职工做工多年，资方故意拖欠、扣除或不给工资，结算后作为入股资金；另一种情况是在发年终奖金时，资方拉拢职工入股。资本家采取这种'猪儿不出圈'的办法，人财跑不掉。又可延长工时，压低工资，使职工服服帖帖地做工。"③ 这种强迫性的工资之债转股权可能会损害劳动者之权益，在现在的法律制度下也是应当限制的。

⑦顶名财股。"资本家原系独资经营，他们不了解政府政策，害怕政府查他们资金来源，在工商局登记时用职工名字顶股，给职工一些好处。这种情况在新中国成立后为多。"④ 这种情况在现在的问题主要对应实际投资者之问题，属劳资关系之边缘问题。

（2）"小股子"问题的处理与反思

"小股子"的定性是从阶级斗争出发的，而没有从资本式微背景下的劳资合作中展开，这也是当时的政治环境所决定的。"拉职工顶'小股子'是资本家分化职工团结、麻痹工人阶级意识、残酷剥削职工的一种阴谋。顶'小股子'的花样很多，但实质上只有身股（人力股）和财股两种。"⑤ "小股子"问题被界定为阶级斗争问题。在"小股子"问题的具体的处理上，以职工退股为主，并以阶级教育为主，强调自愿退股的原则。在退股处理上，区分身股与财股，唯吃劳金股不以顶股来看待，而作为劳动保险的

① 中国资本主义工商业的社会主义改造中央卷：上[M]. 北京：中共党史出版社，1993：286.
② 中国资本主义工商业的社会主义改造中央卷：上[M]. 北京：中共党史出版社，1993：286.
③ 中国资本主义工商业的社会主义改造中央卷：上[M]. 北京：中共党史出版社，1993：286.
④ 中国资本主义工商业的社会主义改造中央卷：上[M]. 北京：中共党史出版社，1993：286.
⑤ 中国资本主义工商业的社会主义改造中央卷：上[M]. 北京：中共党史出版社，1993：285.

一种形式，并在私营企业中着力推行。而对于职工之股金获利已超过薪金收入，并成为其家庭生活主要来源，在"五反"教育后又不自动退股者，则不勉强要求其退股，但视其已失掉工人成分，不吸收入工会。

以现代企业治理理论来审视中华人民共和国成立初期私营企业的劳资关系，我们会发现，其存在一种较为理想的劳资合作观念下的企业民主管理制度，尽管这种制度并没有法制化，而是在劳资斗争的观念下很快把承载该制度的私营企业再造为公营企业。其实，"小股子"之种种形式均可以在现代企业法律制度或劳动法律制度中找到影子，有些形式在现在也是提倡的，有些形式在现在也是必须要规制的，但任何一种形式都是不可能依靠禁令让其消失的，除非你消灭制度载体本身。

应当说，劳资协商会议、工人监督委员会以及"小股子"现象勾勒了一种企业民主管理的完型，这是私营企业法律制度史上的一个机遇点，只可惜这个机遇点没有停留多久，而是在鼓励公私合营的政策下，通过赎买等手段很快在经济体制上改造了私营企业。而经过计划经济体制的调整之后，以市场为导向的改革开放又给了私营企业极大的发展平台。现在的私营企业仍旧普遍存在上述之"小股子"现象，只是所面临的压力有所不同，新中国成立初期的压力主要是政治压力，而改革开放以来的压力主要是经济压力（竞争压力或资金压力）。例如，现在企业经营中销售一线的提成工资制度和高级管理人员的期权即是顶生意股或红利股，不同的是，前者是制度化的市场行为，后者是非制度化的市场行为；现在企业中的合伙企业以人合为基础属于身股制度化，而股份公司中的职工持股计划则是财股的制度化或管理企划。不过历史的经验可以提醒我们注意职工利益之维护，尤其是在具体操作中涉及到了劳动者之工资权益的时候，必须加以规范。历史之经验姑且不详论，"小股子"的制度化作为企业民主管理的一个重要途径，当然是职工之主体地位的曲线证成，这在域外的实践中也得到了肯定，美国之职工持股计划即是范例。

（三）中华人民共和国成立后国营企业经营变迁与劳动者地位

1. 国营企业经营变迁中的职工民主管理权力

国营企业在新中国成立前已经存在，国营企业之经营管理可以追溯到20世纪二三十年代，这是寻找国营企业中劳动者地位的最早依据。然而新中国成立后，影响国营企业经营管理体制的因素外加了苏联经验，这使得国营企业经营管理中的劳动者之具体权利是在不断变化的，一方面我们承继了新中国成立前的军事经济中的管理理念，另一方面又很快照搬了苏联的管理模式，然而在照搬苏联的企业管理模式发生问题时，便植入了新中国成立前的管理理念。整体来看，国营企业经营变迁围绕一对矛盾、两套制度而展开。一对矛盾是企业内外控制权的矛盾，企业内的控制权是企业自有机构的决策、经营和管理权利，企业外的控制权是代表企业所有权人的政府对企业的计划、管理权利。相应地，在企业管理上存在两套制度，一套是企业外的管理制度，一套是企业内的管理制度。一般法理分析，股东对企业之控制属于企业内部之事项。然而在国营企业中，政府代为行使"东家"之控制权，并通过经济计划来管理企业却实属企业外部之事项，另一方面，在国营企业中又培养职工企业主人之意识以促进企业内部之生产管理与监督却并不能回避企业必然有一套经营管理组织与制度。新中国成立以来，国营企业经营变迁的主线便是政府管理权限与企业经营权限的拉锯，而且整体上实现了从集权到放权、从计划经济到自主经营的变迁。

在这个变迁过程中，一个考察视角是政府的权力变迁或者企业相对于政府的权利变迁；另一个考察视角是企业内的权利或权力结构变化，即企业内主体的权利变迁。其中，职工是企业内的重要主体，其民主管理权力之变化也在此大背景下而有所沉浮。我们可以在非严格意义上进行一个初型、发展和完型的考察①，而这个考察可以截止到 20 世纪 90 年代初。

（1）工人②参与管理的初型——兼析其与厂长负责制之关系

中国人民政治协商会议于 1949 年 9 月通过的《中国人民政治协商会议共同纲领》第 32 条规定了工人参与生产管理和厂长领导的关系。③ 该共同纲领是新中国之宪法性文件，其明确规定国营企业中以制度保障工人参加生产管理，其前提是厂长领导下的，其载体是工厂管理委员会。

1950 年 6 月由中央人民政府委员会通过后公布施行的《中华人民共

---

① 鉴于历史的复杂性和交叉性，一个渐进的变迁在文献梳理上不可能是绝对的，故而这里的考察更多的是抽象的思考，或者仅仅是历史的碎片，只是在与国营企业经营变迁大背景一致的情况下，保证了碎片截取的妥当性。

② 从"工人"到"职工"，再到"劳动者"的术语变化更多的表达了历史语境的变化。现在看来，"工人"之概念更多地是政治概念，而"职工"则是工会立法或者公司立法中的术语，"劳动者"则是劳动法律制度已经固定下来的概念。

③ 具体内容："在国家经营的企业中，目前时期应实行工人参加生产管理的制度，即建立在厂长领导之下的工厂管理委员会。"

和国工会法》对工人参与管理之代表制度进行了规定。该法第五条规定了工会代表权，① 第七条规定了工会的责任，② 以及各级工会的权利。③ 由此看，《工会法》将《共同纲领》之工人参与管理权利具体化、制度化了。而《工会法》第九条之规定更凸显了工人参与管理与企业生产经营之统一。④

这里值得强调的是工人参与管理与厂长负责制的关系，这可以在厂长负责制的实践中看出其中的微妙关系。厂长制是学习苏联的工业企业管理制度，称之为一长制，强调厂长对生产和行政拥有全部的领导权，而党组织则对生产行政工作实行保证和监督。⑤ 然而，一长制下的监督机制不健全，厂长则出现了不同程度的命令主义和官僚主义作风。于是，1956 年的中共八届全国代表大会决定在企业中实行党委领导下的厂长负责制。⑥ 由此，厂长领导下的工厂管理委员会和党委领导下的厂长负责制之间是有不兼容的地方的，这种不兼容主要表现为党委领导下的厂长负责制进一步把企业的管理权威行政化、外向化，企业自身的权威（厂长）并不能管理企业，进而企业内部的工厂管理委员会被虚置，工人参与管理中的相关权利在管理行政化的背景下无从展开。这意味着，工人参与管理之初型很快面临一个背景制度去向的问题，具体来说，是继续完善厂长负责制，还是另谋他途？其实质则是企业经营管理权力在企业内外的划分问题：一长制下的企业经营管理权利主要在企业内，党委负责

---

① 具体内容："在国营及合作社经营的企业中，工会有代表受雇工人、职员群众参加生产管理及与行政方面缔结集体合同之权。"

② 具体内容："工会有保护工人、职员群众利益，监督行政方面或资方切实执行政府法令所规定之劳动保护、劳动保险、工资支付标准、工厂卫生与技术安全规则及其他有关之条例、指令等，并进行改善工人、职员群众的物质生活与文化生活的各种设施之责任。"

③ 具体内容："在国营及合作社经营的企业中，各级的工会组织有要求其同级企业行政当局在工会委员会全体会员大会或代表会议上报告工作之权，并有代表受雇工人、职员群众参加同级企业管理委员会或企业行政会议之权。"

④ 具体内容："工会为保护工人阶级的根本利益，根据其章程及决议进行下列工作：一、教育并组织工人、职员群众，维护人民政府法令，推行人民政府政策，以巩固工人阶级领导的人民政权；二、教育并组织工人、职员群众，树立新的劳动态度，遵守劳动纪律，组织生产竞赛及其他生产运动，以保证生产计划之完成；三、在国营及合作社经营的企业中，在机关、学校中，保护公共财产，反对贪污浪费和官僚主义，并与破坏分子作斗争。"

⑤ 李琪. 转轨时期的中国企业管理思想演变研究[D]. 复旦大学，2007.

⑥ 即在企业中，建立以党为核心的集体领导和个人负责相结合的领导制度。凡是重大问题都应当经过党委集体讨论和共同决定，凡是日常的工作都应当由专人分工负责。李琪. 转轨时期的中国企业管理思想演变研究[D]. 复旦大学，2007.

制下则主要在企业外。

（2）工人参与管理的发展

如上已经分析，工人参与管理的初型是厂长领导下的工厂管理委员会，而工人通过工会代表进入到工厂管理委员会中。而随着对一长制短暂实践的否定，在逻辑上则当会出现两种倾向，一种是加强厂长之上的权力管理，一种加强厂长之下的权利分享与监督。应当说两种倾向都是合适之选择，任何一种倾向均应当确认厂长之本有权威。我们可以从《工业七十条》和鞍钢宪法中看出两种不同的探索。

《工业七十条》对厂长负责制的态度是努力完善，强调其提高管理水平和发展生产的积极意义。[①] 现在看来，如此积极的《工业七十条》对厂长领导与工人参与均有涉及。关于完善厂长负责制度，强调层层的分工和责任；[②] 关于党委领导下的厂长负责制，强调企业党委对生产行政的领导责任；[③] 关于工人、职工代表大会和工会，则强调企业工会的助手作用。[④] 由此看，《工业七十条》关于厂长负责制的完善包括了责任制度、党委领导制度和工人参与制度，是有其框架上的完备性的。就其逻辑来讲，是以加强对厂长的行政管理和制度管制为核心的。此意味着，工人参与企业管理是在党委领导前提下的厂长负责制下的，其发展之极致则可能意味着工人参与企业管理之废弃。

而关于工人参与工厂管理之倾向上值得一提的是鞍钢宪法。"鞍钢宪法是 1960 年 3 月中共中央在鞍山市委《关于工业战线上的技术革新和技术革命运动开展情况的报告》上所作的批示中提出的管理社会主义企业的原则，即开展技术革命，大搞群众运动，实行'两参一改三结合'，坚持政治挂帅，实行党委领导下的厂长负责制。两参一改三结合制度，是指工人参加管理，干部参加劳动，改革不合理的规章制度，实行领导人员、

---

① 李琪. 转轨时期的中国企业管理思想演变研究[D]. 复旦大学，2007.

② 具体规定："企业从厂部到小组，直到每一个人，要有明确的分工和责任。要建立各级的行政领导责任制、各专职机构和专职人员的责任制、每个工人的岗位责任制。要建立以厂长为首的全厂统一的生产行政指挥系统，集中领导企业生产、技术和财务等活动。要健全各科室等专职机构和生产调度机构，其行政工作在厂长或副厂长的领导下由科长、室主任负责。"

③ 具体规定："企业党委对于生产行政负领导责任，第一，贯彻党的路线、方针、政策，保证完成国家计划和实现主管机关布置的任务；第二，讨论决定企业中各项重大问题；第三，监督、检查各级行政对国家计划、上级指示、党委决定的执行情况。企业中的重大问题必须由企业党委讨论，所作决定由厂长负责组织执行。"

④ 具体规定："企业工会是党联系群众的有力助手，是吸引职工参加管理的群众组织，是共产主义的学校。工会应当在党委的领导下，协同做好企业管理以及与群众有关的各项工作。企业职代表大会制是吸收职工参加企业管理和监督行政的重要制度。"

技职人员和工人群众的三结合。"①由此看，把工人参加管理和干部参加劳动相结合当是以工人分享企业管理权的逻辑，进而制约企业干部之可能的不当作为。唯此之实践，在过急之情形下，则可能否认干部之管理权力，将企业主人翁之精神延伸为企业之主人，进而在具体之国营企业中，以其职工自我管理为目标。此意味着，工人对企业拥有控制力，可对企业进行经营管理。

应当说工人参与管理发展的两种逻辑均是工人参与管理初型之完善，并非彻底否认初型，只是在国情之大背景下，工人参与管理的制度化被大大地延迟了。

(3)职工民主管理之完型——析制度化的职工代表大会权限

从职工民主管理的发展到职工民主管理的制度完型似乎并不是连贯的，但是在改革开放背景下，国营企业改革最初的制度化必然是反思与实践选择的结果。1986年的《全民所有制工业企业职工代表大会条例》（中发〔1986〕第21号）、《全民所有制工业企业厂长工作条例》（中发〔1986〕第22号）、《中国共产党全民所有制工业企业基层组织工作条例》（中发〔1986〕第23号）三部有关全民所有制工业企业管理的制度，当是新中国成立以来经验积累和教训反思基础的制度完型，即以职工代表大会为核心的职工民主管理制度，而该制度完型确认在1988年4月13日的《全民所有制工业企业法》中。

在以《全民所有制工业企业职工代表大会条例》为核心的职工民主管理制度中，职工代表大会、厂长、党委三者之定位构成一个体系。其一，职代会的作用是在企业重大决策、监督行政领导和维护职工权益方面发挥作用，并接受党委的思想政治领导；其二，厂长定期向党委报告工作，定期向职代会报告工作；其三，企业党委对企业进行思想政治领导、对职工代表大会进行思想政治领导。企业中协助厂长决策的机构是管理委员会，其组成人员范围广泛，包括了党政职工三方的主要负责人或代表。②

由此来看，在全民所有制工业企业中，职代会和厂长分享了企业的决策和经营管理权力。相对来说，厂长的职权则具有延伸于职工代表大

① 李琪. 转轨时期的中国企业管理思想演变研究[D]. 复旦大学，2007.
② 具体之规定："企业设立管理委员会，就企业经营管理中的重大问题协助厂长决策，管理委员会由厂长、副厂长、总工程师、总经济师、总会计师，党委书记、工会主席、团委书记和职代表大会选出的职工代表组成，职工代表（包括工会主席）人数一般应当为管理委员会全体成员的三分之一，厂长任管理委员会主任，厂长有企业经营管理工作的决策权和生产指挥权，厂长同管理委员会的多数成员对经营管理中的重大问题意见不一致时，厂长有权作出决定。"

会之性质。由于职代会有着广泛的权利，厂长在形式上是职代会的执行者，而其中企业的管理委员会被定为协助厂长重大决策之机关。

2. 劳动者的主体地位——控制或参与的主体性

在公有制企业制度化的框架下，劳动者的主体地位经历了社会主人翁、企业主人翁、企业主人三种状态。社会主人翁是针对尚未改造的私营企业的工人而言的，企业主人翁自始至终是针对公有制企业中的工人而言的，而企业主人则是针对职工民主管理制度而言的，其中中发〔1986〕第21号文是职工民主管理制度一次完型的核心。在该次完型中，劳动者在企业中的主体地位通过代表制而真正成为企业的控制者，而厂长则被定为职工代表大会下的经营者，企业权利的核心是职工代表大会。

自中华人民共和国成立开始至1986年的中发〔1986〕第21号文，全民所有制工业企业的管理体制在变化，职工在企业中的地位也在变化。以现在企业控制权和经营权相分离的思维来看，其同样是企业治理的不断摸索，是围绕企业治理结构而展开的。只是在这一治理结构中，实际经营企业者(厂长)的法理构建比较混乱，其实质是对实际经营企业者的控制制度没有建立起来。而作为企业民主管理的一种总结，最后构建了职工——职工代表大会——厂长的治理模式。从这个意义上，劳动者真正成为企业的主人，而厂长在具体经营过程中由包含三分之一职工代表的管理委员会作为协助决策机构进行管理，在具体经营管理中使劳动者成为企业经营管理的真正参与者。

现在，我们已经很难实证考察劳动者此种主体性定位得以有效运行的环境，盖因市场经济导入我国经济中后，很快建立了以股东控制企业为基础的企业治理结构。中发〔1986〕第21号文所构建的企业劳动者控制企业的制度并没有进行过多的实践探索或完善，而只是历史的总结，却并不是历史的开始。需要强调的是，职工代表大会所享有的决策权是职工进一步享有知情权、监督权的基础，后者是前者的延伸。正如股东大会所享有的决策权是股东进一步享有知情权、监督权的基础一样，在否定职工代表大会决策权的情况下，职工的知情权和监督权则难以保障。就此来讲，其劳动者控制企业的逻辑与股东控制企业的逻辑是一样的。这时候，我们有一个简单的结论：在劳动者控制企业意义上的企业民主管理实际上是劳动力提供者作为企业公民的自主与自为，而股东控制企业意义上的企业管理仍然是一种民主，不过其是以资金提供者作为企业公民的自主与自为。而在公有制立法框架下，资金提供者被抽象为国家公民，企业管理之完型以劳动力提供者的主体为前提，即劳动者在法律上是企业中的唯一主体——企业公民。

三、劳动者在企业中主体地位的法律式微与法理困境

劳动者在企业中的主体地位与企业的经营管理体制紧密相连。随着国有企业的股份制改革的深入，在企业中建立了一种全新的控制经营管理制度，企业的权力核心定位于股东或投资者，这与把企业的权力核心定位于职工或劳动提供者的控制经营管理制度相去甚远，劳动者在企业中的主体地位很快在制度上被边缘化。而在新制度的构建中，劳动者的主体地位又如何？劳动者在企业中的主体地位又面临何种困境？在此以我国的立法为基础，进行考察分析。

（一）劳动者在企业中主体地位的法律式微

1. 改革开放以来企业内主体的变迁

我国现在的公司立法虽然是我国企业逐步改革的产物，但是在制度设计上却大量移植了国外的公司法律制度。这意味着，我国公司法理之建构更多是移植的，尽管带有很多自己的问题，留有国企的影子。在这个过程中，企业内主体的变迁可以通过 1988 年《全民所有制工业企业法》、1993 年《公司法》和 2005 年《公司法》的比较有所认识。

（1）1988 年《全民所有制工业企业法》

1988 年《全民所有制工业企业法》沿袭了 1986 年企业法律制度三文件的精神，并明确规定了企业的财产归属和经营逻辑、厂长负责制、通过职代会诸形式的民主管理，以及工会的地位和作用。根据这些规定，1988 年企业立法中，企业内的主体如下：

①职工与职代会。企业的民主管理是以职工代表大会为核心的，职工在企业的主体地位意味着职工成为企业的主人，这一点可以从企业治理结构的控制关系看出来，故而职工属于企业内的控制权主体。

②厂长。厂长负责制是《全民所有制工业企业法》中最重要的制度，而从厂长之产生来看，主要有两种途径，政府委托或职工委托，该法第 44 条规定了厂长的产生方式。① 而无论来自政府委任或者招聘，还是职工代表

---

① 具体之规定："厂长的产生，除国务院另有规定外，由政府主管部门根据企业的情况决定采取下列一种方式：（一）政府主管部门委任或者招聘。（二）企业职工代表大会选举。政府主管部门委任或者招聘的厂长人选，须征求职工代表的意见；企业职工代表大会选举的厂长，须报政府主管部门批准。政府主管部门委任或者招聘的厂长，由政府主管部门免职或者解聘，并须征求职工代表的意见；企业职工代表大会选举的厂长，由职工代表大会罢免，并须报政府主管部门批准。"

大会选举，厂长在法理上均以代理人或受委托人的身份出现，属于企业内的经营权主体。

(2)1993年《公司法》

1993年《公司法》正式确立了股份制改革的成果，在公司治理结构中，企业的主人（控制者）发生了变化，企业职工的主体地位被边缘化，在公司经营管理中的地位与《全民所有制工业企业法》相比相去甚远，此时，企业中的主体如下：

①股东与委托管理人。1993年《公司法》借鉴了西方现代公司法的基本原理，股东是企业的拥有者，股东是企业治理机制的权力源泉，是企业内的企业公民，是企业中的重要主体，而董事、监事和经理等均是股东通过法律委托衍生或再衍生的企业内主体。

②职工。1993年《公司法》虽然也规定了通过职代会的民主管理，但是，这里以国有为前提的职工代表大会制度下的民主管理，很难解释为管理决策意义上的职工民主，盖因为国有企业公司制改革后，其治理结构同样是以股东——董事——经理的逻辑展开的，那么如何理解职工的地位呢？

其一，职工的消极建议权与列席权。在有限责任公司和股份公司中均有此类规定，[①] 职工有建议权和列席会议的权利，但是该项权利是被动性的权利，并不是职工可以积极主张的，一般由公司确定如何听取职工的意见，以及安排职工列席有关之会议。

其二，职工监督权制度化的限定。在公司治理结构中，权力的制约和平衡、监督和制衡是至为重要的，职工监督权的制度化首先指职工在公司治理结构中进入监督制衡机构。在股份有限公司中，"股份有限公司设监事会，其成员不得少于三人。监事会应在其组成人员中推选一名召集人。监事会由股东代表和适当比例的公司职工代表组成，具体比例由公司章程规定。监事会中的职工代表由公司职工民主选举产生"。由此看，在1993年《公司法》中，职工监事是股份有限公司的一种强制性制度，然而在强制性的基础上，有多大比例的职工监事却是公司章程所规定之内容。

---

① 在有限责任公司中，"公司研究决定有关职工工资、福利、安全生产以及劳动保护、劳动保险等涉及职工切身利益的问题，应当事先听取公司工会和职工的意见，并邀请工会或者职代表列席有关会议"。同样，在股份有限公司中，"公司研究决定有关职工工资、福利、安全生产以及劳动保护、劳动保险等涉及职工切身利益的问题，应当事先听取公司工会和职工的意见，并邀请工会或者职代表列席有关会议"。

其三，国有独资公司中的职工董事。在国有独资公司中，董事会中应有职工董事，这也是强制性的。①

（3）2005 年《公司法》

2005 年《公司法》是对 1993 年《公司法》的发展和完善，其对股东主体地位的表述更为准确和精炼，即"公司股东依法享有资产收益、参与重大决策和选择管理者等权利"，同时在职工地位的法律规定上有所进步。具体如下：

第一，对民主管理制度的肯定。根据 2005 年《公司法》第 18 条的规定，② 民主管理制度是一种普适的制度，无论公司为国有公司还是非国有公司，无论公司为股份有限公司还是有限责任公司。

第二，对职工监事制度的肯定。2005 年《公司法》第 52、71、118 条规定了职工监事制度。③ 根据这些规定，监事会制度的完备或合乎公司法律制度必须以职工选举监事制度的完备为前提，且职工监事的法定比例也是保证职工监事制度有效运行的保障。

第三，对职工董事制度的鼓励。2005 年《公司法》第 45 条第 2 款、第 109 条第 2 款规定了职工董事制度。④ 无论是股份有限公司，还是有限责

---

① 具体之规定："公司董事会成员为三人至九人，由国家授权投资的机构或者国家授权的部门按照董事会的任期委派或者更换。董事会成员中应当有公司职工代表。董事会中的职工代表由公司职工民主选举产生。"

② 具体之规定："公司依照宪法和有关法律的规定，通过职工代表大会或者其他形式，实行民主管理。公司研究决定改制以及经营方面的重大问题、制定重要的规章制度时，应当听取公司工会的意见，并通过职工代表大会或者其他形式听取职工的意见和建议。"

③ 具体之规定：第 52 条规定："有限责任公司设监事会，其成员不得少于三人。股东人数较少或者规模较小的有限责任公司，可以设一至二名监事，不设监事会。监事会应当包括股东代表和适当比例的公司职工代表，其中职工代表的比例不得低于三分之一，具体比例由公司章程规定。监事会中的职工代表由公司职工通过职工代表大会、职工大会或者其他形式民主选举产生。"第 71 条规定："国有独资公司监事会成员不得少于五人，其中职工代表的比例不得低于三分之一，具体比例由公司章程规定。监事会成员由国有资产监督管理机构委派；但是，监事会成员中的职工代表由公司职工代表大会选举产生。监事会主席由国有资产监督管理机构从监事会成员中指定"。第 118 条规定："股份有限公司设监事会，其成员不得少于三人。监事会应当包括股东代表和适当比例的公司职工代表，其中职工代表的比例不得低于三分之一，具体比例由公司章程规定。监事会中的职工代表由公司职工通过职工代表大会、职工大会或者其他形式民主选举产生。"

④ 具体之规定：第 45 条第 2 款规定，"两个以上的国有企业或者两个以上的其他国有投资主体投资设立的有限责任公司，其董事会成员中应当有公司职工代表；其他有限责任公司董事会成员中可以有公司职工代表。董事会中的职工代表由公司职工通过职工代表大会、职工大会或者其他形式民主选举产生"。第 109 条第 2 款规定，"董事会成员中可以有公司职工代表。董事会中的职工代表由公司职工通过职工代表大会、职工大会或者其他形式民主选举产生"。

任公司，职工董事是法律所鼓励的，可惜这种鼓励缺乏相应的制度化的政策支持。

通过立法之变化，我们可以发现，尽管《公司法》在民主管理制度上有些涉猎，但是相对《全民所有制工业企业法》的企业民主管理式的治理结构来说，劳动者在企业内的主体地位式微，并与市场经济建立和完善过程中的劳动问题纠葛在一起，劳动者在企业中的法律从属性已经留下很深的烙印，重新普及和树立劳动者在企业中的主体地位的法律信仰任重道远。

（二）劳动者在企业中主体地位的法律困境——析"民主管理"之界定

劳动者在企业中主体地位式微，其直接后果是，公司治理中职工权益的缺失，并形成这样的法律认识：劳动者在企业中的法律问题只是一个劳动法律问题，与公司法律没有多少关系。进而，开始否定劳动者在企业中的主体地位，认为劳动者在企业中只是给付自己的劳动，而这样的观念更是在现实的劳动关系中得到了强化。在现实的劳动关系中，工资成为企业和劳动者最为关心的议题，甚至唯一的议题，这使得劳动力的可估价性越来越强，而劳动者在企业内劳动时，作为人的一般尊严常被忽视，何谈劳动者在企业中的民主管理权益。然而劳动者的民主管理权益与劳动者的生命财产权益又是相得益彰的，其间的互动事实意味着两者互为前提，互相支撑。进而，我们发现，劳动者在企业中主体地位的第一法律困境是来自现实和劳动法律的困境，即劳动者在企业中的物化困境，或者商品化困境，也可谓劳动者的权利困境，即劳动者的最基本的劳动权利、乃至人身财产权利无法保障的法律困境。

劳动者在企业中主体地位的第二个法律困境是劳动者在企业中的权力困境，即劳动者在企业经营管理中处于权力所指向的对象，而缺乏在企业经营管理中的发言权，这一法律困境来自公司治理结构变迁中职工法律地位的式微。上文已经不惜重墨分析了劳动者在企业中主体地位的法律沉浮，笔者感觉欠缺的是没有从抛弃公有制的立法框架下对劳动者在企业中存在经营管理权益的必然性进行制度分析，而后文以德国实践为基础的分析可能远远不能够让大家对这一疑惑释怀。应当说，劳动者在企业中主体地位的第一个法律困境所需要的是劳动法律的认可与完善，其法理基础是最基本的人权，不存在法理论证上的困难；而劳动者在企业中主体地位的第二个法律困境可能更多地要在意识形态或者企业形态上去寻找答案，即有些企业中劳动者有广泛的经营管理权益，而有些企业中劳动者则几乎没有任何经营管理权益，这是可以找到例证的。故而，我们在强调劳动者在企业中的主体地位的时候，是以企业分析为基础的，只有一个恰当界定的企业才使得劳动者在企业中主体地位的法律肯定成为一个真命题。

值得特别强调的是，"民主管理"之内涵在劳动者在企业中主体式微的背景下有发生移位之嫌疑，最明显的表现是民主管理的外延在扩大，特别是，民主管理外延扩大的同时，民主管理原有的内核在流失。依笔者看来，民主管理之核心在于职工之企业的控制权，控制权又包括了选举权、决策权、监督权等。这些权利（权力）均需要相应的知情权、公开请求权来保障，而当控制权不存在时，职工根本没有通过代表制进入公司治理结构时，所谓的知情权、监督权等均非民主管理权力，充其量，是一种职工参与制度，而且是一种虚伪的职工参与制度。故此，旨在尊重职工人权、保障职工在工作场所的劳动权益的参与制度更多的是企业内人力资源管理的人性化。笔者在后文界定的"职工参与"仍然是以民主管理权存在为前提的参与，只是职工参与意义上的民主管理权有大小之分、多少之别。

第二节　劳资合作与产业民主制

一、劳资合作之观念

（一）劳资合作与劳资对抗

"劳资关系是产业社会形成以来各种社会关系中非常醒目的一种……劳资关系分为劳资合作与劳资对抗，合作中存在对抗，对抗中存在合作。之所以合作中存在对抗，是由其社会关系的本质所决定的，一方付出劳动，一方给付报酬，这样的对价不可能没有矛盾和冲突，何况处于弱势地位的劳动者为了维护自身权益而与资方形成一定程度的对抗是自然而然的事件；之所以对抗中有合作，是因这种社会关系必须依从于社会生产力发展的需要，缺少劳动或资本，都难以完成社会财富的创造，社会发展需要劳资合作。"[①]这样的分析阐明了这样一个道理，即劳资合作是以自然的劳资对抗为基础的，劳资合作既是生产关系的复述，也是劳资对抗过程中的理性选择。劳资合作之观念是与劳资对抗之理念联系在一起的，两者互相依存。失去对方则无所依存而变异，为和平、稳定之社

---

① 郑尚元. 劳动和社会保障法学[M]. 北京：中国政法大学出版社，2008：182.

会所不许。回顾历史，我们可以发现有关之教训与经验。

马克思在 19 世纪创造了剩余价值理论，在政治经济学上支持了劳动者对社会财富的天然权益，而资金提供者对社会财富的所有实质上是剥削，这在观念上支持了劳资对抗，并把这种对抗上升为一种信仰，一种消灭劳资关系的信仰。"……在无产阶级革命理论的指导下，国际工人运动非常活跃，并最终在 20 世纪初爆发了无产阶级革命。尽管在欧洲出现过'机会主义'思潮，但是，劳资对抗、无产者联合成为该时期劳资关系的主旋律。因此，在该时期谈论劳资合作与劳动者民主参与是不合时宜的……"① 应当说，顺着绝对劳资对抗的思路，无产阶级革命胜利后在社会关系上不再有劳资关系问题，然而在生产关系上，劳动要素和资本要素结合意义上的劳资关系仍然存在。诚如黄越钦先生之描述，"在实现共产主义的国家中，工人组织对所有增加效率办法的实行，不论其为奖励薪资制度和工作负荷，或雇员个人的行为，均与经理部合作。工会均有代表参加每一工厂的劳动法院，但劳动法院之功能则为对不能完成其工作定额的，或是缺工或迟到的雇员，予以惩罚"。② 经过暴力的劳资对抗而消灭了劳资关系的工人组织在一定程度上发生了变异，在其对抗任务完成的同时，也在一定程度上走向了其对立面。其实，在生产力没有发达到共产主义所需要的程度的时候，处于社会主义初级阶段的国家仍然应当在合作与对抗的依存中去审视劳资合作。

而过分弱化对抗，强调劳资合作的实践则亦为不妥。黄越钦先生分析，"从历史上的发展来看，劳资合作并不是一件容易的事，实际上劳资合作实行到了极端会变成一个团体的社会，其中的整个经济依纵的标准分为各个工业组，而不是依横的标准由雇主和雇员竞争的制度"。③ 黄越钦先生以法西斯主义下的实践说明了其后果。"……造成一个劳资（双方均为组织极严密之团体）联合会的系统，由一个全国团体总会作领导。法西斯主义的理论是工团主义和国家主义的融合，可是前者不久就屈服于后者。国家主义认为国家的统治权不容有阶级斗争，所有劳资应该团结一致。国家主义实行的时候，非解散自由的工会，并以政府法令来代替集体商订的协定不可。"

由此来看，把劳资合作和劳资对抗对立起来的时候，劳资合作之观念以排斥劳资对抗为前提，并且不能够容忍"竞争"之存在，并必然延伸

---

① 郑尚元. 劳动和社会保障法学[M]. 北京：中国政法大学出版社，2008：181.

② 黄越钦. 劳动法新论[M]. 北京：中国政法大学出版社，2003：247.

③ 黄越钦. 劳动法新论[M]. 北京：中国政法大学出版社，2003：247.

出两种可能性结果：一种是在组织上消灭劳动者一方；另一种是在实体上消灭资金提供者（资本家）一方。其结果均是这样的，没有了劳资之独立区分，也无所谓劳资合作，劳动生产往往通过企业外的权威来组织实施，劳动过程中的"竞争"不是在资本所有者与劳动力所有者之间展开的，而是在相同劳动者之间展开的，劳动竞赛或者强迫劳动成为消灭劳资对抗之后的必然选择，精神刺激往往成为主要的生产激励手段。

（二）劳资合作与劳资竞争

在劳资合作与劳资对抗意义上解析劳资合作，则将转化为意识形态之斗争，"不是东风压倒西风，就是西风压倒东风"，而弱化意识形态之枷锁，承认个别劳动者与个别资金提供者之独立又相互依赖的关系，则势必以一种自由的观念来解读两者合作之实事。基于自由观念的劳资关系有两大支柱，一个支柱是个别劳动关系的合约自由制度，一个支柱是劳工联合与集体谈判的劳资妥协制度。之所以把劳工联合与集体谈判看作一种劳资妥协制度，盖因为其仍然以个别劳动关系的合约自由为终极目的，其修正个别劳动关系并依附于个别劳动关系。此自由观念之劳资关系，没有把生产意义上的劳资要素合作对应在生产经营意义上的合作，通过竞争性的制度安排来实现生产意义上的合作可看作是与劳资合作相反之理念。其中，集体谈判制度可谓劳资竞争之典型制度。特别是在自由经济国家，雇主和工会满足于集体谈判，并把进一步的合作视为对其本有作用的削弱，缺乏向前一步的动力。① 然而现代意境下的集体谈判也并不以对抗或斗争为基调，只是一种合作性的竞争，断不会以明显地撼动企业之经营权属为目标。

以竞争为基调之观念，强调以合作性的竞争达至各方利益之均势，然而此种理念在涉及到企业经营问题的时候仍然在逻辑上有难以周延之疑惑。黄越钦先生如是解析，"经理部是以受委托者的地位从事经营的，其委托者为所有受其经营的企业影响的人——资金提供者、劳力供应者及其产品的购买者，共同协商并非表示雇主的当然权利的让步，只不过表示以前的或习用的程序的一种改革罢了"。② 其实，如果把经营之委托者进行泛义解释，则必然触动传统雇主之当然地位，因为受委托者结构的变化实际上分化了雇主之整体形象，其典型之理论当属公司治理中所

---

① 黄越钦. 劳动法新论［M］. 北京：中国政法大学出版社，2003：247.
② 黄越钦. 劳动法新论［M］. 北京：中国政法大学出版社，2003：247.

主张之"利益相关者理论"①，而利益相关者共同参与公司治理就可能不是改革，而是公司治理结构的革命了，大约因此黄越钦先生没有顺着利益相关者参与治理的思路，而是指出，经营者、劳动者、消费者最后的平衡力源自于其所期望订立的集体协议。② 由此看，以竞争为基调之理念，承认各方利益，在经营权益上的合作仍然在竞争的框架下展开，故而劳工可以通过联合与谈判而影响企业之经营，消费者可以通过联合与谈判而影响企业之经营管理，乃至受企业影响之社区居民亦可以通过联合与谈判而影响企业之经营，但是这种影响至多是待合作性，却并不能否认企业经营权属之传统理论。

值得注意的是，劳资竞争理论的发展却逐渐萌生了劳资合作的观念，尤为典型的是职工持股计划。职工持股计划虽然作为经营管理的手段其目标是多元的，而职工也未必因此而有效地参与企业的经营管理，至少职工以持股为前提，在理论上可以享有股东之相关权益。如果从广义上去界别劳资合作现象，我们可以把职工持股计划、劳工联合与集体谈判等均作为劳资合作之形式。但是，职工持股计划、劳工联合与集体谈判是在劳资竞争的观念下展开的，与劳资合作之观念有很大不同。

(三)劳资合作之观念

劳资合作之观念产生于朴素的生产合作之现象，并随着自由资本主义的发展，作为其对立面而逐步理论化。通过如上分析，我们可以把劳资对抗、劳资竞争均作为劳资合作观念之对立面，劳资对抗观念催生了斗争以及革命，劳资竞争观念延伸了利益协商与均势，而劳资合作之观念正是在与此两种观念相区分的基础上获得其特定内涵的，劳资合作之观念应是较为狭义的界定，笔者把劳资合作界定在企业经营管理意义上的劳资合作。政治经济学意义上的劳资合作以生产关系意义上的合作为起点，可以把劳资合作之观念理解为朴素的生产现象，即"生产资料与劳动力的结合是创造社会财富的基本条件，是社会生产力的体现"。③ 应当说，此种意义上的劳资合作是常识，而在具体的界定劳资合作之理念的时候则不宜如此。把劳资合作界定在企业经营管理之特定范围内，并具有如下特征：

其一，以企业为组织框架。劳资合作是企业内部之行为，不是阶级

---

① 刘丹. 利益相关者与公司治理法律制度研究[D]. 中国人民公安大学出版社，2003.
② 黄越钦. 劳动法新论[M]. 北京：中国政法大学出版社，2003：247.
③ 郑尚元. 劳动和社会保障法学[M]. 北京：中国政法大学出版社，2008：181.

意义上的劳资合作，故而不是政治意义上的观念；也不是市场意义上的合作性行为，故而不是企业实体与企业外实体之间的问题。劳资合作以企业为组织框架，是在企业内部发生的。

其二，以劳资双方为主体。劳资合作之"劳"为劳动力之提供者，"资"为资金之提供者。劳资合作是以生产要素结合为基础的劳动者与资金提供者之间的合作。劳资合作不以依附性的雇佣关系为正解，通过劳资合作之实践，淡化受雇者之"仆人"属性。劳资合作并不否认雇佣关系之存在，亦不在雇佣合约的基础上而展开，赋予对立于企业的从属性受雇者角色以新的企业内角色。如果把劳动合同法律制度和劳资合作法律制度联系在一起，那么可以从劳动合同法律制度中劳动者在企业中的物化地位出发，把劳资合作法律制度中劳动者在企业中的主体地位看作一种去物化努力。

其三，以合作为基本。在劳资对抗或者劳资竞争的观念中，劳资合作的确不是一件容易的事，其关键在于无法在理念上把竞争和合作结合在一起，结果使得劳资之间利益均衡以力量均势为前提，并以斗争为基本途径和手段。劳资合作则强调合作之根本性，跳出传统劳资关系的框架，不以劳动力对价（工资）为核心，而是在企业经营管理中，把劳动力提供者与资金提供者置于合作框架下，企业之经营管理成为劳资合作的内容，并以企业治理机构中的劳资共享为目标。

由于以上的特征，劳资合作之观念与劳动合同法律制度有很大差异，劳资合作观念之制度化所冲击的不是现有的劳动法律制度，而是公司治理法律制度。以下以产业民主制的实践为载体来分析劳资合作观念中的制度化。

二、产业民主——以公司民主为基础的思考

（一）股东民主制度中的反民主趋向

不管公司治理与公司治理结构、公司管理是否有区别，以及有多大的区别[①]，公司治理是关于企业经营权和控制权乃至剩余索取权配置的制度，其核心是企业治理结构的安排，并以股东分享公司的所有权权益为基础，是一种股东民主的制度安排。然而在公司的规模化和社会化发展过程中，在传统的公司治理结构上出现了如下特征：[②]

---

① 刘丹. 利益相关者与公司治理法律制度研究[D]. 中国人民公安大学出版社，2003.

② 郑尚元，李海明. 职工参与管理的理论基础之一——现代企业中的资本与劳动的关系[J]. 社会法评论. 2007.

第一，股东内部利益的分化。在企业制度初期，乃至公司制企业初期，出资人之间以明确的协议确定相互之间的权利义务，出资人成为股东的同时仍然在企业经营中保持合作的关系，企业不只是出资人的投资平台，也是出资人劳动力价值的实现平台。而在现代企业，股东仅仅是出资人，是某部分出资凝成之股份的东家，股东之间已经很难产生直接的合作，而众多股东也真正蜕化为食利者，股票证券市场的存在和扩张正是现代企业股东食利化的一个例证。股东对公司经营比较陌生，股东越来越分散化，股东用脚投票等于放弃股东合作，股东之间的合意很难形成，在企业股东控制的理论下，股东合意的形成出现了这样一种局面：资本多数决定原则符合了资本正义的原则，而资本多数却往往是股东少数，违反了民主正义的原则。于是，中小股东利益的保护成为公司治理的一个重要侧面。股东内部利益冲突尽管表现在股东会议权力行使的冲突当中，而其内在的反思却不止于此。在企业发展的初期，股东控制企业既有财产所有权上的合理性也有形成合意经营企业的可行性，而现代企业却不同于发展初期的企业。我们可以反思，如果股东意不在企业之经营，又为何抽象其意而来控制企业之经营。笔者感到，股东内部利益的分化使得股东控制企业不仅存在现实困难，而且也折射出企业现代化后股东控制企业地位的理论缺陷。

第二，董事会中心主义的结构变迁。公司治理结构从股东中心主义到董事会中心主义是现代企业治理结构的一个重要特征，它不仅与公司管理人员专业化和职业化相辅相成，也与所有权和经营权相分离的理论相辅相成。而这里的所有权已经不能理解为一般的财产所有权，只是在公司成立之前对投资财产的所有权和特殊情形下的剩余财产索取权。所以所有权和经营权相分离是经济制度和政策上的概念，在法律概念上表现为股东权和经营权的分离。股东权和经营权的分离是以股东和董事之间的委托理论为基础的，董事代表股东对公司行使经营权并不否认股东所拥有的控制权，然而董事会中心不仅存在大股东控制的风险，而且存在股东控制失灵的风险。然而不可否认的是，董事会在公司治理结构中的完善和强化是股东控制企业的一种理性选择和现实形式。不过，笔者认为需要指出的是，企业控制中心的结构变迁既表现了股东控制企业理论的自适应力，也显露出股东控制企业理论的蜕变之路。

基于股东利益的分化与董事会中心的变迁，公司治理中的股东民主受到了很大的挑战，不仅中小股东的权益异化，而且股东作为整体对于企业经营之控制亦开始边缘化。这应当是催生公司民主化改革的来自资金提供者的原因，可谓公司民主化改革之内因。

（二）产业民主与国有国营

"产业民主"概念之提出本身即是以政治民主为依归的，在很大程度上是政治国家之范畴。有人研究认为，韦伯夫妇最初提出的产业民主本身就是一种从基层民主到宏观政治民主的整体规划。① 由此看，产业民主以产业基层民主为起点，以宏观政治民主为终点，此时在制度意义上去关注产业民主的时候，如何界定"产业"，如何定义"民主"则成为一个基本的问题。

"产业"是一个经济学概念，且是一个宏观经济学的概念。在西方经济学中，产业就是各行各业的意思；我国经济学界更为严谨的解释也不异于此，如认为产业是同一性质的经济社会活动单元，认为产业包括了农业、工业、服务业等。② 由此看，产业在具体表现为一个特定的行业的时候，如汽车产业，会进一步特定为特定企业之集合。所谓产业基层，当指企业而言。

字面意思的民主就是人民做主，并进一步生活化为"大家做主"。大家做主，作为一种朴素的观念日益深入人心，并与"自由""平等"观念紧密联系在一起。然而，对于"民主"之研究和界定则仍然是一个政治概念，对"民主"概念的法学展开远没有"自由""平等"那样受到法学基础理论的青睐。在政治学中关注民主概念一般有古代和现代两个意境，在古代意境下，一般从民主的渊源入手，民主的经典概念是古希腊语中的人民治理，并成为诸多民主理论与制度的基础性含义。③ 而在现代意境下，民主的当代内容更受到关注。现代民主的理论核心是社会契约，并形成了一些基本要点：人是自由而平等的，政治共同体是人们自主建立在契约之上的，成员所承认的共同体的基础契约成为权力的最终依据。④ 进而，在法律科学中，提及"民主"之概念，往往在宪政体制的框架下，以尊重个人自由和平等为目的，以限制政府权力为核心而展开，讲求法治原则。需要指出的是，"民主"之概念越来越回避"人民的统治"的内涵，而更多地引入"参与"的概念，正如韩水法所指出，民主已经不是人民的统治，

---

① 李国庆. 公司治理中产业民主问题探析[J]. 中国劳动关系学院学报，2009，23(1)：92-96.

② 彭福扬，刘红玉. 关于产业概念及其分类的思考[J]. 湖南大学学报（社会科学版），2008(5)：64-67.

③ 韩水法. 民主的概念[J]. 天津社会科学，2007(5)：7-12.

④ 韩水法. 民主的概念[J]. 天津社会科学，2007(5)：7-12.

而是人民的治理，其所强调的是政治中人民的自主和自为。①

通过如上分析，"产业民主"体现为企业民主，却不是企业股东民主，也不是从企业劳动者民主出发的，而是从政治民主出发而设计的制度。在政治民主中，企业民主是一种基辅性的表现，并在产业民主的制度设计中，把企业民主、行业民主、经济民主和国家民主联系在一起。正是因此，产业民主与国有国营有着天然的联系，国有国营成为产业民主最朴素的制度形式。

国有国营，是指企业归国家所有，并由国家经营管理。在计划经济体制下，我国的企业分为全民所有制企业和集体所有制企业，全民所有制企业即是国有国营之典型，集体所有制企业则是国有国营之低级形态，其产权和经营以向全民所有制企业经营管理靠拢为原则。在国有国营制度中，企业之政治形态和国家之政治形态保持同一，企业之民主形式与国家之民主形式保持一致。以我国计划经济体制下的国有国营为例，企业之民主可有两重理解，一重理解是，企业是国家经济民主的组成部分，是宏观的人民民主的组成部分，企业受到的来自企业外的行政性的管理和领导属于人民民主之延伸；另一重理解是，企业是一个民主单元，企业内成员一概为企业民主框架下的人民。

国有国营下的理想的产业民主应当是以区分企业民主两重理解为基础的企业民主，企业的经营管理中属于全民之问题由宏观政治民主来确定，企业处在行政执行的末节；企业经营管理中属于企业内人民之问题由企业内直接民主来确定。然而，在不能界分两种民主界限的情况下，企业民主则会出现问题，企业内人民之"主人"地位会发生变异，企业之于全民之依附地位同样会发生变异。全面化的国有国营的实践没有成功，却并不能否认国有国营与产业民主的天然联系，问题的关键是实践中的国有国营并没有很好地去诠释政治民主所延伸的企业民主。在笔者的逻辑中，我国国有国营的企业存在着一种以职工代表大会为制度核心的企业民主制度，而这种企业民主与宏观政治的人民代表大会制度保持了相当的一致性，当属产业民主的理想状态。然而，我国职工代表大会制度并没有很好地展开，其中的缘由更多地来自该制度外的因素，毕竟职工代表大会制度并没有很好地实践。盖因我国职工代表大会制度实践之未有展开，企业国有化之失败亦不应当对企业民主本身有更多指责。

黄越钦先生同样是从国有化的逻辑下去解读产业民主的，"在社会主

---

① 韩水法. 民主的概念[J]. 天津社会科学，2007(5)：7-12.

义国家苏联与东欧各国改革以前，实施使私产取消的制度，把所有权与经营权归国有，然而全民国有化实施的结果却造成经营不善，生产力低落，可谓普遍失败。鉴于全面国有化之不可行，各国均以某种程度实施劳工参与经营制度，其中以德国最具典型，已成为产业民主制之代表"。① 其事实是通过类似半社会化的措施将雇主垄断的经营权变为劳资分享经营权。然而，这种解读是一种类比性解读，盖因黄越钦先生以德国之实践为现实基础进行理论抽象，随假借国有之思维，却仍然从经营权之专属与私有而展开。由此看，产业民主与国有国营的关系仍然是很复杂的，产业民主为什么天然与国有国营联系在一起？产业民主又如何"折中"为德国典型？而国有国营或德国典型又与企业民主有怎样的联系？这些问题都意味着产业民主之理论需要进一步地梳理，而不是局限于国有国营的朴素观念。

（三）产业民主制度化理论之起点

产业民主本身即是对一种制度形态的张扬，然后由于民主本身之复杂性，产业民主制度究系何种制度实际上是比较模糊的。这是因为产业民主以打破一种制度为前提，而树立另一种制度，在这一过程中，在先制度与在后制度的过渡与联系则必然影响现实的民主状态。故而，产业民主制度化有三种状态：

1. 劳资竞争与作为私产的企业

一般而言，"在自由经济的国家中，产业主视经营权为其专有之权，民众既然承认私产，则私产当然包括所有权与经营权，所有权的内容，民法中有详细规定，经营权则更扩大成为各种物权、债权、管理权之综合行使，工会不能介入"。② 此种视企业为私产的理念不可能容忍产业民主之制度，劳动力提供者与企业控制者之间在企业外的制度框架下通过竞争机制而达成私际合约，这种合约一般不被看作一种合作关系，而是一种竞争关系。在企业内部，以股东民主为原则对企业进行经营管理，所谓的劳资合作与本文所界定的劳资合作相去甚远，而多是管理指挥意义上的服从而已，更进一步的以提高生产力或效率为目的的合作或激励仍将回归到企业外部的劳资竞争的框架下去制度化。

现在的个别劳动关系法中，劳动合同以劳动者和企业为合同双方，企业被抽象为用人单位，劳动合同双方的权利义务通过劳动者与企业的

---

① 黄越钦. 劳动法新论[M]. 北京：中国政法大学出版社，2003：248.
② 黄越钦. 劳动法新论[M]. 北京：中国政法大学出版社，2003：247.

讨价还价而确定，一旦涉及劳动者之具体权益，劳动者则必然把自己与企业对立起来，这是由劳资竞争之观念所决定的。

产业民主制正是要打破劳资竞争之观念，应当说，理想的劳资竞争是不合适的，毕竟劳资竞争必然恶化为劳资对抗，以致酿成严重的社会问题已是不争的历史经验。

2. 劳资对抗与作为公产的企业（公有制的企业）

劳资对抗体现为劳工运动，并往往转化为社会运动，并以消灭劳资对抗为目的。从这一点来讲，劳资对抗是劳资竞争的不稳定状态，劳资对抗可能回归劳资竞争的稳定状态，也可能溢出劳资关系的范畴。而从社会发展进步的角度看，劳资对抗作为不稳定的劳资状态，在反复出现的情况下，最终催生了企业民主制度。正如黄越钦先生所言，"然而在社会主义思潮不断冲击下，不论意识形态有何差异，以社会运动为动力的社会主义发展，批判的目标即在于财产私有制。从最激进的共产制度取消私产，到产业民主化，事实上都对私产制核心的'所有权'与'经营权'作重新规划与分配"。[①] 这种视企业为公产的理念与产业民主之制度甚为吻合，把劳动者纳入企业内部，成为企业组织体中的主体。然而其问题在于，通过社会运动而建立的劳资对抗后的企业是不能够容忍劳资关系的，在企业全面公产的情况下，劳动者在理论上成为企业唯一的主人。然而作为公产之企业，其产权并不能在企业内部分享，而是在企业外通过行政安排来实现企业的形式民主或者落实企业的经营管理。

需要指出的是，劳资对抗是一个宏观概念，并不对应于个别企业内的劳资对抗，而是从社会运动中抽象出来的。在劳资对抗的背景下，个别企业中的劳动者的朴素观念则是劳动者享有企业产权。而作为劳资对抗结果的公产制企业并不是劳动者的朴素观念，在很大程度上仍然把个别企业的劳动者排除在企业经营管理之外。另外，全面公产的企业制度是反市场经济的，如果市场经济作为基础的经济制度，那么全面公产的企业制度一定要改革，这已经超越企业民主制度本身，却是企业民主制度的现实前提。

需要进一步指出的是，全面公产的企业制度在一定程度上是反企业民主的。我们可以这样理解，企业本身是一个市场经济体制下的范畴，企业间的竞争是市场经济最为基本的特征，而全面公产则势必否认市场之必需。另外，作为私产的企业已经是一种民主，是资本民主或者股东

---

① 黄越钦. 劳动法新论[M]. 北京：中国政法大学出版社，2003：248.

民主；作为公产的企业却可能是一种劳动者民主，也可能连劳动者民主也不是。由此看，劳资对抗理念虽然与产业民主有着共同的对立面，却并不能很好地支撑产业民主制度，盖因为劳资对抗理念在打破企业内劳资竞争理念的同时，也打碎了企业本身。在全面公产的背景下，企业不再是企业，而仅仅是工厂而已。

3. 劳资合作与企业民主

以劳资合作为起点的产业民主，既承认企业外的竞争环境，又承认企业内的合作基调；既承认股东之民主权益，也承认劳动者之民主权益。无论投资者与企业之关系，还是劳动者与企业之关系，均围绕企业外竞争、企业内合作的原则而展开。股东与职工在企业内是两种不同的身份，以劳资合作为起点的企业民主正是在承认其身份差别的基础上，谋求不同身份之间的平等和合作。

这时候的劳资合作与劳资竞争、劳资对抗相区别，企业民主与企业私产、企业公产相区别，这种狭窄的概念界定，以诠释企业民主制度化为目的，并以谋得制度间的协调为特征。以劳资合作支撑的企业民主制度，并不否认在劳资竞争基础上建立的劳动合同法律制度，也不否认在劳资对抗基础上建立的劳工联合与集体谈判或集体协商制度，乃至不否认在竞争基础上建立的股东经济权益法律制度。以劳资合作为起点的企业民主制度，抛开企业所有权与经营权的纠葛。在企业内部，不以竞争为基础进行企业所有权权益设计，而以合作为基础进行企业经营管理权权益设计。在企业民主制度中，企业是一个组织体，劳动要素和资本要素的结合完成了企业内部的生产，为企业间的竞争提供了物质基础，其对应的制度形式则应当是，企业内个别主体均不拥有企业，企业内通过民主机制执掌企业之经营，并分别形成对内对外的代表机制，对内代表企业内所有成员，包括资金提供者和劳动力提供者；对外代表企业之法律实体。

从劳资合作之观念到产业民主之制度，是现代企业治理理论的重要课题，也是现代民主理论的重要课题。现代企业治理基础理论正面临着巨大的挑战，传统的以资合为基础的股权理论越来越受到制度内和制度外的制度冲击。就制度内而言，股权之取得超越了资金提供者之理论，经营管理者之期权理论，普通员工之职工持股计划等都动摇了股权的一般理论；就制度外而言，产业民主制度化不再是一种意识形态冲突的制度，而是在现代企业治理框架下附着了其本有制度，如职工董事制度、职工监事制度、乃至劳资共决与经营参议会制度等。即便在坚持以资本为中心的公司治理结构中，独立董事之法理基础也与企业民主之法理有相当之契合。正是从现代企业治理本身出发的思考，恰恰证成了这样一个事实：企业民主问题，不仅仅是一个管理问题，更是一个法律问题。在下文中，笔者沿着从劳资合作观念到产业民主制度的思路来梳理一下产业民主制度。

4. 产业民主制的限定

从劳资合作观念到产业民主制度不仅仅是理论上的假设，而是一种社会思潮和法律实践，劳资合作与产业民主制不仅仅是理论的，而且更是历史的。以劳资合作为基础的企业经营的民主化过程以德国最为典型，甚至产业民主制成为德国共决制的代名词，以致我们在介绍和研析产业民主制的时候会直接把视野限定于德国实践，正如黄越钦先生所评价，"如此做法，工会原为经营整体以外之组织，但因其被选为检查会之代表，故可参与公司之经营，监督公司之财务行政，诚一举两得，远非英国之工场委员会所能比拟"。①

在维基百科（wikipedia）中词条 industrial democracy 解释：Industrial democracy is an arrangement which involves workers making decisions, sharing responsibility and authority in the workplace. In company law, the term generally used is co-determination, following the German word Mitbestimmung. In Germany half of the supervisory board of directors (which elects management) is elected by the shareholders, and the other half by the workers. Although industrial democracy generally refers to the organization model in which workplaces are run directly by the people who work in them in place of private or state ownership of the means of production, there are also representative forms of industrial democracy. Representative industrial democracy includes decision making structures such as the formation of committees and consultative bodies to facilitate communication between management, unions, and staff. 这也可以看出，产业民主作为制度术语在西方词汇中是与德国实践联系在一起的，正是因为与德国实践联系在一起，产业民主制之内涵是比较确定的。

同时，在如前分析的基础上，我们认为，产业民主制并不是泛泛的产业领域中所有涉及民主的制度，也不是所有的企业民主形式，而是有着相当确切内容的公司法律制度，为与社会思潮意义上的产业民主相区

---

① 黄越钦. 劳动法新论[M]. 北京：中国政法大学出版社，2003：248.

别，法律上的产业民主制可谓狭义的产业民主制。狭义的产业民主制即是公司治理中的劳资共同决定制度，是劳动法律中劳动者分享责任和权力、分享公司决策和经营权利的制度。

三、从劳资合作到产业民主制

虽然劳资关系的存在是普遍的，但是劳资关系的法制化却是本土化的，这与对劳资关系的理解有关，也与民族文化有很大关系。正是因此，从缓和或和谐劳资关系出发，或者从生产效率与人力管理出发，可有多种实践，如劳工联合与集体谈判、职工持股计划、德国的劳资共决、我国的职工代表大会等。但是，德国实践却受到了我国大陆学者和台湾地区学者的关注和认可，黄越钦先生在介绍德国工业民主制度的时候开言道，"德国这套劳资合作体制非常复杂，可说是全世界劳工参与程度最高、规范最严密的制度……"①郑尚元教授在介绍德国产业民主制及劳资合作时，也强调德国产业民主制和劳资合作有着制度的合理性，"援用其法律制度对我国相应法律制度的构建具有很大的借鉴意义"。② 这里以从劳资合作到产业民主制这样一个动态的视角来看德国实践，所关注的并不是德国产业民主制度的法律变迁，而是德国产业民主制度的法律化过程，并以此为基础来反思或回味作为观念的劳资合作。

(一)德国劳资合作的较早实践

德国劳资合作之理念可谓源远流长，汉斯·尤尔根·陶特贝格(Hans Jürgen Teuteberg)在研究德国 19 世纪工业共决权时指出，"现在的共决权并不是在近代社会政策发展中产生的，而是应该回溯到工业化之初。这是一个随着技术、经济与社会的结构变化而产生的问题。共决权的历史同德国的工业生产史一样悠久"。③ 这种从工业生产史出发的思维，把劳资合作的最初状态定位为个别企业主的实践，并追溯到 1844 年的企业主自发组建的"劳动者阶层福利中央联合会"，参加该联合会的企业成立"工厂联合会"，联合会主席团则由劳资双方代表对等组成。

而比较早的官方立法文献则是 1848 年革命中，资产阶级自由主义者制定的《工商业法》草案。它首次提出成立"工厂委员会"与"工厂代表会"等劳资共决组织，以此作为劳资关系变革的基本组织形式，却随着 1848

---

① 黄越钦. 劳动法新论[M]. 北京：中国政法大学出版社，2003：247.
② 郑尚元. 劳动和社会保障法学[M]. 北京：中国政法大学出版社，2008：184.
③ 孟钟捷. 德国 1920 年《企业代表会法》发生史[M]. 北京：社会科学文献出版社，2008：19.

年革命的落幕而沉寂。但是，这场革命却给德国供给了基本权利、宪法国家、普遍国民等概念，促进了工人运动从自由主义向民众主义的转向。[①] 1891 年，普鲁士商业部部长冯·贝尔莱普歇（Von. Beriepsch）递交《工商业法修正案》，在历史上被称为"工人保护法"，成为德国历史上出现的第一个强制成立"工人委员会"的法律。

可以说，德国劳资合作的实践在德意志帝国以前和德意志帝国时期就已出现，尽管其背景是革命与战争，但是劳资合作理念之绵长应当是可以肯定的。

(二)1920 年《企业代表会法》[②]

1.《企业代表会法》的法律依据

德国 1920 年《企业代表会法》是经过 1918—1919 年德国革命建立魏玛政府时的立法，《企业代表会法》的起草与《魏玛宪法》的起草与通过在时间上是同步的。1919 年 8 月 11 日，《魏玛宪法》通过之时，《企业代表会法》草案已经是第四稿。其中，《企业代表会法》可在《魏玛宪法》的"代表会"条款找到其宪法渊源，其表述如下：

"工人与职员有资格与责任平等地与企业家一起参与工资与劳动条件的规范以及（推动）生产力的整体经济发展。

工人与职员通过合法的企业工人代表会以及按照经济区域成立起来的地区工人代表会和中央工人代表会，保障他们的社会与经济利益。

为实现整体经济使命以及实施《社会化法》，地区与工人代表会与中央工人代表会须同企业家代表以及其他的参与民众一起合作，构成地区经济委员会以及一个中央经济委员会。所有重要职业团体按照它们的经济与社会意义选举代表，组成地区经济委员会与中央经济委员会。

中央政府在向国会提出意义重大的社会与经济政策的立法提案以前，应该预先将其提交中央经济委员会审定。中央经济委员会也有权递交相关草案。如果政府不接受，它仍必须将草案递交给国会，同时阐明自己的态度。中央经济委员会可以派遣一名代表参加国会的讨论。

工人委员会与经济委员会可以在法律允许的范围内行使控制权与管理权。

[①] 孟钟捷. 德国 1920 年《企业代表会法》发生史[M]. 北京：社会科学文献出版社，2008：26.

[②] 关于该部法律的翻译，我国台湾地区劳动法学者黄越钦使用了"经营参议会法"，在高旭军等翻译的《德国合资公司法》中使用了"《职工委员会法》"，而我国大陆地区历史学学者孟钟捷使用了"《企业代表会法》"，而所指法律文本当是同一个。

工人委员会与经济委员会的改造与任务以及它们同其他社会自治团体之间的关系将由国家来规范。"①

2.《企业代表会法》的关键内容

《企业代表会法》于 1920 年 1 月 18 日"三读"通过，2 月 4 日正式实施，后来被誉为"劳动宪法"。它落实了《魏玛宪法》"代表会"条款的部分思想，在企业内形成了劳资共决的模式，其关键在于对企业代表组织的任务与权限的规定，根据该法第 66 条规定，企业代表会有 9 项任务。②

第 66 条涉及比较多的是社会政策领域的共决权，而共决权更为核心的内容是在经营管理中的共决权。《企业代表会法》中的第 70、72、74 条分别在监事会制度、财务制度、经营决策制度中规定了共决权。第 70 条规定，"在有监事会的企业中，若其他法律没有相关规定的话，则从此之后按照此项法令，允许 1～2 名企业代表会代表参加监事会，由其代表雇员的利益和要求，也包括他们对于企业组织的监督和希望，以及关于企业组织上的意见与要求。企业代表会代表可以参加所有的监事会会议，并有投票权，但除了零星杂费之外，他们不得收受任何报酬。列席监事会的委员必须严守秘密，不得外泄"。第 72 条规定，"凡企业均应具备有商业账本。在那些有 300 名工人以上或 50 名职员以上的企业中，从 1921 年 1 月 1 日起，企业代表会可以要求企业主将企业的收支情况予以公布并进行解释，时间最迟在年度满 6 个月之内"。第 74 条规定，"如果进行企业扩建、缩小规模或引进新的技术和劳动方法，以及雇佣与辞退大量劳工，企业主有义务同企业代表会进行商讨，确定雇佣与辞退的方式与范围，避免对雇员造成伤害。企业代表会或企业小组也有相应义务参加中央介绍所的工作，介绍合适的劳动岗位给工人"。

---

① 孟钟捷. 德国 1920 年《企业代表会法》发生史［M］. 北京：社会科学文献出版社，2008：184-185.

② 具体内容：(1)在企业中带着经济目的地通过建议来支持企业领导，以便能够尽可能地保持高的生产状态与最大程度的节省；(2)在企业中带有经济目的地协助引进新的劳动方式；(3)保卫企业免受扰乱，特别是在雇员同企业主发生争议时，企业代表会须进行调解。如果谈判不能实现(和谐)的话，须请调解小组或者其他调解机构介入；(4)维护仲裁法庭做出的决议或调解机关做出决议之施行；(5)按照第 75 条的规定，代表工人与职员在现有工资合同范围内商定劳动章程及其变动；(6)促进雇员内部及雇员同企业主之间的和谐，保卫雇员阶层的联合自由权；(7)接受工人代表会与职员代表会的投诉，并将此同企业主商议；(8)监督企业中的事故与健康威胁防范，通过提出建议、咨询与答复来支持监督部门以及其他相关部门的工作，还须协助实施企业保卫制度与事故预防条例；(9)协助管理退休基金与工厂住房以及其他的企业福利项目，如果企业福利项目还不存在，就须协助制定。

3.《企业代表会法》的后来

《企业代表会法》在 1920 年之后，经过了 1923 年、1926 年和 1928 年的三次修改，在实践中，企业内的劳资关系有所变化，劳资对立的局面一度缓解。然而企业代表会的实践并非一帆风顺，工会、政党、企业家以及职工与企业代表会之间关系交叉，控制与反控制使得企业代表会并没有或很少地落实其目的。然而在这些问题没有得到解决的情况下，1934 年德国政府颁布的《国民劳动秩序法》废除了企业代表会体制，魏玛时期的劳资关系变革随之结束。[①]

然而，《企业代表会法》所承载的劳资合作观念与共同决定制度在第二次世界大战后得到了沿袭。第二次世界大战后，联合国管理委员会管理德国时期制定了《西德经营参议会法》，与当时德国企业之自发行动有莫大关系。之后，共决制之立法在德国逐步展开，相关立法有 1951 年适用于矿山和钢铁行业企业的立法，1952 年至 1972 年适用于雇佣 5 名以上雇员的私人企业的立法，1956 年适用于矿冶行业康采恩的立法，1976 年适用于雇佣 2000 名以上雇员的私人企业的《共同决定法》，1955 年适用于国家机关的立法。[②] 而且，德国第二次世界大战后共决制度立法是从以行业为适用标准的立法逐步发展到以企业规模为适用标准的立法。而关于劳资合作与产业民主之实践在后文会有进一步的研析，在此仅指出德国职工共决权的制度和思想是战前从劳资合作到产业民主制的延伸与继续。

4. 企业代表会的制度化基础

《企业代表会法》是劳资共决制度法律化的成果，熟悉这部法律的背景可以帮助我们理解从劳资合作到产业民主制度的发展过程，帮助我们理解德国共同决定立法的历史渊源。在这里进一步分析关于何以产生《企业代表会法》的一些评价，以进一步认知德国从劳资合作到产业民主制的历史事实。

（1）工业化产物论。德国学者陶特贝格认为，像工人委员会这种提供共决的现象在 19 世纪的工业化中已经出现，德国的企业代表会正是这些工人委员会不断发展的结果。[③] 把职工的共决权与工业化联系在一起是

---

① 孟钟捷. 德国 1920 年《企业代表会法》发生史［M］. 北京：社会科学文献出版社，2008：附录.

② 张俐平. 德国企业共决制的发展及其性质［J］. 国外社会科学情况，1997(3)：20-21＋48.

③ 孟钟捷. 德国 1920 年《企业代表会法》发生史［M］. 北京：社会科学文献出版社，2008：20.

没有问题的。没有工业化，断不会有企业制度，何以有企业代表会。然而，其问题是，为什么德国的工业化结果是共决制，而其他国家的工业化结果却不是。从肯定该观点的角度看，企业代表会是工业化背景下劳资关系制度化的理性选择，从工业化的角度来认识企业代表会制度则具有客观性，则不会把这种制度解释为德国独有之制度。

　　（2）战争冲击产物论。持这种观点的如莱纳·科赫，其认为战时经济和战后复员造成了劳动权概念的革命性变化，进而造成了劳资关系的新形态并得以确立。① 孟钟捷也类似地总结《企业代表会法》的出台，"没有政治革命，就不会产生代表会组织；没有经济性代表会运动的发展，就不会出现'将代表会固定到宪法'的呼声；没有革命性经济代表会运动的推动，也不会出现共决权的延伸"。② 从较早的 1848 年《工商业法》草案，到 1920 年《企业代表会法》，再到第二次世界大战后的共同决定立法，我们可以把每一次标志性的立法均看作战争的附属品。正如我们把美国罗斯福新政下的社会保障立法看作经济大萧条的附属品一样。战争的冲击不仅使劳资力量发生变化，而且使劳资关系发生变化，在劳资力量均势化且劳资合作民族化的背景下，在社会心理上，"职工、工会和政治组织也愿意以自己的力量承担战后企业和经济的重建工作"③，在法律制度上，"劳资关系变革的目标与方式被载入宪法与具体法令中"。然而，战争冲击论的问题在于战争冲击结束后法律的去向问题，即战争冲击论的企业代表会立法会不会是临时性立法。凡对策性立法均面临着临时性立法的难题，应当说，以德国在两次世界大战中的处境来解释其特殊的经济法律制度乃至劳动法律制度均具有不可置疑的合理性。但是，这种解释力并不能进一步解释制度延续至今的生命力。基于对策性立法的观点对德国现今的共同决定立法的经济效果的态度是比较谨慎的，"德国的共同管理规定是否能够在以后的国际竞争中保持其特色，在目前的情况下还很难预料"。④

　　（3）意识形态与企业社会化

　　企业代表会制度之所以承载共决权制度，是因为其与股东（代表）会相对而言，对传统的股东拥有和经营企业是一个巨大的突破，以致两者

---

①　孟钟捷. 德国 1920 年《企业代表会法》发生史［M］. 北京：社会科学文献出版社，2008：20.

②　孟钟捷. 德国 1920 年《企业代表会法》发生史［M］. 北京：社会科学文献出版社，2008：241.

③　莱赛尔. 德国资合公司法［M］. 3 版. 李连捷等，译. 北京：法律出版社，2007：134.

④　莱赛尔. 德国资合公司法［M］. 3 版. 李连捷等，译. 北京：法律出版社，2007：134.

之间的协调几乎无法想象，故而一种颠覆性立法思想实为必要。没有立法思想的变化，共决权制度很难植入企业治理中去。"20 世纪 60 年代，由于联邦德国经济发展稳定，产生了共同决定的想法。在政治界开始讨论，试图通过德国的共同决定立法影响其他国家的企业法。但是这一设想没有实现。只有荷兰实施了一个与 1976 年德国《共同决定法》类似的《共同管理法》，但是该法与德国的规定有很大的不同"①。例如，在欧洲其他国家以及美国的职工参与主要是通过劳资谈判而实现的。究其缘由，立法背后的社会思想则显得尤为关注。

"在西方社会里，最具有影响力及理论结构最完整的三套意识形态是：新保守主义、马克思主义及民主社会主义"②。这些自成体系的意识形态在一定程度上自我论证，具有自洽性，然而在认识具体的社会问题时却呈现较大的价值观差异。其中，民主社会主义的体系性虽然不及马克思主义和新保守主义完备，却很好地诠释了德国的劳资合作实践。"到了近代，东欧经济发展的经验令大部分民主社会主义者开始了解，国营企业及中央规划经济并未能有效地推动经济发展，而战后开始的西欧福利制度亦令她/他们怀疑，福利国家的方针亦不能显著地改善资本主义的核心弊端，所以市场社会主义（Market Socialism）便成为了民主社会主义阵营的主流思想。简单而言，市场社会主义就是多元制，部分企业仍由政府管理，部分则交由资本家及工人合作经营。而后者虽然让资本家拥有经营权，但同时非常强调工人的参与及双方的合作模式"③。而工人的参与与双方的合作模式正是民主社会主义意识形态中最核心的内容。应当说，德国企业代表会立法不是一种意识形态作用的结果，但是从其制度内容来看的确符合了民主社会主义之特征，从这个角度来讲，现今的德国是民主社会主义国家。④

一般认为，德国有着比较深厚的社会福利思想，立法中的团体主义思想渊源比较深远。这应该是德国能够变革劳资关系并在企业法上赋予职工（代表）共同决定权的深层次原因。我们在理解"福利"这一概念的时候，一般把它同各种福利措施联系在一起，是国家或社会乃至企业惠及个体的。当我们把福利措施换个角度思考的时候，福利又是个体向国家或者社会乃至企业所可索取之权益，法律化的福利措施即是个体之可请

---

① 莱赛尔. 德国资合公司法［M］. 3 版. 李连捷等，译. 北京：法律出版社，2007：134.
② 蔡文辉. 社会福利［M］. 北京：五南图书出版公司，2002：2.
③ 蔡文辉. 社会福利［M］. 北京：五南图书出版公司. 2002：2.
④ 此即所谓德国的民主社会主义模式。

求之权利。正是因此，莱赛尔认为，职工代表参与管理的目的是平衡股东和资本利益，其背后的原因是德国有更深的社会福利思想和实践。[①]此正符合了德国民主社会主义模式之论断。

然而，意识形态的简单定位很容易让职工代表会制度在意识形态多元化的世界里成为狭窄的制度。在意识形态问题逐渐淡化的背景下，企业代表会制度所指向的企业治理制度共同面对的一个问题是企业社会化问题。企业社会化有两种思维，一种是企业权属的社会化问题，其直接冲击的是企业控制者理论；一种是企业责任的社会化问题，其直接冲击的是企业行为理论，而这两种思维共同指向企业的经营决策问题。然而社会化只是一种现象描述，其背后则是不同意识形态之间的趋同和沟通，德国赋予职工共决权，美国寻找独立之董事，其共同之处在于对股东——董事——经理的股东决策制度之怀疑。关于企业代表会制度基础之进一步展开将在后文继续研析。

应当说，德国当今的共同决定制下的企业民主是德国立法的特色。正是因为其这一特色，其基础理论的构建也显得地方化、民族化。特别是为什么在 1920 年会产生《企业代表会法》这一问题显得很有吸引力，我们不甘心于把它归结为一种简单的理由，而应当把它看作历史合力作用的结果。

第三节　职工参与程度与企业形态

以我国法律制度为主要背景的劳动者在企业中主体地位的分析，以及以德国法律制度史为主要背景的从劳资合作到产业民主制度的动态分析，以至今的法律实践来看，民主管理只是一种可选择的制度，却并非所有的企业所原生之制度。然而民主观念的延伸使得企业管理过程中的参与意识有所提升，参与视角的民主已经普及并深入到各种企业。事实上，劳动者在企业中的人权和劳动力在企业治理中的自然权力形成一种合力，这种合力催生了企业经营管理中职工参与的普遍现象。通过梳理职工参与制度，通过分析企业形态差异所对应的职工不同程度的参与，来审视职工民主管理的制度基础，以思辨劳资合作、职工参与到民主管理的实践和法律，实为法律和历史之外，描述企业民主管理制度的又一种路径。

---

① 莱赛尔. 德国资合公司法[M]. 李连捷等，译. 北京：法律出版社，2007：134.

一、民主管理与职工参与

(一)民主管理的限定性

特别是经过《全民所有制工业企业法》的民主管理到《公司法》的民主管理，民主管理的制度内涵发生了很大变化，以致我们在确认民主管理之实质的时候出现了两种倾向，一种倾向是认为民主管理是职工对企业管理的控制权，即通过职工的民主选择来形成公司的治理机制，其实质是代议制的民主，管理是通过委托原理来实现的；一种倾向是认为民主管理是职工对企业管理的知情权和建议权，即通过职工的参与来形成公司管理过程中的民主机制，其实质是参与制的民主，民主是通过管理过程来实现的。这意味着民主管理本身的术语解释成为最基本的前提，否则其所指可能风马牛不相及。在这里之所以要再次审视民主的一般理论，盖因为民主管理之概念在变迁，民主管理可舍弃何种制度而仍然是民主管理，民主管理所汲取的何种制度并非民主管理之本身，均与"民主"之界定有关。

1. 一般政治学意义上的民主

民主通常是指政治民主。在认识民主的概念时，在词源上往往要追溯到古希腊并解释为"人民的统治"，并在政治学意义上以此为基础而展开。在政治理论家那里，阐释民主理论者众多，含义也极为丰富，诸如代议民主、审议民主、公共选择理论等。

诸多民主理论介绍应当说是常识性的介绍，而从这些常识性的介绍中，我们发现，民主经常是一种人民的决策机制，如代议制民主或审议制民主，乃至集合概念的民主、多数决原则和政治平等原则；民主有时候仅仅是形式意义上的权力归属人民，如熊彼特的定期选举；民主有时候是人民的自为状态，如公共选择理论中的民主。由此看，民主理论的核心并不是统治(管理)问题，而是决策(投票或选举)问题。

2. 管理意义上的民主

民主作为一个日常用语，往往与具体的管理有关。例如，某一个家庭比较民主，所说的是家长并不专断或过多干涉子女问题，故而民主是子女自主、自为和自由的意思；某一个领导比较民主，所说的是该领导在具体的管理过程中注意倾听下属的意见，注意向下属咨询；乃至民主集中的决策机制中，民主更多的是意见之表达，而集中却是决策之实质。由此看，非政治学意义上的民主往往不是决策问题，而是管理问题。而管理意义上的民主是基于管理科学理论的，与被管理者的参与密切联系在一起，以被管理者的贡献为主要指标。在这个意义上，我们会发现民主理论发展为一种独立的参与民主理论和话语民主理论，因为"民主"之词义价值发生了转移，此"民主"非彼"民主"也。此"民主"可谓逆向的民主，是被管理者的自主，然而被管理者的自主行动的发展又在理论上融入了一般民主概念。

（1）从参与到参与民主。民主意味着参与，无参与就无民主。然而，参与却远非民主，一般社会管理中的参与发展到政治理论上的参与民主成为理解民主的重要视角。阿诺德在 1960 年提出参与民主的概念，并很快在社会诸多领域被应用，进而上升为政治概念，并被后来学者阐释为参与民主理论。① 帕特曼认为，社会与政治体系在参与过程中才能实现民主化。② 从其阐释来看，从参与到参与民主强调的是民主的有效性，其主要特征必然是直接民主，然而在以代议制民主为基础的现代社会，"参与民主并不试图去取代代议民主，它只是在面对现实生活时，发生了两个重要变化：其一，国家的民主化，其路径是公共机构的开放和官员的负责化；其二，基层的民主化，工人、女性、环保者等负责任地参与以确保社会有序"。③ 简单地说，就现实而言，当下的参与民主更多的是一场社会行动。

（2）从话语到协商的民主。如果我们不把"民主"理解为决策机制或控制机制，而是把"民主"理解为自主行为或自主意识，那么民主之核心当是知情权与话语权，其发展逻辑应当是从知情权到被咨询权到协商权，再至控制权。正如哈贝马斯所说，"我想把'民主'理解为制度上得到保障的、普遍的和公开的交往形式，而普遍的和公开的交往涉及的是这样一个实践问题：在人们支配（自然的）力量不断扩大的客观条件下，如何能够和愿意彼此生活在一起。我们提出的问题是技术和民主的关系问题，即如何把人们所掌握的技术力量，反过来适用于从事生产的和进行交谈的公民的共识"？④ 即民主是一种交往形式，它以人民的话语为基础。在哈贝马斯看来，民主是公共领域的一种控制形式，⑤ 其所阐释的对话即是人们自主基础上的协商。

---

① 胡伟. 民主与参与：走出貌合神离的困境？——评卡罗尔·帕特曼的参与民主理论[J]. 政治学研究，2007(1)：117-121.
② 胡伟. 民主与参与：走出貌合神离的困境？——评卡罗尔·帕特曼的参与民主理论[J]. 政治学研究，2007(1)：117-121.
③ 孙培军. 参与民主：理论与反思[J]. 理论界，2009(4)：42-43.
④ 尤尔根·哈贝马斯. 作为"意识形态"的技术与科学[M]. 李黎，郭官义，译. 上海：学林出版社，1999：91-92.
⑤ 尤尔根·哈贝马斯. 作为"意识形态"的技术与科学[M]. 李黎，郭官义，译. 上海：学林出版社，1999：91-92.

（3）企业民主管理的历史限定性。企业之概念已无须再界定，企业之"民"需要强调其所指为企业职工。基于对"民主"的两种解释，我国的企业民主也有两种理解，并对应了我国企业法律制度的两种实践，一种全民所有制工业企业法律制度，一种是公司法律制度。在全民所有制工业企业法律制度中，企业民主是职工代议民主，以职工代表大会为核心的企业民主是一种决策民主，1988年的《全民所有制工业企业法》中的"企业通过职工代表大会和其他形式，实行民主管理"所指之"民主管理"，当是把企业类比为政治国家的民主管理，而其管理过程中的知情权、被咨询权、监督权均是决策权的延伸。在公司法律制度中，企业民主是职工参与民主，以职工话语权为核心的企业民主是一种管理民主，2005年的《公司法》中"公司依照宪法和有关法律的规定，通过职工代表大会或者其他形式，实行民主管理"所指之"民主管理"当是把企业类比为哈贝马斯的公共领域，其管理过程中，职工的知情权和被咨询权是民主的本质与实体，而企业决策过程中的职工参与是管理民主的延伸，或者说是从话语到对话的决策考虑。两部法律的表述几近相同，却是完全不同的两种制度，概因"民主"本身所具有的异质意义。

3. 民主管理的限定性

既然民主可能仅仅是一种参与，而企业民主管理之制度也经历了很大的变化，那么，民主管理是否仍然有其理论上的限定性，将是一个值得注意的问题。一种管理人性化、管理者开明的人力管理制度是否可以代位民主管理之概念？笔者看来，显然不可。民主之气氛不等于民主之制度，民主管理之限定性必然是职工在企业管理权力或企业治理结构中的主体性，或者职工之于企业的控制权。民主管理之所以有控制权意义上的限定性是有特定的社会基础和历史背景的，这在劳资合作与产业民主的分析中已经着笔不少。于是，问题的关键是如何界定当下的民主管理概念。

有观点认为，我国的民主管理是有特定含义的，其职能是对重大问题进行决策。[①] 这是一种理解，与1988年的民主管理比较贴切。

然而也有人认为，我国的民主管理名不副实，其内涵与西方的工人参与管理无质的差别，两者有着相同的规则和原理，因而采用民主参与

---

① 具体描述："我国民主管理是有法律规定的一种制度，其基础是生产资料公有制，其实质是群众当家作主，其根本职能是对重大问题进行决策性的管理。民主管理是有特定含义的，不能把一般的管理的民主形式、民主参与等都叫作民主管理"。邓树斌. 关于民主管理和职代会的再思考[J]. 上海工会管理干部学院学报，2002(1)：30-31.

管理更准确。① 这是从术语到制度都倾向于舍弃"民主管理"之概念的思维，其所推崇的是西方的"参与"术语与"参与"制度。

也有人认为职工民主管理是职工依法直接或间接参与涉及职工利益决策的活动。② 应当说，这个定义强调了决策，却用了参与的界定，我们可以看出在制度变迁背景下，"民主管理"内核的移位与学者的苦恼，在历史与域外之间，秉持何种均显偏颇。

在此，笔者以为，承认"参与管理"之概念的确必要，而替换"民主管理"之概念则有不妥，虽然"民主管理"之制度在全民所有制法律制度中和公司法律制度并非同一事物，但是"民主管理"之核心仍然是应当承认的，即职工在企业中的主体地位和在企业经营管理中的控制权力，而控制权力必然以投票——决策权为核心并延伸有知情权、被咨询权和监督权，不承认职工控制权的民主管理就仅仅是一种低层次的参与了。

(二)职工参与的层次性

无论在企业治理意义上，还是在劳工立法意义上，"参与民主管理"越来越成为主流的术语。特别是在学术意义上，"参与"大有替代"民主"之趋势，并呈现了一种从术语通用到术语替代的变化规律，这需要我们对"职工参与"之概念有所了解。

1. 参与的层次性

如上分析，管理意义上的民主首先是被管理者的参与，而关于"参与"的层次性划分成为参与概念的主要特征。其中，谢里·安斯坦(Sherry Arnstein)的著名论文《市民参与的阶梯》(A Ladder of citizen Participation)对参与的进阶分析成为一种经典，谢里·安斯坦把参与分为三个层次八个阶梯。③ 其中操作和治疗层次是假参与(Non-participation)，告知、咨询和展示是象征性的参与(Degrees of tokenism)或者表面的参与，合作和权力转移是权力上的参与(Degrees of citizen power)或者深层次的参与。

由此看，参与有三个层次，最低层次的参与是一种由管理者操纵的、

---

① 程延园. 对企业民主管理立法的几点思考[J]. 北京市工会干部学院学报，2006(3)：14-16.

② 刘元文. 职工民主管理理论与实践[M]. 北京：中国劳动社会保障出版社，2007：7.

③ 从低到高分别为：操纵(Manipulation)、治疗(Therapy)、告知(Informing)、咨询(Consultation)、展示(Placation)、合作(Partnership)、权力转移(Delegated Power)、公民控制(Citizen Control)。Arnstein，Sherry. R. 1971. A ladder of Citizen Participation[J]. Journal of the Royal Town Planning Institute. April 1971.

以驯化被管理者为目的的参与；第二层次的参与是我们一般所理解的参与，与被管理者的知情权和被咨询权密切联系，是管理者得到被管理者谅解和理解的参与；最高层次的参与是权力上的分享，其终极形式仍然是直接民主。

2. 职工参与的层次性与企业民主管理的关系

职工参与的层次性遵循了参与层次性的一般规律。职工参与与企业的治理和管理相对应，一个是决策意义上的参与，一个是执行意义上的参与。而企业决策执行是行政系统内的问题，故而职工参与主要是企业治理意义上的参与。"'劳动者参与'将从过去的'参与企业管理'转变为'参与公司治理'，成为当前及今后相当重要的社会课题之一。"[①]以笔者所理解，"管理"与"治理"在词义上并不能很好地区分开，故而"企业民主管理"实际上就是企业的治理问题，但是有必要区分决策与执行，职工参与可以是决策意义上的参与，也可以是执行意义上的参与，决策之参与重点在于主体性参与，是一种权益参与，管理参与和利益参与均是决策之参与[②]；执行之参与重点在于受体性参与，是一种象征性参与，其功能主要是行政之开明与反腐之良机。

一般概念中的参与主要就受体性参与而言，多是低层次或第二层次的参与；而职工参与则同时强调受体性参与和主体性参与，而我国把主体性参与统称为企业民主管理制度，并把主体性参与的各项制度独立成为职工参与之种种较高形式。

考虑到"职工参与管理"和"企业民主管理"词义界定的困难，我们对法律文本进行梳理后发现，在《宪法》中使用"实行民主管理"，在《全民所有制工业企业法》中出现了"组织职工参加民主管理和民主监督"，在《劳动法》中使用了"参与民主管理"，在《工会法》中使用了"组织职工参与本单位的民主决策、民主管理和民主监督"，在这些法律中很难说"参加"或"参与"术语代表了独立的制度，在这些法律中，"民主管理"才是制度术语，具有完整的制度意义，而"参加"和"参与"仅仅是普通词汇。那么在法律文本中如何区分"参与管理"和"民主管理"呢？我们认为，《公司法》的规定是区分这两个概念的基础。

2005年《公司法》第十八条第一款涉及工会和集体合同制度，第二款涉及民主管理，第三款涉及被听取意见和建议的权利。我们认为，《公司

---

① 李立新. 公司治理的劳动者参与[M]. 北京：中国法制出版社，2009：15.

② 周超. 职工参与制度法律问题研究[M]. 北京：中国社会科学出版社，2006：31-36.

法》第十八条是职工参与权条款，其中的第二款是企业民主管理条款。在这个意义上，民主管理以"职工代表大会和其他形式"为限，而职工参与则包括了三个层次的权利体系，最低层次是被听取意见和建议的权利，中间层次是工会维护职工合法权益和工会代表签订集体合同的权利，最高层次是民主管理权。

故而，职工参与的权利体系有三个层次，从低到高分别是象征性民主管理权、协商权和民主管理权。象征性民主管理权是一种被动权利，需要企业管理或决策者的民主意识，主要表现为公司研究决定改制以及经营方面的重大问题、制定重要的规章制度时，应当听取公司工会的意见，并通过职工代表大会或者其他形式听取职工的意见和建议。协商权在理论上是一种团体权利，是职工积极团结的权利，以与公司协商达成集体协议为目的，在自由经济国家，此乃极为重要的劳动法律制度，并一般不认为是公司管理问题或公司治理问题，但是，以参与进阶之视角，却是从象征性民主管理（狭义职工参与）过渡到民主管理的主要推动力，也是一种参与形式。民主管理是一种主动权力，把劳动者作为企业民主管理的主体，以劳动者进入公司治理结构，行使决策权力为目的，主要表现是公司依照宪法和有关法律的规定通过职工代表大会或者其他形式实行民主管理。故而，这里的"其他形式"应当是某种公司治理结构制度或者公司决策权力分配制度，而所谓厂务公开显然是一种辅助性的制度，属于象征性民主管理权的范畴。

故此，广义的职工参与包括象征性民主管理、集体协商和民主管理，狭义的职工参与是象征性的民主管理；广义的民主管理包括象征性的民主管理和实质性的民主管理，狭义的民主管理仅仅指以代表制为主要形式的民主管理，本书一般不使用广义的民主管理概念，而职工参与则一般在广义上使用，而在与民主管理相区分的时候，职工参与一般指象征性民主管理。

二、企业形态与职工参与程度的一般原理

有的企业有民主管理制度，有的企业却根本没有民主管理制度。有的企业有良好的职工参与制度，有的企业职工参与程度却比较低。而在立法上，不同的企业也有着不同的职工参与制度，甚至不同的民主管理制度。这意味着，以参与程度之视角来研究企业民主管理制度不仅是历史的考察，也是现实的分析。从企业形态入手，可以给企业民主管理一个外部视角，可以帮助我们认识企业民主管理之存在。

在研析一个事物的时候，有时候我们要区分一下"形态""种类"和"分类"三个概念，"形态"强调事物的存在形式，故而在哲学、社会学、政治经济学中使用较为广泛，如"意识形态""社会形态"等；"种类"强调事物的认知形式，往往是规范性的处理，故而在实用学科中用的比较多，如所谓"证据种类"一般是就证据立法而言的，如"公司种类"一般也是就公司立法而言的；"分类"强调事物的区别形式，故而在研析意义上适用，如公司的分类则以某种标准为基础进行研析，与企业之形态、企业之种类等有所不同。然而这种区别均是倾向性的区别。其实，以企业研究为例，不同的企业形态当然是一种企业分类，而企业种类也可以看成企业形态的一种存在。故而在这里，笔者先从企业形态与职工参与程度的一般分析入手，然后以企业种类为标准来考察在不同种类的企业中职工参与的程度。

1. 小企业、大企业和企业规模化

对企业进行大小分类，可有不同的标准，毕竟企业的很多侧面均有大小之分，甚至可以在企业与政府之间的关系上使用此种分类，即小企业与大政府、大企业与小政府。在这里，小企业与大企业之分类是就企业规模而言的，企业规模大者谓之大企业，企业规模小者谓之小企业。行业内处于垄断地位的企业当属大企业，一个员工数人、资金无几的企业当属小企业。一般地，可以根据企业职工人数、资产数额、利润数额等指标，以及行业内的比较来认识企业的大小。现代企业发展的一个趋势是企业规模化发展，其结果是塑造了越来越多的大企业。大企业占有了行业的绝对优势的人力、物力和利润，小企业在市场竞争中地位逐步势弱，各国普遍的中小企业促进与保护之措施与立法恰证明了企业两级分化的自然原理。

而在企业大小之两种形态中，职工参与程度有很大的不同，一般地，大企业中职工参与管理的程度要高，小企业中职工参与管理的程度要低，甚至在微型的小企业中更无职工参与之问题。这可以从两个方面去了解这种差异。其一，大小企业中职工参与程度的差异与职工朴素的参与意愿紧密地联系在一起。小企业中往往没有参与问题，盖因为小企业除了经济上的经营性和法律上的拟制人格外，往往没有与自然人分割开，小企业具有很强的私人财产属性。而在大企业中，企业职工动辄上千，职工对企业的生存性依附期望值比较高。其二，大企业中治理结构的完善与职工参与程度自然地同步进行。大企业与小企业之间，因为规模发生了质变，对于资金提供者而言，其已经不能把企业视作其私有财产；对于劳动力提供者而言，其亦不再把企业简单看作交易的对象。进而，企业在资金提供者推动下进行经营治理，在劳动力提供者的推动下进行企业内管理规范，其合力必然带来企业治理结构的政治均衡和职工参与程度的逐步提升。

2. 人治企业、法治企业和企业规制化

人治和法治的区分可能不是简单的有法或无法的区分，而是一种文化意义上的区分。而企业内部治理的人治与法治的区分与企业的成熟程度联系在一起。稚嫩的企业往往是人治企业，而成熟的企业往往是法治企业。倘若一个企业不能从人治走向法治，则意味着企业内部规范的非正式性、不稳定性和非制度化，进而使得企业的制度积累缺失，造成"一人在，企业在；一人走，企业走"之问题，而这个问题在家族企业中变得尤为明显。应当说，就企业的自然发展来看，企业之成长应当实现其内部规范的制度化。这个简单的道理在非正式社会组织中也如此，以黑社会为例，随着其组织的成熟也会形成诸多的规矩，这些规矩是组织体，而非任何个人的。另外，从市场主体的法律规制来看，企业所受到的来自国家和政府的规制或指引规范越来越复杂，企业所遵守的外在规则也越来越多，这时候，人治企业与法治企业的界限越来越明显。国家越来越不能容忍大企业的人治化治理，大企业之内部治理逐渐纳入到国家和政府的规制中而越来越成为依靠规则或制度运行的组织体。

区分人治企业和法治企业的界限很难，但是作为两种不同的企业文化，其差异还是很明显的。在人治企业中，职工参与往往是象征性的民主，是企业指令有效传达与执行的谅解方式，一般不会有企业管理者与企业劳动者之间的协商，也不会有民主管理问题。而在法治企业中，职工参与则会以民主管理为核心而展开，职工参与企业管理成为企业法治的有机组成部分。

3. 私有企业、国有企业和企业社会化

按照所有制不同对企业进行划分是中华人民共和国成立以来最重要的企业分类方法，私有企业和公有企业的两分是我国企业格局极为重要的指标，特别是国有企业法律制度的独特性与单独性更是强化了私有企业和公有企业的划分。事实上，就职工民主管理制度而言，私有企业与国有企业之间有很大的差别。那么这种差别的根由在哪里呢？改革开放以来，私有企业从无到有的发展，使得其制度配给要落后于实践，同期或早期的企业立法是以国有企业为核心的，职工民主管理的诸种制度也成为国有企业的强制性制度，而在私有企业中职工民主管理仅仅是可选择性的制度。

随着国企改革的深入和私营企业的发展，我们发现，国有企业的职工民主管理并没有如立法设计的那样给予劳动者以广泛的参与民主管理的权利，而私营企业的职工参与程度在市场规律的驱动下反而在逐步提高。由此推断，职工民主管理制度在私有企业与国有企业之间的区别实属不妥。其实，在前文的分析中，我们已经看到，劳资合作与产业民主的背后是企业生产中两种要素的关系，劳动者在企业中主体地位的确立是与企业中资本要素的地位变迁联系在一起的，而资本之权属并不是该问题的逻辑起点。在笔者看来，仅仅从形而上的理论来看，私有企业和国有企业与职工民主管理的无关，即产权与职工民主管理无关。那么，为何会认为国有企业中的职工参与程度要高呢？为什么国有企业中的职工会有更高的参与意愿呢？这是因为国有企业内涵了产权理论之外的去产权要素，应当说，国有企业之产权理论是有瑕疵的，这不仅仅是其主体抽象性造成的，也是企业社会化定位造成的。

企业社会化的核心价值是去产权化，这使得企业社会化现象总是与传统的企业法律制度难以协调。在传统的企业法律中，视企业为私产，企业控制权与剩余索取权与私产理论完美结合。在某种程度上，国有企业治理理论仍然是私产理论的延伸。而企业社会化现象的企业社会责任制度不仅难以落实，而且在理论上难以展开，概因为企业私产理论之根深蒂固。

企业社会化与企业定性紧密地联系在一起，去产权化的企业必然有两种发展趋向，一种是主体化趋向，一种是组织化趋向。企业的主体化趋向与企业社会责任理论相辅相成，是随着企业利益相关者理论而逐渐发展起来的。企业社会责任理念是因应大公司的道德风险而出现的，其主要含义是企业在追求利润最大化之外还要承担增进社会利益的义务。[①]这种并不否认企业为股东谋取利润最大化的前提更多是出于现实的考虑，而在理论上更多的是企业所负有的维护和增进社会利益的义务，这正是企业主体化并社会化的要求。企业的组织化趋向与企业结构治理理论相辅相成。企业治理结构的复杂化意味着企业组织化的发展，企业组织化发展的极端则是企业办社会，即社会内部附带了非经营性的社会组织。在企业组织复杂化的过程中，劳动者与企业的联系已经不再以工资为唯一的核心，劳动者在企业内的主体地位问题由此而生。劳动者在企业治

---

①　卢代富. 企业社会责任的经济学与法学分析[M]. 北京：法律出版社，2002：96.

理中的参与程度也逐步提升。如果说劳工联合与集体协商是企业主体化的内容，那么职工民主管理则是企业组织化的内容。

　　通过对大企业与小企业、人治企业与法治企业、私有企业和国有企业等几种企业形态的简要分析，可以印证职工参与程度的层次与必然性。这可以确认这样一个事实，即企业民主管理如同公司治理一样，并不是所有的企业或公司都应遵守的法律制度，却是一项基本的法律制度，在大企业、法治企业和社会化企业中施行较为严格的公司治理，必然应有民主管理制度。

第三章 企业民主管理之劳资共轭

从现代企业的特征和衔接公司治理和职工的实践，概括出职工参与管理的内涵，在对职工参与管理理论基础分析的基础上提出并论证了劳资和谐理念和劳资共轭理论，并对我国职工参与管理的制度进行了考察。职工参与管理是现代企业制度的一个基本理念，也是公司治理中逐渐凸显和强化的法律制度，劳资共轭理论是职工参与管理的一个重要理论基础。

第一节 现代企业与公司治理

一、现代企业的特征

不同的学科对现代企业有不同的界定和认知视角，就法学学者而言，现代企业承载着一种新型的制度。一般认为，"现代企业制度，是指适应市场经济要求的、产权清晰、权责明确、政企分开、管理科学的企业制度"。① 这个概念主要是相对于计划性的企业而言的。在法律制度的层面讨论现代企业，其又表现出如下特征：

第一，现代企业的规模化。企业具有扩张性，这是资本原始的本性，从自由资本主义到垄断资本主义，企业的扩张和并购愈演愈烈，西方近现代的经济史也造就了一大批超级规模的企业，一大批生存百年以上的企业。这些企业所代表的规模化经营是现代企业的一个重要特征。企业的规模化经营是微观企业实现节约成本、追求利润的市场竞争驱使的必然结果。马克思主义理论认为，生产集中是一种必然。② 现代企业的规模化发展是社会发展的趋势，同时也不是简单的扩张，现代企业在规模化发展的基础上逐渐专业化、集团化和全球化。现代企业的规模化带来的一个影响是，现代企业参与生产竞争不是企业生存的问题，而是企业发展和支撑社会的问题。如果说现代社会经济是由企业构成的，那么现

---

① 杨紫烜. 经济法[M]. 北京：北京大学出版社，1999：116.
② 教育部考试中心. 2004年全国硕士研究生入学统一考试政治理论考试参考书[M]. 北京：高等教育出版社，2003：87.

代企业便是现代社会经济的中流砥柱。

第二，现代企业的社会化。现代企业的社会化表现在很多方面，主要表现在企业要素的社会化和企业责任的社会化。资本和劳动力是企业存在和发展的两大要素。在企业发展的初级阶段，两者区分不清，也无须区分；但随着企业的发展和复杂化，企业的所有和控制必将发生分离，并呈现出复杂的分离效果。在法律概念中，企业所有权是企业法人的独立的财产所有权，强调的必要性可能源于国企改革的需要。在实践中，企业所有权更多地成为经济学所关注的概念，与公司治理结构有着几乎相同的含义，经济学学者认为"企业所有权是公司治理的一个抽象概括"。[①] 劳动者也不再与企业投资人发生关系，劳动者与企业的关系日益呈现复杂的契约关系。对劳动者来说，企业社会化即意味着企业职工成为一种为数众多的社会角色，也意味着劳动者与企业的劳动力交易关系发生了质变，企业成为劳动者的社会化的平台。对企业自身来说，企业社会化意味着企业社会角色的复杂化和企业社会责任的加强，也意味着企业内部治理的社会化和复杂化。企业自身的社会化使得现代企业吸纳和保障着众多社会成员，现代企业成为最重要的社会单元。

二、公司治理

现代企业的形式是公司，现代企业的治理即公司治理。不管公司治理与公司治理结构、公司管理是否有区别，以及有多大的区别[②]，公司治理是关于企业经营权和控制权乃至剩余索取权配置的制度，其核心是企业治理结构的安排，就现代企业的公司治理而言，出现了如下特征：

第一，股东内部利益的分化。在企业制度初期，乃至公司制企业初期，出资人之间以明确的协议确定相互之间的权利义务，出资人成为股东的同时仍然在企业经营中保持合作的关系，企业不只是出资人的投资平台，也是出资人劳动力价值的实现平台。而在现代企业，股东仅仅是出资人，是某部分出资凝成之股份的东家，股东之间已经很难产生直接的合作，而众多股东也真正蜕化为食利者，股票证券市场的存在和扩张正是现代企业股东食利化的一个例证。股东对公司经营比较陌生，股东越来越分散化，股东用脚投票等于放弃股东合作，股东之间的合意很难形成，在企业股东控制的理论下，股东合意的形成出现了这样一种局面：

---

① 张维迎. 产权、激励与公司治理[M]. 北京：经济科学出版社，2005.
② 刘丹. 利益相关者与公司治理法律制度研究[M]. 北京：中国人民公安大学出版社，2005：9-37. 另外，笔者将在下文论及公司治理与公司管理。

资本多数决定原则符合了资本正义的原则，而资本多数却往往是股东少数，违反了民主正义的原则。于是，中小股东利益的保护成为公司治理的一个重要侧面。股东内部利益冲突尽管表现在股东会议权力行使的冲突当中，而其内在的反思却不应止于此。在企业发展的初期，股东控制企业既有财产所有权上的合理性也有形成合意经营企业的可行性，而现代企业却不同于发展初期的企业。我们可以反思，如果股东意不在企业之经营，又为何抽象其意而来控制企业之经营。笔者感到，股东内部利益的分化使得股东控制企业不仅存在现实困难，而且也折射出企业现代后股东控制企业地位的理论缺陷。

第二，董事会中心主义的结构变迁。公司治理结构从股东中心主义到董事会中心主义是现代企业治理结构的一个重要特征，它不仅与公司管理人员专业化和职业化相辅相成，也与所有权和经营权相分离的理论相辅相成。而这里的所有权已经不能理解为一般的财产所有权，只是在公司成立之前对投资财产的所有权和特殊情形下的剩余财产索取权。所以所有权和经营权相分离是经济制度和政策上的概念，在法律概念上表现为股东权和经营权的分离。股东权和经营权的分离是以股东和董事之间的委托理论为基础的，董事代表股东对公司行使经营权并不否认股东所拥有的控制权，然而董事会中心不仅存在大股东控制的风险，而且存在股东控制失灵的风险。然而不可否认的是，董事会在公司治理结构中的完善和强化是股东控制企业的一种理性选择和现实形式。不过，笔者认为需要指出的是，企业控制中心的结构变迁既表现了股东控制企业理论的自适应力，也显露出股东控制企业理论的蜕变之路。

三、衔接公司治理与职工的实践

现代企业的发展和公司治理理论的变迁，使得公司治理的变迁引入了许多新鲜的实践，而把职工和公司治理联系在一起是最重要的实践，以下介绍两种实践形式：

第一，职工持股与公司治理。职工持股意味着职工兼具股东的身份，股东身份意味着职工参与企业利润的分享和企业经营的控制。但是职工持股与公司治理结构却没有直接的关系，王保树将之称之为安定股，是为职工增收、为企业赢得职工归属感与忠诚的措施。从这种意义上讲，职工持股的实践往往和公司激励制度安排有关，也与公司的长远发展战略有关，这种实践的发展方向是与社会福利制度接轨。已有观点认为"社会福利政策"的推行使得西方各国普遍实施了职工持股制度，无论何种逻辑，职工持股并没有与公司治理联系在一起。在股东控制公司的理念下，职工不可能自然地分享公司的控制权，但是也不排除制度建设对此的努力。根据《欧盟理事会关于推动雇员参加企业利润和经营成果（包括股权参加）的建议修正草案》的内容，"认识到通过利润分享、雇员持股或者两者合一的途径，广泛采取提高职工参加公司利润和经营成果的方案，具有潜在的好处"。"要特别考虑：鼓励雇员取得并持有其工作所在公司的股份，以提高其在公司决策中的参与程度的方案"。在美国，早在 20 世纪 50 年代就有人积极地推广职工持股计划的概念，但直到 1970 年联邦政府才开始对职工持股计划给予实质性的税收补贴，职工持股计划才开始慢慢受到青睐，而后来越来越多的企业管理层发现职工持股计划可以被用来防范和抵抗恶意收购，职工持股计划才真正获得了蓬勃发展[1]，在这种意义上分析职工持股计划更多地强调了职工持股计划的政策性和特殊目的。其实，在美国职工持股计划虽然很普遍，但是职工一般只能参与利润分享而无权参与企业的控制和管理，职工持股计划中的职工股票中有相当一部分是没有表决权的，就是那些有表决权的股票，职工作为职工持股计划的受益人一般也无权直接参与表决[2]。可见，衔接公司治理和职工只是公司持股的一种副效应，职工持股的基础并不是职工参与公司治理，而是公司效益战略和政策鼓励的效果。

第二，共决与经营构成。在德国的共决制度中，劳动者有广泛的参与管理途径，但无权分享利润，"这种模式在特点上与 ESOP 的设计刚好相反"[3]，在衔接公司治理和职工的实践中，德国的这种做法独树一帜，台湾学者在介绍德国民主工业制时，评价道，"德国这套劳资合作体制非常复杂，可说是全世界劳工参与程度最高，规范最严密的制度"[4]，大陆学者也沿袭了这个结论，并且在职工参与管理的框架下专门介绍德国的相关立法[5]，所以笔者在这里介绍德国的相关立法和制度称之为德国经验。

在第二次世界大战前德国便有"经营参议会法"，但是由于法西斯的政治体制，并没有真正落实劳资合作的立法精神，第二次世界大战后，1946 年 4 月制定了《西德经营参议会法》，1951 年 5 月通过了《矿山钢铁

---

① 汉斯曼. 企业所有权论[M]. 于静，译. 北京：中国政法大学出版社，2001：155-156.
② 汉斯曼. 企业所有权论[M]. 于静，译. 北京：中国政法大学出版社，2001：155-156.
③ 汉斯曼. 企业所有权论[M]. 于静，译. 北京：中国政法大学出版社，2001：163.
④ 黄越钦. 劳动法新论[M]. 北京：中国政法大学出版社，2003：249.
⑤ 郑尚元. 劳动法学[M]. 北京：中国政法大学出版社，2004：157-162.

两业共同决定法》，1952 年 5 月通过了《经营构成法》①。德国的共决制逐渐扩展其适用产业范围，只要是带薪雇员均可依法参与选举董事，但这与企业所有权没有任何关系。② 德国的共同决定立法与《经营构成法》在《公司法》与《劳动法》之间勾勒了职工参与公司治理和管理的制度构架，共同决定立法是就公司的治理结构而言的，旨在董事会中创造一个可以与投资者代表平起平坐的权力实体，此即共同决定之本意，但是事实上，"共决制度对于企业董事会一级的决策没有太大的影响"，③ "而监事会里的雇员代表很大程度上只是在雇员与企业之间建起一种传递信息的作用"。④ 而《经营构成法》是趁共同决定法之势而出台的，其基本精神是谋求劳资合作，该法规定"企业主及其经营者团体，与代表从业员的经营参议会及其劳动组合，基于互助之精神，对共同之福利设施，应擎划周详，提供改进方案，待研拟妥善后，劳资双方必须本此精神，促其实现"，经营参议会之具体职能包括了处理劳务问题、人事问题以及参与经营问题⑤。可以看出，共同决定和经营参议是在不同的侧面勾勒着同一件事情，如果从企业控制权力的分配来看，劳工参与似显微薄，但是从企业经营权的分配来看，劳工参与是可以肯定的。

第二节　职工参与管理及其内涵

一、职工参与管理的术语选择

无论是职工持股计划，还是共同决定与经营参议立法，公司治理和职工衔接在一起都是公司治理发展的趋势。笔者认为，在现代企业中，重塑职工与企业的关系成为一个崭新的课题、一个颠覆性的命题。所谓崭新，是因为职工参与的历史是新近的，职工参与的实践带有尝试性，还不够成熟，往往是在若干理论的交汇处去实践，还不能形成摆脱建立在传统雇佣关系基础上的传统理论而形成独立的制度体系；所谓颠覆性，是职工参与管理带有明显的针对性，对传统的公司理念和制度带来了巨大的冲击。正是因此，提炼和厘清必要的基本概念是深化职工参与理念

---

① 黄越钦. 劳动法新论[M]. 北京：中国政法大学出版社，2003：250.
② 汉斯曼. 企业所有权论[M]. 于静，译. 北京：中国政法大学出版社，2001：163.
③ 汉斯曼. 企业所有权论[M]. 于静，译. 北京：中国政法大学出版社，2001：163.
④ 汉斯曼. 企业所有权论[M]. 于静，译. 北京：中国政法大学出版社，2001：163.
⑤ 黄越钦. 劳动法新论[M]. 北京：中国政法大学出版社，2003：250-252.

的迫切需要，也是在制度层面构建和协调相关制度的基础。在已有的涉及重塑职工与企业关系的理论研究中，有几个相近的概念，包括"劳资合作"理念和"产业民主制"，这是德国、奥地利的实践。台湾学者黄越钦把这种实践放在"劳资合作与劳工参与"的框架下来阐释，"所谓劳资合作，则与上述劳资关系截然不同，系指在一个厂场之内劳雇双方就职场内或企业内事务之合作关系而言"，① 然而黄越钦并没有界定劳动参与的概念，不过可以推测，此处之劳工参与是劳资合作层面上的劳工参与，是劳工在职场内或企业内事务上的参与②。在国有企业改革的背景下，在公司治理的框架中，"职工代表大会""职工民主管理""职工董事""职工监事"都成为学者论述的基本概念，而在使用这些概念时，其界限还是有很大区别的。王全兴认为"职工参与，又称职工民主管理或企业民主管理"。不过，也有观点认为，应把职工参与分为职工参与管理和职工参与利润，乃至把职工参与细化为决策、管理、监督和利润等诸多方面的参与③。即使是在不涉及参与利润的范畴内，也有"职工参与公司机关""职工参与公司控制""职工参与决定""职工参与企业治理"等概念④，可以说，在衔接公司治理与职工的范畴内，概念的适用是极不统一的，其中既有领域与视角的原因，也有概念本身的原因。在概念使用如此不一致的情况下，笔者认为选择一个概念十分必要，而使用"职工参与管理"是一个比较合理和理性的选择。

第一，职工和公司员工、劳动者以及劳工之间并没有实质性的差别。鉴于我国《公司法》中采用了职工的概念，而且职工不同于雇员，也正是参与管理理论的需要，所以采用"职工"这一词语。在词义分析上，"执行事务所处的一定的地位"⑤乃职，职工是居位执行事务之人，反映的是职工与企业之间的关系，而没有涉及与资本的关系，在一定程度上把劳动力和资本放到了一个可以对话的平台上⑥。

---

① 黄越钦. 劳动法新论[M]. 北京：中国政法大学出版社，2003：257.
② 黄越钦. 劳动法新论[M]. 北京：中国政法大学出版社，2003：246-253.
③ 陈向聪. 职工参与概念探析[J]. 福建政法管理干部学院学报，2002(1)：22-23.
④ 贺蓉. 有关职工参与公司机关制度的法学思考[J]. 内蒙古电大学刊，2005(1)：31-32.//张舫. 职工参与公司控制质疑——对"共决制"的理论与制度分析[J]. 现代法学，2004(2)：138-143.//丁国民. 职工参与决定的理论和实践基础[J]. 长江论坛，2004(4)：38-41.//宋红梅. 职工参与企业治理的理论基础与现实选择[J]. 经济问题，2006(4)：6-8＋11.
⑤ 中国社会科学院语言研究所. 新华字典[M]. 北京：商务印书馆，1998：637.
⑥ 没有在"职员"与"职工"之间选择，是考虑到职工已经是立法中采用的术语，在某种意义上，笔者甚至倾向于"职员"的合理性。

第二，参与管理的概念也不完全等同于民主管理的概念，所谓参与，强调了资方的存在，乃至资方的先在性，彰显着与它方（资方等）合作的参与，参与管理不同于保留了计划经济色彩的民主管理。其实，参与和民主并不是冲突的，但是两者的视角和深度是有区别的，参与是一种分享机制，民主是一种决策机制；参与概念更容易存在于经济领域，民主更多的是一个政治概念。另外，采用职工参与管理的概念而舍弃职工参与的概念，多是针对职工参与概念从台湾地区学术界到大陆学术界发生内涵扩张而作出的概念界清。台湾地区学术界中，"劳工参与"是一个基本的概念①，其实质是企业事务的参与，而大陆学术界在发展相关理论时，由于历史的原因，引入了"民主管理"的概念，同时又在参与之内容上做细化分类，这时参与正是词义逻辑的必然结论。出于理论和现实两个方面的考虑，使用参与之概念应该是容易达成共识的。

第三，公司管理与公司治理的区别。"公司治理"，源自 Corporate Governance，台湾地区有学者将其译为"公司管理"。② 这种不同的译法反映了学者理解的不同或偏重，也说明了两者之间在本质上的相同。但是也有学者把公司治理和公司管理严格区分开。③ 笔者认为，公司治理更多地出现在公司法学领域，公司管理更多地出现在企业管理领域，不同学科的用词偏好使得公司治理和公司管理含义有了差异。公司治理的核心是公司结构的制度安排，所指的是公司控制问题；公司管理的核心是公司经营的操作安排，所指的是公司运营问题，但是必须强调公司治理和公司管理的区别依赖于传统的法律模型和管理模型。其实，法律模型和管理模型在现代企业中已经混合和交融，职工持股计划既是一种管理模型，也是一种法律模型；经营构成既是一种管理模型，也是一种法律模型。公司治理和公司管理不会有实质性的区别，但是在这里选择管理这一词语，笔者认为治理的理论基础是产权控制，沿袭于投资人对投资财产的所有权，使用治理的概念容易陷入股权理论中去，故回避之。

出于如上几个方面的考虑，笔者以职工参与管理作为重塑职工与企业关系的一个基本范畴。

---

① 黄越钦. 劳动法新论[M]. 北京：中国政法大学出版社，2003.

② 刘丹. 利益相关者与公司治理法律制度研究[M]. 北京：中国人民公安大学出版社，2005.

③ 其认为"治理是决定到哪里去；而管理是决定怎样到那里去"，其现实依据是"传统的管理思想与理论一般来说并没有把公司治理当作特定的研究领域"。刘丹. 利益相关者与公司治理法律制度研究[M]. 北京：中国人民公安大学出版社，2005.

二、职工参与管理的内涵

职工参与管理，简单地说，是指在现代企业中职工行使参与管理权。然而在参与管理权存在的合理性尚没有得到有效的制度巩固和理念深化的背景下，职工参与管理的范围、内容在学术上似乎是自弹自唱，缺乏沟通和协调，在立法上更没有涉及职工参与管理的内涵，只是一些制度是职工参与管理的形式，也标示着职工参与管理理念的存在。

有学者把职工参与权与职工以股东身份的参与严格区分开。有学者把职工参与管理的阐释集中到一个"度"的分析上，其"深度"和"广度"的内涵分析在力求一个适度的界限，而概念中"直接或间接"的限定也正反映了对概念内涵的力图精确把握，而这种精确却没有抽象出一个可以代替"管理"的词汇。也有学者把职工参与管理等于职工参与一种决策，至少有一种观点和这种观点相通①，还有学者在界定职工参与时，管理似乎又区别于决策，② 由此看，职工参与管理的内涵其实是一个相当复杂的问题，纵览学术界观点，笔者认为，职工参与管理有如下几个特征：

第一，职工参与管理的前提是职工身份或者职工地位。只有具备职工这一身份，才有权利参与企业管理，在实务中，其意义在于区分开职工参与管理和股东参与管理，职工因持股而参与管理显然不是此处所分析的职工参与管理。当然，如果在制度设计上，假借持股之手段而达到职工参与管理之普遍效果，那么职工持股也不失一种范畴内概念。不过，强调职工身份或者职工地位是职工参与管理的内涵所在，也是其价值所在。

第二，职工参与管理是一种权利，职工参与管理亦可谓职工参与管理权。强调职工参与管理的权利属性可以区分开职工之一般工作事务，因为执行工作事务是职工之义务，而在执行工作事务基础上而产生的随附性职权往往与参与管理有着相似的表征。企业并不是一个简单的双层运行模式，而是有着多层次和交叉的复杂结构的系统，职工在执行对外事务、对内事务时往往需要一定的配合和协调，而这种配合和协调必然带来随附性的权利，区分开职工参与管理与若此相关权利或义务有着现实和理论意义。因此，需要强调职工参与管理不等于职工执行业务，不

---

① 其认为"企业内部的职工参与，也可进一步划分为广义的职工参与和狭义的职工参与。广义的职工参与，主要是指所有职工参与企业内部任何事务的情形；而狭义的职工参与，则主要是指职工通过一定的企业机关（主要是法定的企业机构），参与企业决策或对企业决策施加影响的情形"。周超. 职工参与制度法律问题研究[D]. 西南政法大学，2005.

② 陈向聪. 职工参与概念探析[J]. 福建政法管理干部学院学报，2002(1)：22-23.

等于职工正常性的工作。

第三，职工参与管理必须内涵参与决策。如果避开对管理与决策的分析，或者放弃参与管理的内涵有决策的内容，必然会导致参与管理权利属性的丧失。没有决策的权能，参与管理就会成为单纯的监督权利或者咨询权利，而这时监督权利或者咨询权利往往会失去其法律上的意义，特别是缺乏法律上的强制性和救济性。当监督权利弱化到一种议论监督时，职工参与管理乃至仅仅成为一种正常性的工作或者工作延伸。所以必须强调职工参与管理的决策权能，而决策权能也必然是职工参与管理权利之权能体系的基础。

第四，职工参与管理是一种管理权，而不仅仅是提出建议的参与。职工参与管理其实是职工对企业经营权的分享。在传统的公司理论中，董事会行使企业经营权的基础是委托代理理论，企业控制权和企业经营权的分离只是投资者的一种分身术，是一种权能剥落，而不是控制权内涵的变窄或者控制权与经营权的对抗。职工参与管理的路径是通过分享企业经营权进而进入企业的控制集团，这正与传统的投资人的管理权行使路径相反，投资人通过拥有企业控制权进而分配企业经营权的模式会因为受到反路径的对流而必然发生变异。

第三节　职工参与管理的理论瓶颈

一、职工参与管理的理论基础现状

职工参与管理的实践有过很多种，将来也不会局限于现在的实践形式，而学术界对职工参与管理的理论基础却并没有清晰和一致的认识，其主要表现在以下几个方面：第一，没有占统治地位的学说，大家认识的侧重点尚有很大的差别；第二，职工参与管理的实践之界限还比较模糊，不同的视角会界定出差距很大的范围，这在一定程度上甚至可质疑职工参与管理的理论深度；第三，职工参与管理的障碍对职工参与管理理论的构建产生了很大困难。总之，对于一项不太成熟的实践，其理论难免显得有些混乱。以下介绍几个具有代表性的关于职工参与管理理论基础的学术观点：

有的观点认为职工参与管理的理论依据包括劳动权理论的发展、公司利害关系人理论、劳动与资本联合理论和人力资本所有权理论。①

---

① 王雪梅. 公司职工参与的法律制度研究[D]. 中国海洋大学，2005.

有的观点把职工参与管理的理论基础总结为经济民主理论、人力资本理论和公司社会责任理论。①

有的观点在劳资平等理论、公司社会责任理论、职工自治理论与自主管理理论、管理科学与人际关系理论三个部分来总结职工参与管理的理论基础，其在劳资平等理论中阐述了产业民主理论和经营共同体理论。②

上面三种观点都是学位论文中的总结，然而很少有人对其中任何一个理论基础作较深的剖析。不排除这些理论都与职工参与管理有联系，但是这些理论之间是否有冲突，以及这些理论所构成的侧面复合在一起是否全面，都没有进行分析。不过这种观点的确反映了职工参与管理理论基础的现状，而且其中的每一种观点都在被学术界所阐释和坚持着。公司社会责任理论是否可以成为职工参与管理的理论基础，公司利害关系人理论又在多大程度上可以支撑职工参与管理理论，笔者认为，有关联的双方不必然成为相互的基础，它们还可能是同一基础延伸的不同分支，也可能是同一层面的有着交叉的两个不同理论。基于如此现状，笔者将在下文举例说明之。

另外也有观点在传统民商事关系基础上构建职工参与管理理论，其理论是在管理层与职工委托代理、企业职工参与剩余分配、职工与企业契约不完全三个方面来分析和构建多重委托代理的职工参与理论。这种分析没有直接剖析职工参与管理的深层理论基础，但是反映了作者的一种研究方法和理论态度，在与传统法理契合的层面上为职工参与管理理论提供了支撑。③

二、利益相关者理论之批判④

利益相关者理论是职工参与管理的一种流行观点。利益相关者治理也称作"共同治理"，是指公司的主要利益相关者参与公司治理，并均享发言权，进而促进公司的发展⑤。职工作为主要利益相关者而参与公司治理，并分享剩余。也有学者在利益相关者与公司治理的框架下把职工进入董事会、监事会作为利益相关者参与公司治理的重要路径。⑥ 另外

① 李军强. 公司职工参与制度研究[D]. 西南政法大学，2005.
② 周超. 职工参与制度法律问题研究[D]. 西南政法大学，2005.
③ 陈维义. 基于多重委托代理关系的企业职工参与管理研究[D]. 东北大学出版社，2006.
④ 当然，在这里是分析利益相关者理论作为职工参与管理之理论基础的不足。
⑤ 李洋. 基于利益相关者治理的职工参与制度研究[J]. 天津师范大学学报：社会科学版，2004(3)：21-24.
⑥ 刘丹. 利益相关者与公司治理法律制度研究[M]. 北京：中国人民公安大学出版社，2005：236-241.

诸多以职工参与管理为课题的学位论文把利益相关者理论作为职工参与管理的理论基础。可见，在学术界，利益相关者理论作为职工参与管理的理论基础是有相当市场的。

笔者认为，利益相关者是一个相当抽象的概念，可以运用到诸多的领域，可用以诠释哲学、政治、经济等领域的问题。在法学领域，利益相关者理论用于诠释公司治理理论，一个重大贡献是打破了"股东是公司的所有者，公司经营者只对股东负责"①的信条，动摇了"股东至上"观念，但是利益相关者理论的贡献主要是观念上的，利益相关者理论并不能给利益相关者参与公司治理提供足够的理论支撑。因为其核心是利益的关注和利益的平衡，利益相关者理论的基本逻辑是反对利益歧视，体现在公司治理中，就是反对股东对其他利益相关者的利益侵蚀与侵害，但是这样的逻辑并不能为利益相关者进入公司治理结构提供充分的理由。而职工参与管理必然是职工直接或者间接地进入公司治理结构，利益相关者理论显然不能为这样的行为提供答案。劳动法学者旗帜鲜明地指出"利益相关者权益保护是从被保护者的角度谈权益保护问题，而职工民主参与是劳动者积极行使权利的问题，因此不能以利益相关者权益保护替代职工民主参与"。②

利益相关者理论作为理论基础只是为职工参与管理提供了一个非负的理论支撑，它对职工参与管理的支撑只是历史发展的耦合，两种理论的存在可以说不是一个轨道上的事情。而职工参与管理建立在利益相关者基础上的观点也反映了职工参与管理理论的稚嫩和实践的模糊。在这种背景下，我们既要关注职工参与管理理论基础的系统性构建，更要关注职工参与管理的核心基础的分析，只有这样，职工参与管理的理论才能成熟，才能为职工参与管理的实践提供有效的理论指导。

第四节　职工参与管理的劳资共轭理论——劳资和谐理念

一、职工参与管理的体制分析

职工参与管理有两种截然不同的实践，一种是社会主义国家企业所采用的职工民主管理，其理想状态是职工自治，职工控制和管理企业；

---

① 刘丹. 利益相关者与公司治理法律制度研究[M]. 北京：中国人民公安大学出版社，2005：53.

② 郑尚元. 劳动法学[M]. 北京：中国政法大学出版社，2004：157-162.

一种是资本主义国家公司所采用的人力资源激励机制,其理想状态是职工获取正面的管理信息,最有效地贡献劳动力价值。这两种实践的思考原点是不一样的,同时也都是单一的。第一种实践的原点是劳动者,其最有力的理论支持是马克思主义剩余价值理论,这种理论成功地支持了社会主义革命的成功,很好地解释了劳动者革命的正义性问题,但是当职工民主管理走向极端,忽视社会主义初级阶段的国情时,资本的地位便被忽略。第二种实践的原点是资本,其理论支撑是资本主义,资本主义在一定历史时期发展了生产力,积累了大量的财富,但是资本本位的极端是不能考虑劳动者利益的,劳动者参与管理的实践也不可能实质性地影响资本的地位。这两种实践显然是两种不同政治体制、不同的理想的较量。

由此看,职工参与管理的实践与政治体制有着很大的关系,而分析两种体制,笔者认为可以从以下两个方面来认识其差异:

第一,劳动者本位和资本本位的两个极端。关于这两种本位,笔者不想分析,实践已经证明了其不足和失败,任何一种本位都不能支撑现代企业的生存和发展。可以说,两种政治体制代表了两种理想,但是理想不等于现实,在面对人类大体相同的生产力发展阶段的时候,两种理想必然走向现实的折中。

第二,公平与效率的两个极端。劳动者本位在追求公平,但是却造就了没有效率的公平,没有效率带来的经济创伤已经否认了最初的公平。资本本位激励了资本持有人,带来了效率,但是这种效率最终破坏社会稳定而付出了巨大的代价,在社会共同体中这种效率被经济和社会问题所抵消。公平与效率,任何一个作为极端总会善始却不能善终,经过激情或疯狂的实践以后,公平和效率必然成为兼顾的目标。

总之,虽说职工参与管理在根本上是一个体制问题,但是实践已经证明体制出发点的理论要么有太多的激情,要么有太多的疯狂,不是一种理性和经过验证的可行理论。而放眼当今社会,就国际关系而言,和平和发展成为主题;就政治体制而言,大家亦开始包容和对话;就经济制度而言,优秀的制度成为人类的共同财富,特别是在企业制度上,趋同成为世界潮流。我国亦在中国特色社会主义市场经济体制的框架下,建立现代企业制度。在这种体制背景下,职工参与管理的理论基础应该更容易趋同和得到共识。

二、劳资和谐的理念

劳资和谐是一个基本的理念。和谐社会是社会发展的基本目标,而企业的和谐运行是和谐社会的重要基础，企业内部和谐即劳资的和谐。"劳资关系作为一种核心的社会关系，对社会的经济关系、政治关系、文化关系等具有直接的对应性影响，在构建和谐社会中，必须在理论和实践上对劳资关系的和谐问题给予足够的重视"①，在此意义上，劳资和谐堪称社会和谐的基石。

　　劳资和谐也是企业治理中的一个基本目标。企业存在的前提是外部竞争力，外部竞争力必须内化为企业的效率，而企业的效率又必须依托于内部的公平，只有公平的激励机制才是长效机制。可以说，就企业竞争力而言，公平和效率成为相互依存的两个基本要求。而追求极端公平的公司治理实践和追求极端效率的公司治理实践都是失败的，而其失败的共同原因都是公司内部劳资和谐机制的破坏。可以说，劳资和谐作为企业内部构建的一个基本理念是正反两种社会实践后的共同选择。

三、劳资共轭理论

　　劳资共轭就是在公司经营管理过程中，劳动者和投资者（股东）之间的相互制约、相互配合和相互影响，使公司治理结构合理、效率提高、竞争力增强的一种理论。劳资共轭的逻辑起点是：公司良性运营是劳资共同努力的结果，劳资之间可以有对抗，也可以有合作。劳资共轭是劳资和谐的延伸和具体化，正如意思自治是自由原则的延伸和具体化一样，劳资共轭可以成为公司治理中一个相对具体的原则。按照劳资共轭的原则，对公司的控制权应该在劳动和资本之间有效制衡，对公司的经营权应该在劳动和资本之间有效合作。现代企业中，资本代表者通过代理人来行使权利，而劳动力代表者同样可以通过代理人来行使权利。在资本和劳动力对照的基础上，笔者认为有必要修正和强调企业所有权理论。只有资本，不可能有公司的存在，公司设立的法理也要求公司必须具备一定的组织机构才能成立，在某种意义上讲，公司的法定代表人既是法理和法律的要求，也是公司劳动力要素的载体。在公司这个牛车上，拉车者正是资本和劳动力，最极端的失衡也不可能放弃一侧的存在，否则将寸步难行，而偏重一侧的做法虽然暂时发挥了一侧的优势，但是最终会导致轭之毁坏、车之旋亡。企业从一开始就不是属于投资人的，投资人从公司成立前的资本所有权人跨越到公司成立后的公司所有权人（控制权人）缺乏合理的逻辑基础，因为企业的驾车人不可能是一侧的黄牛。投

---

　　① 孟令军. 劳资和谐是社会和谐的基石[J]. 中国劳动关系学院学报，2005(3)：27-30.

资人成为控制权人在公司治理理论中应该只是一种选择，或者是历史的需要，但决不是现代企业最好的选择，也不是历史发展的方向。

按照劳资共轭理论，股东和职工分享公司的控制权和经营权，公司机构应该在股东和职工两个方面对称构建。关于劳资共轭理论之具体内容将在第五章第三节深入阐释。

第五节　我国职工代表大会制度及其样态

一、职工代表大会制度之异样

中华人民共和国的成立和社会主义改造的完成奠定了社会主义新型劳动关系的基础。然而，随着企业国有制度的建立，所有权理论成为一种抽象的概念、一种政治概念，劳动与资本的关系已经不再是一个经济制度上的问题。随着计划经济体制的建立，企业成为一个行政单位，职工对企业管理享有广泛的参与权利，而其性质却多属于咨询和建议，最直接的效果是职工主人翁意识的增强，而对企业的行政管理却没有绝对性的约束力①。"两参一改三结合"，在《工业六十条》中得到肯定，是社会主义企业工人参与的重要经验，"但是对于管理现代化企业来说，这个制度是不完备的"。② 可以说，改革开放前的职工代表大会制度是一种政治参与制度。职工代表大会制度从开始出现就是一种异化的制度。

二、职工代表大会之异化——不逢时的回归

改革开放以来，国企改革经过了多种尝试，最初的选择是放权让利，给企业自主经营权，职工代表大会正是在企业自主经营权的基础上得到明确的权利充实。1986 年 9 月 15 颁布的《全民所有制工业企业职工代表大会条例》以法律的形式明确规定了职工代表大会制度，并赋予职工代表大会广泛的职权，使之成为民主管理的权力机构。该条例同时还规定"职工代表大会接受企业党的基层委员会的思想政治领导"。在如此构架下，形成了企业治理中的三个会：党委会、职代会和工会。在夹杂着政治与行政的制度构架中，职工代表大会扮演了传统公司治理中股东会、董事

---

① 张允美. 中国职代表大会制与职工参与模式的政治学分析[J]. 北京行政学院学报，2003(1)：27-33.

② 毛泽东经济思想：两参一改三结合[EB/OL]. 载南方网资料. http://www.southcn.com/news/community/shzt/mzd/thought/200312220542.htm.

会和监事会相当部分的职能。可以说，职工代表大会在一次不逢时的回归中俨然成了企业的主人、企业所有权人。

三、职工代表大会与职工董事和职工监事

企业改革的最终选择是在产权结构上搞股份制改革，建立现代企业制度。据此，公司治理通过股东会、董事会和监事会来实现。但是，《公司法》仍然规定了职工代表大会制度。选择的变更和延伸却给职工代表大会带来了制度协调上的尴尬。

从职工代表大会最初的立法，到现今最新的公司立法，职工代表大会的地位已经发生了变化，在形式上表现为"老三会"和"新三会"的冲突和衔接问题。尽管现实中的做法有"党委书记按法定程序进入董事会，担任董事长；工会和职工代表按法定程序进入董事会担任职工董事，进入监事会担任职工监事"①的做法，并在一定程度上得到立法的确认，然而这只是在形式上把两者衔接在一起，1986 年的职工代表大会制度已经名存实亡。经过公司立法对职工代表大会制度的修改，职工代表大会制度从法定的一极——公司权力机构异化为一种意定的边缘化公司选举机构。尽管《公司法》的修改明确了职工监事的比例，然而职工董事仍然是一种选择性规定②。在这种制度异化的过程中，"职工民主管理"的概念已经被"职工董事、职工监事"的概念所代替。

四、职工参与管理的未来

既然职工参与管理的基础不是财产所有权，那么职工参与管理也不必假借股东之身份；既然股东本位已经遭到众多理论的攻击和现实问题的困扰，那么职工参与管理便少了一份传统治理结构的阻扰；既然劳资和谐理念有着深厚的哲学基础和普适的现实基础，那么职工参与管理就更多了理论的深厚与积淀。按照劳资共轭理论，职工参与管理是符合现代企业治理要求的，职工参与管理也是符合公司立法实践的。职工参与管理无疑是现代企业制度的一个基本理念，也是公司治理中逐渐凸显和强化的法律制度。笔者认为，职工代表大会的权力应该得到加强，董事会不仅是股东之间博弈的平台，同样也应该是股东和职工共轭的平台。

---

① 冯同庆. 职工董事、监事制度与职工代表大会制度. 全总民主管理民主监督办公室研究资料, 2000.

② 在国有公司中规定法定的职工董事，却并不能回避，抛开所有制后职工董事的选择性规定。

关于职工参与管理的未来，笔者认为有必要提及一种现象：在我国特殊的国情下，大学生就业偏好在机关和企业之间有很大的差别，大学生冷落企业的原因有很多，而企业治理和职工之间缺乏有效的衔接途径也是一个方面的原因，当职工参与管理与股东之间形成共轭效应时，也许企业将成为一个比行政机关更好的实现个人价值的平台，企业才真正不愧为社会的中流砥柱和社会个体的皈依。

第四章　企业民主管理之企业协商民主

第一节　企业协商民主理论研究的背景与问题

"协商民主"既是舶来的，又是内生的。一方面，我们看到有关"协商民主"的论述成为党的十八大报告的重要内容，对如何"健全社会主义协商民主制度"进行了细致的论述①，尤其是提出要"积极开展基层民主协商"，这不仅意味着基层民主协商也是协商民主的内容，而且在基层民主中必然面临"协商民主"与"民主协商"之间关系的困惑。在十八届三中全会通过的《关于全面深化改革若干重大问题的决定》中同样存在类似的论述，如"深入开展立法协商、行政协商、民主协商、参政协商、社会协商"。"开展形式多样的基层民主协商，推进基层协商制度化……"申言之，伴随着"协商民主广泛多层制度化"，企业协商民主的实践已经快速展开，尽管企业协商民主的理论尚未得到充分阐释。

另一方面，我们看到诸多有关"协商民主"的论述，特别是在党的十八大以前已经不乏有关协商民主的论述，然而这些论述多是基于域外理论而构建的。值得注意的是，"协商民主"在英文中与 deliberative democracy 直接相对，而事实上两者并不能吻合，甚至谈不上大致吻合，而更多是主题性吻合。"协商"一词，根据《当代汉语词典》的解释，指"共同商量以便取得一致意见"。相对应的英文单词包括 negotiation、consultation，个人感觉，其与作为动词的 consult 最为接近。就此而言，协商民主在英文中应该是 consultative democracy。事实上，随着十八大对协商民主的阐释，一种直译协商民主为 consultative democracy 的习惯越来越常见，然而这显然不是在域外产生的理论下的术语。deliberative 一词，本义是审慎的意思，英文解释往往是 involved or characterized by deliberation and discussion and examination，尤指大会等审议的、供审议的、慎重的。我国台湾地区以及大陆的一些著述将其翻译为"审议"，即审议民主。简言之，译介国外理论的审议民主是另一种意境，至少在用词上

---

① 事实上，可认为是对社会主义协商民主理论的第一次论述。

已经有所差异，难免令人生疑。

鉴于此，企业协商民主理论研究必须强调其特定的背景，包括国内和国外的不同语境，上层与基层的不同背景。在此前提下才能明确企业协商民主理论所面临的问题及其出路。

一、企业协商民主的二元背景

企业协商民主的背景是二元的，乃至多元的，它并不是沿着一条线而展开的。我们认为当下落实企业协商民主，研究企业协商民主理论，至少要强调理论和实践上的背景有明显的二元特征，即理论上的国外理论和国内理论，实践上的党政实践和企业实践。

1. 理论上的国内和国外

协商民主的理论问题均有必要从国内和国外两个不同的背景下展开。而事实上，很多情况下，我们并不希望出现理论上的二元背景，有关协商民主理论的主流观点也是，强调协商民主理论在西方政治理论中的兴起，并探索其在中国的运用。一个基本的逻辑框架是，协商民主在西方兴起。① 以此为前提，协商民主在我国的适用，② 乃至进一步，"协商民主在中国的运用也有着局限性。"③ 这时候，也会根据西方学说的不同分别梳理，如介绍特定学者的理论，但是从根本上来看，是把协商民主理论放置在一个一元的理论背景中。

当然，也有另一种思维模式，如认为，以人民政协为主要载体和形式的中国特色协商民主是我国特有的，其理论基础是马克思主义的三大理论和传统文化中的和合理念。④ 随着十八大报告以及十八届三中全会对"协商民主"的论述，此种思维模式的理论研究会越来越多，并可能成为主流。

"协商民主"的话语是从西方引入的，中国协商民主的理论必然会本

---

① 20世纪后期，西方政治理论的重要发展是协商民主理论的兴起。协商民主是公共协商过程中自由、平等的公民通过对话、讨论、审视各种相关理由而赋予立法和决策合法性的一种治理形式。协商民主不是民主模式的创新，而是传统民主范式的复兴，其理论渊源是自由主义和批判理论。陈家刚. 协商民主引论[J]. 马克思主义与现实，2004（3）：26-34.

② 虽然协商民主理论源于西方，但在中国也有一定的适应性条件和适用性资源，可以成为也应该成为中国特色社会主义民主政治发展的新视角、新选择、新形式。高勇泽. 中国协商民主理论研究[D]. 辽宁师范大学，2010.

③ 马奔. 协商民主问题研究[D]. 山东大学，2007.

④ 张梦涛. 中国特色协商民主发展研究[D]. 兰州大学，2012.

土追溯，并可能更多地实现与"政治协商"的话语的对接。因此，需要处理协商民主理论研究理路上的二元背景，并应该进行辩证的分析，既重视域外理论，也重视本土资源。简言之，企业协商民主之所谓"协商"处于二元背景中。

2. 实践中的政治与经济社会

协商民主中的一些做法或观念是超越其自身的，超越传统政治领域的协商民主的观念也受到认可。尤其是在我国协商民主的实践下，协商民主具有明显的层次性，特别是在论述"基层民主"时，明显是相对上层民主而言的。然而，上层主要以党政为内容的民主，与基层民主，尤其是与企业里的民主必然有所不同。

事实上，国外的协商民主并无一致性定义，其外延差异很大，以致有宪政民主说、民主决策体制说、民主团体和政府说、社会治理形式说、民主决策程序说、民主形式说，等等。① 这意味着，协商民主成为一个非常容易拿过来的东西，在很多领域中都能够得到阐释和发挥，其内部存在着很大的不一致性。协商民主理论的借鉴性研究必须放置在特定的领域中才可能有相对较好的可比性。换言之，协商民主的实践是非常具体的，是在不同领域中存在的各种具有协商性的（民主）制度。

在我国，协商民主的实践主要体现在政治领域，在党的文件中也明确指出了协商民主在我国政治中的地位。然而，协商民主理论的提出与实践远远超出政治领域，成为直接影响经济社会的原则与制度。协商民主的实践体现在政治领域的同时，又体现在经济社会领域。那么，企业协商民主理论是协商民主理论在经济领域中的体现或映射吗？换言之，企业协商民主理论是我国协商民主的一部分内容，还是不同于政治领域的一种企业管理实践？这个问题绝不可武断作答。

企业将该问题置于二元背景中，一方面有政治上的理论，另一方面有经济和社会上的理论。政治与经济和社会的关系也常常构成辩证关系，在此也不例外。企业协商民主的主要理论驱动力可能来自于政治领域，而企业协商民主的主要场域却必然是在企业组织中，企业组织中已有的理论与实践与来自政治领域的驱动力的辩证关系成为解答当下我国企业协商民主理论与实践的基本事实。

① 张扬金. 现代西方协商民主理论研究综述[J]. 理论导刊，2008(1).

二、企业协商民主理论的两个问题

在理论界，协商民主并不是一个新鲜事物，但是在党的理论发展中，协商民主却是一个新鲜事物。当下的中国，社会主义协商民主理论的本土实践和凝练将是一个重要的目标和方向。同时，企业民主也并不是一个新鲜事物，但是企业民主自身的理论与发展相对于国家政治领域的民主理论而言却非常滞后。企业民主理论更多是学术性的、设想性的，而在企业中与民主密切相关的理论或制度却是另一种话语体系，如劳动基准与劳动安全、组织工会与集体谈判。同样，企业协商民主也面临这样的境遇，这可以转换为一个问题，即企业协商民主理论如何实现自我论证并将其制度化。由此看来，企业协商民主理论首先需要澄清下面两个存在性的问题。

1. 协商与民主的关系

理解协商民主，首先要理解协商和民主的关系。从文义上看，"协商"的含义是相对明确的，协商成为一个前置性或限制性较强的词汇："为了取得共识而共同商量"。而"民主"则是一个含义十分模糊的概念，我们可以列举非常多的民主形式或民主制度，但是缺乏发现。这些民主形式或民主制度又相互独立，缺乏一个适度抽象的民主定义，于是我们总是可以指出哪些不是民主，而又不确定某种事物是民主独有的。基于此，协商与民主的第一重关系很可能是一个清晰概念限制一个模糊概念，协商民主是一种民主形式而已。于是，协商可能是民主的一种形式，此外还有与协商相对立的民主形式，如直接的抑或间接的票决问题。

然而，比较两种事物的关系，至少需要将两者放到一个可比较平台上。如果是协商存在两种"共同"：可见的共同协商，以及可能的共同认识，那么协商得到重视的价值必然在过程；而民主也同样可理解为"由民做主"的两种存在：某种做主的过程，以及必然的做主结果，民主得到重视的价值在根本上是一种价值。如此，协商与民主是不同的，协商可能是无止境或无结果的，尤其把共识当成协商目标时，民主就会转化为全体一致，而这显然否认了民主的多数决原则。因此，作为独立的过程，协商与民主是不同质的，乃至是相悖的。

那么，协商是民主的一种形式，还是与民主相对的另一种事物呢？这是"协商民主"话语形成的一个根本性前提。从本土资源来看，协商民主最重要的本土资源是政治协商，并不是在西方意义的民主上展开的。从域外理论来看，协商民主的字面意思更接近审议民主。就此而言，我国的协商民主与西方的审议民主有着很大的区别。

而当协商与民主整合在一起的时候，一个根本性的问题则是协商民主与票决民主是什么关系。协商是否要达成共识，倘若共识是协商民主的必要内容，那么协商民主则具有替代票决民主的结构；倘若协商民主并不一定必须达成共识，那么协商民主就可能是票决民主的补充。我国的协商民主是在何种意义上展开的呢？这即是协商民主的自我界定。

2. 企业协商民主与企业民主管理的关系

我们注意到，"协商民主"是党的十八大以来关于政治体制改革的重要内容和目标，协商民主成为一个内涵非常丰富的理论，并特别强调其形式和渠道。① 此后在三中全会的报告中，明显回应了这种理解，并进行了丰富的阐述，还出现了"民主协商"的提法。诸多报告和文件中的阐述，意味着可能要对其中的"民主协商"进行阐发，并结合此前的"基层民主协商"作为渠道和形式的两种存在。企业民主是基层民主的重要内容，因而企业协商民主应该是基层民主协商的一部分，或者说是民主协商的一部分内容。

企业协商民主的理论和实践必然与已有的企业民主管理制度发生各种各样的问题。特别是企业协商民主制度化的范围在哪里？按照如上的分析，企业协商民主属于基层民主协商，企业协商民主也可称之为企业民主协商。进一步来分析，在将来的语境中，是企业民主协商替代企业民主管理、吸纳企业民主管理，还是企业民主管理吸纳企业民主协商、承载企业协商民主的制度化？尤其是在企业民主管理已经形成相对稳定的研究、相对集中的制度内核的情况下，企业协商民主的实践又该如何展开呢？也许我们可以在工会工作中想象三种情形：一是企业民主管理中多了一些内容，即企业协商民主；二是企业民主管理和企业协商民主成为并存且相对独立的工作内容，即企业民主管理的部分内容可能会剥离，也可能会出现新的协商性机制而纳入到企业协商民主当中；三是企业协商民主形成新的话语，企业民主管理被企业协商民主所吸收。

如上关于企业协商民主与企业民主协商的一致性分析仅仅是基于报告的文字性推断，而对企业协商民主与企业民主管理的关系格局更是缺

---

① "协商民主形式和渠道丰富多样，从渠道上讲，党内民主有协商，人民代表大会有协商，政协会议有协商，基层民主也有协商；从形式上讲，有专题协商、对口协商、界别协商、提案办理协商、基层民主协商，等等，通过这些渠道和形式使各方面特别是基层群众提出的意见和建议通过不同层面的渠道得到充分反映。"编写组. 十八大报告学习辅导百问[M]. 北京：党建读物出版社，2012：89.

乏足够的论据而有所决断。当下，关于企业协商民主理论研究的意义恰恰是在此有所阐释，即澄清协商与民主的关系、企业协商民主与企业民主管理的关系。

第二节　西方协商民主理论及其启示

西方协商民主理论向来被认为是一种民主理论。因此，西方协商民主理论的起点是西方的民主理论。弄清楚民主的源流及其问题意识是企业协商民主理论研究的一个视角。

一、民主源流之整备

从历史的角度来看民主的发展变化，民主理论至少要追溯到古希腊，因而会有古代民主、近代民主和当代民主的分类。然而，从浩瀚的西方民主历史中，我们更感觉民主的历史性、复杂性，乃至会产生这样的疑问：民主是否真的有所指？事实上，民主必然需要放置于特定的背景下才能有意义。换言之，民主是与特定历史的使命联系在一起的，民主是为解决问题而存在的。那么，经过历史的长河，民主都是如何存在的呢？

1. 古希腊的民主

古代民主是以古希腊的雅典民主为典型的，是特定背景下出现的一种直接民主，也称为简单民主。分析古希腊的民主不能与现代的国家做对比。其一，其所为城邦事实上规模非常小；其二，其城邦权利结构是非常简单的。在某种意义上，古代雅典的民主是一种原初的民主，即吻合字义的民主——"人民的统治"。然而，"城邦民主制毕竟奠定了后世民主的基石"。[1] 把古代希腊民主作为民主的起源是一种主流的观点，客观上，古希腊的名人著述在文艺复兴时被反复强调和阐释也强化了我们的此种观点。事实上，古希腊民主中那种简单的多数原则在当代具有更明显的局限性，其意义更多是标示，而不是制度本身。[2]

2. 英国的近代民主

近代民主源自英国的实践。近代民主是以议会民主为典型，也被我们称之为代议民主，其产生和发展受到了民主思想的影响，但是其自身的推动力却是英国政治与社会。鉴于近代以来英国历史的连续性，近代

---

① 应克复. 西方民主史[M]. 北京：中国社会科学出版社，1997：1-2.
② 房宁. 西方民主的起源及相关问题[J]. 政治学研究，2006(4).

英国的民主仅仅代表了当代民主发展的实践性起源或者某种塑形，而与当今的民主并无实质上的割裂。在英国革命过程中孕育了作为人民主权思想制度化的选举制度，尤其是普选思想对议会制度的影响对英国议会制的发展产生了深刻影响。①

有关近代民主的总结非常多，但是均离不开对英国议会制度的抽象和提升。从其对当今的影响来看，近代英国民主的分权制衡和多数决均是近代民主的基本原则。②

从国家统治的方式来看，近代民主的分权制衡和多数决对政府的延续和稳定产生了积极作用。而且随着美国的产生和崛起，当初《人权宣言》对政府的论述成为近代以来对民主的经典论述。③ 其中，对人民主权思想的论述不仅超越了英国的议会制度，而且通过其实践成为近代民主发展的另一个标志。但是，从民主的原则上来看，美国和英国并无质的区别，即分权制衡和多数决，均称为代议民主。

3. 当代民主及其问题

当代民主并没有脱离近代民主的体系。当代民主多数属于对近代民主的发展和补充，尤其是在缺乏主流民主学说的情况下，当代民主往往各说各话，在当代民主流派纷呈的背景下，我们必然会感觉，"有多少研究民主的学者，就会有多少新的当代民主理论"。在萨托利的《民主新论》的简介中彰显着萨托利的结论："民主的核心是政治权力问题，现代民主的关键是制约统治的少数。"此与近代民主的原则明显吻合。事实上，基于近代民主和当代民主的传承，多数当代民主理论，尤其是具有非常强大的整合意义的民主理论必然与近代民主紧密联系在一起。

在试图整合当代民主理论时，每个人的整合角度可能会有些差异，并形成许多民主理论。譬如巴里霍尔登以五种类型的理论组织起来的出色分析：激进民主论、新激进民主论、多元民主论、精英民主论和自由民主论。达尔的经典分析是建立在麦迪逊民主、人民主义民主和多头统治民主的三分法上。在我的论述中，我区分出选举式民主、参与式民主、公决式民主以及竞争理论，提出的主要的对比是针对参与式民主论与竞争式民主论的对比。这些理路切片皆有分析上的效用。重要的区别在于，是否把这些零零碎碎的理论视为主流整体的一部分。巴里霍尔登认为，

---

① 房宁. 西方民主的起源及相关问题[J]. 政治学研究，2006(4).
② 房宁. 西方民主的起源及相关问题[J]. 政治学研究，2006(4).
③ 《独立宣言》。

他的理论中只有一个（自由民主论）翼羽丰满，其他都是发育不良的理论，但他似乎放弃了以某种有选择的扩展方式把他们结合起来的可能性。本书则是依据这样一个假设：过去曾存在着主流理论，为将来计，也迫切需要恢复这一主流理论。因此我认为，在传统的自由民主论同后来的多元竞争论的发展之间存在连续性，而人民主义的和激进的民主论（不管是装在旧瓶还是新瓶里）仍然属于边缘理论，因为它们仅仅是规范性的理论。①

然而，当有人试图整合新的民主理论以期获得一种主流框架时，恰恰意味着民主理论在当下所遭遇的挑战。而协商民主恰恰是萨托利眼中的边缘理论，却明显在逐步受到关注而呈热议之势。

二、协商民主之梳理

1. 西方协商民主理论概括

如前所述，协商民主，更应该称为"审议民主"，其对应术语为 deliberative democracy。协商民主自 1980 年提出后已形成丰富的研究成果。② 事实上，协商民主虽然备受重视，却是一个非常模糊的概念，以致在很多情况下，并没有统一的关于协商民主的定义。

2. 审议模式

至少有两个有很大差异的协商民主概念，即审议民主的模式。一种

---

① 萨托利. 民主新论[M]. 冯克利，阎克文，译. 上海：上海人民出版社，2008：25-26.
② "'协商民主'（deliberative democracy）一词是 1980 年克莱蒙特大学政治学教授约瑟夫毕塞特在《协商民主：共和政府的多数原则》一文中首次从学术意义上使用，他主张公民参与而反对精英主义的宪政解释。真正赋予协商民主动力的是伯纳德曼宁和乔舒亚科恩。1987 年，伯纳德曼宁发表论文了《论合法性与政治协商》的文章；1989 年，乔舒亚科恩发表了《协商民主与合法性》一文，围绕协商过程和民主合法性的问题阐述了协商民主。到了 20 世纪 90 年代后期，协商民主理论引起了更多学者的关注。1996 年，圣路易大学的詹姆斯博曼出版了论述协商民主条件的著作《公共协商：多元主义、复杂性与民主》。1998 年，哥伦比亚大学社会科学教授乔埃尔斯特在其主编的《协商民主》一书中提出，作为一种政治决策机制，讨论与协商是对投票的替代。而作为 20 后期重要的自由理论家和批判理论家，罗尔斯和哈贝马斯都为协商和话语政治模式做过辩护。罗尔斯为公共理性制定了具体的规则，认为公民和公职人员在处理宪法或基本争议问题时应遵从这些规则；哈贝马斯则在其交往合理性理论的基础上，相对于共和主义和自由主义两种民主模式提出了第三种民主模式——协商政治模式，这种模式是基于正式和非正式的公共协商过程而形成的一种程序民主的概念。他们的思想和理论对西方协商民主理论产生了很大影响，尤其是哈贝马斯，成为西方协商民主理论的领军人物。他的理论成为研究西方协商民主理论的一个重要的理论前提和出发点。"韩冬梅. 西方协商民主理论研究：兼含比较视野中的中国协商民主理论构想[M]. 北京：中国社会科学出版社，2008：3.

是基于偏好的审议民主模式，主要存在于社会科学领域；一种是基于理性程序的审议民主模式，主要存在于政治哲学和话语伦理中。①

第一种，审议民主理论重新定义了偏好和民主的关系。这种理论认为，审慎的讨论可以使偏好具有反思性，改变偏好，进而为公共政策提供基础。② 故谓之审议民主，是通过审议改变偏好以取得共识的民主。

第二种，审议民主是以好的理由、好的程序为基础的民主。这种民主来源于纯粹规范分析的哲学家，参与者参与审议的理由必须是理性的。"不是来源于经验取向的、对规范取向存而不论的社会科学家，而是来源于纯粹规范取向的哲学家……值是之故，我将其称之为'理性的程序主义审议模式'。"③

此外，需要注意的是，审议并不拘泥于政治领域，而且特别关注公共领域的审议。审议模式的分化看似在于经验与理性的区别、抽象与规范的区别，其本质仍然是审议与民主的关系，即审议叠加票决，抑或审议替代票决。从理性主义的角度看，审议是票决的一种替代。

3. 哈贝马斯的审议民主

从国人对哈贝马斯的理论研究来看，其所主张的这种民主的称谓就显得极不统一，有关交往理论、商谈理论、话语民主、审议民主理论的分析均可能指向同一个对象，即哈贝马斯在此领域的思想。

哈贝马斯的理论无须赘述，仅从其地位即可见其影响之大。④ 对其思想的评价的"庞杂而深刻，体系宏大而完备"不仅是指其著述丰富，更指其影响深远。一般认为，哈贝马斯是西方马克思主义流派的代表人物，他的理论体系庞大，"涵盖了哲学、语言学、社会学、法学与政治学等诸多领域，对当代人文社会科学的发展起到了巨大的推动作用，成为众多学者，尤其是青年学者竞相研究的课题。"⑤哈贝马斯"建构了一种新型的

---

① 谈火生. 审议民主[M]. 南京：江苏人民出版社，2007：48.
② 谈火生. 审议民主[M]. 南京：江苏人民出版社，2007：48.
③ 谈火生. 审议民主[M]. 南京：江苏人民出版社，2007：48.
④ 尤尔根·哈贝马斯(Jürgen Habermas)是德国当代的著名哲学家。"历任海德堡大学教授、法兰克福大学教授、法兰克福大学社会研究所所长以及德国马普协会生活世界研究所所长。1994 年荣休。他同时也是西方马克思主义中法兰克福学派第二代的中坚人物。由于思想庞杂而深刻，体系宏大而完备，哈贝马斯被公认是'当代最有影响力的思想家'……在西方学术界占有举足轻重的地位。"哈贝马斯[EB/OL]. 百度百科. http://baike. baidu. com/link? url＝kiS7DSXzoialO2WuQVlbU_X8Q7a7dNr261dFM EGW8wrPBK5ypwPKOVonZh3zZyn42zqUSZG7Rur8ijX_WhJsFVNG0ADxd7_z5RqsUb GqKzyz－ClKy183-BSZ7SL830Ha.
⑤ 艾四林. 哈贝马斯思想评析[J]. 清华大学学报(哲学社会科学版)，2001(3)：6-13.

伦理学，即'交往伦理学'或'商谈伦理学'……哈贝马斯试图以商谈伦理学的建立，完成他在伦理学上所进行的'范式转换'，就是将道德的理性基础从'意识理性'转换到'交往合理性'上，换言之，从'主体性'转换到'互主体性'上。'交往合理性''互主体性'成为道德的基础，这在伦理学史上无疑是有重要意义的"。① 换言之，商谈是哈贝马斯理论的核心。

哈贝马斯的民主克服了自由和民主的冲突，其民主是在理性、自由平等的对话中达成共识的过程，这为代议制民主提供了理论基础。② 然而，这看似美好，看似为民主中的金钱、权力侵蚀提出了一套摆脱方案，事实上却存在问题。首先，这种话语民主是理想的，缺乏现实可能；其次，这种话语民主体现在过程中，缺乏制度内容。其实，这种话语民主不能防止代议制民主的官僚化和技术化。③ 可见，虽然可以从理性的角度推演出话语民主理论，却在事实上很难行得通，这可能是一种悲观现状，却并不能否定对此理论的推崇。

值得注意的是，哈贝马斯民主理论被转译为审议民主时所具有的一个特点，即双轨制。一个是弱公共领域的公共舆论，一个是强公共领域的意志形成，这是两个不同的轨道。④

按照其理论，弱公共领域的议题逐渐发展、不断展开后会形成新问题的公共议程，并最终进入强公共领域。⑤ 从双轨衔接的角度来看，审议并不否认民主，而是对民主过程的一种更为广泛的解释。

三、西方协商民主理论启示

在梳理民主及协商民主的过程中，我们仅仅是选取性地进行分析的。但是这种选取至少说明了协商民主的现代性及其对代议民主的反思性。从西方协商民主的理论研究中我们至少会有以下基本认识：

其一，协商为代议制提供了合法性。代议制的问题更多表现为贿选、不能有效代表民意、权力腐败、金钱政治等。协商为代议制提供了一个

① 艾四林. 哈贝马斯思想评析[J]. 清华大学学报(哲学社会科学版)，2001(3)：6-13.
② 陈炳辉. 哈贝马斯的民主理论[J]. 厦门大学学报(哲学社会科学版)，2001(2)：103-110.
③ 陈炳辉. 哈贝马斯的民主理论[J]. 厦门大学学报(哲学社会科学版)，2001(2)：103-110.
④ 谈火生，吴志红. 哈贝马斯的双轨制审议民主理论[J]. 中国人民政协理论研究会会刊，2008(1)：32-39.
⑤ 谈火生，吴志红. 哈贝马斯的双轨制审议民主理论[J]. 中国人民政协理论研究会会刊，2008(1)：32-39.

很好的形成共识的前提。事实上，代议制从来就不是僵硬的、纯粹票决的，代议制理论也关注沟通、对话。从本质上，协商与民主并非水火不容；在实践中，纯粹的协商或纯粹的民主均是不存在的，两者恰恰是有效地衔接在一起的。

其二，在流派纷呈的背景下，协商民主在力图寻找独立于传统民主的新的基因，因而在其特征描述中包括了诸多的现代价值取向，如多元、包容、理性、公共性、强调程序、注重共识等。协商民主在自己的话语体系中正试图扩展其内容，而成为一个宏大并足以整合古今、纵横捭阖的话语体系。

其三，协商民主终究是非主流的理论，其并不能替代主流民主理论。协商民主并不能替代票决民主。在处理协商和票决的关系上，协商民主若承认票决民主的不可替代性，就意味着协商民主成为票决民主的补充；若试图独立于票决民主而形成新的、独立的、与之相区分的完整体系，协商民主就必然要否定代议制，而追求协商的纯粹性，最终可能沦落为低效、无效或空想。

第三节　协商民主的本土资源及其惯性

与西方协商民主理论不同，我国的协商民主理论更多强调一种已经践行的本土资源——政治协商，并且受到协商惯性的影响，使得我国协商民主更注重"协商"话语的构建。

一、我国协商民主的渊源

一般认为，协商民主是我党领导的特殊的政治制度，围绕协商民主的制度研究可追溯到新中国成立前后。而有关协商民主思想渊源的研究却不止于此。我们认为，我国协商民主的思想渊源至少有三个大的方面：一个是我党理论研究的经典著述，一个是我国的传统思想文化，再一个是西方协商民主理论。前两者是本土资源，其惯性的存在是值得我们重视的。

1. 我国传统思想文化中的协商民主

在我国的思想文化中，很难发现西方意义上的民主思想，尤其是民主共和之观念多依赖于清末西学东渐之影响。但是，在我国悠久的传统文化中并不缺乏协商的观念。当协商的观念与民本的思想结合在一起时，一种具有中国传统思想文化色彩的协商民主思想会呈现出来。

　　其一，"和为贵"不仅是政治文化传统，而且成为具有深刻民族特性的文化信仰。和为贵，乃中国文化的优秀传统和重大特征。"和为贵"出自于《论语》，"礼之用，和为贵。先王之道，斯为美；小大由之。有所不行，知和而和，不以礼节之，亦不可行也"。类似的古训很多。从流派看，不仅儒家，而且佛、道、墨诸家均有类似之观念。① 如此等等，为协商达成共识提供了一个非常广阔的文化基础。在中华文化的基因里，是不喜好多数决的，而倾向于协商一致。以"和"为贵的思想也影响了相应的认识论，包容、求同成为基本的认识论，尤其是在天人感应的思想下，其为沟通认识提供了良好的认识论基础。简言之，我国有着深厚的协商的文化底蕴。

　　其二，协商的传统根植于中国社会，具有实践性。我国社会本来在政治生活和私人生活的界限上并不清晰，协商的传统并不严格区分政治与私人，这与西方以协商民主弥补选择的政治纯争议题有所不同。② 在我国，社会的各个层面重视协商，并将协商纳入基本国策、写入宪法，这是西方国家所不能比拟的。当然这是仅就协商而言，不以西方的代议制为基准。

　　2. 我国协商民主的特有实践

　　我国的协商民主的发展是独立于西方协商民主理论的，更何况西方协商民主理论并无实质性的独立实践，而仅仅依附于资本主义民主而存在。协商民主是在我国特定的历史文化背景下，伴随着我国革命和建设而不断发展和成熟起来的一种实践。有人把我国协商民主的发展过程总结为三个阶段，即"第一个阶段是抗日战争和新民主主义革命时期，中国特色协商民主萌芽阶段；第二个阶段是从 1949 年到 1977 年，中国特色协商民主形成阶段；第三个阶段是 1978 年至今，中国特色协商民主确立阶段"。③ 事实上，随着十八大对协商民主的明确阐释，协商民主理论与实践的新的里程碑又重新树立，这也充分说明我国协商民主理论所具有的力量，以及协商民主实践的强劲后力。以下我们选择我国协商民主实践中几个具有标志性的事件或制度以彰显协商民主的独立实践及其在我

---

① 和为贵[EB/OL]. 百度百科. http://baike. baidu. com/link? url＝G0FDRxgUFJS7kQd
mS0pLj7hU－Zh_WRHJeQiq9qSVxunjMPWeX4vJQ3Z1e7HYCbLuKlzRQbmSVa4iWvPnk－
WnMvUJLug7JOKwLsWY_zLjAlnD1IhfIx_1qJrcG3jOJZym.

② 冯家飞. 协商民主在中国生长的土壤——从传统社会的价值观念角度分析[J]. 福建省
社会主义学院学报，2012(2)：37-40.

③ 董宁博. 中国特色协商民主的起源、形成和发展[D]. 中国政法大学出版社，2010.

国的渊源流变。

其一，"三三制"。

"三三制"是在抗日根据地实践的一种政权模式，是一种抗日统一战线的政策。据此，共产党员、左派积极分子、中间分子在抗日政权中各占三分之一。三三制政权是中国共产党统一战线理论的重要内容，也是后来政治协商的一个重要的理论基础和实践基石。这是后来多党合作、政治协商的初步探索、经验基础。

其二，政治协商。

在我国政治协商的历史上，有两次政治协商会议，一次是1946年重庆谈判后召开的政治协商会议，一次是1949年召开的政治协商会议。这两次政治协商会议有着非常密切的联系，如有人认为，"（1946年）这次政治协商会议却为1949年的政治协商会议奠定了人才和政治基础。参加这次政治协商会议的中共和中国民主同盟的代表以及无党无派的不少代表成了1949年政治协商会议的筹备组主要成员，中国共产党、中国民主同盟等的重要共同政治主张，成为1949年政治协商会议的重要行动基础"。[1] 在此意义上，我国的政治协商传统不仅要追溯到共产党的三三制抗日民主政权，而且可以换个视角追溯到更大的历史视野中，乃至清末民初的政治实践均可看到协商的传统。当然，以第二次政治协商为基础形成了我国的政治协商制度的框架，这是具有连续性的。此后政治协商在我国的地位发生了若干次变化。

第一次，过渡政权意义上的人民政协。这是政治协商与国家建设的辩证统一，也是我国国家建设的开始，人民政协代行了国家政权机关的职权。第二次，非政权意义上的人民政协以及政治协商的受挫。1954年《宪法》之后，人民政协通过党派、政治协商起到了沟通、监督的作用，但是这种沟通和监督在所有制改革和政治环境影响下，其作用受到很大削弱。第三次，人民政协职能的恢复和巩固。在改革开放背景下，人民政协已经成为中国特色的政治民主形式，是与西方有本质差别的民主实践。事实上，在改革开放的背景下，西方的协商民主进入视野的时候，政治协商成为与西方协商民主相对应的实践和理论，并一般认为，"协商民主的理论和实践不仅仅属于西方，中国也存在着不同形式的社会主义协商政治，但其中具有较成熟和完善制度架构的是以中国人民政治协商

---

① 杨木生. 中国政治协商形态演变的历史考察：下[N]. 光华时报，2012-11-30.

会议为平台的政治协商制度，它既有明显的优势，也面临着严峻挑战"。① 政治协商的优势可以体现在诸多非常具体的功能和价值上，而其对政治、社会、文化的深远影响则是值得特别注意的。如有人认为，政治协商是协商性的政治文化，强化了民众对协商性政治架构的认可。② 政治协商所面临的挑战在于经济发展所带来的利益多元、阶层分化。多元的利益和分化的阶段要求政治协商理论和实践的发展。

其三，协商民主的提出和论述。

2007 年国务院新闻办公室发表的《中国的政党制度》第一次确认协商民主的概念，并指出协商民主是中国民主的一个特点。党的十八大明确要健全社会主义协商民主制度。自此，协商民主实践在我国进入了全新的发展阶段。③ 协商民主在我国不是一个移植的西方协商民主理论，而是政治协商理论的升级版和扩展版。协商民主的单独论述，必然引起人们对协商民主的关注。尤其是在传统的政治协商理论的视野中，对协商民主的理解更为现实一些，并特别在意协商民主和人民政协的关系。如有人认为，党的十八大报告专列协商民主，并将人民政协包含其中，是非同寻常的；特别是将基层民主协商也纳入协商民主的范围，从人民政协的角度来看并不好理解。④ 可见，协商民主的论述已经超越政治协商，而且必然会超越政治范畴，成为一个哲学概念，并在各个领域产生非常广泛的影响。

二、我国协商民主的内涵

协商民主是什么？协商民主是什么样的？随着协商民主的阐释和实践的发展，有必要抽象协商民主的概念及其特征。而且，在一个事物新出现的时候，抽象其概念也是科学研究的一个前提和任务。要知道，这时候的协商民主的内涵不是综述西方协商民主，而是借以检讨我国的协商民主的内涵。如果说协商民主在西方是边缘的、散落的，很容易被主流民主概念所忽视或吸收，那么在中国绝对可以也需要一个相对清晰的协商民主的概念。

---

① 陈家刚. 协商民主与政治协商[J]. 学习与探索，2007(2)：85-91.

② 黄卫平，陈文. 我国民主政治发展的现实选择——对"竞争性民主"与"协商性民主"的思考[J]. 理论探讨，2005(6)：7.

③ 刘晓峰. 充分发挥参政党作用努力推进协商民主科学化建设[J]. 人民论坛，2013(28)：8-10.

④ 张峰. 社会主义协商民主制度是个大概念[J]. 中国政协理论研究，2013(3)：32-36.

1. 协商民主概念研究综述

且不论介绍西方协商民主理论时所面临的词汇选择与内容差异问题，仅仅从国内学者对协商民主概念的专门研究或侧重性研究来看，有关协商民主的概念呈现出非常大的差异性。以下不规则地列出一些：

马奔、周明昆认为，"协商民主追求的是共善政治的民主理想，强调公民是民主政治的主体"。[①] 按此观点，公民参与不限于定期投票，不限于游行示威。公民参与应该以信息公开透明为前提，以合理的程序为基础，对影响自己的公共政策能够进行自由、平等的讨论，并赋予这种讨论在决策中的合法性，最终实现民主。

陈家刚认为，协商民主是一种现代民主体制，并有六层含义：①以人民主权原则为基础的代议体制、权力分立及制衡、选举以及政党政治；②考虑到现代民族国家人口和疆域的规模，强调代表的能力，强调多数意愿；③认可多元，以及在多元基础上的参与和对话；④强调公共利益，强调公共利益的公开利用理性；⑤合法性源自公民的广泛参与、偏好表达与共识达成；⑥协商是规范性理想与经验现实的结合。[②]

肖巧平、黄一军认为，"……协商民主的基本内涵主要包括：首先，协商主体是有着利益差异和分歧，形式上和实质上自由、平等的政治主体。其次，协商的内容是真实广泛的，涉及公民、国家和社会的最广泛的生活层面。我国的协商民主不仅是政治层面的，也是经济和社会生活层面的。最后，协商民主有理性的实施程序和制度保障。通过有制度保障的理性的协商，达成立法和决策方面的共识"。[③] 其核心观点是由宪法保障的通过协商达成共识的公民话语权。

鲁冰认为，"协商民主，就是所有受政策影响的利益相关者以协商的形式参与法律和公共政策制定的过程。协商主体可以是个人也可以是团体，参与方式可以是直接参与也可以是间接参与。协商的客体是偏好。公共协商是协商民主的核心概念。协商并不以取得共识为最终目的，能取得共识固然可喜，但即使不能取得共识，协商的过程也使政策的合法性显著增强。协商民主不是一种激进的民主理想，也不是一种新的民主

① 马奔，周明昆. 协商民主：概念、缘起及其在中国的运用[J]. 中国特色社会主义研究，2006(4)：69-72.
② 陈家刚. 协商民主概念的提出及其多元认知[J]. 公共管理学报，2008(3)：63-70＋124-125.
③ 肖巧平，黄一军. 宪政视野下协商民主概念分析[J]. 理论观察，2009(4)：29-31.

模式，但却是一种在中国大有可为的民主形式"。①

罗豪才认为，协商民主是一种规范，不是经验性和描述性的，其不追求理想的协商民主，也不认为现实中存在理想的协商民主。"协商民主论旨在提供一种评价和改进现实政治的标准"②，其不等同于理想，但是理想模式可以审视其与理想模式的距离。

戴激涛认为，协商民主与宪政关系复杂，特别是宪政民主中的现实问题需要协商思维，需要立足于全民的理念，故而协商民主可谓当代宪政民主的新范式。③

董德兵认为，协商民主是公民自由、平等地根据偏好的政治参与，在偏好转变中赋予决策合法性的过程。④

韩冬梅认为，"协商民主的基本含义是指公民通过自由和平等的公共协商进行决策。关于协商的实践存在于人类社会的各个阶段，协商政治的思想也曾被各个时代的政治思想家论述过。这表明协商政治是人类处理政治问题的一个基本方式"。⑤ 就此而言，协商民主的实践不是范式创新，而是理念复兴。

张峰认为，协商民主是基层重要的民主管理、决策和监督机制。其形式多样，包括了参与式预算、恳谈、协商会、评议会、代表会、听证会、陪审团、民意测验、工资协商等。⑥

从如上列举的八种概念来看，有关协商民主的概念具有明显的域外理论的痕迹，也多数属于十八大以前的研究成果，往往反映了西方协商民主理论的一种学派或一个视角。而十八大以后，协商民主在我国的概念成为一个具有抽象意义的大概念。而事实上，倘若根据协商民主的内容来定义协商民主几乎是不可能的，更不宜通过协商民主的功能来定义协商民主——这样更容易招致学派化的差异。

2. 协商民主的权威论述

有两种相对不同的给协商民主下定义的方法，一种是基于权威描述的分析和抽象，一种是基于学理体系的推导和定性。这两种看似是定义方式的区别，而事实上与所掌握的材料有很大的关系。给中国协商民主

① 鲁冰. 当代西方协商民主的概念解析[D]. 天津师范大学，2007.
② 罗豪才. 软法与协商民主[M]，北京：北京大学出版社，2007：272.
③ 戴激涛. 作为宪政民主新范式的协商民主：概念、价值与特质[J]. 中共天津市委党校学报，2013，15(3)：36-52.
④ 董德兵. 协商民主：概念、价值、前景[J]. 学理论，2009(11)：65-67.
⑤ 韩冬梅. 西方协商民主的概念与特征解析[J]. 中国政协理论研究，2009(1)：40-45.
⑥ 张峰. 社会主义协商民主制度是个大概念[J]. 中国政协理论研究，2013(3)：32-36.

下定义，所谓权威论述是指官方文件中有关协商民主的论述。这里主要包括十八大报告和十八届三中全会的公报。

其一，十八大报告单独论述了健全社会主义协商民主制度。报告指出，协商民主是人民民主的重要形式，阐释了协商民主的实现途径，特别是多党合作、政治协商是协商民主的重要渠道，并提出了协商民主的形式，最后提到了基层民主协商。①

其二，十八届三中全会公报对协商民主的论述。公报论述了发展民主政治的根本、制度、形式，并特别指出了协商民主的广泛发展、多层发展、制度化发展，以及基层民主的发展。②

其三，《中共中央关于全面深化改革若干重大问题的决定》之第28条的论述，明确了协商民主的发展、体系。③

其四，《中共中央关于全面深化改革若干重大问题的决定》的说明中的相关论述。其对协商民主的内容有更为细致的说明，特别是对程序合理的协商民主体系进行了细致说明。④

3. 协商民主的概念

从协商民主的学理研究来看，协商民主赋予了协商诸多的民主意义。

---

① 具体描述：社会主义协商民主是我国人民民主的重要形式。要完善协商民主制度和工作机制，推进协商民主广泛、多层、制度化发展。通过国家政权机关、政协组织、党派团体等渠道，就经济社会发展重大问题和涉及群众切身利益的实际问题广泛协商，广纳群言、广集民智、增进共识、增强合力。坚持和完善中国共产党领导的多党合作和政治协商制度，充分发挥人民政协作为协商民主重要渠道作用，围绕团结和民主两大主题，推进政治协商、民主监督、参政议政制度建设，更好协调关系、汇聚力量、建言献策、服务大局。加强同民主党派的政治协商。把政治协商纳入决策程序，坚持协商于决策之前和决策之中，增强民主协商实效性。深入进行专题协商、对口协商、界别协商、提案办理协商。积极开展基层民主协商。

② 全会提出，发展社会主义民主政治，必须以保证人民当家作主为根本，坚持和完善人民代表大会制度、中国共产党领导的多党合作和政治协商制度、民族区域自治制度以及基层群众自制制度，更加注重健全民主制度、丰富民主形式，充分发挥我国社会主义政治制度优越性。要推动人民代表大会制度与时俱进，推进协商民主广泛多层制度化发展，发展基层民主。

③ 具体描述：推进协商民主广泛多层制度化发展。协商民主是我国社会主义民主政治的特有形式和独特优势，是党的群众路线在政治领域的重要体现。在党的领导下，以经济社会发展重大问题和涉及群众切身利益的实际问题为内容，在全社会开展广泛协商，坚持协商于决策之前和决策实施之中。构建程序合理、环节完整的协商民主体系，拓宽国家政权机关、政协组织、党派团体、基层组织、社会组织的协商渠道。深入开展立法协商、行政协商、民主协商、参政协商、社会协商。加强中国特色新型智库建设，建立健全决策咨询制度。

④ 具体描述：要构建程序合理、环节完整的协商民主体系，拓宽国家政权机关、政协组织、党派团体、基层组织、社会组织的协商渠道；深入开展立法协商、行政协商、民主协商、参政协商、社会协商等。

但是事实上并不存在一个统一的协商民主的概念。倘若如此，协商民主的概念分析很大程度上需要回归哲学，在哲学框架中回到那些生自于政治领域的问题。就此而言，我们猜测，或者宁愿相信，协商民主是通过协商达成共识而形成决策的一种民主模式，而不是依附于票决民主而为票决民主提供合法性、提供效率的民主形式。事实上，关于协商民主的哲学分析更多会成为协商民主不是什么的论断，而很难对协商民主是什么作出论断。

而从我国的权威论述来看，我们看到了诸多协商民主是什么的论断。如协商民主应该是广泛的、多层的、制度化的；协商民主是党的群众路线在政治领域的重要体现；协商民主是社会主义民主政治的特有形式和独特优势，以及关于协商民主的渠道、内容、形式等的诸多协商民主的体系的论述。但是，类比协商民主的概念和协商民主的权威论述，在定义协商民主时，我们至少可以确定以下几个定义点：

其一，协商民主是描述性的，而非判断性的。因此，很难在一个可推导的种属体系中定义协商民主。

其二，协商民主是在政治领域强调广泛、多层、制度化的，其对社会生活的影响是辐射性的，而不是哲学概念的涵盖性的。

其三，协商民主并不纠结于其与决策（票决）的哲学思辩，而强调协商所具有的普遍意义。

其四，协商民主归位于人民民主、群众路线等，并与之构成了形式与实质的关系。因此，简洁回答协商民主是什么时，莫过于"是人民民主的重要形式""群众路线在政治领域的重要体现"。

其五，类比于西方政治哲学中的协商民主，我们的协商民主是一个特别不同的套路，概因为我们直接回避了协商与民主的关系，并进一步扩张了协商的含义。

故此，把复杂问题简单化，在我国，协商民主就是一种广泛协商的人民民主形式。

4. 协商民主的中国经验

协商民主制度得以广泛、多层、制度化推进，并贯彻群众路线，承载人民民主，其中国经验值得总结。借鉴一种成熟的总结，可介绍如下：[①]

其一，协商民主的主体是非常广泛的。在协商民主的形式中也体现

---

① 郑慧. 中国的协商民主[J]. 社会科学研究，2012(1)：44-48.

出主体的广泛性。

其二，协商民主的内容极其丰富。协商民主的内容包括了政党参政、政府政策制定、公共政策实施、社会组织协调、社会问题解决等方面的协商。

其三，协商民主的机制逐渐制度化、程序化和法制化。

其四，协商民主与其他形式民主的协调配合。例如，协商民主与选举民主、监督民主的协调使得其他民主的效果更好。

其五，协商民主服务于社会主义民主。

从如上郑慧教授所论述的我国协商民主的特点来看，我国协商民主的广泛、多层、制度化特征得到了分别阐释，并明确了协商民主和其他民主形式的关系、协商民主机制与根本民主制度的关系。

三、我国的企业协商民主

1. 从协商民主到企业协商民主

鉴于协商民主的广泛性、多层性，随着党的十八大提出协商民主的概念，企业层面的协商民主也受到关注。从目前党的文件关于从协商民主到企业协商民主的论述来看，有两个关键说法：

其一，"积极开展基层民主协商"。企业民主向来是我国基层民主制度的重要内容。既然基层民主协商要积极开展，企业的协商民主也必然随之展开。但是谈不上"广泛、多层、制度化发展"，而仅仅是开展。有人认为，我国的基层民主协商处于起步阶段，相对政治领域的协商民主而言有着明显的不同，如基层协商民主的级别低、内容具体、形式灵活。[①]

其二，"开展形式多样的基层民主协商"。这是十八届三中全会的提法，并有"推进基层协商制度化"的说法。这使我们注意基层民主协商的形式及其效果。有人指出，"在我国基层兴起了多种形式的民主协商实践，如民主恳谈会、社区议事会、公民评议会、民主听证会等。实践经验表明：我国基层民主协商在化解社会矛盾，推进科学民主决策，实现人民当家作主等方面发挥着重要作用"。[②]

可见，企业协商民主是作为基层民主协商而出现的。但是，在基层民主协商中并不刻意区分居民、村民的民主协商和劳动者的民主协商。

---

① 郭风旗. 基层民主协商：内涵与模式[J]. 中共济南市委党校学报，2013(2)：93-95.
② 张永红. 积极开展基层民主协商[N]. 光明日报，2013-04-13.

而吊诡之处在于，关于基层民主制度的论述中，一般都会单独列明企业民主之内容，强调职代会是企业民主管理的基本形式。

2. 地方经验

鉴于从协商民主到企业协商民主的转化有些模糊，何况一直在强调"基层民主协商"，并有某种迹象显示而称为"民主协商"。以致企业协商民主的实践至少要面临称谓上是否考虑"企业民主协商"之可能。可能是受制于基本认识上的模糊，地方实践并不多。2013 年 7 月，全国厂务公开协调小组办公室编印的《厂务公开信息》(第 16 期)，刊发了江苏省总工会《关于加强企业协商民主制度建设的指导意见》(以下简称《意见》)。《意见》对企业开展协商民主制度建设的相关问题做了有益的探索，具有积极意义和参考价值。2013 年 9 月 3 日江苏省总工会民主管理部将《关于加强企业协商民主制度建设的指导意见》挂省总网站，供各地学习借鉴。该《意见》主要包括四部分内容：企业开展协商民主的重要意义，企业开展协商民主的总体要求，企业开展协商民主的主要形式，加强企业协商民主制度建设。

其一，企业开展协商民主的重要意义。"推动企业开展协商民主，有利于增强劳资双方的民主法治意识、公平正义意识；有利于促成劳资双方通过对话、沟通、协商、妥协、合作等协商性方式，就企业发展的重大问题和涉及职工切身利益的重要事项广纳群言、广集民智，增进共识、增强合力；有利于丰富企业民主管理形式，扩大职工的有序参与，建构以职代会为基本形式的企业民主管理制度体系，推进企业民主管理工作的普及化、经常化、长效化，不断促进企业可持续发展和职工利益可持续改善。"这里至少有三个"有利于"，其中第二个有利于属于典型的协商民主的形式及其意义，如对话、沟通、协商、妥协、合作。

其二，企业开展协商民主的总体要求。《意见》提出了六个特性，即："①坚持协商民主主体的平等性。企业行政、工会和职工代表、职工群众都是企业协商民主的平等参与主体。要积极倡导和坚持企业协商民主的参与主体在法律地位和人格尊严、获得协商机会、获取相关信息和资源、表达各自利益诉求以及对协商结果的影响力等方面享有平等权利。②坚持协商民主形式的丰富性。对话、互动、共识，是企业协商民主的重要特征。要坚持以尊重为前提，以合作为基础，以沟通为手段，积极探索建立企业协商民主的多种形式，实现协商民主制度的动态化运行。③坚持协商民主程序的合法性。程序性是协商民主的基本特征。协商民主必须遵循一定的规则和程序。要努力优化协商民主的程序设计，建立完善和规范实施协商民主的运行程序，以程序合法、过程民主，充分反映民意，增强企业决策和经营管理的合法性、科学性。④坚持协商民主内容的时效性。动态、简便、及时、高效，是企业协商民主的重要优势。要坚持将协商民主制度贯穿于企业决策和经营管理的全过程，动态地调整和规范企业劳动关系。⑤坚持协商民主过程的透明性。透明度和公开化是企业协商民主的重要属性。要进一步加大企业经营管理过程中知情环节、沟通环节、反馈环节的透明度，推动协商民主在公开透明的环境中运作，实现协商民主的参与主体在充分知情的基础上，通过理性的对话、讨论，畅所欲言地发表真知灼见。⑥坚持协商民主目标的共同性。协商民主的目的在于达成广泛的共识。要坚持企业内部劳动关系通过协商而调整，企业重要事项通过协商而决策。要以建立健全职工与企业的利益、事业和命运共同体为价值诉求和目标取向，促进劳资双方及职工内部不同利益群体之间求同存异、体谅包容、平等议事，实现共谋发展、共享成果、共创和谐。"

其三，企业开展协商民主的主要形式。《意见》提出了六种协商形式：健全会议式协商、完善投票式协商、强化团体式协商、开展专题式协商、丰富个体式协商、探索群体式协商。这并不是沿着恳谈、评议、听证的沟通方式而展开的，事实上把协商民主的方式大大地扩大了。

其四，加强企业协商民主制度建设。①推动企业将协商民主作为重要决策方式。将协商民主贯穿于企业重大决策之前和执行过程之中，是开展协商民主必须遵循的重要原则。要积极推动企业提高对开展协商民主重要性的认识，增强开展协商民主的自觉性，通过动态化、常态性地开展协商民主，实现在企业决策和经营管理中"发扬民主、优化决策、推动执行"的多重效果。②推动企业建全协商民主工作机制。围绕实现协商民主在企业的"广泛、多层和制度化"运行，积极搭建协商平台，畅通沟通渠道，明确协商内容，突出协商议题，丰富协商形式，规范协商程序，建立和完善企业协商民主的运行机制。③推动企业民主管理形式的联动实施。进一步健全完善以职代会为基本形式的企业民主管理制度体系，推动协商民主与职代会制度的互动实施，扩大协商民主的交流互动性，认真落实职代会的职能；推动协商民主与厂务公开制度的互动实施，增强协商民主的有序性、针对性，扩大厂务公开的实际效果；推动协商民主与集体协商、集体合同制度的互动实施，进一步落实"涉及职工切身利益的重要事项必须协商，调整和规范劳动关系的重要问题必须协商"等要求；推动协商民主与职工董事、监事制度的互动实施，在更高层次、更深程度上进一步加重协商民主对企业重大决策和经营管理的影响力。④推动企业放大协商民主成效。通过动态化地开展协商民主，努力使职工合理的利益诉求得到企业关注，职工合理的意见建议得到企业重视，职工合法合理的实际利益在企业得到落实。要推动企业健全落实协商民主成果的督办和反馈工作机制、激励机制，促进协商成果的转化、放大。⑤工会要发挥主观能动作用，推进企业开展协商民主。全省各级工会要将推动企业开展协商民主，作为深入贯彻落实党的十八大精神，进一步加强和改进企业民主管理的新形式、新实践、新优势的重要举措，予以高度重视。要积极争取党委和政府的重视，争取企业的合作，争取职工的参与，集聚更多推进企业协商民主的社会共识与合力；要加强对企业开展协商民主的理论研究，指导企业协商民主的制度创新和实践探索；要加强对职工的宣传引导和民主素质、民主能力的培育，扩大职工有序的民主参与；要总结推广企业开展协商民主的新典型、新经验，不断引领企业协商民主工作健康深入发展。

3. 企业协商民主

企业协商民主，也可以称为企业民主协商，这一点不同于政治领域中对"协商民主"和"民主协商"概念的区分。企业协商民主是基层民主协商的重要组成部分，企业协商民主的重点是议事协商的广泛、多层、制度化。企业协商民主不宜归为一种全新的替代性话语，而是在现有的企业民主管理制度体系中增加并重视协商的形式和内容。

第四节　企业协商民主理论的建构

至此，已经形成了企业协商民主的定位性认识。因此，本着回应我国企业协商民主理论所面临的问题的出发点，以下建构并阐释一种可导入实践的企业协商民主理论。

一、企业协商民主概念下的协商、民主、票决

在政治理论中，协商、民主、票决均有可能成为非常模糊、非常差异化的概念，对概念的不同解释则完全可以形成绝然相反的理论体系。如协商可能成为民主的替代，民主可能与票决在一个意义上使用。但是在企业协商民主的概念下，三者的关系则可以相对轻松一些，因为在企业的实践中，协商民主不具有重构这些颠覆性话语的能力。

其一，协商仅指一种沟通形式，这种沟通形式可以是广泛的、多层

次的乃至制度化的，但是这种协商并不意味着权威。

其二，企业层面上，"民主"一词最恰当的用法是在"以职工代表大会为基本形式的企事业单位民主管理制度"中，这时候的"民主"与"民主管理"联系在一起，在理论上追溯到劳资共决理论。而企业协商民主原本是企业民主协商，这里的"民主"是"基层民主"的简称，是泛义的。因此，这里的"民主"可理解为民主化的协商、决策事宜上的协商。

其三，企业协商民主与票决民主无替代关系，但是企业协商民主可以为企业的票决事宜提供良好的环境，以增加票决之妥当性。企业协商民主的意义在于通过广泛、多层、制度化的协商以促进既有企业民主制度下的共识。在这个意义上，企业协商民主是服务于企业票决民主的。

二、企业协商民主与企业民主管理、集体协商

1. 与企业民主管理理论

且不论企业民主管理之渊源、理论乃至概念，仅列明当下我国企业民主管理理论所当然具有的内容（来自于《企业民主管理规定》）：其一，职工代表大会；其二，厂务公开，职工董事、职工监事；其三，职工依法享有的知情权、参与权、表达权和监督权等民主权利。

比较来看，若企业协商民主的主要形式（内容）是恳谈会、谈心会、沟通会，那么企业民主管理中的职代会、厂务公开、职工董监事等制度的实施均可以和协商民主的形式联系在一起，但倘若把企业民主管理的内容归为协商民主则显然不妥。此外，职工的知情权、参与权、表达权和监督权等民主权利的实施往往要通过一定的沟通来保障，在此意义上，民主权利实现过程中已经涵盖了协商民主的诸多议事项，更凸显已经形成的话语下，民主管理对企业民主的涵盖力。

2. 与集体协商理论

企业协商民主与劳动集体协商均有"协商"之含义，其关系相对要可能容易混淆些。尤其是在我国特别强调集体协商的协商性，而刻意弱化其谈判性的前提下，集体协商是否因为协商民主话语的兴起而被吸收呢？事实上，这个担心是多虑的。协商民主与集体协商属于两个不同的话语体系，即便在个案中会有交叉，但是集体协商是权益性的事项，无关民主；而协商民主终究以共决性事项为对象，属于民主（票决）之范畴。

三、小结

民主理论渊源流长、流派纷呈，20 世纪 90 年代以来哈贝马斯等的

协商民主逐渐成为西方民主理论研究的热点问题，这种协商民主是为了解决票决民主中的问题而提出来的，实质上是对票决制的补充。与西方不同，中国有很好的协商传统，但是民主却是舶来品，我国的协商民主理论不能照搬西方的协商民主理论。事实上，我国学者也认识到了这个问题，如称当代中国的为"民主协商"，西方兴起的为"协商民主"，然而这种措辞并不能实际地解决问题。随着党的十八大报告提出要健全社会主义协商民主制度，理论和实践均开始把原来的企业民主管理理论尝试纳入到协商民主的范畴当中。在此意义上，"企业协商民主"是一个全新的术语构建，是我国最前沿的政治民主理论在企业民主中的延伸和影响。

我国协商民主与西方的协商民主理论有不同的历史背景，也有不同的现实问题。西方的协商民主的重点是商谈理论，旨在柔性地达成共识。协商的范围是有限定的，协商的作用也是有局限的，不能在协商民主的框架下把一切民主形式纳入。在企业民主管理中引入协商民主理论不应打碎原来的企业民主管理的理论和体系，我们认为，协商民主的价值在于协商，是一种思想、观念、原则，但不是企业民主制度的全部或代名词。企业协商民主理论可在另一种语境下促进企业的劳资合作，即有积极意义，但是只讲协商、放弃劳资谈判与共决是不妥当的。当下，企业协商民主应该纳入到企业民主管理的范畴中，并以广泛、多层、制度化的协商与沟通而存在。

第五章　职工参与企业管理之法理分析

第一节　职工参与企业管理的理论分析

一、职工参与企业管理的论证体系

在理论上，高度抽象职工参与企业管理之法理比较困难，这是因为职工参与企业管理形式多样，不同法域的职工参与企业管理的实践相去甚远，甚至在立论上互相冲突、不能包容。这意味着职工参与企业管理的实践具有很强的地方性与民族性。学界论述比较多的有德国的产业民主与劳资共决制、美国的职工持股计划、南斯拉夫的工人自治制度，以及我国的职工代表大会制度，此四种实践均可视为职工参与企业管理的制度，却有着完全不同的立论。进而，我们会发现，以各国不同的实践为背景，抽象一种或者几种职工参与企业管理的学说或者理论往往对应一种限定的制度，并不对另一种职工参与企业管理的制度具有解释力。那么为什么会有职工参与企业管理的制度，其立论是什么，其理论是什么？从立论到理论，再到职工参与企业管理，其逻辑如何展开？以笔者分析，这里存在一个形而上的论证体系。

我们可以把企业的劳动力要素和生产资料要素对立分开，把企业的经营管理者和企业也分离开，把企业的人格和物格也抽象地区分，然后把经营管理与处分、决策、占有、所有等概念逐步混同，便可以得到企业管理的一个形而上的论证体系（如图 5-1 所示）。

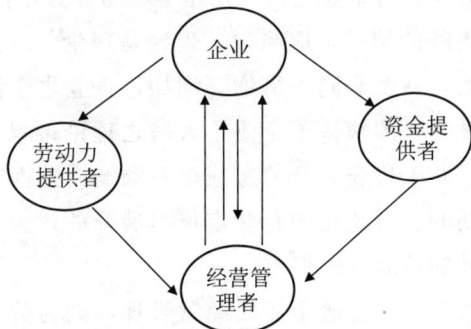

图 5-1　企业管理的论证体系

资金提供者、劳动力提供者、企业和经营管理者四方形成了若干回路，而每一种回路都可代表了一种逻辑展开的路径。从企业到资金提供者，再到经营管理者，最后回到企业的回路表示了企业存在与企业管理的一种逻辑路径（路径甲）；从企业到劳动力提供者，再到经营管理者，最后回到企业的回路表示了企业存在与企业管理的一种逻辑路径（路径乙）；从企业非经劳动力提供者或资金提供者而直接或经另外第三点而到经营管理者并回到企业的回路则又是企业存在与企业管理的一种逻辑路径（路径丙）。任何一种回路均可归结为主体与客体的关系先在与自我延伸，我们可以把这种关系先在视作理论的前提性假设，这种自我延伸视作逻辑的展开。资金提供者产生或控制经营管理者的论证在于路径甲，即企业归属于资金提供者，资金提供者经营管理企业；劳动力提供者产生或控制经营管理者的论证在于路径乙，即企业归属于劳动力提供者，劳动力提供者经营管理企业；经营管理者独立存在的论证在于路径丙，即经营管理者直接脱胎于企业。由此看，劳动力提供者参与企业管理的支撑在于路径乙，限定在于企业管理的三个回路。

否认资金提供者对企业的经营管理权利，假设劳动力提供者对经营管理者的完全控制或替代，那么企业之管理即为职工之管理，其立论在于企业归属于劳动者，其理论是劳动者自治理论，其典型制度或核心制度是职工代表大会。马克思的剩余价值论为企业归属于劳动者提供了理论支点，并在批判资本家视企业为私人财产的基础上，劳动者自治理论与社会主义制度紧密地联系在一起。然而由于苏联和东欧国家社会主义实践的挫败，劳动者自治理论的实践也随着低落，即把职工代表大会作为企业管理的核心机构和普遍形式的实践已经行不通。就我国的企业改革来看，职工代表大会制度的空置也在一定程度上说明了企业管理的单回路（路径乙）理论的失败。其实，考察劳动者自主管理企业的实践，我们会发现，无论劳动者对企业之占有，还是劳动者对经营管理者之控制，均未达到理论与实践的统一，应当说，理论是理论，实践是实践，两者的距离是比较远的，甚至非同一事物。例如，企业之全民所有与企业内职工之权益实无瓜葛，却塑造了企业主人翁之理论；职工直接管理企业的实践并未推行，职工代表大会的实践也不顺畅，盖因劳动者对企业自主管理是在非市场的、行政化的企业定位中展开的，企业管理的实际权力来源是企业之外的政府等组织。

此外，我们考察一下合伙企业之经营管理，则与劳动者自主管理企业深为相符，尤其是在企业资金或生产资料比较少的情况下。在合伙企业中，企业乃合伙人共同之事业，所有合伙人均是企业的劳动者，对企业之经营决策拥有投票权。细考究，合伙企业之合伙人具有劳动力提供者与资金提供者的双重身份，由于合伙之人合性而淡化了其资金提供者的身份，而凸显了其作为劳动力提供者的身份。然而，尽管逻辑上合伙是劳动者自主管理的典型制度，在理论，合伙却是传统的民事制度，这是因为合伙具有企业管理之质，却没有分化出复杂的企业治理结构，无职工、资本家、企业家的严格区分，也无企业人格的成熟抽象，故而很少在职工参与企业管理的框架下讨论。这里强调合伙企业之经营管理具有劳动者自主管理之质，在于澄清企业经营管理的原初形态是企业内部成员自治的。同样，否认劳动力提供者对企业的经营管理权利，假设资金提供者对经营管理者的完全控制或替代，那么企业之管理即为资金提供者之管理，其立论在于企业归属于资金提供者，其理论是公司产权理论，其核心制度是股东代表大会。现代公司治理结构即是以股东代表大会为核心而构建的。然而，在现代公司治理实践中，虽然否认了普通员工对企业的经营管理权利，也承认了雇员的利益相关者地位；股东对经营管理者的控制也越来越趋向于形式意义，并逐渐把这种控制权利退化为大股东与其代理人的权利。于是，从实践到理论，有企业社会责任理论和中小股东保护理论，并在政府的推动下，形成职工持股计划为特色的实践，尽管职工持股计划未必能涉及公司治理问题，却在制度上把公司的利润蛋糕多给了雇员一些。

需要注意的是，在现代公司治理实践并不是纯粹的路径甲回路，而是考虑到了路径乙和路径丙的存在。就路径乙来说，职工与企业的关系中，注重职工在企业中的行为的科学管理，在公司经营管理过程中，有制度化的职工建议制度，民主和人性化的职工管理，是为象征意义上的职工参与或者协商参与。与此相关的典型理论是管理学和行为学理论，把管理的有效性和职工的心理及行为联系在一起，以职工参与为工具来实现增益企业生产效率的目的。就路径丙来说，经营管理者与企业的关系中，企业在从与劳动力提供者或者资金提供者的物化地位中逐步独立出来而具有人化地位，从而其与经营管理者之关系不再是简单地被控制或操纵的问题，而是企业需要什么样的经营管理者的问题。特别是在企业社会责任理念下，经营管理者越来越考虑企业社会化的责任，即企业作为社会中的人所应当有的义务。这种思路的进一步纯粹化，即企业的经营管理不是劳动力提供者的经营管理，也不是资金提供者的经营管理，而是企业家的经营管理。

应当说，寻找企业管理主体必须兼顾三种路径，抽象职工参与企业管理的理论也应当兼顾路径上的四个原点，即任何一种职工参与企业管理的实践均以特定的原点描述为前提，在一定程度上表现为企业经营管理过程中企业内主体的权利分割与制衡。一般认为，劳动力提供者和资金提供者是企业内基本的主体，另外经营管理者也慢慢凸显为企业内的第三种主体。我们以此分析若干主要的职工参与企业管理的理论，以透析其实践差距，并择取较为现实的原点描述。

二、职工参与企业管理的若干理论

职工参与企业管理的理论与职工参与企业管理的实践原型有密切关系，以职工与企业关系的基本定性为基础，职工参与企业管理理论可有四种观点或体系，即职工治理理论、劳资共同决定理论、科学管理理论，以及企业社会责任理论。

(一)职工治理理论之分析

职工治理理论，也称为职工自治理论或劳动者自主管理理论。在实践中，职工治理理论的理解差异很大。一般地，职工自治是指工会主张的劳动者自主管理，其理念是消灭剥削、没有劳资对立的前提下，劳动者自己经营和管理企业。[1] 职工治理理论强调对股东治理理论的批判与否定，但是在建立自身的治理理论上却有诸多问题，抛开理论践行的问题，单从制度来看，职工治理的理论在论证逻辑上仍有不衔接的地方。以下具体分析苏联的职工自治理论、南斯拉夫的职工自治理论和法国的劳动者自主管理思想。

苏联的职工治理的主要形式是常设性的生产委员会。劳动者超过300人的企业要设立生产委员会，其成员一般约 40 人，定期召开会议，主要目的是通过激励劳动者解决企业经营中的问题，其议题主要是企业生产计划、生产效率、激励机制等。[2] 由此看，这种常设性的生产委员会并没有落实治理之核心内容——企业控制权利。事实上，生产委员会从属于企业负责人的最终决定权，企业负责人由上级任命，其并不受生产委员会的制约。[3] 把苏联的此种实践纳入到企业管理的论证体系中，资金提供者作为资本家被否认，却替代为全民、国家或政府；企业成为

---

①　周超. 职工参与制度法律问题研究[M]. 北京：中国社会科学出版社，2006：91.
②　周超. 职工参与制度法律问题研究[M]. 北京：中国社会科学出版社，2006：96.
③　周超. 职工参与制度法律问题研究[M]. 北京：中国社会科学出版社，2006：96.

归属主体抽象的财产，然而由于政府官僚体系的代位，企业之物化地位没有变；劳动力提供者作为企业的职工虽然不再是奴役性或雇佣性的劳动，但是职工并不享有企业之经营管理权利，企业之经营管理者是由政府委派而来的。由此来看，苏联的职工治理理论实质上并不是职工治理制度，而是政府治理下的职工象征性参与制度。

南斯拉夫的职工治理在理论上被我国学界给予了较高的评价，"1989年前的南斯拉夫，企业工人享有充分而彻底的自治权，他们通过工人大会、工人委员会等形式实现劳动者直接管理企业的各项权利"。① "……南斯拉夫的劳动者自主管理制度曾被认为是职工参与的理想状态……"② 南斯拉夫在宪法上确立了劳动者直接管理社会所有的生产资料的权利，其逻辑是社会所有的企业只能由具体企业的劳动者集体管理。③ 故而，南斯拉夫的职工治理是实质意义上的职工治理，企业的决策权和具体经营权均源自企业的劳动者。在这种体制下，企业的权利机关是职工大会，职工大会有着广泛的权利。④ 在南斯拉夫的企业管理中，职工抽象地受托于社会而享有管理企业生产资料的权利，进而职工选举产生企业的经营管理机构和经营管理者，在这里资金提供者是不存在的，企业职工是根据宪法而享有直接管理生产资料的权利，却并不享有生产资料的所有权，以笔者看，只能看作企业职工享有企业生产资料，抑或所有概念已经无意义。应当说，这种职工治理模式是较为纯粹的职工治理，却无法在当下普及，概因为所有概念仍然是生产资料分配最基本的概念，同时职工享有企业生产资料的产权在当下市场经济体制中很难被普及，这是现实。而在生产资料高度社会化的前提下，企业内职工之自治情景很难设想，这是因为企业之存在形式也可能发生很大变化，当不属于本文之考虑范畴。

---

① 刘元文. 相容与相悖——当代中国的职工民主参与研究[M]. 北京：中国劳动社会保障出版社，2004：339.

② 周超. 职工参与制度法律问题研究[M]. 北京：中国社会科学出版社，2006：100.

③ 周超. 职工参与制度法律问题研究[M]. 北京：中国社会科学出版社，2006：98-99.

④ 职工大会的权限如下：对工厂的分割和合并、企业组织的改造、职工福利等与劳动者权益有密切关系的企业经营政策等事项，由职工大会通过直接投票方式决定。由职工大会选举产生的工人委员会决定企业的基本经营政策，如企业经营目标的确立、决算的许可、劳动发展计划的提案、企业负责人及经营部分成员的选任与解任、营业所得分配、企业信息披露、实施自主管理契约、内部规定和其他自主管理的法规等事项。……工人委员会的执行机关为"企业经营部"，其负责人就是厂长。厂长及企业经营部成员，一般是由劳动联合基层组织的代表、工会代表及社区代表组成的选举委员会推荐，再由工人委员会任命。周超. 职工参与制度法律问题研究[M]. 北京：中国社会科学出版社，2006：98.

　　此外，法国也有劳动者自主管理的类似思想。其要点是将社会所有区别于国家所有，通过社会所有将生产资料使用权转让给企业自主经营，由企业自由设定劳动者或社区所有的企业的经营目标。① 可以推测，这样的思想在法国的资本主义市场经济中不可能广为实践，然而这种思想推动了企业职工参与，并与社会主义国家的职工治理有着内在的一致性。通过苏联、南斯拉夫的实践，再比对法国的劳动者自主管理思想，可见，职工治理的起点并不是职工拥有企业之产权，只是居于某种考虑，而把经营管理企业的权利或主要权利授予职工。另一种考虑是，在企业国家所有的情况下，以政府经营管理企业为基本，把职工参与企业的经营管理作为主要的形式，其机制在于政治激励；一种考虑是，在企业社会所有的情况下，把企业之经营管理权较为完整地通过职工经营管理来实现，其虽然否认职工的所有权而仅仅承认职工的使用权或经营权，然而由于作为所有权主体的社会根本不能具化，职工必然成为企业生产资料的所有权人，职工成为物化企业的产权人。

　　在职工治理企业理论中，理想的逻辑是，职工拥有企业之控制权与剩余索取权，即所有权，进而委任企业的管理人员，此为企业治理的基本框架。然而，在职工治理的实践中，职工对企业的控制并不畅通，即便是在南斯拉夫的职工自治制度中，企业之控制权力也集中到企业外的工人组织中。究其原因，在于按照企业所有权逻辑展开的职工治理的缺陷，在于职工并不实然地享有企业的所有者权益，即不能实然地享有企业生产资料的所有权。职工治理理论的出发点必然是否认所有权理论，其制度设计又必然是所有权理论的框架，这意味着职工治理企业往往存在企业要素制度化的缺陷，即企业生产资料要素制度化被劳动力要素制度化所掩饰或吞噬，其有效发挥了劳动力要素的作用，保障了职工的各项权益，却把生产资料的主体虚化。故而职工治理企业的基本前提应当是，生产资料主体的有效虚化，即在企业生产中生产资料的地位被边缘化时，方有职工治理企业的有效实践。

(二)劳资平等理论之分析

　　劳资平等理论是劳资在同一平台上的合作理论，其典型的制度实践是德国的工业民主制。以黄越钦先生的分析，产业民主制度的核心是对企业经营权的挑战，在经营权专属雇主而劳工无参与权的情况下，"产业

---

　　① 周超. 职工参与制度法律问题研究［M］. 北京：中国社会科学出版社，2006：101-102.

之经营权专属于雇主，劳工并无参与经营之权利，工会亦不得介入。雇主行使管理权，片面制定工作规则，由劳工遵守"①。在经营权民主化之后，"由雇主代表与劳方代表共同组织经营参议会，以决议劳动、人事、经济、社会等事务，其决定之结果为经营协议，劳资双方共同遵守"②。由此看，劳资合作到产业民主制度不再以所有权与经营权的关系为基本出发点，而是直接强调经营权上的平等权利。那么所有权与经营权的关系解读则成为理解劳资平等理论的核心问题。

所有权是私法中一个基本的范畴，所有权与物上之权利紧密地联系在一起，"在罗马法中，所有权意味着人对物最充分、最完全的支配"③。同时，所有权概念与交易又密切地联系在一起，交易的发达带来了物权制度的建立与发展，而物权制度的核心恰恰是所有权。④ 然而，在现代社会，以物之界定为核心并服务于物上交换的所有权越来越不具有普遍意义，这从所有权权能的逐步分解开始，进而有了不同于所有权的财产概念。当我们从所有权与经营权相分离的意义上使用所有权概念的时候，传统所有权概念的实质内容已经被经营权概念所萃取，资金提供者对企业的所有权已经萎化为抽象的控制权力和被动的收益权益，反而经营权实为所有权本身。以此论，劳资共享企业经营权实为劳资共享企业所有权。故而，如果说职工治理企业理论是职工所有权理论，那么劳资平等理论的核心当是劳资在企业所有权上的平等。

然而，劳动者权益与股东权益毕竟不是分属不同的制度体系，在公司治理的框架下，共享社员选举权、共同组成经营决策机关、经营管理机关和经营监督机关，从理论到技术必然会产生问题。就德国之"经营参议会之职能"来看，"该会之经常任务有三：(1)关于劳务问题之处理，例如平时处理公司之福利设施；(2)处理人事问题；(3)处理公司之经济问题"。⑤ 其实，这种共同决定的机制看来很好，却需要很好推动机制，即这些机构或任务能够有效运转或实现。企业真正的决策力在何方值得探析。可是，在共同经营的复杂体制下，我们很难看穿企业的最终决策权利之归属，而单就形式来看，企业的决策权利应当是劳资平等地分割。进一步分析，这里的决策权利是一种数量意义上民主，在劳资决定平等

---

①　黄越钦. 劳动法新论[M]. 北京：中国政法大学出版社，2003：248.
②　黄越钦. 劳动法新论[M]. 北京：中国政法大学出版社，2003：249.
③　张俊浩. 民法学原理[M]. 修订版. 北京：中国政法大学出版社，1997：419.
④　张俊浩. 民法学原理[M]. 修订版. 北京：中国政法大学出版社，1997：419-450.
⑤　黄越钦. 劳动法新论[M]. 北京：中国政法大学出版社，2003：251.

分割企业决策权利的情况下，劳资意见的完全不一致就会形不成决议，而劳资内部代表者意见的分化，则更使得决策行为成为一种选举活动。

纳入职工参与企业管理的论证体系，此种理论很好地符合了图示的治理框架，把企业视为劳动力提供者与资金提供者共同所有的财产，进而各自产生其代表或委任者组成经营管理人机关，而其比例则应当与共同所有企业的份额相一致。于是，份额之确定成为解释体系的重点。在劳动力与资金不能对价的情况下，份额之确定便陷入僵局。故而劳资平等理论的进一步探究则是劳动力与资金的量化转化。从目前的公司治理实践来看，劳动力与资金的量化转化并不可行，职工与股东的量化平等并不可行，这不仅在公司控制权意义上比较明显，而且在公司剩余索取权意义上更为明显。再回味德国的经营参与会之任务，黄越钦先生总结道，"有两种双层的任务：一方面为资本主义咨询机关，一方面又为维护劳工之大众的利益，利用此组织力量，与经营家进行交涉。然其他各国之工厂委员会的组织，仅能作到咨询机关而已"。① 由此看，德国的劳资合作到产业民主制并不能理解为这里抽象的劳资平等理论。

(三)管理科学与人际关系理论之分析

管理科学与人际关系理论严格来说并不是一种独立的职工参与企业管理的法理论，其是在资金提供者治理企业的框架下展开的，是企业经营管理学对传统公司治理的展开，由于大陆学者往往在美国经验的基础上介绍职工参与的管理科学与人际关系理论，我们可称为美国职工参与的经验。美国职工参与有两点值得注意：

其一，从人出发的研究与实践。具体而言，就是如何管理人的研究和实践，这是管理学的研究思路，乃至通过实验的方法确定提高人的工作效率的条件和方法。② 这里，把人的行为当做研究对象，注重对人的心理的研究，把法律上的劳动给付行为复杂化为管理学上的具体研究，并形成这样的事实：劳动者在企业中积极参与是劳动者的自我实现。③这种以管理人出发的职工参与超越了产权理论上的独享或均分思想，却恰恰拥有产权理论所无法解决的有效性。美国管理科学意义上的职工参与，严格地贯彻了效率原则，从某种意义上讲，个人的自我实现倒是副产品。

---

① 黄越钦. 劳动法新论[M]. 北京：中国政法大学出版社，2003：252.
② 周超. 职工参与制度法律问题研究[M]. 北京：中国社会科学出版社，2006：108.
③ 周超. 职工参与制度法律问题研究[M]. 北京：中国社会科学出版社，2006：107.

其二，对企业发展的考虑与安排。职工参与的必要性在于企业发展的需要，这成为社会的普遍认识，成为美国职工参与的基本理念。[①] 那么职工参与对企业发展的贡献主要有哪些呢？梳理一下大致有两点：一是工作效率，二是信息反馈。例如，通过各种自主管理小组以发挥劳动者在生产中的积极作用，从而提高效率。[②] 再如，通过合理化建议来促进劳动者对企业的认同，通过信息反馈来促进劳动者的积极性。[③] 这些制度均有利于企业内的工作效率，也加强了自下而上的信息反馈，有助于企业形成合理的决策。

（四）企业社会责任理论之分析

企业社会责任理论是现代企业法理上极为重要和主流的理论，尽管其制度展开远远不够，或许单薄，可是其学术上的认可度远远高于职工拥有企业使用权理论。又因为公司社会责任理论所指广泛，与职工参与之实践有莫大关联。从这个意义上讲，自公司社会责任理论切入职工参与企业管理研究当是一个十分妥当的视角。后文会将此进一步展开，在此仅从概念意义上，简要介绍公司社会责任理论。

企业社会责任本身的含义是清晰的，即企业对社会承担的责任。但是，企业治理上首先是企业对股东的法律责任，因此企业的社会责任被迫定位于一种伦理责任，却又不甘于此种定位，而不断向法律责任努力。故而，不同国家、不同机构、不同学者对企业社会责任的界定总会存在一点儿差别，但这并不妨碍企业社会责任成为共识，乃至在基本内容上形成共识。企业社会责任的共识中包括了企业对员工承担的责任，特别是企业在保护劳动者合法权益上的责任。[④] 应当说，与企业职工相关的内容构成了企业社会责任理论的重要内容。

那么企业社会责任理论是否当然地包括了职工参与企业管理的内容呢？企业社会责任理论是否是职工参与企业管理的正当性依据呢？以笔者看，企业社会责任强调企业的某种义务，职工参与企业管理强调职工的一种权利，两者之间的论证只能是循环论证，但是两者之间却可以互相印证或互相支撑，即企业社会责任理论的妥当性所在也是职工参与企业管理的正当性所在。企业社会责任理论的妥当性是开放的，比如，利益相关者理论、所有权社会化理论、政府干预理论和企业公民理论等均

① 周超. 职工参与制度法律问题研究[M]. 北京：中国社会科学出版社，2006：108.
② 周超. 职工参与制度法律问题研究[M]. 北京：中国社会科学出版社，2006：109.
③ 周超. 职工参与制度法律问题研究[M]. 北京：中国社会科学出版社，2006：98.
④ 王玲. 经济法语境下的企业社会责任研究[M]. 北京：中国检察出版社，2008：17.

为企业社会责任理论提供了支撑。① 同时，我们把企业社会责任理论放到职工参与企业管理的论证体系中会发现，利益相关者理论、所有权社会化理论、政府干预理论和企业公民理论等在弱化或否定资金提供者所有权或劳动力提供者者所有权理论。企业社会责任理论以企业人格化为前提，这种人格化不是法律拟制意义上的，而是社会学意义上。因为企业是一个独立的社会主体，与劳动力提供者或者资金提供者相分开，有其独立的社会角色。由此看，与其说企业社会责任理论支撑了职工参与企业民主管理理论，不如说企业社会责任理论重构了企业理论，为职工权利理论提供了新的制度平台或环境。

三、职工参与企业民主管理的原点预置

我们已经发现，职工参与企业民主管理的论域是开放的，故而有必要对职工参与企业民主管理论证体系中的各原点进行最基本的预置。唯有如此，我们才不会在过多的理论罗列中迷失，才会梳理清楚若干理论之间的关系。在职工参与企业民主管理的原点预置中，我们需要一一认识企业、资金提供者、经营管理者和劳动力提供者。

(一)企业的双重定性——股东财产与社会人

我们已经对企业进行分析，并对企业治理中的所有权与经营权进行了剖析，对企业要素进行了剖析，并形成这样一个认识：在完善企业治理结构的实践中，企业的性质也在悄悄变化。我们可以说一个小公司是某几个股东的财产，股东享有企业所有权，在理论与实践上都不会有很大问题，因为极小的公司中股东、管理人和职工可能是相当重叠的几个自然人而已。然而在公司治理结构完备的超级大企业中，股东也相当地分散，政府也极为关注，企业已经不能再简单地作为股东的财产，而俨然成为一个独立的主体。也许，这种独立于股东的企业才是企业的真正形态，是我们从现实中认识到的企业。由此看，我们不能把企业抽象为简单的股东财产，也不能把企业抽象为简单的社会财产。在现代法律制度中，我们必须承认作为股东财产的企业仍然是最重要的企业形式，也必然是我们的研究对象。但是，从现代法律制度的发展来看，企业除了作为股东财产的一面外，有了社会人的一面，即企业有其独立的存在意义，这种存在使其超越了财产定性，而具有了社会人格。

---

① 王玲. 经济法语境下的企业社会责任研究[M]. 北京：中国检察出版社，2008：80-121.

故而，企业既是股东财产，又是社会人，有物的一面，也有人的一面。我们必须在承认股权的基础上进行职工参与企业管理的研究，这是现实主义的需要，我们的研究是理论与实践的互动，而不是一种社会空想。我们也必须在承认企业是社会人的基础上进行职工参与企业管理的研究，只有这样，才能够形成职工参与企业管理的新视角，否则就像陷入企业所有权理念的漩涡一样。从前述的理论分析来看，职工治理理论、劳资平等理论、管理科学与人际关系理论均陷入所有权理念的漩涡，其指导的职工参与企业管理的实践不是存在重大缺陷，就是无法实质性的展开，以笔者之见，概因没有超越所有权理念。

(二)资金提供者的定性——股东之分析

在公司法律制度中，资金提供者即股东。所谓股东，当然区别于东家，在这里并不把股东理解为东家之分身，而是把股东理解为股金之所有权人。资金提供者所提供之资金权属在法理上的展开是一个法学难题，在大陆法系和英美法系呈现两种不同的阐释方法，一种观点认为资金提供者不再有所有权，而对价为股权(成员权)，企业拥有资金所有权；一种观点认可资金提供者和企业均存在所有权。以笔者之见，观点差异仅仅是话语体系的差异，资金提供者的定性有其自然规定性。目前为止，无任何资金的公司是不存在的，资金之于企业的存在仍然具有极为重要的意义，可以说，企业之存在首先是生产资料(资金)的存在。拥有企业，首先是拥有企业的财富、企业的财产。股东即是拥有企业之财富的人、拥有企业之财产的人。必须承认，这是企业之现实，公司亦如此。

同时，企业的现实的另一面是，股东的股金并不是真金白银，也不能去企业具体辨认出来。虽然在理论上，股东之集体可以形成一个完整的东家，可以去行使一个完整的所有权。但是，股东对企业控制力在逐步异化。这反而更进一步强化了股东仅仅是股金之权益的概念，即股东之政治权利虚化，而仅仅凸显其经济权利，股东开始成为股息之所有权人。

故而，股东是弱化的企业成员，是真实的企业财产之权利人。股东作为企业成员的弱化意味着公司股权治理的失落，而股东作为真实的企业财产之权利人，也仅仅意味着企业财富的"社会所有"尚不是现实的选择。就目前来讲，股东享有股息权益仍然是不可动摇的公司法律制度，完善股息法律制度是公司法律制度进一步发展的重要课题。而从分配正义来看，在达不到按需分配的情况下，按劳分配和按资分配不可避免的情况下，股东的分散化是消解按资分配之不良效果的重要共识。由此看，股东应当日益远离公司的管理，而日益趋向于财富持有，一个超级大企业的理想状态的股东应当是超级多的股东，以致我们认为给股东分配股息是全社会成员的普惠。

(三)经营管理者的定性——职业经理人

我们倾向于把企业具体的经营管理者理解为被委任或被聘用的人，其实，无论现代的大企业，还是传统的家族企业，企业之经营管理者与企业实际控制者往往成为一个独立而稳定，并具有延续性的有形或无形的团体。我们可以在企业的发展、乃至企业法律制度的变迁中察觉其存在。以美国的职工持股计划的发展为例，一方面是政府对职工持股计划的实质性补贴促进了企业乐意实施职工持股，另一方面是企业的管理层看到了职工持股计划在预防恶意收购中的特殊作用而乐意通过职工持股来确保管理层的利益。① 从中，我们已经可以嗅到企业经营管理者的独立意识。

我们已经习惯于利益博弈与竞争，乃至把竞争之理念植入到了企业内部。但是，企业之运转，犹如国家，利益博弈与竞争基础的胜者治理并不一定是最好的国家治理，所以总统更迭替代了王朝更替，似乎是一种不错的选择。然而，这使我们忽略了一种现实，即企业治理是智者的治理，企业之存亡兴衰与职业经理人有很大关系。职业经理人不应当是博弈的平台或产物，而应当是企业的代表。

故而，在这里强调经营管理者是职业经理人，强调经营管理者的职业性。这里的职业经理人是广义的，可以理解为企业的实际控制者。随着企业实际控制者的职业化，其与资金提供者关系隔阂，并倾向于以企业利益自居，并往往有其独立的利益。

(四)劳动力提供者与职工

劳动力提供者即职工。在界定了企业、资金提供者与经营管理者的前提下，职工参与企业管理的理论回到了常识。即在一个特定的环境中，某主体之行为必然从其本身分析着手方能获得最具正当性的解释。职工为什么要参与企业管理？职工为什么会参与企业管理？这应当从劳动力提供者开始分析，以确定其基调，即最基本之观点或理论。

---

① 汉斯曼. 企业所有权论[M]. 于静，译. 北京：中国政法大学出版社，2001：155-156.

第二节　职工分析

一、职工的概念

(一)构词解析中的职工

职工和公司员工、劳动者以及劳工、雇工之间并没有实质性的差别，而为何在我国《公司法》中采用了"职工"的概念？这可能和"职工"之词义以及我国的立法传统有关。在辞义分析上，"执行事务所处的一定的地位"[①]乃职，职工是居位执行事务之人，反映的是职工与企业之间的关系；而"工"不仅笔画少而且简洁，而且笔者并没有发现其异体字或繁体字，追溯"工"之早期用意，可能与技术、技艺相互换，例如中国先秦时期手工艺专著《考工记》，记述了诸多工种，在近代以来，"技"和"工"开始分离，"工"之含义日益泛化而指代工作或工作之人，所谓"职工"之"工"即工人之意。职工属于工人，反映的是职工之社会角色或社会地位。我们一般会注意到职工与企业关系中的职工，却往往忽视职工与社会关系中的职工，前者因职而生，后者因工而在。职工既内涵有一定的工作内容，又内涵有一定的工作技能，是两者的统一与结合。

(二)现实词汇中的职工

而从"职工"之术语使用来看，职工的内涵可能又有一种新的解释。以下是几种关于"职工"之解释：

根据《当代汉语词典》的解释，职工的含义有二："①职员和工人：～代表大会。②旧时指工人：～运动。"[②]

根据《现代劳动关系辞典》的解释，职工可分为工人和干部。[③]

根据《中华法学大辞典》的解释，职工"按用工方式可分为固定工和合同工。按单位所有制可分为全民所有制职工、集体所有制职工、外商投资企业职工、联营企业职工、私营企业职工等。军人、家务劳动人员、农民、个体劳动者，以及正在劳教、劳改人员不属于职工范畴。"[④]

从对大众的词典、劳动专业的辞典和法学专业辞典的简单检索，我

---

① 中国社会科学院语言研究所. 新华字典[M]. 北京：商务印书馆，1998.

② 莫衡. 当代汉语词典[M]. 上海：上海辞书出版社，2001.

③ 苑茜，周冰，沈士仓. 现代劳动关系辞典[M]. 北京：中国劳动社会保障出版社，2000.

④ 王益英. 中华法学大辞典. 劳动法学卷[M]. 北京：中国检察出版社，1997.

们发现，职工之内核是分裂的两个概念，一个是"职员"，一个是"工人"，职工是职员与工人之通称，而职员往往与"干部"混同，"工人"往往狭义解释为产业工人。这样的职工内涵可能跟我国的历史有关。有人从劳动统计实务中的"职工"变迁分析中指出：新中国成立前的统计指标中没有"职工"这个词；新中国成立后受苏联影响确立了统计上的"职员和工人"；20 世纪 80 年代初，职工的统计范围成为工资劳动者。① 由此看，统计意义上的"职工"已经不作"职员"与"工人"的区分，职工即是工人，是有工资收入的工人。其实，职员与工人的区分在于事业单位、机关与企业单位的区分，职工越来越局限于企业单位中，与劳动法律上的劳动者混同使用。从历史的角度来看，"职员"之概念首先与如今的"公务员"有很近的亲缘，与如今的"职工"却没有多少垂直亲缘。

（三）职工概念的限定性

通过对辞典中的"职工"和历史上的"职工"的分析，我们不仅发现辞典中的"职工"定义已经过时了，而且看到了"职工"构词的另一种真实。那么我们又如何去认识前文构词解析中的"职工"呢？其实，此种文义解释中的"职工"行将陷入无意义的文字游戏，我们唯有整合相关概念之关系，方使得文义分析中的职工概念能够携带一定的制度信息。在这里，职工具有以下限定性：

其一，职工的上位概念是职员。职员是在某组织机构特定岗位上工作的人，在学校者谓之教员，在机关者谓之公务员，在企业者谓之职工。由此界定，职工是比较狭窄的概念，也与当下职工的大众理解比较一致。此意味着职工的解释框架是企业，其本质是企业特定岗位上的工人。在此意义上，职工是企业的成员。

其二，职工的替代概念是工人，即职工和工人可以互换。工人更多地是一个政治概念、抽象概念，在法律或者企业管理中，更多使用职工这一词汇。但是，工人更反映本质，是认识职工属性的基础。然而，工人之范围又是一个不断界定的概念，在这里工人也仅指企业内的工人。在与工人替代使用意义上的职工是技艺意义上的人，是产业意义上的人。由于工人乃从事工业之人，农民乃从事农业之民，职工之质的参照系在于农民。

其三，职工的同位概念是管理者，对称概念是股东。在企业内部有

---

① 从国家对职工定义诠释演变探询劳动统计改革之走向[EB/OL]. 载江苏省统计局网. http://www.jssb.gov.cn/jssb/tjfx/sxfxzl/1200703200112.htm.

三种主体，即职工、股东与管理者。职工的同位概念是管理者，并且随着企业内组织结构的复杂化，职工与管理者的界限越来越模糊。职工的对称概念是股东，此意味着职工与股东界限自当分明，不应混同。职工与股东的制度嫁接无非是赋予职工以股东的权益，赋予股东以职工的权益，然而这种嫁接性的实践似乎并不顺畅，不仅理论阐释难以理顺，而且实践操作也不顺利。前者如职工持股计划，后者如资本家参加劳动，这些实践多有制度设计者太多的一厢情愿。故而，在职工分析中，尽量疏离职工与股东之间的纠葛，而把职工作为一个特定的主体纳入到企业内部中去。在与管理者、股东的对比分析中，职工又是企业的主人，是企业的主体，这在下文会进一步分析到。

故而，职工是以其技能参与到企业特定工作岗位上的企业内的权益主体。职工履行特定岗位的职责，是为企业之成员；职工以技能谋生，是为工人；职工为企业提供特殊的生产要素，是为企业之权益人。

二、职工之本质

在关于劳动者在企业中主体地位的法律分析中，我们已经对劳动者进行了深入分析，已经从实践的层面多视角考察了职工与企业的关系。这里分析职工之权益不应纠葛于人与企业的关系中，而应当把职工这一特定身份放到社会中的抽象人的背景中去认识。

（一）职工是人生存和发展的存在形式——职工之人权

职工是劳动法上的劳动者，在分析其劳动法上的权利义务的时候，我们倾向于把"工作权"和"劳动给付"作为分析的重心。的确，工作权和工作中的权利是基本人权的核心，与工作相关的人权均是围绕劳动而展开的。[1] 于是，劳动仅仅是谋生的手段，职工是人谋生的一个侧面。然而，随着人权理论与实践的发展，人的生存权已有新的含义，人的发展权在不断扩充。于是出现了两种趋势或含义：一是劳动条件与社会正义、世界和平相互依赖；二是人的价值和自我实现、社会的需要和发展均以人的劳动为手段。[2] 此时的职工已经不局限于劳动合同意义上的职工。一个特定职工身份的获得可能基于劳动合同，而职工之权益则远远脱离于劳动合同，其权益之理论基础在于职工谓之人的权利，即人权。

---

[1]　艾德. 经济、社会和文化权利教程[M]. 2版. 中国人权研究会，译. 成都：四川出版集团、四川人民出版社，2004.

[2]　艾德. 经济、社会和文化权利教程[M]. 2版. 中国人权研究会，译. 成都：四川出版集团、四川人民出版社，2004.

在现代，一个人成为职工有三层权益，其一，他可以获得适当的工资收入，而其工资收入必须是符合社会分配正义的；其二，他应当有尊严地、安全地劳动，即他有权获得适当的劳动条件和工作环境；其三，他应当有发展的机会，并有把握自己发展机会的权利。工资和劳动条件是解读职工的两个视角，是职工生存权益的基本内容，而发展权不仅丰富和发展了生存权的内容，而且在人的自我实现的意义上有了更多更丰富的内容。

1. 工资权与职工的生存

如果商人是经营商品之人，那么职工就是赚取工资之人。工资权是职工最核心的权利。从现实来看，工资是职工赖以生存的物质基础，工资之高低直接决定了职工的生活质量，工资本身也决定了职工的生活方式。在农业经济中，农民之收入在于自然收成，一般是除去地租与赋税之外的剩余。而在工业经济中，职工之收入在于工资给付，直接表现为劳动契约中的工资合约。故而，在工资理论中，"工资赚取者，是意谓那些个人并未拥有其劳动的产品的人们，但是，他们得到的是对他们劳务所支付的货币价格，并由此放弃对成品的任何权利。就工人而言，他们只从其劳动中获取直接所得，而不是他们产品的销售，这一所得，称之为契约性工资"。① 由此看，通过契约式的制度设计和对劳务的抽象，工资通识为劳务之对价（价格），而与职工劳动成果没有直接关系。

在农业经济中，人的生存与实务形态的劳动成果直接相关，没有收成，就可能饿死人；而在工业经济中，人的生存与抽象的劳务直接相关，只要这种抽象的劳务对价为工资，工人的生存就能得以保障。而事实上，这里抽象的劳务从来不是独立存在的，其对价理论也不同于易物对价理论。一方面，劳务依附于职工之人身，其结合是为劳动力；另一方面，劳务体现为职工之劳动行为，其结合是为劳动成果。故而劳务之量化路径有二：一是劳动力标准，二是劳动标准。按照劳动力标准，职工的工资决定于职工生存的成本（需要）；按照劳动标准，职工的工资决定于劳动成果（产品）。于是，工资理论在经济学上有了不同的解释。

在工资理论上，有劳动价值论、效用价值论、边际生产力论、供求均衡价格论、马克思工资理论等，各种理论递次发展，特别是马克思的工资论更注意观察劳动剩余价值，为劳动者工资提供了认识论基础。②

① 侯玲玲. 经济全球化视角下的中国企业工资形成机制研究[D]. 湖南大学，2006.
② 侯玲玲. 经济全球化视角下的中国企业工资形成机制研究[D]. 湖南大学，2006.

从对工资理论的简单介绍中可见，工资与生存在劳动价值论上是同一个命题，特别是在马克思剩余价值论中，工资更是严格地按照生活所需去解构。劳动价值论为职工权益提供了很好的伦理支撑，特别是在马克思的劳动价值论中，资本家之所得被批评为剥削的结果，为否定企业私产做了很好的理论准备。而在效用价值论上，工资形成与生存无直接关联，工资是远远剥离于职工人身的商品化的劳务（劳动要素）价格，故而工资与职工的劳动效用有关。应当说，劳动效用理论下的职工随着其劳动的商品化，其自身也开始物化，职工之生存权无从谈起，零工资合约即是例证，而强制劳动以及黑奴工现象则是劳动效用理论之变态发展。以笔者看来，当代的工资理论实际上兼顾了职工之生存与劳动之效用，最为典型之制度即是最低工资保护制度与工资绩效制度。

按照如上的分析，职工的工资权并不是简单的劳务对价，而是职工最基本的生存权益，因而，工资给付制度不同于一般的给付制度。例如，工资给付往往以月为单位，法理上不允许针对普通职工的年工资制度。根据马克思工资理论，维持劳动力所需要的生产资料的价值的边界是模糊的，即职工生存所需是分层次的。这也决定了职工的工资权不仅包括既定工资之请求权，也包括进阶工资之请求权、利润之分享权等。

2. 工作环境权与人的生存

工作环境权是职工在企业中主体地位的必然延伸，其法理基础是人权。我们可以在国际劳工组织的立法中看到大量的有关职工工作环境权益的立法，概因为职工之体面劳动是人之尊严的基本要求，当然在人权运动中被逐步阐释成一个独立的权利体系。例如，《实施体面劳动国别计划：社会保护政策领域的清单》把体面劳动实现作为行动计划，明确了企业层面上的企业社会责任、劳动者工作环境权，并将之作为实现体面劳动这个目标的具体内容。[①]

工作环境权之实体制度已经存在，并由于经济与政策的原因在不同国别与不同时期，乃至不同企业中有着不同的内容；而在我国的法律制度中，工作环境权作为一个法律术语仍然是理论上的，这使得工作环境的解读更宜于在理念上展开。就词义解析来看，工作环境权之术语选择与环境法治以及生态哲学密切地联系在一起，视工作场所为一特殊的环境——人文环境与自然环境的结合——而构建工作环境权理念，把工作场所的安全卫生设施以及工作章程等放入到正义的评价中，认为享有一

---

① 范围. 工作环境权研究[D]. 中国人民大学，2009：13-14.

定的安全卫生设施是职工的权益，是用人单位的义务和职责，认为良好的工作规则是职工应当享有的制度环境。工作环境权是职工在工作场所或工作过程中享有的权益的总称。

如果说工资权是职工生存的权益，那么该生存权益主要体现为职工生存的物质保障，是工作外的消费保障；而工作环境权作为职工的生产权益，主要是工作之内的人身保障。人身保障的权益均是最基本的人权，如果不去确立职工的工作环境权，那么职工在企业中必然被物化，职工在企业中就不是权益主体，而只是依附于劳动给付而被忽视的奴隶。当今世界，普通民众之个体具有了至上的价值，人权成为法律学最基本的话语。在企业中，职工之工作环境权益日益制度化、法律化。而此种改善当是人作为职工的生存权的具化。

3. 发展权与职工利益

在人权理论中，发展权已经成为一项基本的人权，获得了其独立的意义。联合国大会 1986 年 12 月 4 日第 41/128 号决议通过的《发展权利宣言》确立了发展权，其强调：发展权是一项人权，参与是实现所有人权的重要因素。由此来看，发展权主要有两个内涵：一是参与。例如，"积极、自由和有意义地参与发展"，"均有权参与、促进并享受"，"积极参与者和受益者"等出现在宣言中。再如，应当确保"妇女在发展过程中发挥积极作用"，各国应"鼓励民众在各个领域的参与"，在对作为人权的参与权的讨论中也包含民众参与的问题。二是社会正义。例如，宣言中出现的带来的利益公平分配的基础上，以及各种基本需要上的公平分配与机会均等。发展权的这些方面当然与不歧视和平等的概念以及经济、社会文化权利的全面保护具有联系。①

而在职工权益中，发展权则有了更为具体的内容，机会均等也需要通过制度而逐渐量化。职工的发展权源于人权意义上的发展权，却比《发展权利宣言》所界定的发展权要狭窄得多。职工的发展权主要是职工获得发展机会的权利，特别是个人事业发展的机会和权利。这与职工的工资权益和工作环境权有所区别。工资权益终究是把职工与企业放到交易的框架下，工资权益的背后是企业收入的分配问题，故而工资制度的设计探究的是分配正义问题，并进一步成为经济良性循环的环节而辩证认识工资、股息与企业积累之间的互动关系。工作环境权涉及人的尊严的保

---

① 艾德. 经济、社会和文化权利教程[M]. 2 版. 中国人权研究会，译. 成都：四川出版集团、四川人民出版社，2004.

障，其整体概念的外延不容易界定，其具体的制度却是鲜活且易于法律化的，无论约定还是法定，当企业承担某种工作环境方面的义务的时候，职工之权利的可诉性塑造并无太多障碍。然而，职工的发展权很难放到交易的框架下，也很难在具体的制度中法律化，这是因为职工的晋升与事业发展往往是个性化的问题，其规则描述更可能是排除性的，而不是解析性的。

应当说，工作之谋生是职工的现实需要，却未必是职工的动力与追求。而对多数职工而言，职业发展带来的个人事业成就则是职工发展权的核心内容。一个没有任何前途的工作（岗位），不能塑造一个完整的职工形象，因为该工作岗位上的职工仅仅是谋求最基本的个人生存需求，往往谈不上完整的生存权保障，而又在无发展可能的情况下，劳动者不可能成为该岗位上的企业职工，其仅仅在出卖其劳务。由此看，职工的发展权是职工权益的一项重要内容。

而综合职工之三层权益可见，职工之本质在于保障人的生存与发展。职工之分析也唯据此方能获得其本质性的内核。职工是人生存和发展的存在形式。当然，人之生存与发展尚有其他之形式，而在企业社会中，成为职工则成为最大多数人的存在状态。

（二）职工是企业存在和发展的实体

当我把职工界定为企业存在和发展的实体的时候，首先需要反思的概念是企业。显然，当我们把企业界定为股权治理结构下的公司的时候，企业实际上被股东所"拥有"，是股东之私产，此时，企业存在和发展的实体是生产要素，特别是作为生产资料的资本。然而，现代企业管理的内在逻辑愈来愈把股东治理边缘化，而新的寄希望于公司存在和发展的力量——职工和企业家的参与和管理的独立力量——在事实上向公司治理趋近。正如汉迪所言，"公司这玩意，不能也不应是供人交易的商品。公司是社区，他需要的是'治理'的规则，而不需要'拥有'的规则"。①

如果公司是一种社区，那么何谓社区呢？世界卫生组织于 1974 年集合社区卫生护理界的专家，共同界定适用于社区卫生作用的社区（community）定义："社区是指一固定的地理区域范围内的社会团体，其成员有着共同的兴趣，彼此认识且互相来往，行使社会功能，创造社会规范，形成特有的价值体系和社会福利事业。每个成员均经由家庭、近邻、社

---

① 汉迪. 个人和组织的未来[M]. 周旭华，译. 北京：中国人民大学出版社，2006：114.

区而融入更大的社区。"一般而言，社区就是特殊的社会群体。于是，界定公司的出发点不再是生产要素的占有或拥有，而是公司内的各相关主体。

公司内的主体有股东、管理者、职工。而随着公司的成熟与发展，以股息为实体权益的股东逐渐被边缘化而事实上淡出企业。以控制企业决策为实体权益的股东则进入企业管理层，而成为企业管理者的核心。职工之分化则犹如社区之流动成员与稳定成员之区别，随着公司的成熟与稳定发展，职工也趋向于成为公司之稳定员工，并把个人事业之发展与公司发展紧密联系在一起。笔者认为，当我们把企业管理者中出身于股东身份者排除在外，把玩弄资本者排除在外时，企业之管理者和职工均是企业这一社区的善良成员，因为其与企业的存在与发展休戚与共、利益一致。从这个意义上讲，职工是企业存在和发展的实体。

1. 职工之归属抑或归依——职工与企业关系之再解读

我们已经在前文专节论述在法律上劳动者在企业中的主体地位，其意义在于确认，在企业治理框架中劳动者系一方主体，其实质在于解读资本和劳动的关系，在于同时认可劳动者、资金提供者乃至企业家之间的相互关系。此时，职工与企业之关系在于否认职工的客体性，界定企业的私产性或者客体性。然而，当我们把企业界定为一个社区时，企业具有了社会学意义上的主体性，毕竟居民与社区之关系显然是个体与群体之关系，那么职工与企业之关系有必要换个视角进行再解读。

当企业发展成为一个庞然大物的时候，不仅其起始时的所有人事实上不能占有企业，而且企业内的相关主体开始居民化。居民化的主要表现是企业内的股东、管理者、职工逐步安身立命于自己的角色，职工则犹如企业内生活的居民，管理者则犹如企业内生活的长者或司职人员，而股东则如企业上空的幽灵，是与企业订立了契约的幽灵。由此理解，职工之整体构成存在的企业，而幽灵与生灵则构成了企业生存之相。现实中的企业，显然不能撕毁幽灵与生灵的契约，企业之实体尚不是自由居民，于是职工之归属随着企业状态的不同当有不同之解读。

关于职工与企业的关系往往从资本与劳动的关系入手分析，并在生产要素意义上进行思辨，最终转化为资金提供者（股东）拥有企业，还是劳动者（职工）拥有企业的问题。然而，当我们把关于职工与企业的关系纳入到幽灵契约的框架下去解读的时候，职工与企业的关系成为个体与整体的关系，即职工归依于企业。当企业在幽灵契约中被奴役的时候，职工也同时被奴役而归属于股东；当企业在幽灵契约中独立起来、幽灵只能飘荡于企业之外时，企业中的长者逐渐从幽灵代言者中解脱出来，职工也不再归属于股东，概因与企业同时获得主体性地位，而不再有物化之归属问题，而仅仅是个体向整体之依存关系，即归依问题。

那么当今的幽灵契约是什么样的契约呢？也许我们可以这样描述：幽灵奴役生灵的契约仍然还在，而且尚写在契约之中不易有实质性改动；但是幽灵奴役生灵的事实正在变迁，生灵向幽灵的屈从仍是不可改变的事实，然而这种屈从更多是纳贡，幽灵已经不能够再威慑生灵世界的所有细节。由此看，我们无须拷问股权治理之法理梳理，但从股权治理之现实状况亦可见企业内部成员的独立意识在增强，企业治理的权利源中逐步凸显了职工的地位。此时职工不仅在法律上与股东同为企业内的主体，而且在社会中与企业同时获得主体性地位。这一变化中，企业的主体性地位的确立实际上是职工主体性地位的提升，企业的生存与职工更为趋近，而与股东更为疏远。在这个意义上，企业因职工而存在，职工因企业而栖身。就此而言，职工与企业之间有着强烈的伦理依存关系，可谓，凡职工当归依于企业，唯此方或摆脱其归属问题。

2. 职工之价值——职工对于企业的意义

职工对企业意味着什么？这是职工归依于企业的另一个问题。当我们解析职工归依于企业的时候，意在企业之于职工的价值，即职工依托于企业方有其个人之生存保障，方有其职业发展，并且一个独立起来的企业是职工免于商品化、免于被资本购买的屏障。其实，我们在已经认识到一个免于被股东任意操作的企业之于职工的多重意义的同时，更看到了企业和职工在摆脱股东恣意控制意义上的共呼吸和同命运。我想，通过对职工价值的分析，不仅能够看到职工对于企业的意义，更可以发现企业发展和治理的另一种动力。

其一，职工作为企业的成员具有强烈的归依情感，是为其伦理价值。职工以企业为自豪、为企业而担当，均以该企业之成员为前提；企业以职工而表彰、为职工而担当，均以该员工之企业为前提。企业与职工之间有着深厚的一荣俱荣、一损俱损的情感联系。而股东与企业之间却天然地存在一道伦理截屏——有限责任，股东因企业盈利而窃喜，因企业亏损而散去；企业因股东的交易而命运叵测，因股东的决策而唯利是图。从这个意义上，职工赋予了企业以人性。企业是职工聚合而成的场所，企业之人性的获得则多源于职工的人身（人生）归依。一个没有任何职工的企业是无法想象的，其除了沦为纯粹的财产之外，别无其他可能。应当说，职工之于企业最感性的价值即其伦理价值，因为职工的存在和表现，企业有好坏之分，企业有了不同的人性。

其二，职工与企业的生产资料直接联系在一起完成了企业之内在运转，是为其经济价值。无论劳动价值论，还是效用价值论，在企业中，是职工完成了原料到半成品再到产品、乃至销售的操作。企业作为一种经济组织，是职工赋予了其生命。从这个角度来讲，职工之于企业有很重要的经济价值。职工实现了企业资产的增值，实现了企业的盈利，也是职工让企业如生命体一样融入到社会经济体系中。

其三，职工作为企业之外的消费者完成了企业之外在运转，是为其社会价值。企业作为经济组织，生产产品只是其内在运转的问题，而产品是否能够流入社会、被社会所消费；其所需资料能够从社会购入、由其他企业来供应等则显得日益重要。而从产品必须有用，能被社会所认可和消费来看，职工在企业内是职工，而在企业外又是社会最重要的消费者，按照马克思政治经济学的工资理论，职工之工资当全部用于直接或间接的消费。故而，可以说，职工的消费维系了企业的外在运转，是职工与企业之间的经济互动构成了社会稳定的基础。在这种意义上讲，职工的社会角色保证了企业的自由自在，职工对于企业具有大循环意义上的社会价值。

其四，职工作为人的基本价值的张扬完成了企业的责任塑造，是为其法律价值。在现代企业中，企业不再被仅仅认为是股东赚钱的工具，而开始逐渐强调企业社会责任。而企业社会责任的塑造显然是围绕着人的权利而展开的。无论利益相关者理论、所有权社会化理论、国家干预经济理论，还是企业作为公民的理论，企业社会责任的制度塑造必然首先落实到企业与职工之间的权利义务关系，而具体的权利义务的确立又总是伴随着职工权益的次第界定而展开的。从这个角度来讲，职工赋予了企业以责任，使得企业真正成为一个法律上的人。

以上，仅仅抽象地分析了职工对企业的意义，从某种意义上，正是职工赋予了企业以人性、生命、角色和责任。当我们把企业当作一个社区来思考的时候，企业的品格、企业的生命、企业的职能与权益均源于职工，这意味着企业治理问题的起点恰恰是职工的权益。故而有必要进一步简要分析职工权益的形成机制，以进一步透视职工与企业治理的关系。

三、职工权益的形成机制

（一）问题

职工的权益从何而来呢？为什么职工的权益边界在慢慢扩张？要回

答这个问题就需要思考职工权益的形成机制。我们在职工与企业的关系中去界定职工身份，同样职工的权益也是在职工与企业之间界定的。

"权益"这一概念在会计学上是一个相对明确的概念，并不进行词义学的拆解分析，对应于 equity。① 然而，法律上的权益概念是复杂的，内容是宽泛的，但却成为我国法律术语体系中一个基础性的词汇，出现在多部法律的名称中，如《消费者权益保护法》《妇女权益保障法》《老年人权益保障法》等。这时候，"权益"被解释为权利和利益，对应于 rights and interests。需要强调的是，这里的利益仍然是一种法律肯定或认可的利益。权利和利益之间，除了实体上的差别外，在程序上也有区别。在实体上，权利之行使不等于利益之获取，也可能是利益之割舍；在程序上，权利以具有可诉性为原则，司法救济以私人诉讼为原则，而与权利区别的法律利益之救济的可诉性往往不够畅通，特别是公共利益之于权益人具有自然权利之属性，却在法律救济机制上显然不同于私人权利。

职工的权益是法律权利和法律利益的综合。在与职工权益相关的法律制度中，职工法律上的利益将会越来越宽于职工法律上的权利；而同时，随着职工法律上利益制度的完善，职工法律上的权利也将越来越丰富。以职工职业安全卫生的权益为例，职工的权益往往表现为利益，在个别职工没有受到现实损害的情况，其可诉讼的权利并不明显，其法律利益的维护往往通过劳动监督检查以及集体协议来维护，即通过行政法律或者职工的团体权来间接地维护其利益；而当用人单位承担了明确的法定义务的情况下，如用人单位的职业健康检查义务的情况下，职工的法律利益转化为了可诉的权利。而职工的法律利益或者权利是如何来的，法律为什么以前不把某种利益界定为职工的法律权益，而现在却界定为职工的权益呢？我想如下几种路径诠释了职工权益形成的若干机制。

(二)工资谈判、劳动政策与劳动立法

关于劳动经济学的一个基本假设是，劳动者的工资与劳动者的生存直接挂钩，这不仅是马克思主义政治经济学的基本假设，而且也是常识性的判断，乃至成为空想社会主义者分析问题的基本起点。法国空想社会主义代表人物路易·勃朗在描述拍卖劳动的时候写道："一个企业主需要雇用一个工人：前来的则有三个，你的劳动要多少钱？——三个法郎：因为我有一个妻子和许多孩子。——好。你呢？——两个半法郎：因为我有一个妻子和许多孩子。——好极了。你呢？——我只要两个法郎就

---

① 李平. 权益理论及其应用问题研究[D]. 复旦大学，2002.

够了：因为我是独身汉。——那么我就优先雇用你吧。"[1] 从这种意义上讲，劳动者个体的工资谈判是虚伪的。然而，这种拍卖劳动所形成的工资合约必然造成宏观经济的恶性循环，为纠正经济起见，工资谈判和劳动政策获得了正当性基础。一方面，与工资有关的团结权利在自由经济国家普遍得到确认；另一方面，国家或政府在劳动领域的政策逐渐法律化并形成独特的劳动法律制度。前者形成以团体为依托的工资等谈判制度，是为私际契约精神之延伸；后者形成以国家为依托的工资等规制性、基准性法律，是为政府干预理念之延伸。

在职工与企业之间，职工的工资权益本来是职工个体与企业的合约内容。然而，产业历史告诉我们，职工的工资权益从来就是企业内职工整体与企业团体协议的内容。考察劳动法律史，我们会发现，企业内职工整体的团体行动并不是天然地获得合法性，而是从违法与犯罪的定性开始，进而通过民事法律来调整、经济法律来规制，并最终独立为法律化的劳工联合与集体谈判制度。以美国为例，"在 19 世纪的前几十年里，雇员们为支持其提高工资和改善工作条件的要求而采取的一致行动（concerted activities）受到刑事指控。由于其所使用的手段或所寻求的目标具有非法性，它们被视为普通法上的共谋而归为犯罪"。[2] "到了 19 世纪的后半叶和 20 世纪的早些年里，民事禁令在对抗雇员联合方面起着更加普遍的作用"。[3] 然而，在这种趋势下，法院开始对这种做法谨慎而敏感，开始考虑公平和劳动者利益。[4] "此后在 30 年代中期，国会开始接受这种考虑：在法律上确立政府的不干预与不控制，劳动者可以通过工会罢工和纠察，雇主可以通过解雇来施压。[5] 并沿着这一思路，形成了美国的劳动法制度，正如罗伯特·A·高尔曼在其《劳动法基本教程》中所言，"本书讨论的主题正是所经常被笼统地称为《劳动法》的这三个国会法案中的这些不公正劳动行为和代表选举规定"。[6] 就此而言，劳动者如何聚集、劳资谈判如何进行成为劳动立法的重要内容。而从劳动者之视角来看，劳动者的聚集具有自发性，这种自发聚集必然以工资谈判为重要目标。从美国的立法来看，工资谈判最终被纳入到了自由经济体制中，并成为劳动者权益的重要获取机制。

---

① 路易·勃朗. 劳动组织[M]. 何钦, 译. 北京：商务印书馆, 1997.
② 高尔曼. 劳动法基本教程[M]. 马静, 译. 北京：中国政法大学出版社, 2003.
③ 高尔曼. 劳动法基本教程[M]. 马静, 译. 北京：中国政法大学出版社, 2003.
④ 高尔曼. 劳动法基本教程[M]. 马静, 译. 北京：中国政法大学出版社, 2003.
⑤ 高尔曼. 劳动法基本教程[M]. 马静, 译. 北京：中国政法大学出版社, 2003.
⑥ 高尔曼. 劳动法基本教程[M]. 马静, 译. 北京：中国政法大学出版社, 2003.

　　然而，工资谈判天然地与法治有隔阂，她犹如脱缰的马，在不断地奔跑中，其野性会逐渐地张扬出来。因此，在赋予工资谈判以合法地位，在极力以法律导引谈判进程的同时，政治国家则一直在努力拆解工资谈判的自发动因，并形成了一系列的政府干预劳资关系的措施，是为劳动政策。以干预劳资关系为核心的劳动政策塑造了保护劳动者的理念，结果是把一些天然的劳动秩序纳入到人为的框架中，在劳动法律制度领域出现了大量的基准性立法、管制性立法。就此而言，劳动政策所面临的重大问题是目标锁定与干预界限问题。在崇尚自然、信仰竞争的前提下，劳动政策的诸多目标往往是辅助性的，并以促成具有竞争活力的劳动力市场为理想，此时干预性规范的内容应当与自发性规范的内容保持一致。例如，工资谈判必然会涉及加班工资问题，而通过劳动基准立法对加班问题进行统一的规定，从制度经济学的角度来看，显然后者成本低。然而，这种成本低的结论是以加班工资在干预性规范和自发性规范中的一致为前提的，当干预性规范所涉及的加班工资与自发性规范所形成的加班工资有巨大差距的时候，规范本身就可能不被遵守。这是劳动政策所延伸的劳动立法的重要问题，即立法者很难甄别劳动者权益的界限。而从法律必须被遵守的意义上来看，劳动政策所延伸的劳动立法最终要在工资谈判的平台上去检验，而立法对该检验应当是极其敏锐的，这种敏锐性当使工资谈判始终处在平和的状态，这也是劳动政策之初衷。

　　从工资谈判及其制度化、劳动政策及其法律化的简要分析中，我们发现，职工的工资权益（物质性权益）并不是简单而具体地写在劳动合同中的，这一点儿，不仅企业明白，而且国家更明白。无论集体谈判平台的构建，还是劳动基准立法的强制，职工对其个体利益的不懈追求方是职工权益形成的重要基础。可以断言，衔接职工追求与职工权益必然是劳动立法的试金石，能够使两者很好地衔接起来的劳动法律制度就是好的制度，而不论其是协约还是法规。

（三）人权与劳动立法

　　劳动的历史与劳动法的历史相去甚远，劳动关系可以追溯到奴隶社会，所谓奴隶社会正是把劳动者物化为奴隶的社会，是以劳动关系来界定社会形态的。而劳动法则必然以劳动者的人格独立为起点，从这一点儿来看，普遍人权的概念是劳动立法的支点。以笔者看，职工作为劳动者所享权益的形成机制与职工的人之为人而享权益的形成机制是不同的。

　　人权概念赋予了劳动者独立的人格，成就了劳动法。然而，鉴于劳动过程中所具有的管理上的从属性和劳动报酬所带来的经济依附性，理论上的劳动者人格绝对又很快淹没在浩繁的劳动从属性实践与立法中，人权对于劳动立法的支撑则突出表现在体面劳动上，是为最基本的人权。由此推断，人权之于劳动立法有两层意义，一层是人格独立之支撑；另一层是人格从属之纠正。按照人格独立的理论，劳动关系是关于劳动力商品的买卖关系，性质上为纯债权关系，在十九世纪前半个世纪以前的劳动关系就是按此来展开的。① 然而，这种从人权出发的理论却走向了最无人权的实践，特别是在职业安全卫生方面，对劳工的生命健康造成了巨大的威胁，这促使着劳动关系在 20 世纪初进入了具有社会法意义的劳动契约时代。② 而所谓社会色彩更多强调了劳动契约背后的劳资团体法律制度、劳动保护法律制度、相关社会保险法律制度以及独特的劳动司法制度等。前面提到的工资谈判和劳动政策而致的劳动立法也可以看作是人权理念在劳动领域的体现，然而这种体现是以肯定人格从属为前提的对人的生存和人的尊严的最基本的尊重。

在人的生存得到保障的前提下，人的自由就有了实质意义。而人的自由必然以人格之绝对独立为直接目标，此时职工因劳动从属性而产生的人格被动从属性恰成了最要紧的障碍。而破除这些障碍或者溶蚀这些障碍的正是人权的理念。其实，人权就是人之为人的权利，关于人权的表述主要体现在《世界人权宣言》《经济、社会、文化权利国际公约》等文献中，此等文献也成为学术界关注重点。鉴于本文之考虑，笔者认为，一方面这些文献往往对工作方面的权利加以强调，工作自由权为当然之人权；另一方面职工在职业生涯中的权益、在劳动过程中的权益又不是一个简单的工作自由权可以抽象的，必须回到人权的理念，才能为职工的各项具体化的权利寻找到归宿，才能有人的真正的职业发展。按照人权法学者的解读，近现代政治法律思想和制度是沿着从人权到民主，再到法治的逻辑发展的。③ 人权是民主的灵魂与归宿，是对民主的驱动和支撑，而法治则是人权的外化和物化。④ 职工权益的人权保障当然成为职工权益确认的重要机制。例如，工作场所性骚扰防治立法则是基于男女平等之人权，不得因性别而受到歧视，倘若没有人权理念之推动，就很难有职场性骚扰的立法规制。职工权益的人权保障更成为确认职工民主管理权益的重要机制，特别是职工作为人的发展权益催动了职工民主

---

① 黄越钦. 劳动法新论[M]. 北京：中国政法大学出版社，2003：5-6.
② 黄越钦. 劳动法新论[M]. 北京：中国政法大学出版社，2003：6.
③ 齐延平. 论中国人权精神的建设[J]. 文史哲，2005(3)：145.
④ 齐延平. 论中国人权精神的建设[J]. 文史哲，2005(3)：145.

管理权益的形成和制度的运转。根据人权的理念，在职工与企业的法律关系中，职工不仅有对价之请求权，更有职业发展权益，故而企业的发展必须赋予职工职业发展的机会，企业治理的完善必然导入职工民主管理的机制，最终一个实施民主管理的企业才能够成为一个真正的法治社会中的企业。

公司治理过程中的民主管理问题可以看作是基于物（生产要素）上竞争与合作的产物，其正义观是物上正义，是物的占有（秩序）正义与效率正义；同时，公司治理中的民主管理问题也可以看作是人权理念的产物，其正义观是人的生存正义与发展正义。应当说，公司治理中的物上正义和人权正义在实践中均不可偏废，前者具有强烈的经济说服力，后者具有浓厚的伦理内涵，然而在实践中两者却是互相掣肘、又互相支撑的，把两者割裂开去构建相应法律制度的实践都被证明是失败的。然而，需要指出的是，物上正义所构建的以人的人格和人的劳动的分离为基础的劳动法律制度从来就是劳动法律制度的核心，并必然导致人的人格向人的劳动的妥协以及相应法律制度的衍生；而人权正义所构建的劳动法律制度仍然承认人的人格和人的劳动的分离，却致力于人的劳动向人的人格的回归或依附，在人的自由、尊严等价值得到弘扬的背景下，人权正义在劳动法中的深层底蕴会逐渐酝酿出来。

第三节　企业中的劳资共轭与平衡

对职工的分析为职工民主管理权益提供了存在性依据，却并未给职工民主管理权益提供边界性依据，即职工应当有民主管理的权益，但是职工民主管理的界限又在哪里呢？职工的权益直接或间接地来自于企业，企业的定性与权益是职工权益的另一个面，企业的定位和发展则与职工权益息息相关。在已经对何谓职工、以及前文何谓企业进行分析的基础上，我们必须坚持辩证的观点，既不把职工与企业割裂开，也不把股东与企业割裂开，必须把职工与股东放到企业内部进行矛盾论的分析。笔者认为，职工权益的边界和股东权益的边界是同一个问题，企业民主管理的制度化实际上是职工和股东在企业中的疆界问题。然而，这个疆界不是分割自治，而是劳资共轭共同驾驭企业之发展，其正常状态是劳资平衡下的同向努力，其正常制度或者妥当的权益格局是劳资指向企业权利所产生的对抗力量是零和的。为了阐述这种思想，笔者将之概括为企业中劳资共轭与平衡的理念进行详细分析。

一、劳资共轭——企业的生存定律

(一)劳资共轭的理论界说——以劳资和谐为理念

1. 劳资和谐的理念

在分析劳资和谐之前，有必要首先认识"和谐"，我想多数人首先对"和谐"本身保持了一定的警惕。在市场经济体制中，以竞争为最基本追求的理念与自由、效率等价值有着相当的契合，其阐释力到目前为止是无容置疑的。在此背景下，"和谐"的论理价值就必然被边缘化，毕竟"争"与"和"是两种相反的思维，特别是在思维起点上两者恰恰相反。然而，自由竞争的理念也从来没有放弃过秩序和谐的思想，否则自由竞争就会成为赤裸裸的暴力与斗争，就现实而言，我们总是在竞争中寻找和谐，在和谐中迸发竞争。

另外，追求和谐是植根于我国文化、哲学、社会、政治理念的。[①]正是由此渊源，提倡和谐社会就不仅仅是一种社会危机处理措施，也不仅仅是维持社会稳定的手段，而是源自于民族心理深处的集体意识。其实，在法学理论中，并不乏和谐精神的制度，和谐精神所延伸的公平和秩序价值同竞争精神所延伸的自由和效率价值总是互相补充的，当我们说权利是一种自由的时候，必须承认权利又是有边界的，强调权利的边界就是强调权利人与相对方的和谐相处，否则权利就成为了暴力。

故此可以大胆肯定，劳资和谐是一个基本的理念。和谐社会是社会发展的基本目标，而企业的和谐运行是构建和谐社会的重要基础，企业的和谐运行需要企业内外环境的和谐，就企业内部而言企业包括劳动要素和资本要素，企业内部和谐即劳资的和谐。而劳资关系是核心的社会关系，在和谐社会建设中至关重要。[②] 在此意义上，劳资和谐即可推进社会和谐。

劳资和谐是企业治理的目标。在企业内部，只有公平的激励机制才是长效机制。可以说就企业竞争力而言，公平和效率成为相互依存的两个基本要求。而追求极端公平的公司治理实践和追求极端效率的公司治理实践都是失败的，而其失败的共同原因都是公司内部劳资和谐机制的破坏。可以说，劳资和谐作为企业内部构建的一个基本理念是正反两种社会实践后的共同选择。

---

①　缪文升. 论和谐发展视野下法的价值观转换[J]. 法学，2006(5)：150.

②　孟令军. 劳资和谐是社会和谐的基石[J]. 中国劳动关系学院学报，2005(3)：27-30.

2. 劳资共轭的界说

轭是驾车时搁在牛颈上的曲木，而共轭是两头牛同时拉车时两头牛间的关系，在有机化学领域有一个关于共轭的生动例子，是在分子的微观结构中，原子之间相互制约、相互配合和相互影响，使整个有机化合物的分子结构趋于稳定，内能内耗减少，分子极性增大、抗力增加，外力对它不容易破坏，这种现象称为"共轭效应"。[①] 劳资共轭就是在公司经营管理过程中，劳动者和投资者（股东）之间的相互制约、相互配合和相互影响，使公司治理结构合理，效率提高，竞争力增强的一种理论。劳资共轭的逻辑起点是：公司良性运营是劳资共同努力的结果，劳资之间可以有对抗，也可以有合作，如车之双轮，人之双足。

劳资共轭是劳资和谐的延伸和具体化，正如意思自治是自由原则的延伸和具体化一样，劳资共轭可以成为公司治理中一个相对具体的原则。按照劳资共轭的原则，对公司的控制权应该在劳动和资本之间有效制衡，对公司的经营权应该在劳动和资本之间有效合作。现代企业中，资本代表者通过代理人来行使权利，而劳动力代表者同样可以通过代理人来行使权利。在资本和劳动力对照的基础上，劳资共轭理论认为有必要修正和强调企业所有权理论。只有资本，不可能有公司的存在，公司设立的法理也要求公司必须具备一定的组织机构才能成立，在某种意义上讲，公司的法定代表人既是法理和法律的要求，也是公司劳动力要素的特殊载体。在公司这辆牛车上，拉车者正是资本和劳动力，最极端的失衡也不可能放弃另一侧的存在，否则将寸步难行，而偏重一侧的做法虽然暂时发挥了一侧的优势，但是最终会导致轭之毁坏、车之旋亡。企业从一开始就不是属于投资人的，投资人从公司成立前的资本所有权人跨越到公司成立后的公司所有权人（控制权人）缺乏合理的逻辑基础，概因为静态的资本转化为劳资共轭中的资本要素，必然要受到劳动要素的掣肘。投资人成为控制权人在公司治理理论中应该只是一种选择，是资本强势情况下的历史选择，但绝不是现代企业最好的选择，也不是历史发展的方向。

按照劳资共轭理论，股东和职工分享公司的控制权和经营权，公司机构应该在股东和职工两个方面对称构建，股东会的对侧应有职工会，监事会成员来自于股东会和职工会，董事会成员亦来自于股东会和职工

---

① "共轭效应"与未成年人思想道德建设［EB/OL］. 百度百科. http://www.cn-e.cn/cn/Print.Asp? ID=717.

会。在公司发展过程中，股东会、董事会和监事会的治理结构经历了漫长的试验和无数的挫折，也许在经营权分离于所有权时，资本所有权人根本无法想象现今的治理结构。同样，职工参与管理面临众多的障碍也是必然的事情，但是必须明确的是：劳资共轭是公司治理发展的必然趋势，职工参与管理不仅要从形式走向实质，而且要由浅入深，终将达成劳资之间的共轭效应。

(二)劳资共轭的两种样态

1. 劳资共轭的失衡与平衡——作为事实的描述

作为一种事实描述，劳资共轭有两种样态，一种劳资共轭是平衡的劳资共轭，另一种劳资共轭是失衡的劳资共轭。在职工、企业、股东三者共存、共发展的实体中，我们把职工连接企业形成的力臂称为 C_1，形成的有益力称为 A_1，把股东连接企业形成的力臂称为 C_2，形成的有益力称为 A_2（如图 5-2 所示）。C_1 等于 C_2 是任何企业存在的事实，其意味着职工和股东通过企业产生的对冲是相向的，尤其是把企业假设为一个场或者契约集时，交易即是股东与职工之间的交易，C_1 和 C_2 仅仅是交易的两个视角，职工获取的是股东失去的，失去的是股东获取的，换言之，职工的权利是股东的义务，股东的权利是职工的义务。A_1 和 A_2 的合力 B 则是企业的生存力和发展力，其意味着职工和股东在企业中产生的同向力，这个力最终表现为企业对外的发展方向和竞争力。

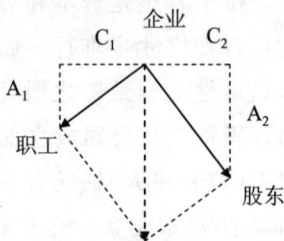

图 5-2 劳资共轭的失衡与平衡示意

企业的发展方向和竞争力是职工和股东两者之间的合力[①]，然而职工和股东的各自的用力又必然是被拆解的。就职工而言，其存在一个隐形的作用的 C_1 上的力，我们仍然称为力 C_1，力 C_1 原则上不能为零；就股东而言，其也存在一个隐形的作用的 C_2 上的力，我们仍然称为力 C_2，

---

① 虽然影响企业的因素很多，但是就企业内部而言，职工和股东是最为重要的两种因素，这里不考虑企业外的因素。

力 C_2 原则上也不能为零。以经济利益而言，C_1 是职工的工资，工资理论上不能低于职工的消费需要，法律上不能低于最低工资标准，现实中应当遵循劳动合同的约定和企业内部的薪酬规则；C_2 是职工股东的股息，股息理论上不能低于银行的存款利率，现实中依照企业的利润和分配决议来定。C_1 和 C_2 决定了企业的发展方向，当企业正常发展的时候，C_1 和 C_2 之间应当是均衡的；当 C_1 和 C_2 之间均衡的时候，企业应当是在正常发展。职工和股东的合力 B 是职工用力的拆解 A_1 和股东用力的拆解 A_2 的累计。就经济利益而言，B 表现为企业资产的不断累积，表现为企业对外经济能力的不断扩张。在这里需要指出的是，职工或股东的用力拆解效果是与其用力方向有关的，而企业的发展方向和竞争力则与两者的用力大小和用力方向均有关系。

由此看，企业的生存是动态的存在，它不是一次简单的交易，不能毕其功于一役。我们把企业发展方向向一侧倾斜的状态称为失衡的劳资共轭，把企业发展方向保持不变或者轻微振荡的状态成为平衡的劳资共轭。我们在劳资和谐理念下所阐释的劳资共轭即是平衡的劳资共轭，而稳态发展的企业均应是平衡的劳资共轭；失衡的劳资共轭则如正在倾覆的牛车，或如车轮大小不一跑偏的货车，要么马上可见企业破产，要么随着企业的发展终将不可驾驭。

2. 劳资共轭与平衡——基于不同假设前提的分析

驾驶过四轮车辆的人也许有这样的经历：当对称的两轮充气程度不同的时候会造成车辆两轮的大小稍微有些区别，于是在驾驶车辆的过程中需要不断的纠正方向盘，当你回望走过的路的时候，车痕所显示的路线是曲曲折折的，而你稍一不留神儿，就会翻车到阴沟中去，但是，你仍然可以费力费神地把车开回家，毕竟气瘪的轮胎还是有气的，至少还是存在的。然而这种非常态的驾车经验却正是一种甚为普及的企业生存和发展理论，即基于失衡假设的劳资共轭。

基于失衡假设的劳资共轭理论首先赋予股东先在的变更权[①]，即股东有权变动其用力的拆解规则，甚至有权决定职工用力的拆解规则。变更权必然衍化出企业内的不稳定因素，特别是隐形力 C_2 的无约束变更。股东可以让 C_2 尽力萎缩以让企业迅速积累和发展，也可以让 C_2 尽力扩张以掏空企业所有的积累，乃至让企业共轭破裂而消失。然而基于失衡

① 理论上讲，基于失衡假设的先在的变更权也可能是职工的，然而其推理逻辑与文中所述相同。

假设的劳资共轭理论仍然有其纠偏措施的存在，一种是变更权行使的自我理性，一种是职工自我抗争权的爆发，前者主要表现为对职工的管理，后者主要表现为职工的契约变更谈判。有此两种纠偏措施，企业则总是在一偏一纠中前进，并往往形成一个整体上在不断偏向发展的轨迹。这意味着，从长远看，企业的发展并不符合整体经济的要求；而从近期看，企业的发展必然最符合股东的权益要求。但是，对具体企业的生存与发展而言，基于失衡假设的劳资共轭仍然会呈现事实分析的平衡。正是因此，我们有必要区分事实上的劳资共轭与平衡、基于失衡假设的劳资共轭与平衡、基于平衡假设的劳资共轭。

基于平衡假设的劳资共轭理论不区分先在的权利和纠偏的对抗权利，不把企业发展方向的变更设定为一方的形成权，而是职工与股东之间的合约权，即企业发展方向的变更应当坚持双方一致原则。这意味着企业首先处于生存的稳态，企业不能仅仅为职工或者股东而冒险，职工与股东的权益格局是相当固定的，企业发展受到外因阻隔竞争力守弱，职工和股东应当同比例示弱；企业发展受到外界因素刺激竞争力趋强，职工和股东应当同比例趋强，即已经存在的合约应当是稳态的合约。由此看，基于平衡假设的劳资共轭在企业发展方向上应当是稳当的，不应有经常性的危机，特别是不应发生来自企业内因的企业危机；基于平衡假设的劳资共轭也存在企业竞争力的变化，然而这种变化是职工与股东协同的变化，以企业的生存和发展为基调，而不是以企业的危机震颤为基调。

二、劳资共轭的失衡假设与企业危机处理
——论人力资源管理和集体谈判的背景

为什么历史会选择基于失衡假设的劳资共轭理论，如何认识基于劳资失衡的企业危机处理常态化？这是经典公司理论中人力资源管理制度和集体谈判制度背后的基本疑问。下面以劳资共轭理论来阐释经典公司理论的理念和制度。

(一)劳资失衡伦理化

经典公司理论的内部治理是一种基于失衡假设的劳资共轭理论下的制度。在经典公司理论中，股东拥有企业的经营权，通过股东会议选举的代表对公司进行经营管理，公司的经营管理者为股东利益服务，对职工进行管理、把职工的自觉团体排除为企业外组织、以不向职工团体做任何让步为理想目标，此时企业的独立价值基本上被股东所吞噬。而在此基础上，构建了一整套劳动法律制度，随着劳动法律制度的不断完善，

企业的用人管理制度随着企业的发展逐步规范，职工的权益维护也通过立法、司法以及协商等途径逐步规范。概言之，劳资失衡已经伦理化，即劳资失衡作为一个前提假设已经获得伦理上的支持，劳资失衡先验地获得了其存在的德性。立法者的立法基于劳资失衡的事实，肯定两者的权利差距是问法自然，纠正两者的权利差距往往力不从心；股东基于劳资失衡行使权利，以强者自居，恃强凌弱是权力，福利恩慈是德行；职工在劳资失衡中谋取报酬，以服从为必然，契约权益的弱脆实属无奈。

历史选择了企业内部的劳资失衡伦理化，是有其特定经济、人文基础的。企业制度发展成熟以致成为最重要的社会细胞，也表明衡量个体或组织的核心标准成为其经济实力，由此决定的经济秩序全面贯彻了来自动物界丛林法则的优胜劣汰理念，这样的社会被称为资本主义社会，以资本为本本成为诠释所有社会现象的有力工具，劳资失衡伦理化更是以此为基础。如果说，劳动价值论给予劳资失衡伦理化以致命批判，但是以扭转乾坤式的否认劳资失衡在劳资失衡纠偏制度整合后的劳资失衡理论面前仍然显得单薄。同时，物本位的人文精神更强化了劳资失衡的伦理化，当崇尚个人奋斗、愿赌服输成为最基本的人文价值的时候，个体意义上的人必然虔诚于资本的强势，必然造就劳动者的奴性或媚态。

(二)劳资共轭与失衡的制度性质——企业危机处理常态化

劳资共轭与失衡的企业能够生存和发展得益于常态化的企业危机处理，唯有如此，劳资的失衡却并未导致企业的崩溃。就此而言，劳资共轭与失衡的企业制度是围绕企业危机处理而构建的，其最大的特征是企业危机处理常态化。危机处理常态化是把危机状态作为一种常态，通过制度化的维护制度来处理危机或预防危机。一般地，企业危机是指企业生存发展中所发生的危机，包括内在危机和外在危机，"在企业生存发展过程中，由于自然灾害、事故、市场竞争、市场信息不足、管理不善等原因，危机无时无刻不在，犹如悬在企业头顶的一把达摩克利斯之剑"①。以达摩克利斯之剑比喻企业的危机正对应了企业经营中提倡的危机意识，所谓"生于忧患、死于安乐"的忧患意识。然而这里的企业危机主要指来自于企业内部的劳资失衡所产生的显性和隐性危机。所谓显性危机主要表现为企业生产运营的不畅，其典型事件如职工消极怠工、集体谈判搁置等。所谓隐性危机主要表现为股东对企业的人事管理不满意、

---

① 任怡. 危机——企业头顶的达摩克利斯之剑[J]. 管理与财富，2003(1)：35.

企业生产运营的效率低下。在劳资失衡的危机意识下，劳动契约并不是简单的报酬支付和劳动给付的关系，而逐渐成为一个虚化的法律文本，尽管其地位犹如宪法，其实质内容却逐渐被基准法律、企业内部规则、劳工联合制度所分取。而这种分取劳动契约的制度安排恰恰是企业危机处理的常态化反应。企业危机处理常态化，首先是劳资失衡处理的制度化，而由于失衡本身所内涵的企业危机，我们把劳资失衡处理的制度统称为企业危机处理制度，故而企业危机处理常态化是企业危机处理的制度化。以下从股东、职工、国家三个方面来认知这种常态化的共轭与失衡制度的性质。

对股东而言，劳资共轭与失衡制度的实质是管人，一种以"理财"为名义的管人，其物化之名义必然以不信任构建其具体制度，以人之恶性、人之惰性乃至人之优劣等假设联系在一起。从这个意义上讲，把人和人的劳动分开的理论是不切实际的，以劳动契约所勾勒的一方给付劳动、另一方给付报酬的交易是虚伪的，我们必须承认人在企业管理中的从属性。当然，凡组织之中必有管理的问题。但是，在劳资失衡基础上的企业管理并不能把人力资源从职工身上剥离下来，却仍以企业财富与资源为基调进行管理（使用），必然对职工本身的自由和尊严造成巨大的漠视。于是，极力地挖掘职工的劳动和无端地限制职工的人身自由成为人力资源管理最突出的问题。例如，限制职工的工作量、限制职工的活动空间已经司空见惯。然而，管人不仅要考虑管的手段，更要考虑所管对象——人的人性，正是因此劳资失衡状态下对职工的管理是一门艺术，又是一门科学。所谓艺术，是指对职工的管理绝不是按照劳动合同而刻板出来的，管理者与被管理者的个性在管理过程中起了很大的作用。所谓科学，是指企业用人的艺术逐步技术化、制度化，而有了可以认知的内在规律，即人力资源管理学。人力资源管理学正是在劳资失衡的基础上发展起来的，并且至今没有脱离这个基础，至少实践中的人力资源管理仍然是基于劳资失衡而构建的。一般而言，人力资源管理作为一门科学是隶属于管理学的，真正意义上的人力资源管理理论是随着管理学的发展，特别是行为科学理论而成熟的，特别是行为科学理论[①]，正是因此，行为科学理论成了人力资源管理视野中很重要的理论，并被研究职

---

① 朱良保. 人力资源管理思想的哲学解读[D]. 苏州大学，2006.

工(劳动者)参与法律制度的学者所关注和肯认。① 但是，必须要澄清的是，人力资源管理理论仍旧是对人的管理，无论强调"物本"还是强调"人本"，人力资源管理终究是来自股东的劳动(劳务)管理，必须明确其实质终究是管人。

就职工而言，劳资共轭与失衡制度的实质是反抗，这是职工基于对失衡状态的抵触和抵抗而逐渐规范化的制度或法律的核心。假设某特定企业存在一种理想的利益结构，这意味着职工与企业的劳动合同建构了一种劳资认可的劳动关系，然而劳资失衡的制度随着企业经营的萎缩或膨胀必然导致利益结构的失衡，此时就职工而言，其劳动给付与劳动报酬是否对价则往往与股东有完全不同的认识。因而在股东视野中管人的另一面，职工也从未停止过对所存事实的异议以及同股东及其代表者的协商，这种协商不仅是劳资失衡状态下职工行为的初始状态，也是职工行为的法制状态，然而这两个状态之间却经历着漫长的血雨腥风，有时候国家以刑事法律将职工送上断头台，有时候股东及其代表者私募暴力组织对职工进行武装镇压，有时候职工则给予股东的代表者以暴力回应。乃至职工的行为由怠工、破坏机器、占领企业发展到整个民族国家内的暴力对抗，然而在区分资本与劳动的背景下股东与职工之间的仇视只会带来破坏，却谁也消灭不了谁，两败俱伤后的理性反思最终走向劳资协商。然而，劳资协商往往暗含了政府的狡猾态度，也意味着一个更有手腕的政府的存在，否则劳资协商的制度化要么成为职工的无理索取，要么成为股东的愚民手段，最终免不了演化成暴力冲突。这样的分析并不单单是基于失衡假设的分析，也得到了历史和现实的印证。工业化以来，工人阶级的革命和斗争即是最深刻的写照；而第二次世界大战以来，工人运动不再是世界范围的问题，罢工也往往被纳入和平的程序中，然而，凡企业中劳资共轭以失衡为基本假设的情况下，暴力冲突就很难避免。

当我们从国家的视角来审视基于失衡假设的劳资共轭的时候，劳资共轭失衡基础性假设当源自国家及其政府的认可和推动，而失衡基础上的企业生存与发展更有赖于国家的推动和护驾。由此看，国家的劳资共轭与失衡制度本质上是放任性的制度，而最终把暧昧的天平倾斜于资金提供者一方。就这一点儿来讲，劳资共轭与失衡不仅仅是市场自然规律的结果，更是政府对市场构建的结果。在政府无暇或无力顾及的企业性

---

① 周超. 职工参与制度法律问题研究[M]. 北京：中国社会科学出版社，2006：103-109.

组织中，我们不仅看不到失衡基调的普遍性，反而能寻找到平衡基调的经常性，这是因为资金提供者在强化其资金拥有者地位等同于对组织的所有时，组织最初的团体性被吞噬而必然引起内讧与失控的混乱，故而黑社会组织对外虽称是某某头领之组织，对内却必然以兄弟聚义号令运转。当今作为企业之重要形态的公司能够以股东拥有公司作划一之制度安排，必出于政府的心意，即政府尤其安于劳资失衡之基调。正是因此，企业危机处理成为政府重要的立法目标，这正是企业人力资源管理法律制度、劳工联合与集团谈判法律制度逐步完善的幕后推手。

(三)劳资共轭与失衡的实践

劳资共轭与失衡的基础假设的并不是企业世界一片混乱，其在股东、职工和政府的共同努力下仍然达成了一种均衡，我们可以从如下几个方面来认识这种均衡：

其一，这种均衡成就了资金提供者，资金提供者不仅成为企业的主人，而且成为社会的持权者。资金提供者作为股东在企业中享有控制权和剩余索取权，股东中的控股股东成为企业的实际控制者，这种控制不仅表现为对企业发展方向的把握，更表现为企业内的运转方式，即企业文化或人格的塑造往往由左右企业的个人所形成；同时，股东占据了社会最大量的财富，成为社会中的富人。资金提供者把孳息的规则引向全社会，把仇富心理转化为暴富心理，把财富与成功联系在一起，塑造了整个社会的求富伦理，此时富人傲慢控制了社会的话语权，穷人自卑地放弃了社会的话语权。这是一个贫富分化的社会的必然结果，而在企业成为最重要的社会经济单位和最重要的财富分配场所的情况下，劳资共轭与失衡成就了这一切。

其二，这种均衡成就了政府，政府获得了相当的经济能力，从而在政府之间拥有了相应的发言权。企业在社会中地位的崛起是与国家的重商主义联系在一起的，且不论国家提倡重商主义的多元目的，首先应当明确的是，国富之追求首先是君富或者政府富裕之追求，唯有如此政府才能做更多其欲做的事情，包括与他国政府的战争、对他国的经济控制或恩赐、对内公共机构的充实等。在 18 世纪亚当·斯密在其《国富论》中提倡重商主义的时候，并不是从企业着眼的，而是从整个国民经济着眼的，但是其从分工着手分析奠定其重商主义精神的同时也意味着政府首先成就了企业(生产者)。从利益的角度来看，消费者的利益也被忽略了，唯独生产者的利益受到照顾，可推定生产者是重商主义的设计者。[①] 这种照顾生产者的国家定位成就了以税和公债为主要收入的近代国家，大体来看，哪一个国家的生产者被成功地惠顾，哪一个国家就会有强大的动员能力。

其三，这种均衡塑造了一个波动性的社会，经济的发展总是伴随着社会问题的起伏而跌宕，乃至出现整个社会的混乱与动荡。劳资失衡所带来的劳资经济失衡在国民经济中汇聚成经济的不稳定因素，这使得以劳资失衡为基调的社会的整体性的经济危机不可避免，马克思称之为相对生产过剩，而经济危机过去之后，经济又慢慢地复苏，进而进入快速的发展，发展到一定程度，又出现生产停滞和经济危机，这种经济的规律性波动成为以劳资失衡为基调的社会的一个不可避免的事实。

其四，这种均衡紧锁着职工的生存空间。以劳资失衡为基调的实践，职工劳务的价格是以职工生存所需来确定的，然而这种所需并不是促进职工全面发展的生存，而是以维持劳动力再生产为需求的生存。就此来看，职工的生存不是为人本身而生存，而是为生产需要而生存。于是从职工之本性来看，其作为人的自由和尊严、其作为职业者的钟爱与求取均不是制度设计者所关心的，制度设计者所关心的仅仅是生产的需要、财富的积累。体现在个案中，企业的股东或者代表者变得更加变本加厉，无视女性的生育权，禁止工作期间结婚生育；无视职工对企业的贡献，一旦不合管理者心意则"恩断义绝"。这种在具体企业所产生的"恩断义绝"如亚当·斯密所描述的东印度公司所殖民下的殖民地情形，"在他们离开并带走所有财产之后，即使地震将那个国家吞噬，也与他们的利益完全无关"。[②] 值得注意的是，这样的无情事实并不是人的无情所造成的，"人性本恶"以及"人是自私"的又怎么能够成为绝对而普遍的真理呢？亚当·斯密接着认为，应该责备东印度公司背后的政府。[③] 在劳资失衡基调上所产生的对职工生存空间的极度紧锁也同样不能固化道德的力量和人性的批评，而应当回到制度的批判中、回到劳资失衡的反思中，唯有如此方能逐步打开职工的生存空间。

---

①　亚当·斯密. 国富论[M]. 唐日松，译. 北京：华夏出版社，2006：471.

②　亚当·斯密. 国富论[M]. 唐日松，译. 北京：华夏出版社，2006：456.

③　亚当·斯密. 国富论[M]. 唐日松，译. 北京：华夏出版社，2006：456.

三、劳资共轭与平衡的现实蠕动——企业社会责任的导入与制度化

(一)劳资共轭与失衡的没落

这里的劳资共轭与失衡的没落指的是理论假设意义上的劳资共轭中的失衡。毕竟，在当下的中国社会中，乃至西方社会中，提出劳资失衡中劳动者占了上风的人一定在说反话，而提出劳资均衡论也必然被认为不切现实。但是，作为一种理论假设，笔者可以肯定的是，以劳资共轭与失衡为基本假设的理论开始没落，其所构建的制度体系开始走下坡路。为什么有如此结论呢？我们仍然可以从股东的角色变化、企业的角色变化以及职工的角色变化来认识这一结论。从对职工角色的分析中，以及对企业分析中，我们已经看到股东的平民化，使得股东控制企业的能力在减弱；企业的社会化，使得企业逐渐获得其自身的存在意义，并在理论与现实错位的情况下为个别股东或企业经理人所把持；职工的人权觉醒，使得职工在企业中的各项权益逐渐被激活。也许这些基于逻辑的理论分析总显得抽象，笔者在这里简单审视一下现存的制度，以透视劳资共轭与失衡的没落。其实，一项理论的没落首先体现在其所构建的制度运行中，而以劳资共轭与失衡所构建的制度所表现的如下特征均昭示着劳资共轭与失衡的没落。

其一，以劳资失衡为基本假设的法律制度有被虚置的，劳工联合与集体谈判即是例证。美国的劳工联合与集体谈判制度是比较发达的，这与美国的工会组织的力量有关。值得注意的是，1990 年后工会会员人数不断下降，工会影响力不断减少，劳资关系中劳动者一方明显处于守势。[①] 审视一下美国的劳工联合与集体谈判法律制度，我们会发现不当劳动行为理论早已崛起，美国 1959 年的《劳资报告与披露法》对工会领导层内部的腐败问题、工会内部事务的非民主行为以及不正当劳动行为进行立法调整，堵住了有关间接联合抵制条款的漏洞等，最后，"更具实质性的限制被施加给为组织雇员或为获得谈判权而设置的纠察行为"[②]。这意味着，在法制框架下，劳工联合与集体谈判的动机单一化(清理了劳工自发组织之外的诸多形式)的结果是劳工无法联合，谈判难以成功。乃至，在国家积极介入劳资关系中时，劳工自发联合也显得很困难。台湾

① 柳可白. 当代工人阶级地位与作用[M]. 北京：中国工人出版社，2007.
② 高尔曼. 劳动法基本教程[M]. 马静，译. 北京：中国政法大学出版社，2003.

地区学者黄越钦先生认为，劳资斗争的基础正在消失，劳资合作正逐渐形成，劳动问题的核心将从工资斗争转向环境本位。[①] 这也许正是劳工联合与集体谈判制度被束之高阁的时代背景，笔者以为，工资问题不是劳动者不再关心，而是国家的积极干预使得团结权被国家有意削弱，没有畅通的团结权的集体谈判制度设计得再完美，也会成为闲置的制度。

其二，以劳资失衡为基本假设的法律制度有被异化的，劳动基准法律制度尤其如此。劳动基准法律被赋予了极高的伦理评价，尤其在国际组织的推动下，各国的劳动基准立法多成为劳动立法最重要的组成部分。然而，给劳动条件一个基准很难成为一个逻辑严密的制度体系，它依附于个别劳动关系的形成，当劳动条件的强制性立法干预过于庞杂的时候，个别劳动关系将是满目创伤，于是学术研究则必然分割开来进行研析，这种研析本身就是值得反思的。如果以基准来构建劳动条件法律制度，则必然存在一个可抽象的典型，而劳动条件规制法律制度的大量出台渊源于典型的产业劳动或工厂劳动，然而在当下社会中，我们却发现很好执行劳动基准法律制度的并不是产业领域，更不是产业化领域，而是公共领域，尤其是由国家财政支持的领域。以八小时工作制来看，政府机关是恪守该基准的，而在产业领域以及产业化领域恪守八小时工作制几乎是不可想象的，毕竟劳动给付依托于机器操作而严格地通过时间而量化的劳动者所占职工比例越来越小。以笔者看，因为劳资失衡，故而给予职工以强制性的立法保护，却并不试图纠正失衡的起点，必然造成制度的"异地"适用，让不必要适用或不急于适用者充分使用。然而适用主体的异化之外，劳动基准法律制度的严重异化是执法与守法的异化。国家的立法机关在自由的劳动合同中设定标准，国家的行政机关通过行政监督检查以及行政责任等执法手段来贯彻所定标准，往往演化成一个"躲猫猫"的游戏，劳动行政机关按照上级任务来执法，劳动基准法律制度的利益核心异化为行政机关，而无关劳资双方。

其三，以劳资失衡为基本假设的法律制度有被践踏的，以劳资失衡为基本假设而构建的劳动法律制度难以获取劳资双方的法律信仰。正是因为缺乏对劳动法律制度的信仰，用人单位以不信任的态度对职工进行管理，通过"看管""监管"的手段来获取劳动者的劳务；职工以屈从的心态总是伺机获取自己"应得"的报酬，于是双方默契忽视的劳动基准法律

[①]　黄越钦. 劳动法新论[M]. 北京：中国政法大学出版社，2003.

又往往成为职工事后救济的重要手段。无论公法私法，都承认契约是当事者之间法律的精神，然而描述劳动关系的劳动合同要数最善变的合同，以致职工入职时与用人单位所签订于书面上的劳动合同到底承载了多少有价值的东西都值得怀疑。

当我们面对这样的劳动法律的时候，我们一定会忍不住问：劳动法到底怎么了？按照现在的理论，以一种德性的眼光来调侃，应该是这样的：一个法律上的弱者，获得了法律上强者那样的法律，她受得了吗！面对这样的现实，笔者相信我们应思考的不仅仅是法律技术问题，而是法律技术背后的深层次理论问题，是关于何谓正义的问题。

(二)劳资共轭与平衡的导入机制

劳资共轭与平衡的前提假设是构建顺畅的劳动法律制度、构建稳态的企业经营法律制度，其理念正当性毋庸置疑，然而其可行性却面临着很多现实困惑，即劳资共轭与平衡的制度样态是尚不确定的。我们不能把劳资共轭与平衡当作职工与股东的身份趋同，让职工做股东的事情，让股东做职工的事情，达到了形式上的平等却在理论上把劳资共轭与平衡简化为劳资等同。我们在分析劳资共轭与平衡的和谐理念的时候，已经发现劳资共轭与平衡的样态确定受到诸多因素的影响，整体而言是劳资合力的形成有着复杂的内部结构，不能简单划一。但是，在一个确定的企业中，劳资共轭与平衡的理想状态仍然是存在的。笔者认为，以劳资共轭与失衡为前提假设的企业如同杂技，需要不断平衡，于无平衡中求平衡，这样的前提能够绷紧职工与股东的神经，却终究只能偏袒于某一方；而以劳资共轭与平衡为前提假设的企业却是正常的老牛拉车，劳资共轭，同被牵引，然而两种假设前提的转换却远非从走钢丝转变为穿平谷——直接掉下去是不可行的。在劳资共轭与失衡的假设逐渐没落的背景下，劳资共轭与平衡的理论又尚未成熟的情况下，一种导入劳资共轭与平衡的机制却在逐渐地成熟起来，而企业社会责任理论可谓劳资共轭与平衡理论的重要的导入机制。

所谓导入机制是更新换代的一种安排，劳资共轭理论的假设变迁绝不是两个无关的模型设计，而是通过一定的制度安排来实现的，它包括旧理论下的制度如何退出、新理论下的制度如何进入两个方面，而在两种制度一进一退的过程中，劳资关系的本质发生了质的变化，则一种新的制度核心就会形成。在我们可以想象的现实中，一种保守的长期的过渡状态是必然存在的，故而有必要去界分理论变迁过程中的新理论或者助导制度本身。

公司所有权理论和企业社会责任理论是劳资共轭与平衡理论重要的导入机制。公司所有权理论对公司归属的批判实质是一场股东作为所有权人的限权运动（弃权运动），为劳资共轭与失衡理论的退出拉开了帷幕。而企业社会责任理论则是一场企业作为义务人而指向股东外权益主体的运动，为劳资共轭与平衡理论的实践提供了平台。鉴于公司所有权理论已经专章论述，后文将对企业社会责任进行专门论述，在此并不展开。需要强调的是，劳资共轭与平衡的导入机制事实上是劳资关系理论最具现实意义的课题，也有多种不同的实践，后文对于不同国家和地区职工参与和民主管理的实践也可以看作是导入劳资共轭与平衡理论的实践。然而，以后文对各种实践的分析以及对企业社会责任理论的评析使笔者认为，企业社会责任理论当是企业中劳资共轭与平衡理论的重要导入机制。

（三）劳资共轭与平衡的制度化路径

劳资共轭与平衡制度化路径有两个内核，一是劳资共轭与平衡的自我理论构建，二是与同质理论的协同构建。劳资共轭与平衡的自我理论构建以形成劳资平衡为基础的企业生存和发展的稳定制衡结构为目标。然而与劳资共轭与平衡相关的同质理论的目标则可能未必明确，以企业社会责任理论为例，其多是引入庞杂的利益相关者；以公司所有权理论为例，其多是分解并限定化一些权能。

以企业对职工承担社会责任为视角，向劳资共轭与平衡的前提假设趋近的制度化路径大约有如下几种：其一，企业重大经营行为中的职工参与权制度。当企业面临并购、破产等重大经营行为之时，抑或企业经营方针发生重大变化之际，必然涉及职工的重大利益，此种情况应当有畅通的职工参与制度，不能让企业之重大决策与经营行为置职工利益于不顾。某证券公司将其营业部整体分割入另一家证券公司，职工作为营业部实体之组成部分毋庸置疑，然而问题在于在缺乏职工参与的背景，职工的物化移转能否维持其人格权益值得怀疑。其二，企业的日常经营管理中的职工民主管理制度。当企业以类似自然科学的态度对劳务使用进行开发管理的时候，人力资源管理成为一个显性学问，然而人本主义却多停留在管理者的自觉行为中。在企业日常经营管理中构建职工民主管理理论，把劳动给付真正法制化劳动者的主体性给付，而非被巧取豪夺。其三，企业社会化后的民主问题。把企业作为一个社区来分析的时候，企业内的民主与股东之间的民主问题已经风马牛不相及。企业的民主意味着作为一个经营体（经济组织）的企业的另一面——生活共同体的产生。只是这里的生活共同体多是职工生活共同体，是一种职业生涯意义上的生活，故而我们可以把企业的经营体性质认定为职业共同体，故而有了企业内部的经济民主与政治民主的协同问题。如上三个路径将在后文进一步展开，是为企业劳资共轭与平衡制度化的重要路径。

第六章　职工参与企业管理之路径分析

在分析劳资合作与职工民主管理的关系之后，在构建职工参与企业民主管理的法理之上，有必要针对当下我国企业民主管理的现状和实践分析职工参与企业民主管理的路径，论证一种通达企业民主管理的路径。这首先要对企业民主管理的现实有一个深刻的认识，同时对所描述的企业民主管理的通达性进行诠释，也算在理论上给职工参与企业民主管理提供具体之见解。

第一节　从劳动关系的现状看企业民主
与管理——通达性之虑

企业民主与管理有着宽泛的内涵，这里主要探讨职工参与企业民主管理意义上的企业民主与管理。而职工参与企业管理并不太可能成为纯粹意义上的企业经营管理，而必然围绕职工本有之权益而展开，这意味着职工参与企业民主管理与劳动关系紧密地联系在一起，两者不仅有着一前一后的递进关系，而且有着一体两面的辩证关系。因而，从劳动关系的现状与发展趋向出发，可以对职工参与企业民主管理的通达性有一个基本的了解。简言之，职工能不能有效地参与企业民主管理，得从劳动关系的现状和发展趋向说起。

一、劳动关系的现状

（一）当代劳动关系的几个特质

劳动关系是超越国界的，尤其在经济全球化的背景下，劳动关系不仅超越国界，而且跨越国界。一国劳动关系之状况已经置身于国际劳动关系的体系中，一国劳动关系的发展趋向也不自觉地融入到国际劳动关系的变迁之中，因而有必要概述当代劳动关系的特质。需要强调的是，这些特质是相对的，是一种判断。

1. 务实的劳动关系

劳动关系的现状与发展趋向既是一种事实，又是一种主观判决。多数人，尤其是劳动关系的当事人或者相关人，对劳动关系的状况和发展趋向有一个感性的认识。我们也可以通过社会学的调查方法对当下劳动关系的状况和发展趋向有一个客观的评价。但是，劳动关系究竟处于一种怎样的张力状况却是很难准确把握的，一种大致的判断则显得尤为必要。在时代变迁的大背景下，劳动法学中的前辈已经认识到，劳资关系的基础逐渐从阶级斗争转向劳资合作，劳动问题的核心也从工资斗争转趋务实。① 这里所称的"务实"着实是一个不太明显的字眼，但琢磨起来令人深思。当代的劳动关系究竟趋向何种务实呢？我们认为，所谓务实的第一层含义是淡化意识形态，劳动关系不再在阶级斗争的意义上展开，而是在经济意义上展开。

所谓务实的第二层含义是劳动关系立法重点的变化。围绕劳动者切身的实体法律日趋成熟与复杂，而围绕劳动谈判的程序法律则日渐式微与简单。在集体劳动关系立法不够精细的情况下，集体劳动关系立法很难在当下进一步精细化，各种缘由值得思考，其中务实的趋向就是一个基本的解释框架。务实的表现是劳动基准立法和劳动合同立法，也包括了仅仅对集体合同的强调，而唯独弱化了团结及谈判对抗的立法。

2. 缓和的劳动关系

务实的劳动关系为劳动关系的契约化奠定了基础。以契约为核心的劳动关系客观上弱化了团体交涉的制度体系，劳动关系的法律化重新倚重个别劳动关系立法。正是在这样的劳动关系大背景下，有了劳动法回归一般私法的学说，有德国学者针对德国劳动立法直言："考虑德国的政治现实，如果制定一包括个别劳动法与集体劳动法之'劳动法典'为不可能，那么，或者'把劳动契约法整合入民法体系之内'，是一比较理想的选择。"② 我国有法典了的劳动合同法，因此在立法上没有劳动法回归民法的讨论，却在法律解释上对《劳动合同法》与《合同法》之间关系有不同观点，如在司法实践中会沿着从特别法到一般法的逻辑由《合同法》来解释《劳动合同法》的"书面劳动合同"。③ 这种回归私法的学理和司法必然与缓和的劳动关系相适应。另外，所谓劳动关系的缓和有两个层面的理解：一是相对于紧张的劳动关系而言的缓和，这是从劳工运动的角度而言的；二是针对劳动关系的描述，这是对特定时空下劳动关系的判断。劳动关系相对缓和是无可争议的，但是劳动关系是否是一种缓和的劳动

---

① 黄越钦. 劳动法新论[M]. 北京：中国政法大学出版社，2003：6.

② 林佳和. 德国劳动法制之最新发展趋势：2000—2007[J]. 社会法评论，2010(00)：374.

③ 施杨，朱瑞. 如何把握《合同法》第11条与《劳动合同法》：应当签订书面劳动合同的关系与适用[J]. 法律适用，2010(9)：88-91.

关系呢，这可能会有争议。

3. 去管制的劳动关系

管制与放松管制的紧张关系可以称得上是劳动法领域的基本问题。从法律政策的层面需要考虑，哪些去管制的措施导致了市场失效，或者在社会性的观念下自由市场范围并不能使人满意。在该问题上并不存在绝对正确的答案……可见，管制与去管制均不是绝对的，而且在寻找平衡点的过程中，往往在管制与放松管制之间不断调整。其中平衡的重要手段就是劳动法的保护性规定，这些规定在宏观上有助于解决社会不稳定的问题。

这里所谓去管制的劳动关系，可有两种理由给予诠释：一种是劳动关系的缓和度而催生的去管制。换言之，劳动关系自生的秩序自觉地替代了管制立法；另一种是企业经济压力而催生的去管制，诸如在刚过去的经济不景气中出现的去管制的劳动关系。我们希望劳动关系的去管制是劳动关系缓和的结果，而事实上，劳动关系的去管制更多是作为企业经济压力的缓和剂而出现的。而正如管制与去管制的辩证关系，倘若去管制的劳动法律政策能够实施，至少说明法律上对劳动关系的已有基准会被突破，劳动关系将更多地在私法空间中展开。需要强调的是，管制与放松管制是学理上讨论的话题，而放松管制断不会成为学理上的主流，只是实践中有放松管制的实践或者事实。这只说明，在务实与缓和的劳动关系背景下，去管制也随之而来。而去管制以后，劳动关系将去向如何？从保护劳动者的角度来看，却又不容乐观。笔者认为，从务实到缓和，从缓和再到去管制，这样的逻辑看似没什么问题，却暗含着悖论，概因为劳动关系趋向务实是以管制劳动关系同步进行的，因此，当代劳动关系在不同侧面的若干关键词多表达了劳动关系趋向的一种态度或者主张，尽管与当下劳动关系的状况基本吻合，却并不意味着这种现实是持续稳定的。从现实出发，也许应当在当下劳动关系的大背景下有所谨慎。

(二)我国劳动关系的现状

在官方有关和谐社会的总体评价中指出了不少矛盾和问题，[①] 而这

些影响社会和谐的矛盾和问题有不少体现在劳动关系当中，这是因为如此种种涉及人口的，涉及个体切身利益的矛盾和问题往往承载于劳动关系当中。在这个意义上，劳动关系是我们社会总体和谐背景下相比不和谐的地方。近年来，我国劳动关系的焦点案例不断涌现，同时在网络资讯快速传播的过程中，劳动关系的紧张感得到普及。正因如此，劳动关系的现状不能仅仅从有无问题出发来评价，而是应当从构建和谐社会的高度去评估。这时候应当在明确劳动关系总体上是和谐的前提下，对我国劳动关系中所存在的问题有相应的梳理。本着这样的原则，我们认为，我国劳动关系的现状也符合当代劳动关系的几个基本特质，即务实的劳动关系、缓和的劳动关系、去管制的劳动关系，而且在某种意义上，我们的劳动关系走得更远。我们从如下四个方面来分析我国劳动关系的现状。

1. 社会逐步转型，劳动关系有过度市场化之倾向

计划经济体制向市场经济体制的转型给劳动关系带来了深刻变迁。一般认为，我国劳动关系市场程度加深，并表现为民营经济中劳动关系双方主体进一步明晰和独立，劳动关系的建立和调节基本实现了契约化，劳动力市场的供求关系已对劳动关系产生着不容忽视的影响，劳动关系的雇佣方式更加灵活化，等等。[1] 有关我国劳动关系市场化的认识应当按照类型化的思路来区分梳理，一种是按照企业状况进行分类，我们可以把企业分为劳动关系良好的企业和劳动关系差的企业，一般认为，外资企业在遵守劳动法上是比较好的一类，国有企业是劳动福利比较好的一类；一种是按照劳动者状况进行分类，我们可以把劳动者所处劳动关系境遇分为良好和差，一般认为，农民工是劳动关系境遇中较差的，私营企业劳动者就业是不稳定的，等等。换言之，我国劳动关系的市场化状况是分层次、有结构的市场化。在这种分层次、有结构的市场化下，劳动关系有过度市场化之倾向，典型的例子莫过于农民进城务工之情形。另外，在劳动密集型就业中，劳动关系在市场化过程中成为市场环节中边缘的关系，成为过度市场化受损害的一种社会关系。而此，显然已经形成某种社会共识。

2. 劳动立法日趋完善，劳动法的社会转化成为难题

自 2007 年起，我国的劳动法律发生了很大变化，这是因为这一年密

---

① 乔健，郑桥，余敏，等. 迈向"十二五"时期中国劳动关系的现状和政策取向[J]. 中国劳动关系学院学报，2011，25(3)：8-13.

集通过了几部劳动法领域的基本法，即《劳动合同法》《就业促进法》《劳动争议调解仲裁法》。至此，围绕这三部法律的实践很快展开，尤其是随着劳动争议审判的逐步完善，广义上的劳动立法开始精细化，如地方的劳动立法，法院的司法解释等陆续出台。从 2007 年起，我国的劳动立法日趋完善，且进入了制度完善的快车道。另外，也有一分为二的视野，如认为，《劳动合同法》的颁布实施促进了个别劳动关系向集体劳动关系的转型，意味着已经初步完成个别劳动关系法，同时开启了集体劳动关系调整的法律化。① 基于对集体劳动关系立法的诉求，则可认为我国劳动立法有半壁残缺。我们认为，我国劳动立法的框架已经形成，劳动立法将日趋完善，我国劳动立法有结构性缺失的观点不一定站得住脚。

　　然而，在肯定我国劳动立法成就的基础上，我国的劳动法的社会转化则存在很多问题，呈现明显的社会焦虑。似乎涉及劳动法的众多主体均表现出某种焦虑和不安，这种不安源于法律与现实之间的冲突，源于社会对劳动法的怀疑和否定。换个角度看，现实的劳动关系与法律文本上的劳动关系间存有诸多不一致。如果把法律文本上的劳动关系转化为现实的劳动关系，或者如果将现实的劳动关系规整到法律文本之中，则均会化解冲突、消除不安。劳动法毕竟不是惩戒性的刑法，它应该是以描述社会秩序为主，而不是以塑造社会秩序为主。那么如何实现劳动法的社会转化呢？在此不做详细探讨，需要强调的是，加强劳动执法是最直接、最重要的保障，在某种意义上也是最根本的手段。

　　3. 个别劳动争议群体化，劳资关系缓和中有紧张

　　近年来群体性劳动争议萌动，一种游离于劳动法之外的劳动争议在不断重复。这些群体性劳动争议往往以个别劳动争议为导火线，直接爆发为停工，进而由企业主导以实现各方妥协，而当企业失去主导能力的时候，则产生群体性事件，乃至引发不断的上访、纠葛。当这种群体性事件不断重复的时候，缓和的劳资关系便透露出更多的紧张感。在某种程度上，此种群体化的个别劳动争议推动了我们对劳资关系的反思，并考虑集体劳动关系法的一般原理。在此问题上，我们认为，个别劳动争议群体化确实表明劳动者集体意识的觉醒，但是这不代表我们就应该走向西方的工会制度。我们应该完善劳动立法，"将团体交涉行为纳入法律之中，完善集体协商过程中的各种制度，尤其应当确立交涉双方的诚信与和平义务，用人单位不能滥用管理权利制裁劳动者和工会代表，劳动

---

① 常凯. 构建和谐劳动关系与劳动关系法治化[J]. 思想政治工作研究，2011(9)：6-9.

者应当在集体协商过程中负有和平义务"。① 从我国的劳动体系来看，在我国的工会制度基础上推行集体协商制度，并将集体协商制度与劳动合同制度有效地衔接在一起，当是解决我国群体化劳动争议的重要选择。

4. 经济发展与社会和谐间的法律政策尚有疑虑

在经过一段时间以经济建设为中心，"效率优先、兼顾公平"的发展模式后，开始提倡经济发展过程中公平的优先价值，促进及构建和谐社会已经是当下我国最重要的政策之一。正是在这样的背景下，劳动立法才顺利展开。然而，旨在促进社会和谐的劳动立法在现实中仍然存有各种障碍。如地方政府可能更需要经济发展，在落实到具体企业的生产经营上时，政府仍然以推动企业发展为重，地方政府实施劳动法的积极性相对要差。再如，出于对经济波动的考虑，不会在劳动和社会保障领域进行大刀阔斧的改革，改革的缓慢性往往表现为对经济稳定发展的考虑。经济发展与社会和谐在本质上的一致性，并不能掩盖两者在现实中的矛盾状态。于是，当局者在实施构建和谐劳动关系的法律政策上是存有疑虑的，在某种程度上，和谐劳动关系的关键在于稳定，在于在解决群体性劳动关系纠纷中实现社会稳定，而这显然是保守的策略。

（三）从劳动关系的现状看企业民主管理

劳动关系已经市场化，劳动法的实现还有不小差距，在这样的背景下，一方面劳动争议有激化的倾向，在法律外自力救济解决劳动争议的现象越来越多；另一方面劳动法律政策并不可能追求单独的公平，在追求经济发展和社会和谐两个目标下劳动法制的出路仍在不断探讨之中。因而从劳动关系的现状来看企业民主管理，则会有两种基本的思考：其一，企业民主管理在劳动关系的发展趋向上能有什么样的担当；其二，劳动关系的现状又意味着企业民主管理怎样的处理。这两个基于劳动关系现状的思考又应该如何把握当代劳动关系的特质呢？而当我们将劳动关系的特质融入到我国劳动关系的现状时，对如上两个问题的思考又会是什么答案呢？我们尝试得出如下几个结论。

1. 企业民主管理是构建和谐劳动关系的根本出路

和谐劳动关系首先是一种观念，然后是一种状态。在当下所谈的和谐劳动关系更多是一种观念，针对劳动关系中的不和谐因素而提出的策略或建议。而作为社会存在状态的和谐劳动关系究竟是什么样的，却鲜

---

① 郑尚元，李海明. 论劳资关系及其法律规制——以"本田停工事件"为例[J]. 行政管理改革，2011(3)：51.

有描述。应当说，和谐劳动关系最重要的特征是和谐，而和谐又如何被描述，在我们不认为当下的劳动关系是完美和谐的情况下，我们似乎很少空想和谐劳动关系之特征。抽象地讲，和谐劳动关系的本质特征是用人单位与劳动者之间所形成的一种和睦状态，而维系这种和睦状态的关键是单位内部的民主管理。正是因此，企业民主管理是和谐劳动关系的重要特征，也是当下构建和谐劳动关系的根本出路。

在构建和谐劳动关系上已经有诸多观点，如有人认为，企业文化对劳动关系是否和谐至关重要，劳动关系矛盾中，"……文化根源在于企业价值观与职工价值观之间的矛盾，工会组织抓企业文化建设是维护职工权益的重要途径，应以此为基点，通过开展职工文化活动，将职工价值观与企业价值观有机地统一起来"。① 确认先进企业文化是构建和谐劳动关系的必要条件；再如有人认为，道德对劳动关系是否和谐也有深刻影响，"和谐劳动关系的道德调整是中国国情的必然诉求，它符合中国文化传统的要求，适应当代中国非公有制经济发展的特点，有利于实现劳动者的体面劳动，有利于实现对劳动者的人文关怀和心理疏导"。② 确认道德约束是构建和谐劳动关系的中国诉求；又如有人认为，心理契约对劳动关系是否和谐也有无形的影响，可指导企业的招聘、培训和考察等事宜，"企业应该努力在其人力资源管理领域构建良好的心理契约，以达到企业与员工的和谐发展"。③ 确认良好的心理契约是构建和谐劳动关系的重要因素；再如有认为，法治化是协调劳动关系的重要途径和指标，故而应发挥和谐劳动关系中劳动三权的主导作用。④ 确认集体劳动关系法治化是构建和谐劳动关系的中心和重点。如此等等，均是构建和谐劳动关系的一种出路，而在如上等等的论证过程中，多是对自身观点的周延性释明，而多非通达性论证。

我们认为，先进企业文化、道德约束、心理约束和法治约束等均很难说是构建和谐劳动关系的根本出路，而常凯老师所强调的劳动关系法治化是构建和谐劳动关系的基本途径最为接近根本出路或通达性的意思。但是，根本出路和基本途径仍然有所不同，概因为根本出路是本质性的、排他性的、本源性的；而基本途径是基础性的、普适性的、特征性的。

---

① 赵健杰. 论先进企业文化建设与发展和谐劳动关系——兼论工会抓企业文化建设的立足点[J]. 中国劳动关系学院学报，2011，25(4)：49-54.

② 刘妍，周中之. 和谐劳动关系的道德调整及其实现路径[J]. 上海财经大学学报，2011，13(4)：3-9+50.

③ 王利华. 心理契约与和谐劳动关系的构建[J]. 江西社会科学，2010(6)：204-206.

④ 常凯. 构建和谐劳动关系与劳动关系法治化[J]. 思想政治工作研究，2011(9)：6-9.

有观点认为，转换劳动关系要通过理顺管理机制来实现，针对企业和谐劳动关系的诸多方面要进行统筹，并根据地区差异、状况有别要实事求是、突出重点。这种凸显管理机制、强调统筹与重点的观点我们是极为赞同的。同时，该观点列举了构建和谐社会基本途径，如政府干预要适度、分配机制要公平、企业要自觉、工会要发挥作用等。① 这些建议主要从不同的主体出发，涉及政府、企业、工会等在构建和谐劳动关系中的作为义务。这些特定主体的作为义务尚不能表达我国劳动关系的根本出路。而沿着这样的思路，其实际上是管理机制的理顺，理顺管理机制的实质是实现企业管理的民主，民主有着不同的层次，构建和谐劳动关系则恰是不同层次管理民主的转换。故此，企业民主管理是构建和谐劳动关系的根本出路。

2. 劳动关系的现状昭示着企业民主管理的缺失

如果企业民主管理是构建和谐劳动关系的根本出路，而当下劳动关系的现状则昭示着企业民主管理的缺失。企业民主的缺失不仅仅是职工参与企业民主管理的缺失，而且还涉及企业资本民主的缺失。虽然制度和观念上的资本民主已经根深蒂固，但是不少企业的经营仍然是实际控制人个人权威的经营。这种个人权威在经营效果上有好有坏，而在经营风险和经营策略上则往往存有很大问题。这也正是当下我国诸多企业，包括国有企业和私有企业，有着很强的家族化、个人化倾向的原因。在这样的企业里，往往无民主可言，企业的维系实际上成为经营者个人亲信的维系。在这样的企业里，企业职工被过分地两极分化，核心职工能够获得来自老板的超常回报，而非核心职工则只能够获得维持基本生存需要的报酬；在这样的企业里，要么不存在规章制度，要么存在如同"钦定宪法"那样的规章制度，而劳动立法在这里往往是行不通的，进而培养出劳动法律的虚无主义和工具论；在这样的企业里，劳动关系向来是不重要的，解决劳动关系的思路也往往是最原始、最粗暴的；在这样的企业里，老板能够赚钱成为至上目标，如此等等。我们可以把这些归结为企业民主的缺失。且不论以民主制度维系的企业，仅论企业实际控制人有着民主作风的企业，企业的大多数员工则能够得到一致的待遇，企业的规则能够形成某种制约，纠纷的解决也往往能够顺利展开并达成谅解。

3. 探究企业民主管理的通达性及其意义

从劳动关系的现状来看企业的民主管理，只怕会认为劳动关系尚处

---

① 葛德泉. 关于构建和谐劳动关系的几点思考[J]. 中国劳动关系学院学报，2011，25（3）：47-50.

于不敢奢望职工参与企业民主管理的层次。而这一旦成为基调，我国的劳动关系必然将进一步恶化，无论再有其他如法治、德治、文化治、心治等均难以奏效。这不仅表明探究企业民主管理的意义所在，而且也使我们开始思考当下我国企业民主管理的通达性。企业民主管理是不可逆转的潮流，不必怀疑民主的前途。而从我国劳动关系的现状出发来认识我国的企业民主管制的通达性，则更多的问题在于我国企业民主管理所面临的问题。

我国的劳动关系也会符合当代劳动关系的发展趋势，在劳动关系中表现出更多务实、更多缓和、更多去管制，这意味着围绕现实的劳动关系并不以集体谈判及罢工为常态，这意味着构建和谐劳动关系的根本出路在于企业民主管理。探究企业民主管理的通达性，为我国职工参与企业民主管理提供可行的策略对于完善劳动立法、改善劳动关系具有深远的意义。如果劳资共轭与平衡在于阐释企业民主管理的法理，劳资共决及产业民主等是企业民主管理的制度，那么探究通达性的意义则在于将已经阐释且自我周延的理论与我国的现实生活联系在一起，所要回答的问题是如何实现文本的理论到实践的模型。因此，有必要从我国的现状出发来探究其发展变化的规律。

二、企业民主管理面临的问题

从劳动关系的现状看企业民主管理面临的问题，则首先是企业民主观念的缺失。而在企业民主观念缺失的背景下，一方面有关企业民主管理的法律难以落实，另一方面企业民主管理尚存在诸多法律化的难题。在企业民主管理法律化的难题中，尤其以企业民主管理制度与其他企业制度的衔接显得困难。而这些问题终究会放到我国的劳动关系状况中去思考，而关于我国企业民主管理的通达性之虑也恰被此等问题所困扰。

(一)企业民主观念的缺失

一般很少去界定"企业民主"，也很少单独使用"企业民主"。相反，"企业民主管理""企业民主参与"等则属于常见术语，而在使用上所指又多趋向一致。如詹婧在其博士论文《企业民主参与动力研究》中所界定，"企业民主参与"与19世纪末期西方工业国家出现的"工人参与"概念一致，用以描述工业社会中出现的员工参与这种现象。[①] 这里则要区分"企业民主管理"与"企业民主"。企业民主是自民主概念而产生的子概念，它

---

① 詹婧. 企业民主参与动力研究[D]. 首都经济贸易大学，2008.

的外延是极其广泛的，大致包括资本民主和劳动民主两个方面。资本民主主要体现为投资者民主，一般指股东权配置和运行的民主；劳动民主即产业民主、企业民主管理，一般指集体谈判制度、结社权、工人理事会制度、职工参与机关制度等。① 除此之外，还应有管理者民主，主要是企业内部机关权利配置和运行的民主，主要表现为公司董事、经理等高级管理人员的民主。

企业民主观念的缺失在资本民主、劳动民主、管理者民主三方面均有缺失。在资本民主上，股东的民主权力，尤其是中小股东的民主权力得不到有效的保护，被个别股东或者其他实际控制人所剥夺；且随着企业经营权与所有权的分离，在资本民主制度不能有效运行的情况下，经营者日益成为企业权力的重心，随后股东民主也受到很大威胁。在此背景下，围绕股东权益保护，尤其是中小股东利益保护的制度在日趋完善。在劳动民主上，劳动者在企业中往往成为单纯的受雇者，并且有商品化的倾向。在此背景下，劳动民主的相关制度也被虚化，并产生企业民主管理多方面缺失的情况。比较资本民主和劳动民主而言，企业民主最紧要之处似乎还不在此，而在管理者民主的缺失上。管理者没有民主观念，可能是基于所有者的观念，也可能仅仅是管理者的风格。企业缺失民主观念表现在管理者没有民主观念的情况时，其内在逻辑往往是单纯的管理者专断，其中比较极端的例子是管理者的身份冲突：一方面，管理者代表企业进行管理时，缺乏与一般劳动者的沟通，不讲民主；另一方面，管理者作为私权主体向企业争取权益时，则往往发现自己身份的尴尬，也是缺失民主所害。

如此等等均属于观念缺失的范畴，似乎属于不同的侧面搅和在一起，难以梳理。可见，企业民主观念缺失是当下我国企业民主管理面临的重要问题、基础性问题。但从观念缺失的侧面去认知问题之存在远远不够。我们有必要按照一定的层次来梳理我国企业民主管理所面临的观念问题，这样我们可以把如此等等的观念缺失进一步分析。我们认为，企业民主观念的缺失有三个层面：其一，在把企业私产化的观念下，缺乏企业民主的企业观；其二，在劳动就业苟且生活的观念下，缺乏职工参与的劳动观；其三，在崇尚优胜劣汰的管理文化下，缺乏企业民主的管理观。此三种观念的依次铺垫，成为一个整体，并将企业民主管理浸润为一个死结，为投资者、劳动者、管理者等各方所不齿。

---

① 王全兴. 经济法基础理论专题研究[M]. 北京：中国检察出版社，2002：50.

1. 有关企业归属的观念尚不能有效支撑企业民主观念的发达

我国有关企业归属的观念处于怎样的态势呢？在理论上一般有两个关注点：一是策略维度的所有制考察，二是逻辑维度的企业产权考察。从我国的国情出发，着眼于我国的企业政策，无论国有与私有之间的关系，还是竞争与做大做强，均围绕我国战略者将塑造怎样的企业。有观点认为，企业产权形态受经济、文化的影响，在我国是以国有为主导、多种形式共存，其中，混合经济将成为所有制构成的主体。① 此正是当下从我国实践出发所形成的关于企业产权的一般认识，可谓通识。另外，从科斯的企业理论出发，探究企业产权的内在逻辑，更多属于理论上之探究，对我国企业归属之认识与我国企业之归属并无多大对应，如认为，"企业是一种产权组织，企业产权的实质是剩余产权。综合创新的立体企业理论阐述企业契约——生产合约、企业团体——监督控制和企业应对——创新制造等三个层次的企业运营理论以及相应的企业契约剩余产权、企业管理剩余产权和企业创新剩余产权等三个层次的企业产权理论"。② 如此较为纯粹的学理探讨，同样是基于现实的，并表现为对企业所有权的诠释。显然，有关企业所有权的理论分析远未到劳资共轭之界面，并多以确立较为纯粹的私有观念为基础，以求塑造我国企业的资本民主观念。换言之，有关企业归属的观念尚不构成较为规范的资本民主。一种处于初级阶段的资本民主观念可能体现为财产占据，把企业视为私人之财产。我们认为，有关企业归属的观念尚在进行理念补习的阶段，补习企业归属观念客观上需要良好的财产占据观念，这可以解释当下企业归属上"所有权"观念的合理性，但这恰恰会淹没或忽视企业民主观念。从逻辑上看，现代企业民主观念是建立在资本民主、乃至私有财产观念之上的，但是强烈的私有观念又恰恰与现代企业民主观念格格不入。故而，在强化私有观念之际，自然不能支撑企业民主观念深入人心。

2. 有关劳动就业的观念尚不能有效孕育职工参与企业民主管理的观念

笔者不同意从素质的角度来谈职工参与企业民主管理观念。有的观点认为，工人素质低才造成了企业生产和管理的诸多问题。③ 这多属于某种程度上的现实与结果，并非我国职工不具备参与企业民主管理的能力。但是，从此种现象出发，恰恰说明现行的劳动就业观念尚不能有效

---

① 吕政. 国情与企业产权形态[J]. 上海市经济管理干部学院学报，2009，7(6)：1-5.

② 吕福新. 立体的企业与立体的企业产权理论[J]. 中州学刊，2005(3)：38-44.

③ 肖鸣政. 我国青年工人的素质日趋下降了吗?![J]. 中国公务员，1995(11)：17-18.

孕育职工参与企业民主管理的观念。职工参与企业民主管理需要劳动者具备全新的就业观念，此种就业观念应具有良好的归属感和明确的权益诉求。而当下我国的劳动就业观念属于边缘化的社会观念，政府促进就业，追求就业率，以确保经济稳定发展为目的，尚未形成体面就业的行政目标；劳动者就业，定位为打工，感慨于苟且生活，劳动致富的观念在整个社会被无意识淡化，替而代之的是创业、理财，这也恰恰是产生如上青年劳动者素质问题之缘由，其实质并非素质问题，而是劳动就业观念问题；企业雇佣劳动者，有着明确购买劳务的倾向，以致在具体之业务上量化雇佣劳动者之成本，此一旦成为基础性观念，劳动者则无缘纳入企业民主管理的视野。如此等等，我们认为，当下的劳动就业观念的落脚点不是劳动者本身，而是劳动本身，且劳动与劳动者有着明显的剥离观念，此种"我要的是葫芦，而不是葫芦藤"的劳动就业观念又如何能够孕育职工参与企业民主管理之观念！

劳动就业观念有两种成型机制：一种是在企业与劳动者之间自然塑立，另一种是通过政府引导来形成特定的就业观念。在自由竞争与秩序调控的辩证逻辑中，现代就业应该兼有自然塑立的秉性与政府引导的特征。而当下我国的劳动就业观念更多是自然形成的，政府关注就业，却并不能有效引导就业之观念，这说明我们的政府尚未在劳动就业观念上承担其应有的调控职责。因此，未能孕育职工参与企业民主管理，政府不能以法律文本上的条文来搪塞责任。劳动就业观念的调控与转型有赖于政府切实地落实有效就业、体面劳动。向以人为本的观念转化的认知在已有的研究中也多有体现，如"劳动力使用方式经历了产品利用、商品经营、资本经营三个阶段，资本主义试图通过劳动力资本经营制衡资本关系与劳动关系"。① 这种观念促进了资本主义的继续繁荣和发展，我国更应该确立劳动者权，在理论和实践中形成资本和劳动的制衡。此也成为当下之基本共识，但是如何转化却少有提及，而明确强调政府在转化中的责任的又缺乏体系。我们认为，此是劳动就业观念转化难以有效启动的要点。

3. 管理文化尚不能有效承载企业民主的观念

企业里的管理与企业里的民主之间的关系是管理与民主间的关系。各种各样的管理模式往往依附于不同的管理文化，同时不同模式的管理

---

① 单飞跃. 公司人本位观念缺失之法律克服——兼论资本关系与劳动关系的分野与制衡[J]. 湘潭大学学报(哲学社会科学版)，2005(3)：54-59.

又会形成不同的管理文化。管理文化可以指管理上的思想、哲学、规则等,① 其内涵是极为广泛和复杂的,在诸多可以归入或者关联到管理文化的研究与观点中,虽然少见排斥民主的观点,却在事实上难以关注企业民主问题。以狼道精神为例,近年来有关狼道的管理经验大受推崇,企业以狼道谋生存。其结果是,员工在企业内部要坚决执行上级意志,强化奴性,强调企业对员工的利用。② 另外,围绕员工管理已经形成一门学问:人力资源管理学。从科学的角度管理员工的工作,处理劳资关系以及相关问题,这是人力资源管理学的基本内容。③ 这样的学问从管理学的角度没有任何问题,但是将员工管理作为问题处理、将人力作为资源,客观上很难实质性地支持职工参与企业民主管理。也许此种问题远不能归结为劳动就业观念,而应当归结至企业归属观念,但是其症结显然是管理自身而已。一言以蔽之,管理文化尚不能有效承载企业民主的观念。进一步讲,企业民主必须融入到管理当中成为一种文化,而当下的管理文化显然与企业民主少有关联。

(二)职工参与企业民主管理难以法律化

职工参与企业民主管理从来是在法律的框架下展开的,但却极少有关于职工参与企业民主管理的规范分析,也极少有关于企业民主管理的法律纠纷。职工参与企业民主管理的法律化难题是企业民主管理面临的最现实的问题。早在 2008 年国务院立法规划中就提出,由全国总工会起草企业民主管理条例,但属于需要抓紧研究、待条件成熟时提出的立法项目,而在国务院立法规划的定位中,企业民主管理属于完善监督制约机制、保障人民合法权益、维护社会公平正义之立法规划。④ 而从最近新闻报道的有关企业民主管理条例之进展已有草案完成之喜讯,而该草案又恰恰是中纪委、中组部、国资委、监察部、全国总工会、全国工商联组成的全国厂务公开协调小组之成果。⑤ 当政府以推动监督立法为要旨来定位职工参与企业民主管制立法时,且不论立法推进之缓慢,仅就立法内容而言,也可能令人担忧。而在担忧之余,我们也分明感到职工参与企业民主管理的法律化障碍。我们从如下几个方面来具体认识职工

---

① 胡军. 跨文化管理[M]. 广州:暨南大学出版社,1995. 转引自韩卫平. 论管理文化的几个问题[J]. 商业研究,2006(4):77-78.
② 曼德. "狼道"并非企业之福[J]. 企业家天地,2008(3):66-67.
③ 德斯勒. 人力资源管理[M]. 吴雯芳,刘昕,译. 北京:中国人民大学出版社,2005:5.
④ 《国务院办公厅关于印发国务院 2008 年立法工作计划的通知》(国办发〔2008〕3 号)。
⑤ 《企业民主管理条例》草案。

参与企业民主的法律化障碍。

1. 并非所有的企业均适合民主管理

民主管理作为企业制度有其特定的制度内容，并在我国的实践中形成了相对一致的共识。从已有的地方立法来看，已经颁布实施多部地方性职工代表大会条例、民主管理条例、职工董事职工监事条例、厂务公开条例等，并把集体合同条例也纳入到企业民主管理的范畴。企业民主管理制度的内容已经相对广泛，相关制度的展开也主要按照企业所有来逐步展开，如国有企业、乡镇企业、集体企业、私营企业乃至外商投资企业等在落实企业民主管理制度上有很大的区别。事实上，不同所有制的企业在落实企业民主管理制度上不应有实质性的差别，之所以按照企业不同的归属来描述企业民主管理，是因为历史造成的事实如此，而改变此种现状也顺理成章，只是缓急不同而已。

真正涉及能否展开民主管理或者落实民主管理制度的企业则是小企业。小企业的管理经营与大企业有很大的差异，尤其在人合特征比较明显的公司中，虽然存有法律上的独立人格，却更多是经营上的便利，在其内部的投资人和劳动者之间有着明显的雇佣与被雇佣的关系。在这样的公司中缺乏推行职工大会制度的逻辑基础，同样也很难落实职工董事、职工监事制度，进一步所谓的厂务公开往往既无必要，又非一物。另外，难以展开民主管理或者落实民主管理制度的企业还包括企业治理结构尚未健全的企业，包括已经具有相当规模的企业，乃至包括仅具有形式上的结构而在实质上无现代公司治理理念的企业。在企业治理结构尚未健全的企业中，往往可以区分管理民主的企业与管理不民主的企业，却不可能存有完备的企业民主管理制度。而这样的企业普遍存在，乃至是非公有制企业的主流形态。

2. 职工参与企业民主管理的法律味道不够

何为法治？又何为法律？一般来讲，法治是相对人治、政策而言，强调法律的权威，强调法律文本上的依据和其界定的边界；法律是我们从结构描述来认知的，强调权利，强调义务，还强调责任，三者往往缺一不可。良好的法往往是法治与法律的有机融合。显然，职工参与企业民主管理的法律味道不够，既是法治性不够，又是法律性不够，而且首先是法律性不够。

在已经存在为数不少的企业民主管理制度的情况下，针对已有的法律制度谈职工参与企业民主管理难以法律化仍然有法律性不足的问题。以职工大会为例，以《全民所有制工业企业职工代表大会条例》为例，且不论该条例的实施范围仅限于全民所有制工业企业，而仅就条例的内容来看，包括职工代表大会的职权、职工代表的产生以及权利、组织制度等，却并没有相应的救济制度，倘若职工不能有效选举代表，倘若职工代表不能有效行使权利，倘若职工代表大会不能有效运转以及其职权不能有效落实，在没有救济制度的情况下法律又何为法律！在后来的地方立法中试图弥补该问题，但远没有在法律文本上设计出可描述的法律性。以 2003 年的《河北省企业职工代表大会条例》为例，虽然设专章"法律责任"，却是行政法律责任。① 职工代表大会制度的法律性明显不足。再看厂务公开制度，以《重庆市厂务公开条例》为例，厂务公开的范围虽然很广，并列举国有、集体企业及其控股企业和事业单位的公开事项，此以外的其他单位应公开的事项等，然而却无实质性的责任条款，而职工救济的途径也仅仅是举报和控告。② 一项倚重举报和控告而未明示诉讼救济渠道的立法，又何谈其法律性！在法律上，没有救济就没有权利，同样，没有责任就没有义务。而没有救济的权利、没有责任的义务恰恰在企业民主管理制度中是普遍存在的。这就是职工参与企业民主管理的法律味道太淡之所在。

3. 职工参与企业民主管理制度与企业治理制度难以衔接

在制度改革过程中，改革的实施者曾认识到企业民主管理制度与企业治理制度之间的衔接。但是，相关提法和实践并没有引起广泛而深入的社会反应。当下，企业治理已经同职工参与企业民主管理没有太多的关联。以国企改革为例，在《关于国有企业改革和发展若干重大问题的决定》中，明确企业党组织的政治核心作用包括了参与企业重大问题决策，强调要发挥工会和职工代表大会在民主决策、民主管理、民主监督中的作用，强调坚持和完善以职工代表大会为基本形式的企业民主管理制度，强调实行民主评议企业领导人和厂务公开。③ 即为国企改革中"老三会"定位，实质上确定了"新三会"和"老三会"的关系。然而，这样的定位并没有将两者有效地衔接起来，而是通过"新三会"将"老三会"吸收或者搁置。公司法虽然设计了职工董事、职工监事制度，是职工参与企业民主

<hr>

① 如县级以上人民政府以及有关部门给予企业通报批评并责令其改正的，对拒不改正的，依法给予有关责任人行政处分或者行政处罚。《河北省企业职工代表大会条例》，2003年 6 月 12 日河北省第十届人民代表大会常务委员会第三次会议通过。

② 《重庆市厂务公开条例》，2003 年 11 月 29 日重庆市第二届人民代表大会常务委员会第六次会议通过。

③ 《中共中央关于国有企业改革和发展若干重大问题的决定》，1999 年 9 月 22 日中国共产党第十五届中央委员会第四次全体会议通过。

管理制度与企业治理制度融合的重要体现，却并没有对职工董事、职工监事的特殊职权进行规定，职工董事、职工监事与一般董事、监事在实践中无实质差别，乃至更容易成为摆设。而问题的背后仍然是两种制度的衔接问题。如何有效地衔接职工参与企业民主管理制度和企业治理制度不仅需要技术上的突破，更需要理念上的更新，否则事关职工参与企业民主管理的各项制度会被虚置。在各项被虚置的职工参与企业民主管理制度中，最重要、也最令人担忧的是职工代表大会制度。我们感觉，倘若不能有效保留职工代表大会制度，企业民主管理的制度体系将散开并逐渐为其他制度所融化。具体而言，在没有职工代表大会制度的民主管理中，职工董事、职工监事将会成为公司治理中利益相关者理论的成果，厂务公开将会成为监察制度的内容，更何况集体协商与集体合同原本不属于民主管理制度体系。

三、区分民主管理与管理民主

劳动关系中的不和谐状况，企业民主管理的法律化难题，是我们探究职工参与企业民主管理具体路径不可逾越的障碍。当我们详细分析这些障碍以后，会对已经描述的逻辑周延的企业民主管理理论产生通达性的疑虑。这种疑虑虽然不是可能性的疑虑，却是对实现企业民主管理的困难的充分认知。一方面，完善劳动关系立法促进劳动关系的和谐稳定是推动企业民主管理所必不可少的；另一方面，在观念和制度上均有缺失的企业民主管理必然需要观念和制度上的分头并进。因而，有必要区分民主管理的制度和管理民主的观念，民主管理的制度应该是有进阶的，管理民主的观念应该是通达性的保障。在对职工参与企业民主管理的路径研究上，我们立足我国劳动关系的现状，研究企业民主管理面临的问题，以通达性为着眼点，来具体分析职工参与企业民主管理的路径，并探讨具体路径间的关系以及保障措施。

（一）区分民主管理与管理民主的可能性

"民主管理"和"管理民主"在日常生活中的区分并不严格。但是随着"民主管理"成为职工参与企业民主管理的关键词，"民主管理"的含义一方面逐渐固定下来，另一方面也逐渐丰富起来。作为理论体系的民主管理必然包括了管理民主的内容。这里将"民主管理"界定为法律制度，而将"管理民主"界定为社会文化。换言之，民主管理是一种管理程式，而管理民主是一种管理风格。在这个层面上，"民主管理"和"管理民主"是可以区分的，属于不同的范畴。如职工代表大会属于民主管理的范畴，而经营者征求职工的建议以及考虑职工的利益则属于管理民主的范畴。

有关"民主管理"的论述已然汗牛充栋，而关于"管理民主"的说法却寥寥无几，何况其中不乏在将"民主管理"和"管理民主"同时使用的情况。在已经检索的情况来看，尚无区分"民主管理"和"管理民主"的先例，但是却有在本文意义上使用"管理民主"的倾向或情况。如在新农村建设中，在嘉兴市出现的新农村民主管理典型。① 又如，邓州经验，"为了贯彻落实中央提出的建设社会主义新农村的'20字'方针，在实践中我们从'管理民主'入手，结合村务公开和民主管理工作，推行'四会两公布'制度，即'4+2'工作法，切实保障了农民群众的民主权利，激发了广大农民投身新农村建设的积极性、主动性和创造性，提高了村干部的管理艺术和管理水平，在实践中逐步形成了乡村治理新机制，为新农村建设提供了体制保障，大大促进了新农村的建设步伐"。② 显然是在区分使用"民主管理"和"管理民主"，在不讲两者进行区分的情况下，"管理民主"不仅涵盖了"民主管理"，而且成为渐进民主理论的起点。可见，关于对"民主管理"和"管理民主"进行区分的提法并非没有相应的理论探索，只是没有明确而专门的论述。

其实，民主理论的历史积淀极为深厚，不仅有着复杂的内涵，更有着不同的层次。一方面，我们会从不同的角度来论述民主，可能彼此迥异。即便有人讲民主区分为社会民主、政府民主、本原民主三个层次，③但三个层次的民主并非一个事物，呈现了民主内容的复杂性。另一方面，同样意义上的民主也有不同的层次，概因为民主理论在不同的角度进行总结时总有其针对性，并呈现出理论上的"浪淘沙"的规律，正如蔡定剑先生所认为的，民主实践拓展了民主的广泛和深度，丰富了民主的视角和思维。④ 也许，面对如此深邃的"民主"，"民主管理"和"管理民主"不仅具有可区分的空间，而且区分的空间会很大。

在为区分"民主管理"和"管理民主"寻找理由的同时，我们也发现，回归学术的学科视野，民主是政治学古老而又长盛不衰的理论，而管理则是盛行不太久远的整合性学科。在学究的意义上衔接"民主"和"管理"的时候，只怕最终会成为"民主"的概念问题。

---

① 章柏年. 张汇村的"管理民主"调查[J]. 今日浙江，2006(9)：50-51.

② 王书祥. 管理民主是建设社会主义新农村的重要保障——邓州推行"4+2"工作法的实践与思考[J]. 学习论坛，2007(5)：48-49.

③ 储建国. 论民主的三个层次[J]. 武汉大学学报(哲学社会科学版)，2006(1)：84-90.

④ 蔡定剑. 重论民主或为民主辩护——对当前反民主理论的回答[J]. 中外法学，2007(3)：257-279.

(二)区分民主管理与管理民主的意义

倘若"民主管理"和"管理民主"的区分仅仅停留在一个是制度、一个是文化的理论上,而在实践中,制度和文化又不可分割,程式和风格又成为一回事,那么,区分民主管理和管理民主的意义就没有了。因此,区分民主管理和管理民主的意义恰恰在于反思企业管理中民主的制度和民主的作风间存在怎样的关系。

我们认为,在企业管理中区分民主管理与管理民主的意义即在于正视我国职工参与企业民主管理的现状。因为职工参与企业民主管理中,制度与观念是相互剥离的。虽然有职工参与企业民主管理的制度,但是其实施状况并不到位;虽然没有职工参与制度实施的客观条件,其内部管理也有民主的个例。另外,区分民主管理与管理民主也恰恰是给我国职工参与企业民主管理提供了两种不同的进路。从民主管理和管理民主的关系来看,两者是相互依附的而又相互独立的。民主管理制度需要管理民主化来逐步实现,而管理民主化也需要民主管理制度来推动。同时,民主管理作为一项制度,其实施过程却可能与本原意义上的民主并无多大联系;而管理民主作为一种观念,其表现形式也可能不拘泥于特定的制度形式。这样的认识为职工参与企业民主管理提供两种不同的进路,一种是制度构建,另一种是观念更新。最后,区分民主管理与管理民主的意义还在于重新认知职工参与企业民主管理。职工参与企业民主管理不是单一的制度建设,也不是整齐划一的普适制度。职工参与企业民主管理不仅包括相关的制度,还包括相关的非制度因素;不仅有职工代表大会制度、职工持股制度、职工董事监事、厂务公开等制度之分,也有针对企业的区分适用、针对职工的区分要求。总之,区分民主管理与管理民主实质上是为当下我国企业的民主与管理提供开阔的视野,不拘泥于劳资关系的不和谐因素,不拘泥于特定职工参与企业民主管理的形式,为职工参与企业民主管理提供一种通达性。

第二节　职工参与企业管理的制度建构

"职工参与企业民主管理"虽然是惯常说法,却经不起推敲。盖因为"职工参与"与"企业民主管理"往往是一个事物的两种表述,关键在于"参与"即"民主","民主"即"参与"。但是,"参与"与"民主"又显然有很大的区别。我们认为,思考企业民主管理的通达性,则往往回归"参与"的视角。本节就以职工参与企业管理的制度为思考对象,试图勾勒种种可行的制度，实为职工参与企业管理的路径分析，权作制度建构。

本节从三个层次来构建职工参与企业管理的制度，第一个层次是对资本民主的制约而言，第二个层次是对企业治理的分享而言，第三个层次是对我国基层民主的归宿而言。三者既有程度上的递进关系，又有实务上的并列关系，属于职工参与企业管理中三种互相搭配的制度。

一、投资者决策权与经理经营权的制约——以职工参与管理为背景

(一)制约投资者决策权与经理经营权的可能性

投资者决策权与经理经营权的分离与制衡已经成为现代企业治理的基本观念，具有良好的制度基础和思想支撑。而在此基础上出现的制约投资者决策权与经理经营权的第三种力量，如政府、社区、债权人、消费者、职工等，往往缺乏足够的推动力，而多成为某种思想，尽管有相应的实践，多难成为普适的制度。因此，以职工参与管理为背景，探讨投资者决策权与经营权的制约时，还是需要分析制约投资者决策权与经理经营权的可能性。

1. 制约投资者决策权与经理经营权已经成为普适观念

虽然制约投资者决策权与经理经营权的制度多难以普及或有效地限制投资者决策权和经理经营权的行使，但是制约投资者决策权与经营权的观念已经普及并深入人心。而推动这一观念普及的基础显然是有关企业所有权理论的成果。随着我们对企业认知的不断深入，有关企业的产权理论也逐渐走向纵深，一种依托所有权而建构的所有权与经营权理论越来越复杂，并在一定程度上让我们开始重新反思曾经作为所有权人的投资者的权利。正是基于此的考虑，这里所制约的权利是投资者决策权和经理经营权，而非抽象的投资者所有权和经理的代理权。

企业产权理论的发达并非法律学者的贡献，而是经济学者，特别是制度经济学者的成果。制度经济学为法学上区分企业的财产所有权和企业所有权提供了理论支撑。而随着经济学的发达，这样的区分在不断向前更替，使得法律学者已难望其项背。如有人认为，"在契约或制度层面，能够被主体所'拥有'的只可能是权利义务束，而不可能是关联(实在)物或组织。'企业所有权'是一个粗糙而又缺乏理论严密性的概念。没有必要把它与权力、权利、控制权或剩余控制权之类概念相互混用"。[①]

---

① 李健. "所有权"与"企业所有权"等相关问题之明晰[J]. 制度经济学研究，2005(1)：97-115.

这样的观点虽不敢苟同，但足可表明，原始而朴素的所有权观念在制度经济学理论中逐渐被淡化。随着企业所有权观念的淡化，投资者决策权和经理经营权越来越具有狭隘的边界，一方面，此两种权利的分界越来越明显；另一方面，此两种权利与相关权利的边界也逐渐被重新划定。这正是制约投资者决策权与经理经营权观念逐渐普适的过程。在此过程中，有个问题被不断提起，即企业到底是谁的企业？且不论该问题的答案如何，仅就问题的提出而言，投资者单方约束经理人的时代行将结束。于是，有个新的问题在被不断强化，即职业经理人是谁？以约束经理为核心的理论日渐风靡。

在观念上日渐普及对企业投资者决策权的限制、对经理经营权的约束，这为出现各种防范投资者恣意决策和经理滥用经营的制度提供了思想基础。而随着各种制度的实践和总结，相应的理论日渐成熟并各成体系。已经存在制约投资者决策权和经理经营权的诸多理论与实践包括且必然不限于企业社会责任理论、利益相关者理论等，这些理论不仅为制约投资者决策权和经理经营权提供了可能性，而且其制度内容往往与职工参与企业管理弥合在一起。

2. 职工参与管理假借制约投资者决策权与经理经营权而制度化

倘若仅从参与分析参与，而不触及企业的治理结构，那么职工参与管理在很大程度上并非劳资关系平衡的结果，而是制约投资者决策权和经理经营权的结果。制约投资者决策权与制约经理经营权是一体而又可分的，而职工参与管理成为投资者和经理均需要的约束自己和制约对方的机制，表明决策者和经营者是可分的。在企业内部，职工往往不能左右决策和经营，却与决策与经营息息相关。换言之，职工并非企业决策与经营的局外人，让其参与企业的决策与经营是投资者和经理人明智的选择。因此，在我们看来，职工参与管理的制度化是自然的制度化、外力的推动，尤其是劳资对抗所给予的推力并不是必须的。为了制约投资者决策权与经理经营权，职工参与管理的实践逐渐出现，并慢慢制度化。显然，我们把很多企业民主管理的制度作为一个制度束，进行统一定性、整体分析，把职工参与管理的某些特殊的制度化路径给磨掉了。

强调职工参与管理可以假借制约投资者决策权与经理经营权而制度化，在于肯定职工参与企业管理所存在的一种特殊的他需路径，即职工参与企业管理的触发点不是自己的利益，而是他方的利益，职工被动地进入了企业管理之中。目前我们理解为企业民主管理的一些制度在这一点上是很明显的，如职工董事、职工监事、厂务公开、听取职工或工会意见等。我们往往责怪职工董事监事不能维护职工利益，却忘了这种制度本身的出现在某种程度上是投资者决策权与经理经营权分离后相互制衡的需要，而不是维护职工利益。

（二）以职工参与制约投资者决策权与经理经营权的实践

以职工参与制约投资者决策权与经理经营权的实践在我国主要有三种制度：职工董事、职工监事、厂务公开。本来职工董事与职工监事有着完全不同的机理，但是就职工参与而言，两者的区别又没有一般董事与一般监事那么大，故而在企业民主管理的视野中，往往把职工董事制度与职工监事制度作为一体的制度来处理。而厂务公开更多是一种民主监督制度，通过厂务公开有利于约束不当的决策和经营，但是其法律性特征又不明显。

虽然在理论上，职工董事、职工监事的出现与决策权和经营权的自觉约束有关，而我国职工董事、职工监事制度的推行与立法则与此种法理有很大的距离，最明显之处在于职工董事、职工监事制度是通过行政、立法等官方力量来推行，企业自然产生的职工董事、职工监事尚缺乏足够的社会基础。在这样的背景下，我国公司治理结构中关于职工董事、职工监事制度呈现向强制性规范转化的趋势。这成为我国职工参与制约投资者决策权与经理经营权立法的一个重要特色，即为了完善现代公司治理结构而强制性推行职工董事、职工监事制度。正是因此，职工董事、职工监事并没有成为企业民主管理制度的核心，而成为企业民主管理制度的边缘；职工董事、职工监事并没有成为企业民主管理制度的成果，而成为公司治理结构的摆设；职工董事、职工监事并没有成为职工参与企业管理的终点，而成为职工参与企业管理的起点。

1. 有关职工董事、职工监事的立法与实践

在 1993 年《公司法》之前，在企业改制中已经提出职工董事、职工监事的制度设计。1993 年《公司法》将职工董事、职工监事作为公司治理结构中的重要制度确认了下来。随着《公司法》的实施，有关职工董事、职工监事的实践也开始反馈，并在修改公司法中得到了一定程度的体现。但是，整体而言，职工董事、职工监事制度的变动不大。

依据 1993 年《公司法》的规定，我国普遍建立了职工董事、职工监事制度。按照有限责任公司、国有（独资）公司、股份有限公司的区分，而有不同的制度设计。整合这些规定，可见我国职工董事制度根据公司投资主体不同而有不同，全资国有公司应当有职工董事，而对非全资国有公司则没有规定；职工监事制度则根据是否有监事会而有不同，监事会

中应当有职工监事，并在《公司法》修改中明确监事会中的职工监事比例不得低于三分之一。没有监事会，则没有关于职工监事的强制性规定。《公司法》修改后，对职工监事最低比例的强制性意味着符合公司治理结构的监事会必然有一定数量的职工监事存在。

在实践中，《公司法》所设置的职工董事和职工监事制度是为了在企业改制前后的制度衔接，特别是为了实现"新老三会"的有效衔接。可见该制度的价值更多在于制度衔接，而非公司治理结构自生的制度，故而其在制约投资者决策权和经理经营权上的效果将必然大打折扣。实际上，不仅在私有公司中职工监事很难起作用，而且在国有公司中职工监事也很难起作用。而当下仅在国有公司中推行职工董事制度，其任务也并非如何向私有企业中推广，而是如何在国有公司中有效地实施。目前关于职工董事、职工监事的研究往往停留在于职工董事、职工监事的身份与地位上，远未到规范分析与功能实证的研究。有人分析认为，当下职工董事监事制度的问题包括职工代表素质问题、职工董事监事与职代会关系问题、人选问题、拘泥于所有制问题、拘泥于资本民主观念的问题等。① 可见，有关职工董事、职工监事的立法与实践远未达到以职工参与为背景制约投资者决策与经理经营权的高度。

2. 经营决策上听取意见是一种程序制约

《公司法》第十八条第三款规定了职代会在公司经营和改制中的地位。② 该规定虽然是强制性的，但是并没有规定相应的责任。事实上，公司在决策与经营上的重大问题要么不听取职工的意见，要么流于形式。换个角度看，该规定类似程序上的制约，即投资者决策权与经理经营权的行使需要在程序上经过听取工会或职工的意见和建议的过程。

目前尚无关于该款规定的法律分析，司法实践中也无相关的判例，即学者不去分析其中的权利义务关系，当事人也不以该规定寻求司法上的救济，法院更不会对听取意见有判例上的突破。我们认为，既然听取意见是强制性规定，就应该赋予其相应的法律责任，即便法无明文规定，也不妨碍判例上的突破。但是，倘若决策经营权之行使没有实质性受到该款的制约，是否存在司法上突破的空间呢？在理论上也并非完全不可能，但是现实显然不是这样的。这恰恰是当下以职工参与为背景制约投

---

① 刘萍. 对当前职工参与公司治理情况的分析与建议[J]. 中国工运，2011(2)：48-49.
② 具体规定："公司研究决定改制以及经营方面的重大问题、制定重要的规章制度时，应当听取公司工会的意见，并通过职工代表大会或者其他形式听取职工的意见和建议。"

资者决策权与经理经营权的态势，总体上的感觉是：参与是参与，决策经营是决策经营，两者之关系犹如太极之开合，分离而浑然一体，毫无制约之感，也无冲突之象。

(三)完善职工参与对投资者决策权和经理经营权制约的制度

我们的出发点是为了劳动者的权益，寻求职工参与企业管理的制度。而我们路径选择的出发点却是投资者和经营者权利约束，特别是两者制衡约束而带来的职工参与。这意味着以职工参与制约投资者决策权和经理经营权的实践尚需要进化，方能通向企业民主管理意义上的职工参与企业管理制度。因此，这里的职工参与可有两个层面：一是监督意义上的参与，涉及厂务公开、听取意见，乃至职工代表大会、集体合同等；二是权利分享意义上的参与，即把职工参与定位为对决策经营权利切实有效的制约。本文中职工参与制约投资者决策权与经理经营权的实践考察，显然是在权利分享意义上认知制约的。故而，这里的"职工参与"是指那些能够对投资者决策权和经理经营权形成直接制约的制度。

直接制约投资者决策权与经理经营权的制度包括两种机制：一种是把职工纳入到决策权与经理权行使机制中，最典型的制度是职工董事、职工监事制度；另一种是把职工参与与决策权和经理权行使结合起来，最典型的制度是听取意见制度。前文对这两种机制下的制度进行了分析，显然尚未成为制约投资者决策权与经理经营权的有效制度。我们认为应当通过制度完善以有效制约投资者决策权与经理经营权。以下，我们从有效制约投资者决策权和经理经营权的角度来完善我国的职工董事、职工监事、听取意见制度。

1. 兼顾职工董监事的专业能力和权益基础

我们往往怪罪职工董监事的专业能力，如认为，"而从目前的情况来看，恰恰大多数职工董事、职工监事的水平比其他董事、监事要低得多，如果讨论劳动工资与劳动保护方面的内容尚有一定发言权，若讨论公司的资本运营等则显出专业根基薄弱，从而无法很好地参与公司经营决策"。[①] 因此，相应的建议则是通过培训、指导、辅导、披露等手段把职工董监事培养成地道的专业人才。另一种观点则认为，这显然是表面问题，相应的对策只可能将职工董监事异化，只会让职工董监事制度与职工参与而制约投资者决策权和经营权越行越远。我们认为，应该兼顾职

---

① 李立新. 劳动者参与公司治理的法律探讨[M]. 北京：中国法制出版社，2009：447-448.

工董监事的专业能力和权益基础，重新定位我国的职工董监事制度。职工董监事与一般的董监事有很大的不同。一般的董监事是自股东会产生或者由股东会决定的，其是股东权益的代表机制，要么行使决策的权利，要么行使监督的权利，均是投资者决策权与经理经营权制衡的产物。而职工董监事是自职工会产生的，应该是职工权益的代表机制。

确立和完善职工董监事的权益基础则必然会改善职工董监事的专业能力，兼顾职工董监事的专业能力与权益基础则要求制度上，一方面继续培育职工的履职能力；另一方面考虑实现职工董监事的职业化，使得职工董监事有相应的物质基础。

2. 完善职工董监事制度的关键在于夯实职工(代表)大会制度

职工董监事制度之所以会成为摆设，表面上看是因为将其等同于一般董监事，并被边缘化；实质上是因为职工董监事制度基础不扎实。我们认为，完善职工董监事制度的关键在于夯实职工(代表)大会制度。倘若职工(代表)大会不能有效地运行，职工董监事则无所依存。唯有提升职代会的地位，方能提高职工董监事的地位。这涉及职工董监事与职代会的关系。在职工董监事制度实践中也有人认识到，"在实际工作中，依托职工代表大会制度来发挥好职工董事、监事的作用，这是一个十分现实的问题，本来国有企业就有职代会制度，改革以后又建立了职工董事、监事制度，搞清这两项制度之间的相互关系，对于我们做好职工董事、监事工作，有非常强的实施意义"。① 我们认为，两者的关系应区分应然与实然、文本与现实，两者应然的关系是很紧密的，两者之间应该通过常设工作机构紧密地联系在一起；而两者实然的关系是很松散的，尽管在法律文本上明确职工董事监事应通过职工大会产生，而现实中却并不能够有效地通过职工会产生。

倘若职工董监事制度在于制约投资者决策权与经理经营权，则必然要求职工董监事制度在董事会、监事会中发生明显效用。但是，职工董事属于董事会成员，职工监事属于监事会成员，成员制约组织的权利行使是很牵强的。一般在制度上要求职工代表进董事会、监事会，却很少分析其法理基础。我们认为，职工代表之所以仅以进董事会、监事会为目标，恰恰是因为职工(代表)大会制度不完善。在夯实职工(代表)大会制度的基础上，就不仅仅是职工代表进董事会、监事会的问题，而是职工董监事对投资者董监事的制约。

---

① 冯同庆. 论职工董事、监事制度与职工代表大会制度的关系[J]. 山东省工会管理干部学院学报：工会论坛，2001(1)：1-5.

3. 推动听取意见制度的实效性

将听取意见制度从程序制约打造成实体制约，推动投资者决策与经理经营过程中向工会和职工听取意见和建议制度的实效性。我们认为，《公司法》所规定的听取意见制度只是制约投资者决策与经理经营的萌芽，其日趋成熟后应该与职工董监事制度和职工大会制度衔接为一体。这要求我们在制度设计上明确听取意见的主体、范围、内容。而在此过程中，听取意见制度会与职工（代表）大会、职工董监事的议事制度融合为一。具体有效地制约投资者决策权和经理经营权的听取意见会具体表现为职工大会、职工董监事的职权、职责，其辅助制度则包括职工董监事与董监事会的沟通协调。

从程序制约向实体制约的转化是一个漫长的过程，须以职工大会、职工董监事制度的疏通为前提，并且应听取意见的内容要通过列举的方式逐渐丰富，对不同的事项应该有所区分。最终，理想的情况应该从听取意见走向共同决定。

4. 若干具体措施

完善职工董监事制度以及听取意见制度是从我国现有制度基础上进行的。虽然应该在制度定位的高度上完善职工董监事制度和听取意见制度的理论基础，但是也应该针对当下的制度提供建设性的完善措施。我们认为以下几点具体措施值得注意。

（1）完善职工董事、职工监事的选任制度，实现其独立性

完善职工董事、职工监事的选任制度是完善职工董监事的甚为重要的一步。职工董监事与一般董监事的选任原理应有很大的不同。一般董监事是按照资本原则产生的，资本民主决定了一般董监事的选任具有可信的代表性。而职工董监事的选任则没有资本原则作为基础，一方面要谨防来自资本的购买；另一方面要完善不同于资本原则的职工代表原则。如何让职工董监事有效地代表职工，且不说全体，至少要实现代表部分职工的效果。这要求有效的职工组织，即职工大会。通过职工大会选举产生职工董事、职工监事。

笔者以为，塑立职工董事、监事的独立需要在选任制度推行严格的多数决原则，即通过全体职工选举产生职工董监事，唯此方能逐渐培育职工董监事为职工利益而存在的形象。另外，关于职工董监事与一般董监事的比例匹配也应该在现状规定的不得低于三分之一的基础上寻求突破。职工董监事的人数不应该是一个毫无缘由的固定比例，而应该与董监事会的表决机制联系在一起，也许可以安排或考虑如下。

其一，职工董事的比例与职工监事的比例应该一致。仅仅规定职工监事的最低比例，而对职工董事不作比例限制，比较而言彰显了职工监督的意义。当我们从制约投资者决策与经理经营的角度来理解职工董监事时，则应当确保职工董事与职工监事的比例一致。

其二，职工董监事的人数比例应当日趋科学。这里需要考虑的是：能够在董监事会议事表决的理性来反推职工董监事的人数比例，或者在固定人数比例的情况是否需要针对不同的议事事项来确定职工董监事不同的表决权。该问题只怕不能在职工董监事选任制度自身得以解决。我们初步的想法是：考虑公司人工成本来决定职工董监事之比例，或者简化为工资总额与注册资本的某种简单关系来设计一般董监事与职工董监事。当然这样的想法有待细致推敲。

(2)完善职工董事、职工监事的工作机制，实现其有效性

将职工董事、职工监事的工作机制进行重新的制度设计。《公司法》没有特别规定职工董事、职工监事的工作机制，这意味着职工董事、职工监事与一般董事、监事的职权与职责没有区别。我们认为，应当明确职工董监事的工作内容，规定职工董监事的履职报告，将职工董监事的工作机制与职工代表大会联系在一起。

如在《内蒙古自治区公司职工董事、职工监事条例》中规定了职工董事、职工监事的权利和义务。其内容非常详细[①]，从该条例规定的职工

---

① 职工董事的权利有：（一）董事会在讨论决定有关工资、奖金、福利、劳动安全卫生、社会保险、变更劳动关系、裁员等涉及职工切身利益的重大问题和事项时，如实反映职工的合理要求，代表和维护职工的合法权益；（二）在董事会研究确定公司高级管理人员的聘任、解聘时，如实反映职工代表大会民主评议公司管理人员的情况；（三）可以列席与其职责相关的公司行政办公会议和有关生产经营工作的重要会议；（四）向工会组织、有关部门和机构反映有关情况；（五）《中华人民共和国公司法》和公司章程规定的其他权利。职工监事的权利有：（一）参与检查公司对涉及职工切身利益的法律法规和公司规章制度的贯彻执行情况；（二）定期监督检查公司对职工各项保险基金、工会经费的提取缴纳情况和职工工资、福利、劳动保护、社会保险等制度的执行情况；（三）可以列席与其职责相关的公司行政办公会议和有关生产经营工作的重要会议；（四）向上级工会、有关部门和机构反映有关情况；（五）《中华人民共和国公司法》和公司章程规定的其他权利。职工董监事的义务有：（一）熟悉法律法规和公司生产经营状况，不断提高依法履行职责的能力；（二）经常或者定期听取职工意见、建议，为董事会、监事会提供决策依据；（三）维护公司和职工的利益，在董事会和监事会讨论涉及职工切身利益的重大问题和事项时，提出明确的意见和主张；（四）参加职工代表大会的有关活动，执行职工代表大会的有关决议，在董事会会议上、监事会会议上按照职工代表大会的相关决定精神发表意见；（五）定期向职工代表大会述职，接受职工代表的询问，接受职工代表大会和职工的监督；（六）《中华人民共和国公司法》和公司章程规定的其他义务。

董事的权利义务来看，职工董监事是董事会监事会工作的辅助，而非制约因素。职工董事在涉及职工切身利益的重大事项上的权利是如实反映职工的合理要求，在决定公司经理时的权利是反映职工代表大会民主评议的情况，公司经营会议也仅为可以列席，此种意义上的监事绝非真正的董事，其地位尚不及独立董事，而仅仅类似于敲边鼓的。职工监事的权利也定位为"参与检查""可以列席"等。而且职工董监事的义务虽然也有关于向职工代表大会述职、执行职工代表大会决议的规定，但是与董监事会联系在一起却是在董事会会议上、监事会会议上按照职工代表大会的相关决定精神发表意见。于是，职工代表大会对职工董监事的约束仅仅是限定其发表意见。

可见，完善职工董监事的工作机制所遇到的制度障碍是董监事会与职工代表大会之间的关系。在不论及董监事会与职代会的关系的情况下，从职工董监事的工作机制入手，明确职工董监事向职代会负责的原则。地方立法这样做是有所成就的。

（3）将听取意见制度与厂务公开、职代会、职工董事监事制度衔接起来实现其实效性。

当听取意见制度还停留在程序制约的情况下，应该细化听取意见制度，将听取意见制度与厂务公开、职代会、职工董监事制度衔接起来。现在的《公司法》中，听取意见的主体是抽象的公司，使得听取意见制度在客观上是一种模糊的制度。完善听取意见制度则应该明确听取意见的主体、对象和内容。听取意见的主体应包括股东会、董监事会、经理，听取意见的对象包括职工董监事、职工、工会，听取意见的内容应该尽量广泛而不必拘泥于重大事项，听取意见的平台应包括厂务公开、职工代表大会、董监事会、股东会等。作为程序制约的听取意见制度能否有实效的基础是听取意见的形式的完备。我们的思路是，即便所听取的意见仅具有某种意义上的参考，听取意见的过程首先应成为程序上的制约。而既然仅仅是程序上的制约，权作民主文化的养成训练，尽量地广泛、尽量地规范则极有必要。

二、企业结构治理与企业民主管理——不同层次间民主管理的协调与配合

以职工参与来制约投资者决策权与经理经营权不可能一条路走得太远，也不可能自此走向劳资共决。基于我国曾经的实践和现有的状态，完善职工代表大会、工会、职工董监事的制度配合也是一条务实的思路。这需要从企业结构治理出发，来认识企业治理结构的层次性以及制度的

可协调性。

(一)从"老三会"到"新三会"的改革

从"老三会"到"新三会",我国企业结构治理发生了很大变化,这种变化是适应体制改革而来的,制度的自适应能力远没跟上经济体制改革的步伐。在这样的背景下,"老三会"何去何从就可能被忽略。目前所推行的企业民主管理也在很大程度上属于低层次的职工参与,与原来的"老三会"的关联性并不强。当我们从体制改革的角度来认识"老三会"与"新三会"时,恰恰是重新注意到"老三会"的存在和价值。

1. 1986 年的"老三会"

1986 年 9 月 15 日中共中央、国务院同时发布三个文件,即中发〔1986〕第 21 号、第 22 号、第 23 号,分别规范全民所有制工业企业职工代表大会、厂长工作、基层组织工作,构成了国有所有制工业企业的治理模式,而此种模式是在我国的实践当中摸索而来的。制度抽象与社会现实应该是一致的。1986 年的三个文件就企业治理结构而言存在不止三个机构,包括职工代表大会、管理委员会、党委、工会等。该三个文件出台有特定的背景,① 从当时的背景看,1986 年的企业治理结构中有厂长负责、有党委、有职工代表大会和工会这三组块。该三个文件对企业的管理委员会、职工代表大会、党委等的构成、地位进行了规定。

2. 与"新三会"对应的"老三会"

1986 年并无"三会"之称谓。检索期刊文献,笔者能够发现的最早的涉及"老三会"是一篇 1992 年的实务小论文;1993 年涉及"老三会"称谓的论文也并不多见,且其意义多与 1992 年的意义保持一致;而 1994 年涉及"老三会"的论文突然倍增,且其意义也发生变化。之后随着国企股份制改革的深入,随着 1999 年中共中央相关决定对此问题的描述,有关"老三会"的研究再也没有大的突破。

(1)"老三会"最早应该是党委会、管委会、工会。如 1992 年有人从企业精简行政提高效率的角度提到,"不久前召开的公司 1991 年工作总结表彰大会,一改过去'老三会'即党委、行政、工会分别作总结、下计

---

① 改革企业的领导体制,是城市经济体制改革的一个重要组成部分。改革的基本内容是:企业实行生产经营和行政管理工作厂长负责制;明确企业党组织的思想建设,组织建设和思想政治工作;进一步健全职工代表大会制度和各项民主管理制度,发挥工会组织和职工工代表在审议企业重大决策,监督行政领导干部、维护职工合法权益等方面的作用。此项改革,自一九八四年开始,在全国部分全民所有制工业企业中试点以来,取得了显著效果……

划的老套子，集党代会、职代会、工会会员代表大会于一会，三会同时开，党委和行政一个总结、一个计划"。① 这时候的"老三会"恰恰是相对于党代会、职代会、工会而言的。这时候的"老三会"还可以总结为党、政、群团，如 1993 年的《经济研究参考》中的调研报告就是在这个意义上使用的，"一些企业改股后，在领导体制上，党、政、群团的'老三会'与股东会、董事会、监事会的'新三会'并存，在决策、指挥管理方面经常出现碰车不协调等情况"。② 这里的"老三会"倒是可以回溯到 1986 年的，因为 1986 年的三文件中显示的恰恰分别是党、政、工。

（2）1993 年的"老三会"还曾经是管委会、工会、职代会。在这个意义上指代"老三会"的论文相当少，显然没有成为通识，但是其学理性色彩要更浓一些，如有实地调查而提出的问题，"股份制企业的内部老三会（管委会、工会、职代会）与新三会（董事会、监事会、股东大会）的关系如何处理"③，这里的老三会不包括党委会，却包括管委会。值得注意的是，在 1986 年文件中已经明确工会是职代会的工作机构的情况下，这里又把工会和职代会区别开来，放到与管委会并列的三会中，虽然具有新意，却缺乏理论和实践上的论证。换言之，此种意义上的三会是否曾经成为一个协调配合的整体令人怀疑。

（3）1994 年后的"老三会"基本一致性指向党委会、职代会和工会。我们很纳闷为什么"老三会"的内容突然发生了改变，而且是把原有治理机构中最重要的纽带、平台、核心——管委会——给忽略掉了。我们没有找到此时关于"老三会"的官方表述，却在学术论述中看到了极其自然而又缺乏说明的表述，"所谓新三会，是指常态公司治理机构中的股东会、董事会和监事会；老三会是传统企业组织制度中的党委会、职代会和工会"。④ 在当时的背景下稍微向前推算就应该感知到管委会的存在，而这里并没有提到。一直到 1999 年官方对新旧企业治理结构的阐述，在概念使用上"老三会"已经固定下来了，如普及知识性表述有，"随着国有大中型企业公司制改革的进行，企业的管理体制、组织设置将发生一些变化，'新三会'（即股东会、董事会和监事会）与'老三会'（即党委会、工会和职工代表大会）的职能划分与关系问题，就是公司制企业面临的一个

---

① 张振云. 生机初显话改革[J]. 中国储运，1992(1)：36-37.

② 周玉，茹少立，孙黎明，史应立. 关于辽宁省国有企业股份制改革的调研报告[J]. 经济研究参考，1993(Z5)：254-264.

③ 关于推行联合制代表制试点调查[J]. 中国工运学院学报：工会理论与实践，1993(4)：39-42.

④ 卢昌崇. 公司治理机构及新、老三会关系论[J]. 经济研究，1994(11)：10-17.

突出问题。《中华人民共和国公司法》和《中共中央关于国有企业改革和发展若干重大问题的决定》(以下简称《决定》)中,对有关问题作出了明确的规定:……"①然而,中共中央的决定中并未使用"老三会"的称谓。因此,从解决《决定》的角度出发,所谓"老三会",实质上是针对保留下来的而言的。那么,管委会为什么没有保留下来呢?值得思考!

3. 从扁平的管委会到纵向的现代公司结构治理

《中共中央关于国企改革和发展若干重大问题的决定》是从党委的角度来考虑公司治理结构的。根据此规定,从"老三会"到"新三会"有两个路径:其一,双向进入,即国有公司的党委负责人通过法定程序进入董事会、监事会,董事会、监事会、经理层及工会中的党员负责人依照党章进入党委会;其二,两种平台,一种平台是董事会对重大问题统一决策、监事会进行监督的平台,另一种平台是党组织按照党章、工会和职代会按照有关法律法规履行职责的平台。因此我们认为,"老三会"与"新三会"的关系并非老与旧的衔接问题,而是现行体制下两个平台的关系问题。而管委会的凭空消失恰恰是同一问题的另一种描述。换言之,在我们看来,企业治理结构改革并非从"老三会"到"新三会"的改革,而是"管委会"的宿命探究。

(1)管委会为什么凭空消失

管委会,即企业管理委员会,是国企改革过程中受到持续关注,却在现代公司治理结构中悄然消失的机构。笔者认为管委会凭空消失可有三种解释:

其一,管委会定位为厂长的协助机构,不仅在 1986 年如此,而且 1988 年《全民所有制工业企业法》同样如此。管委会并非权力机构,而是协作机构,必然是松散的。一个松散的平台的有无并不会从根本上影响企业治理机构。对于同样的规范,在学理上也有向制约机构解释的观念,如"企业管理委员会协助决策制保证了厂长决策的准确性、群众性和可行性,也是对厂长行使权利的有效监督"。② 其实,一个辅助工作的机构是不可能承担监督权力的职能的。

其二,提升管委会地位的努力未经过足够的积淀。一方面,在理论上不断有人认为应该提升管委会的地位,让管委会"实至名归";另一方面,在实务中也有相应的地方探索。然而,在理论上提升管委会的努力

---

① 晓草. "新三会"与"老三会"[J]. 求是,2000(1):60.
② 吴弘. 实行厂长负责制的法律保证与法律监督[J]. 法学,1987(10):41-43.

始终没有形成独具体系的、高度说服力的理论。而地方的探索和实践也没有同理论上提升管委会的努力相适应，而是一种别样的模糊。如有地方的实践是，借鉴"三资"企业董事会制，在企业内施行建立企业管理委员会指导下的厂长负责制。① 既然提升管委会的实践是模仿一种二道贩子的董事会制度，那么当更为原本的董事会制度进入改革视野的时候，原来的模仿就当然会被轻易地放弃。

其三，董事会中有提升管委会理论的影子。如在 1989 年有人撰文认为，"参照股份制企业的产权制度，国有企业制度改革的取向应该是企业管理委员会制度，其成员由国有资产管理部门和企业职工代表大会共同确定，其一经产生便只对企业资产损益情况负责，而不是对国有资产管理部门或者企业职工代表大会负责。"② 这里的股份制企业还是从介绍西方企业的角度来认识的，凭着对西方董事会的模糊认识，提出打造新的管委会。这样的观点慢慢地得到理论上部分人的支持，如在 1995 有人撰文认为，"对于目前和将来大量存在的国有独资企业可以考虑实行企业管理委员会领导下的厂长、经理负责制。企业管理委员会负责企业重大决策的制定和监督执行；厂长、经理由企业管理委员会依照民主程序选任，全面组织并负责企业日常经营管理工作。企业管理委员会的成员由国有资产产权中介经营管理机构或国有资产管理部门委派的代表，并吸收企业经营管理人员代表、工程技术人员代表、职工代表等组成"。③ 已经不是简单的观点，而是在理论上围绕管委会开始构建一种治理结构，这种结构治理与后来的国企治理结构有着惊人的相似性，只是称谓不同而已。也难怪关于提升管委会地位的观点很快被现代企业治理结构所掩埋。此后很少有关于管委会的阐释，我们仅发现 2004 年有观点阐释管委会，认为，国有企业没有必要成立股东大会、董事会、监事会，应建立党委、行政、职工代表、股东代表组成的企业管理委员会，是国有企业最高权力机关。④ 这仅仅是表态，而非论证。难道国企现在的董事会不正是如勾勒的管委会那样吗？从某种意义上讲，理论上的管委会已然化身为现实中的董事会了。

（2）关于管委会改革的另一种表述

基于对管委会的分析，我们认为在结构治理上，实质上是扁平式结

---

① 刘启真，管前根. 增强自我约束力，用好企业自主权——实行企业管理委员会指导下　[J]. 上海企业，1994(2)：7-9.

② 崔敏. 国有企业应实行企业管理委员会制度[J]. 经济体制改革，1989(6)：56-57.

③ 刘书亭. 关于建立现代企业制度的微观思考[J]. 财会研究，1995(10)：42-43.

④ 胡强仁. 国有企业改革思路探索[J]. 史志学刊，2004(6)：48-49.

构向纵向式结构的改变。从纠结于管委会的定位和内部构成到关注企业治理的层级结构，企业治理开始结构化。当我们把从管委会到董事会的变化认为是结构化的变化后，管委会和董事会代表了两种不同的企业结构。管委会存在于厂长负责制中，而厂长负责制又是何种机制呢？有人总结，"厂长负责制是在我国城市经济体制改革的初期为适应企业内部党政分开、落实经营管理的责任制而以法律的形式固定下来的，它是生产经营管理工作由厂长（经理）统一领导和全面负责的一种企业内部领导体制。厂长负责制与委员会制不同，它是一种个人负责制。但厂长负责制又不同于一般工人、职员和干部的个人岗位责任制，而是一种由厂长代理国家行使企业管理权的首长负责制"。① 我们感觉这种总结恰到要害，实际上是首长负责制，是行政长官负责制。而后的董事会制则代表了层级式的治理结构，不同层级有不同的职权，从而使得企业治理结构出现纵向式结构。

　　笔者认为，正是这种结构性的大调整使我们忽略了原有的努力。然而，公司权力机关平台与公司治理结构实质上是两个层面上的事物。只是当我们忙于或者乐意使用一种可资借鉴而又资源丰富、制度成熟的结构体系时，原来的管委会该何去何从就显得不重要了。在这样的背景下，我们可能要为继承得太少而感到遗憾。当我们在国有企业中推行纵向结构，构建董事会、经理等机构时，职工参与以制约投资者决策权与经理经营权的制度已经虚化、弱化；当我们在现代企业制度下打造私营企业的公司法制时，企业民主管理的观念几乎没有多少土壤。因此，关于管委会改革的另一种表述可称之为"结构大调整中的选择性遗失"。尽管企业民主管理有着重要的理论基础和现实意义，但是其很不幸地沦为选择性遗失的对象。

（二）企业结构治理与企业民主管理

　　现代企业治理有着纵深的层级结构，而这种结构大致又分成两节：第一节的核心是决策经营，一般可指股东会、董事会、监事会；第二节的核心是管理生产，一般可指经理、部门、班组。这两节是紧密地渗透在一起的，在一个规模较大的企业中往往有着不少于如上所述的结构。因此，不同层次间民主管理的协调和配合就显得极为重要。一般我们会以"新三会"为参照来分析企业民主管理存在的层次性空间。前文已经分析了从"老三会"到"新三会"的改革，一方面说明结构治理与民主管理的

---

　　① 杨宜昌. 对厂长负责制的再思考[J]. 理论探讨, 1996(3)：84-85.

曾经努力之存在，另一方面也说明当下结构治理中民主管理之缺失。后文将围绕企业结构治理中不同层次间民主管理的协调进行制度建构。而在此，则围绕"结构与民主"这样的思维来分析企业结构治理与企业民主管理的一般原理。

1. 结构与民主之间的辩证依附关系

在某种意义上，结构本身就是一种民主。而当我们区分并探究结构和民主之间的关系时，可有两点结论：其一，特定的结构决定民主的状况；其二，民主与结构相互依存。这一点在企业结构治理上同样成立。现在的企业结构治理是围绕"股东会、董事会、监事会"三会而展开的，这意味着现在所讨论的民主不是员工决策式的企业民主，而只能是以三会为基础的民主机制。这可以用利益学的原则给予解释，正如有观点论述利益结构与社会民主发展所言，两者紧密相连，社会利益结构发生变化对民主而言，有时有利，有时不利。① 这恰恰是结构决定民主状况的观点。另外，现代的企业结构治理与企业民主管理相互依存，倘若企业民主管理不复存在，企业结构治理将会发生质的变化；倘若企业结构治理不复存在，企业民主管理也将无立锥之地。在这个意义上需要反思我们长期将企业结构治理与企业民主管理割裂开的模式。那么，我国的社会结构与怎样的民主依存在一起呢？有人认为，参与式民主与我国民主制度结构是耦合关系，在理论和实践中得到明显的重视和体现。② 倘若以此为背景，我国的企业治理结构所对应的也应该是一种参与式民主。当然，参与有不同程度、不同层面的参与，而各种程度和层面的职工参与形成一个整体，就是我国的企业民主管理。

2. 现代公司治理需要企业民主管理

这里需要回答两个问题：其一，现代公司治理需要企业民主管理的论断是否成立？其二，现代公司治理需要怎样的企业民主管理？第一个问题的答案一定是肯定的，我们可以给出很多理论，诸如民主文化、管理科学等方面的理由。其中企业生产与管理的变化则应该是一个很充分的理由，关于这一点已经有学者给予论述，如认为，"从西方企业管理与实践来看，通过 20 世纪的发展，企业管理已从以物为中心的管理走到了以人为中心的管理，从满足员工的物质需求转变为注重满足员工多方面

---

① 石雪梅，曾令超. 论利益结构与社会民主发展[J]. 长白学刊，2007(3)：39-42.
② 张光辉. 参与式民主与我国民主制度结构的耦合——一种内在价值与逻辑的学理解析[J]. 东南学术，2010(4)：43-52.

与自身全面发展的需求，重视劳动者在生产过程中的地位和作用成为了现代企业制度的重要标志，也是社会化和现代化的必然趋势"。① 换言之，现代公司治理是以企业民主管理自居的。

那么，现代公司治理需要怎样的企业民主管理呢？这可能就众说纷纭了。存有两个极端的民主形式，一是单纯的资本民主，二是单纯的劳动民主，而这两种极端的企业民主管理在当下均不是普遍存在的，只有在特定的情况下才能成立。而对于一个结构复杂、层级纵深的现代公司来说，往往是中间状态的企业民主管理。大家对中间状态的企业民主管理的总结也各具特色，其中以企业生产者、投资者、经营者三足而立的理论较为突出，其认为，现代企业的主体是由企业生产者、投资者、经营者构成。② 他们作为直接的利益相关者相互发生利益关系。但事实上，现代企业治理结构并非在三者之间形成"三足鼎立"的结构，而是沿着从投资者到经营者，再到生产者这样的顺序而形成的代理或雇佣链条，制度化的结构是股东会、董事会、经理、部门、职员。

一般所谓企业民主管理，往往是针对决策经营上的民主而言的，主要指以职工参与为基础的投资者决策权和经理经营权的制约制度；而稍微广义上的企业民主管理则是与企业结构治理相辅相成的民主管理。显然，前者多是自上而下的制度建构，而后者多是自下而上的制度萌发。而前者并不一定普遍适用，而后者却是普遍存在的。因此，并非现代公司治理需要怎样的企业民主管理，而是现代公司治理有着怎样的企业民主管理。故而，从企业结构治理的角度，来分析不同层次间民主管理的协调与配合既是一种建构性的制度推理，又是一种描述性的制度分析。这大约可以归入到优化企业治理结构的范畴，如有人论断，"优化企业治理结构，协调好企业内部组织关系，充分发挥企业管理委员会和职工代表大会的民主管理和监督的作用，对国有企业来说是十分必要的。"③ 正是关于企业治理结构与企业民主管理相协调的角度来思考企业管理委员会和职工代表大会的定位。虽然这样的论断未必是上策，但是这样的思考角度却是值得肯定的。我们以下正是从不同层次间民主管理的协调与配合的角度来建构职工参与企业管理的制度。

---

① 杨光福. 浅谈在现代企业治理结构下实行以职工代表大会为基本形式的企业民主管理的重要性[J]. 时代风采，2011(8)：27.

② 傅贵忠. 加强职工民主管理，改造公司法人治理结构——兼述企业主体"三元论"[J]. 天津市工会管理干部学院学报，2005(2)：13-21.

③ 苟军年. 略论国有企业内部组织协调[J]. 审计与经济研究，2000(1)：48-49.

（三）不同层次间民主管理的协调和配合

在企业治理结构中的不同层次有着不同的民主形式，一方面需要将这些民主形式与企业治理中的制度衔接起来，另一方面需要将这些民主形式进行适当的整合。此即寻求不同层次间民主管理的协调和配合。具体而言，实现职工代表大会与股东大会的协调，谨慎定位和思考职工代表大会在企业中的地位；实现职工董监事和董监事会的协调，将职工董监事与董监事会进行必要的区分；实现职工与经理的协调，尤其在劳动管理中实现管领与给付的协调；实现职代会、职工董监事、工会的配合，形成一个有机的企业民主管理体系，并重新激活企业管理委员会。

1. 职工（代表）大会与股东大会的协调

职工代表大会作为一种制度，与企业结构治理息息相关，而在企业结构治理发生巨大变化的过程中，出现了关于职工代表大会的两种不同法律，即 1988 年的《全民所有制工业企业法》和 2005 年修订的《公司法》。应当说，1988 年的《全民所有制工业企业法》至今仍然有效，尽管其与《公司法》有着相去甚远的治理理念和制度设计，但是关于两者之间衔接或冲突的论述却极为少见。然而，随着公司治理观念的成熟和升华，已经束之高阁的昔日制度则可能会完全被废止，也可能在某种程度重新发现其意义。倘若职工代表大会尚有其存在的意义的话，其面临的第一个问题则是制度协调问题，尤其是与股东大会的协调。

（1）关于职工代表大会的两部法律

根据《全民所有制工业企业法》的规定，职工代表大会是厂长负责制下重要的制约机制。该法第五十二条规定了职代会的具体职权，[①] 从这些职权中可见职代会的权利非常广泛，不仅包括审议审查、评价监督，甚至包括特定情况下决定选择厂长。

根据 2005 年的《公司法》，职工代表大会在公司治理结构的权利是模糊的。该法第十八条规定了工会、工会代表、职代会在公司中的地位和

---

① 职工代表大会行使下列职权：（一）听取和审议厂长关于企业的经营方针、长远规划、年度计划、基本建设方案、重大技术改造方案、职工培训计划、留用资金分配和使用方案、承包和租赁经营责任制方案的报告，提出意见和建议。（二）审查同意或者否决企业的工资调整方案、奖金分配方案、劳动保护措施、奖惩办法以及其他重要的规章制度。（三）审议决定职工福利基金使用方案、职工住宅分配方案和其他有关职工生活福利的重大事项。（四）评议、监督企业各级行政领导干部，提出奖惩和任免的建议。（五）根据政府主管部门的决定选举厂长，报政府主管部门批准。

作用。① 从该规定可见，在我国公司治理中，区别工会与职工代表大会，有将两者并列之色彩，明示工会的某些职能，却笼统地规定依照宪法法律来具体确定职代会的民主管理权力。从形式逻辑上来看，可依照上段所提逐项职权来界定职工代表大会的权利；而从内容逻辑上来看，现在的公司法律根本不能容忍上段职工代表大会的权利。《公司法》并没有真正把职工代表大会纳入其视野中。

(2)关于职工代表大会与股东大会的协调方式的已有论述

关于职工代表大会与股东大会或者公司组织机构之间协调方式的论述大致有三种观点，可分别概括为取消论、重塑论、并列论。

取消论看到了职工代表大会式微的现实、冲突的法律，认为应该在公司治理结构中取消职工代表大会。例如，有人认为，职代会在全民所有制企业的职权不能适用于国有企业，在公司制定中不可能赋予职代会实质性的民主管理职权，但是职代会又必须有实质性的职权，因此应仅保留其他形式的民主管理并取消职代会。② 倘若职工代表大会徒具虚名，的确可考虑取消。

重塑论是在重新界定职工代表大会的职权的意义上讲的，旨在权衡"新三会"的基础上，将职工代表大会塑造成公司的治理机构。例如，有人重新界定了职代会在现代企业中的六项职权：其一，对工会领导的监督；其二，选举企业治理机构中的职工代表；其三，民主评议企业管理者；其四，民主协商涉及职工切身利益的重大事项，并应由职代会审议决定；其五，为企业生产经营决策提供意见建议；其六，审议集体劳动合同。③ 分析重新界定职工代表大会的逐项职权已经比《全民所有制工业企业法》中的职工代表大会的职权缩小很多，同时《公司法》多已协调，但是重塑论中的第四项职权却是有所突破的。

并列论是刻意强调职工代表大会与其他企业治理结构之间的平行与独立，故而在制度衔接上往往缺乏重塑职工代表大会职权的勇气。例如，有观点认为，民主管理机构和企业组织机构是各自独立并相互制约的，

---

① 公司职工依照《中华人民共和国工会法》组织工会，开展工会活动，维护职工合法权益。公司应当为本公司工会提供必要的活动条件。公司工会代表职工就职工的劳动报酬、工作时间、福利、保险和劳动安全卫生等事项依法与公司签订集体合同。公司依照宪法和有关法律的规定，通过职工代表大会或者其他形式，实行民主管理。公司研究决定改制以及经营方面的重大问题、制定重要的规章制度时，应当听取公司工会的意见，并通过职工代表大会或者其他形式听取职工的意见和建议。

② 李友根. 与公司职工代表大会相关的几个问题[J]. 法学杂志, 1996(4)：18-19.

③ 郑显华. 对职工(代表)大会的法律思考[J]. 现代法学, 1997(2)：64-67.

一方面，职代会与企业组织机构应有所平衡，职工代表大会应有相应的提议和对职工代表的保护；另一方面，职代会与企业组织机构应在程序上衔接，企业决策前后均应与职代会有相应的沟通程序。① 此种观点使得职工代表大会在制度上外强中干，在实务上易成傀儡、被虚化。从法律文本到法律实务，并列论恰恰是在描述我国的职工代表大会。

（3）明确职工代表大会职权，探索与股东大会的协调机制

明确职代会职权，探索职代会与股东大会的协调机制，是我国企业结构治理中宝贵的制度资源。尽管职工代表大会与股东大会有着完全不同的志趣，两者的嫁接可能会显得不伦不类，但是取消职代会、虚置职代会均不妥当。在现代公司治理结构中考虑职代会的权利，赋予职代会在劳动者权益方面应有的职权，既是传承历史，又是顺应现实。

当然，职工代表大会的职权到底有哪些？什么样的企业必须设有职工代表大会？职工代表大会制度如何法律化？这些问题需要具体分析。但有一点需要明确，即职工代表大会在什么层面上与现代公司治理进行衔接。这可有两种思路：一种是职工代表大会与董事会进行衔接，职工代表大会实质上是由董事会组织实施的内部机构或辅助机构，另一种是职工代表大会与股东大会进行衔接，职工代表大会实质上是分割股东大会的部分职权并制约董事会。倘若按照第一种思路，职工代表大会制度则可能最终成为董事会的咨询机构；倘若按照第二种思路，职工代表大会制度则可能会成为一项具有特色的企业治理制度。

职工代表大会不可能在个人化的、家族化的企业中有效存在，职工代表大会是一个企业公共化程度的表现，它往往在国有企业中有较好的沉淀，以致企业改制后仍然能（至少在形式上）很好地保留下来。而一个通过不断地完善公司治理结构、股东不断分散、利益相关者不断介入的大型公司中，虽然有职工代表大会存在的诉求，却很难实现从无到有的突破。因此，可以考虑在"一大二公"②的企业中强制性推行职工代表大会制度。职工代表大会不应当仅就特定事项具有建议权，而且应当具有决定权。职工代表大会应当在职工董监事的人选上具有决定权，在涉及公司履行劳动和社会保障法律政策上有评估、监督、纠正等职权，在涉及公司改制、经营、规章等重要事项上有相应的表决权。这些职权如何与股东大会广泛的公司决策经营上的职权相协调呢？我们认为，公司决

---

① 刘艳. 企业职工代表大会制度的立法缺陷与完善措施[J]. 重庆科技学院学报（社会科学版），2008（8）：53-54.

② 这里的"一大二公"强调企业的两个表征，即规模到一定程度，属性已经公共化。

策经营并非天生是股东的权利，也非天生与职工无关。在公司的决策经营上并非专家决策，即按照最科学的决策来设计制度，而是利害决策，即按照谁与公司最利益相关来设计制度。谁最关心公司，谁就应该拥有决策权利。正是在这样的思维下，不应质疑职工的专业性，仅考虑职工对公司的关心程度。故而职工代表大会应该是让职工可以如同股东关心自己的红利一样关心自己的福祉，在这个意义上，职工代表大会与股东大会一样共享公司决策经营上的权利。两者协调的基本保障应该至少有以下几点：其一，职工代表大会与股东大会的同步机制，即股东大会何时召开，职工代表大会也何时召开；其二，职工代表大会与股东大会的并行机制，即股东大会与董事会衔接，职代会与工会的协调；其三，职代会与股东会的交叉衔接，即职代会选举职工代表进入董监事会。董事会、监事会、工会成为公司经营层上的新三会，在重大事项或特定事项上实行三方会签。

2. 职工董监事与董监事会的协调

职工董监事与董监事会的协调并非抽象的制度设计，而是对当下职工董监事制度的反思，即如何在现实中疏通职工董监事制度。这里仅考虑董事会，且仅以国有公司为例。根据我国《公司法》第四十五条第二款的规定，[①] 国有公司董事会中应该有职工代表。进而在强制性规定下职工董事与董事会如何协调彼此呢？相关论述相去甚远。

(1)关于职工董事的现实描述

关于职工董事的现实，有各种各样的描述，有分析职工董事的本来身份的，有分析职工董事的履职逻辑的，也有肯定职工董事的。但是，关于职工董事的现实描述更多是问题，鲜有从职工董事的积极现实来描述的。在此基础上则有一种看似态度兼容、实则问题重重的综述结果。

其一，只要职工董事存在，总有其积极的一面。有人撰文点到为止，"设立职工董事，鼓励职工董事放胆直言，对于维护职工利益具有不可替代的作用"。[②] 我想，这绝非空言无凭，即便把职工董事作为花瓶摆在那里，制度本身也会催生其积极意义，如职工必然会向职工董事反映情况等。

---

① 具体规定："两个以上的国有企业或者两个以上的其他国有投资主体投资设立的有限责任公司，其董事会成员中应当有公司职工代表；其他有限责任公司董事会成员中可以有公司职工代表。董事会中的职工代表由公司职工通过职工代表大会、职工大会或者其他形式民主选举产生。"

② 刘根生. 职工董事不仅仅是听听会举举手[J]. 董事会，2007(10)：102.

其二，职工董事的本来身份并非一般的职工。有人将此作为负面动因来描述，如认为，很多国有公司要么没有职工董事，要么将公司高管变身为职工董事，民间称之为贵族职工董事。① 贵族职工董事实质上是高官，而非职工，此言确实。也有人将此作为当然动因来描述，如认为，职工董事当然应该是优秀的职工，而优秀的职工毫无意外就是或应是中高层管理者，故此职工董事贵族化是有道理的、合情合理的。② 似乎，高官也是职工，逻辑上也无可厚非。但是，可以肯定的是，职工董事多数身受多职，至少兼有董事、职工两种身份，且随着两种身份的结合又往往意味着高官、工会领导等角色。这难免让我们怀疑职工董事的履职能力。

其三，职工董事是被边缘的民主。从制度上评价职工董事，既肯定其作为民主制度的意义，又承认职工董事被边缘化的现实。如有调研报告指出，职工董事的作用还没有充分发挥，还面临诸多现实问题。该报告指出，职工董事存在的诸多问题如设立职工董事者是惊人的少数，职工董事是贵族俱乐部，职工董事身份太多以致角色冲突等。③ 职工董事的确面临很多很大的现实问题，而其实质是职工董事与董事会难以协调。

（2）关于职工董事与董事会协调的各种见解

如何实现职工董事与董事会的协调？梳理已有论述，大致有本有身份纯粹论、物质支撑论、工会支撑论、限定职责论，以及取消论。

本有身份纯粹论的要旨在于让真正的职工来代表职工。有学者在理论上辨析职工董事资格时指出，工会主席不宜担任职工董事、公司高级管理人员不应以职工代表身份进入董事会，能够最贴切的反映立法价值取向并真正代表职工利益诉求的还是基层员工。④ 可是从一线职工、基层员工到职工董事，其间的逻辑是否成立尚可存疑，因为这样的观点意味着最基层、最一线的员工与职工董事应保持相当的一致性。这在职工董事职业化的背景下是很难行得通的。

物质支撑论在于以一般董事为参照系来思考职工董事的物质基础，如考虑职工董事的薪水、补贴等。如认为，"连董事津贴都一文不享的情况下，何以要求出色地履行职工董事职责？"⑤ 这样的疑问不无道理。职

---

①　郭洪业. 变味的国企职工董事[J]. 董事会，2011(2)：26.

②　易剑飞. 职董贵族化事出有因[J]. 董事会，2011(2)：28.

③　萧伟. 被边缘的民主——中国 A 股上市公司职工董监事调查[J]. 董事会，2011(9)：42-47.

④　胡改蓉. 国有公司职工董事制度之不足及其补正[J]. 社会科学，2010(11)：95-103.

⑤　安林. 职工董事首先是董事[J]. 上海国资，2008(2)：75.

工董事同样是董事，但是他不是来自于股东，而是来自于职工，这注定讨论其物质支撑的头绪就很难理清。

工会支撑论和限定职责论均是以考虑职工董事的外表配合来实现其内部的协调，即当职工董事与职工、工会、职代会有着有效的衔接的情况下，其在董事会中的地位自然不会太尴尬。按照这样的思路，有观点认为，职工董事如果要去贵族化、去花瓶化，就应该实现董事外部化，应该组建独立的、强大的工会。① 通过工会来推动职工董事的作为空间是值得肯定的思路。还有观点认为，职工董事的职责应有所区分，在涉及职工利益时应有实质的投票权，如在招聘、薪酬、裁员和劳动管理等应有相当程度的权利；在不直接涉及职工利益时应发挥董事会与职工的沟通作用，如在公司战略、投资等应强调沟通作用。② 职工董事并非一般董事，有所为有所不为。这种限定职责论的思维仍然是外部配合的思维，只是这种外部配合是职能上的配合，而工会支撑论是形式上的外部配合。

取消论即取消职工董事。但是职工董事却非法律制度那么简单，再充分的理由也不敢断言取消职工董事。于是有人提出暂停职工董事制度，如"在职工董事的有效性备受质疑且难以找到有效解决路径的情况下，暂停职工董事制度不失为一种选择"。③ 其中涉及的理由也多比较实在，但是这并不构成职工董事制度本身的恶性，我并不同意这样的观点，却因此对协调职工董事与董事会的理论研究的紧迫性有了更真实的认知。

（3）职工董事与董事会协调的可能性与路径选择

强调职工董事与董事会协调的可能性旨在强调董事会兼容职工董事的空间。早在我国引入现代公司治理结构的过程中，就有学者在阐释董事会职能结构的分化趋势，认为，"股份有限公司的经营层现实职能结构，是在实施公司法的实践中形成的。就机关的构成而言，应包括董事会与董事长。就具体职能而言，应包括经营意思决定、业务执行、对外代表权的行使和必要的监督。上述表明，现实的经营层职能结构优于传统企业领导体制下的厂长负责制"。④ 我们认为，现代企业制度所谓的公司治理结构并非称谓上的转换，而是结构上的分化。在原来的治理结构

① 何志聪. 强大的工会是职董保障[J]. 董事会，2011(2)：29.
② 张政军. 厘清职董职责范围[J]. 董事会，2011(2)：30.
③ 董轼. 暂停职工董事制度[J]. 董事会，2011(2)：27.
④ 王保树. 股份有限公司经营层的职能结构——兼论公司经营层职能的分化趋势[J]. 法学研究，1999(5)：61-69.

中，厂务负责，管委会辅助；在现在的治理结构中，董事长主持，董事会决断。在这样的背景下，职工董事必然会以各种各样的形式进入董事会。

因此，职工董事与董事会协调并非职工董事能否进入董事会的问题，概因为与公司毫无利害的独立董事可以进入董事会，职工董事又如何不能进入董事会。关键是，职工董事如何进入董事会。我们认为，职工董事进入董事会大致有两种路径选择：一种是自动式进入，另一种是被动式进入，两种区分的标准是制度设计上的动力机制。职工董事不应该是被动式进入董事会，不应该是董事会、股东会控制下的。职工董事进入董事会不必苛求职工董事本来身份上的纯粹职工，职工董事是相对于股东董事而言的，"职工"仅仅意味着其出线的推动力。职工董事进入董事会应以职代会的强大为前提，限定其职责完全是自缚手脚，考虑其薪酬不如直接考虑其专业化。就当下的公司治理而言，职工董事与董事会的协调正如中小股东代表与董事会的协调，其关键在于职工董事与股东之间隔离墙的建立。而职工董事最终能够摆脱股东的控制，终究还是董事会的重新定位，即董事会不是控股股东的傀儡，而是专业化平台，由代表股东、职工、乃至政府的专业人士组成的经营平台。

3. 职工与经理的协调

所谓职工与经理的协调是就企业生产经营过程的内部管理而言的，这里的职工往往指普通员工，这里的经理往往指中高层管理人员，因此这里所针对的是有着直接或相当直接的管理关系的经理与职工。换个角度来看，这里的职工与经理的界限有时候是模糊的。这里的经理不是改制前国企中的总经理，而是董事会之下的经营管理人员。

(1)职工与经理间的现实问题

职工与经理间的现实问题终究是管理问题，往往具体化为人力资源经理与员工之间的关系，尤其是在涉及薪酬、人事等问题上接触，多属于法律上劳动合同管理的范畴。当然，经理对职工的管理也包括具体的业务管理。暂且抛开经理管理员工的艺术，仅从经理的角度来看，其往往面临两种冲突的身份：一方面，经理是董事会或者总经理聘任或雇佣而来的，其同样是职业劳动，可能与公司间产生劳动合同法上的纠纷；另一方面，经理又代表公司对一般员工进行管理，可能以用人者的身份与劳动者产生劳动合同法上的纠纷。因此，职工与经理间的现实问题在于经理所具有的两面性。因而，经理在管理过程中也会出现两种倾向，一种倾向是同普通员工保持一定的距离；一种倾向是同普通员工紧密地联系在一起。

　　仅从理论上分析，经理角色的两面性在于它在公司治理结构中衔接了两种不同的观念载体，一端是资本本位的股东，一端是劳动本位的职工。倘若职工是纯粹意义上的受雇者，经理的角色也不会尴尬。但是在现代企业制度中，职工在企业中的地位已经远非纯粹意义上的受雇者，其与企业之间的联系受到各方面因素引入的浸润，如政府赋予企业对职工的特别责任，工会在企业中对职工权益的充权效果，投资者不可能完全控制企业经营管理，经理层推动的企业内利益的多元趋向等。这意味着经理管理职工的理论基础受到很大的挑战，故而，职工与经理的协调问题也成了现实问题。换言之，经理对职工有管领指挥权利，那么职工是否有相应的民主参与权利呢？如上所述正是旨在阐明该问题的现实存在和肯定答案。

　　（2）职工在企业结构中的定位——从主人翁到员工第一

　　在公有制企业中，职工的地位可界定为"主人翁"。其"主人翁地位"是在法律中明确规定的，但是，"主人翁"的含义却逐渐发生了变化，不再是字面意思所表达的当家做主的人，而是把企业当家一样的奉献精神。在国企改制中不断有人在阐释职工的主人翁精神。但是随着现代企业制度的完善，不仅主人翁意义上的制度已经被搁置，而且关于主人翁精神的文化也逐渐被淡忘。但是，这不能说职工主人翁地位被否认了，只能说被淡忘了。近年来鲜有人论述劳动者在企业中的主人翁地位，在公司治理的框架上没有了讨论职工主人翁地位的空间。此种状况下，关于职工主人翁地位的宏观考虑犹如高屋建瓴，值得重视。如有工会工作人员指出，改革发展中若不能保障职工权益，若不能体现职工的主人翁地位，则必将影响工人队伍的稳定，长此以往，则有损于党的阶级和群众基础，不利于社会和谐。① 的确，我们应该从和谐社会建设和党的执政建设的高度来重视职工的主人翁地位。

　　实践中，随着企业改制的深入，职工主人翁制度中的奉献精神通过外来的管理制度以另一种面貌存续了下来，此即"员工第一"的管理理念。有人在论文中对以人为本的管理做了论述：以人为本的企业管理不仅是为了劳动者的积极工作，而且是为了劳动者的人格和权益，为了人的解放和发展。② 把员工放到较为优先的地位，体现企业承载个人职业发展

---

① 邓维龙. 尊重和保障企业职工主人翁地位，巩固共产党执政的阶级基础[J]. 中国党政干部论坛，2011(2)：13-14.

② 张文路. 树立以人为本的企业管理观应当做到"三先三后"[J]. 理论前沿，2004(12)：45.

的观念。有人对域外经验进行了介绍，特别是在美国西南航空的"员工第一，顾客第二"的公司哲学的成功案例进行了介绍，并总结出其在管理上的几个制度：在透明化管理中给员工以最大化的授权，在利润共享中考虑员工的利益，特别设立文化委员会弘扬公司文化等。[①] 也许在"员工第一"的理论与实践中均将员工作为着眼点，而将企业作为落脚点，却并不考虑职工在企业治理结构中的地位，但是我们并不应该将主人翁与员工第一对立起来。我认为，主人翁是基于制度逻辑上的理论，而员工第一是基于实践理性上的理论，两者有着内在的密切联系。

（3）协调职工与经理关系的几个要点

任何一个现代大企业的有效运营都离不开员工的努力，而这个努力过程必然是经理与职工之间相互协调配合才有的。当我们把这个协调配合提升到企业结构治理的高度时，有如下几点值得强调：

其一，企业运营管理中的职工参与是现代企业的必然要求，更是社会发展的必然要求。在企业改制过程中，有调研指出，股份制企业要保证职工主人翁地位，这不是任意管理，也不是企业恩赐，而是企业发展的要求。[②] 从正面说，职工参与，尤其是在业务管理中的直接参与，能够直接转化为绩效。应当说，自从有企业之际，通过受雇者参与来提高生产效率的做法就普遍受到重视，这应该是不证自明的常识。从反面说，在业务管理中杜绝员工任何形式的参与，只怕会有奴役之嫌疑，是文明社会所不能容忍的。因此，从经济与伦理的角度出发，均应当承认职工参与管理之必要。企业中的管理绝非军事管理，经理不是军事长官，职工也不是战场上的士兵。业务执行应该是在经理与职工互动的基础上进行的。

其二，职工不是企业的交易相对人，而是企业的成员。在这一点上，职工更类似于企业的投资人，而不同于企业的债权人。那种以劳动力成本最小化为出发点的管理，是将职工置于企业交易相对人的位置上以实现股东利益的传统管理，其深层基础是企业的财产产权理论。而现实中企业的财产产权理论正是主流，即将企业视为投资者的私有财产。但是，这样的观念在协调职工与经理之间的关系时是否见效呢？试看有人通过

① 高中华，武力. "员工第一，顾客第二"——解读美国西南航空的可持续发展之路[J]. 中国人才，2010(1)：71-73.

② 陈惠发，陈雯. 股份制企业如何保证职工主人翁地位？——福州东街口百货大楼股份有限公司转换经营机制的调查报告[J]. 中国工运学院学报：工会理论与实践，1994(5)：43-45.

比对追求"员工第一"的种种理由和追求"劳动力成本最小化"的种种理由后所做的结论。有观点认为,员工第一的观念有正负双重效果,这种观念须在劳动力成本最小化的前提下提出才是最好的选择。① 可是,两者又如何能够兼容呢? 倘若不是在兼顾股东回报和员工回报的基础上,那么所谓"劳动力成本最小化下的员工第一"显然是令人生疑的。现代社会不应该容忍以挑战职工的回报底线来实现投资者的高额回报。

其三,职工应得不应该只对应劳动力成本,还应该对应企业利润。我们可以这样考虑:职工享有企业利润作为一种股权激励机制已经有相应的实践,此在国内外均有案例或立法,职工享有企业利润必然会影响职工在企业经营管理中的参与方式。我们也可以这样考虑:在纯粹的无干预环境中,如黑社会组织中,成员参与现象也极为普遍,而所谓组织自然不是在纯粹劳务租赁的观念下展开的。

4. 职工、职代会、职工董监事、工会的配合——在整合意义上回应管委会

(1)从工会说起

工会问题不仅是中国问题,也是各国普遍之问题。在工人运动兴起和发展过程中,工会自然会迅速发展,并催生工会法律制度。而当工人运动处于低潮的情况下,工会自然面临动力不足的问题。这里有个两难情结:当工人参与极其积极的情况下,工会往往容易出现失控之情形,而逾越法律的框架;当工人绝大多数不参与工会的情况下,工会又往往容易出现失落与边缘化危机。而恰到好处的工人基础似乎是一刹那间的均衡,工会自然有着难以名状的苦情情结。当下之工会恐怕正存在动力不足的境遇中,相应之下,呼吁发挥工会职能成为主流声音。刘诚老师从全球经济背景分析认为,"全球化与工会关系突出表现在工会入会率下降、工会关系复杂化以及工会团结国际化"。② 工会本身也存在诸多内部和外部问题,但其根本出路仍然是工会团结、集体谈判、促进工资增长、改善劳动条件。话虽如此,域外工会入会率低的尴尬使得工会作为乏力已经是不争的趋势。而针对国内的体制改革背景下的工会,有人认为,"基于中国体制转型背景,从中国工会的现实发展策略来看,中国工会发展应当通过协调多维劳动关系和构建利益诉求的信息传递机制,实现工

① 胡勇君. 人力资源经理的困惑——"员工第一"与"劳动力成本最小化"的博弈[J]. 管理与财富,2006(3):32-33.

② 刘诚. 论全球经济衰退背景下的工会关系[J]. 浙江大学学报(人文社会科学版),2011,41(3):58-69.

人群体的集体利益；而从中国工会的长期发展策略来看，增强工会组织的自我发展能力是符合'社会和谐'要求的必然选择"。[①] 可见，我国的工会所面临的问题更多是体制问题，是如何有效地承载职工的利益问题。而工会与职工的紧密配合则可能有如下两个问题值得思考：

其一，国企改革前后的工会职能如何转换。这里的职能转换不仅仅是法律文本上的内容变化，更重要的是工会的现实职能。改革前的工会处在高度行政化的公有制企业中，政企不分客观上将工会也纳入到行政序列中。而改革后的工会处在高度市场化的公司制企业中，工会原来对企业的依附性应该逐渐转为对职工的依附性。目前我们对这个过程的认识尚不够深入。在保留传统和取法现代之间，是某种兼容还是完全重来？似乎在理论上更倾向于完全重来，而在实践中又有诸多制约而裹足。而当我们将工会放到企业民主管理制度体系中时，显然不应是非此即彼的。公有制工会已经有的职能应该尽量地保留下来，同时为适应新体制增加新的职能，在这个意义上，不是职能转换，而是职能完善与增进。

其二，新型企业中的工会如何发展。这里更多指在私营企业中如何建立工会，以及私营企业中工会的职能和工作方式。在路径选择上大致有两种：一种是从无到有、由职工自觉推动的工会发展，一种是参照国有企业推行工会建设。这里涉及我国的工会组织模式问题，应该参照国有企业推行工会建设为上策，但是现实中已经出现职工在体制外组织工会的苗头或倾向。我们认为，当我们聚焦在集体谈判的角度来认识工会的发展，新型企业中工会发展的两种路径是有冲突的，乃至在国有企业中也可能会出现体制外的自组织。然而，跳出单纯的集体谈判寻找企业民主管理上的出路则是一种更符合我国国情的选择。因此，从工会的角度来审视职工、职代会、职工董监事、工会的配合则有着重要的理论意义和现实意义。

(2)整合职工、职代会、职工董监事以及工会

职工、职代会、职工董监事、工会应该是一个有机的系统，整合在一起才是职工参与企业民主管理的全貌。这需要我们进行一定的梳理和整合，包括理顺四者之间的关系、协调四者与"新三会"之间的关系。而当下我们往往把四者割裂开来，分别看作职工参与企业民主管理的独立的制度。这说明，我们在一定程度上忽视了四者之间联系，也使得我们

---

① 杨海涛，王艳. 体制转型背景下的中国工会发展研究[J]. 思想战线，2011，37(6)：48-52.

在四者之间的关系上难以抉择。因而，这里所谓整合职工、职代会、职工董监事和工会更多是一种制度设想。

整合四者的关键在于将工会放到核心地位，建立职工——职代会——工会——职工董监事的职工参与企业民主管理的结构。职工定期召开职代会，职工是职代会当然的成员；职代会产生工会，工会主席负责召开职代会；工会对职代会负责，并选派职工董监事；职工董监事对工会负责，工会是职工参与企业民主管理的日常工作机构。这样的整合思路是将一个常设的机构纳入到职工参与企业民主管理制度中，并以此为基础来支撑职工董监事的工作。现在的企业管理中虽然没有厂务公开、职工董监事、职代会等，在职工——职代会——职工董监事的三环节的制度体系中，此间缺少常设工作机构而影响其运作效果。而且工会尽管与此三者有着密切的关系，却往往是个人身份上的重合，而非制度上的设计。故而有如上述将工会放置于核心地位的四环节制度构想。

在此构想下，工会成为公司的权利机构，并成为介于股东会与董监事会之间的平行机构。抛开工会的职能转换，抛开工会的组织建设，换个角度，在特定企业中推行工会在公司治理结构中地位的机构化、权利化可能是另一种出路。这样观点可能面临着诸多的挑战，但是基于曾经的事实、基于现代企业的发展、基于完善工会职能的考虑，推行工会在职工参与企业民主管理中的核心地位有着长远的社会价值。

(3)回应管委会思维下的公司结构

在企业治理结构中，尤其是在国企治理结构中，保留一个适当的管委会，不仅是尊重传统和历史，而且对于完善企业民主管理有着积极的意义。在股东会、董事会、监事会下的三会治理在结构上没有提供职工参与企业民主管理的平台，而在董监事会中引入职工董监事仅仅是职工参与的一种狭窄路径，其所满足往往是在股权机制下对职工的激励和对董监事会的监督，在本质上不是职工权益机制。而在公司结构中保留一个适当的管委会可以提供一个劳资平台或者职工权益平台。那么，该如何重新定位管委会呢？大致有两种思路：一个是在董事会下设立一个职工主导的人力资源委员会，一个是在董事会之上成立一个劳资共轭的管委会。

在理论上，管委会思维是集体决策思维。但从集体决策来讲，股东会到董事会的决策体系已经贯彻了集体决策的观念。而在董事会之上再成立一个管委会，通过劳资共轭来实现企业的决策则除了德国的劳资共决外，其他国家很少有效仿成功的。对此，我们不做深究和解释，仅仅从职工参与企业利润分配上考虑，股东会与职代会共塑一个平台至少在逻辑上也是成立的。

在职工参与企业民主管理与职工权益机制上，考虑在董事会之下成立一个管委会则可能更具有现实理性。一方面，原来的管委会是设立在总经理之下，而今设立在董事会之下也恰好应承；另一方面，管委会由工会或党委来主导主要涉及公司的劳动人事问题，也恰归属为职工自己的民主。回到具体的劳动法律实务中，涉及员工歧视、员工薪酬、员工管理的诸多问题，天然具有自我管理的空间。在董事会之下设立企业劳动人事管理委员会，通过职工参与来实现经营管理上的公平正义可能是一个更为开阔的视野。而在此视野中，工会应该有更多的作为。可设想，企业劳动人事管理委员会应该是典型的劳资共轭模式，在该委员会中，董事会不能恣意妄为，工会也不能完全掌控，企业的劳动人事管理不再是董事长制治理，而是委员会制治理。当然，这样的设想是初步的，还有待进一步勾勒和修正。

第三节 民主化与管理民主化

从劳动关系的现状看我国的企业民主管理可以凸显我国企业民主管理制度之虚化，强化我国对管理民主化的需求。从职工参与企业管理的各项具体制度的建构中常常渗透着对管理民主化的渴求。探索职工参与企业管理的通达性不仅在于构建多种路径，铺设诸多阶段性的制度，将职工参与企业管理层次化，并需求更开阔的制度支撑，而且在于推广管理民主化的文化，浸淫企业民主之观念，将职工参与企业管理纳入到社会文化体制中。唯有文化与制度的良性互动，才不会忧虑职工参与企业管理之通达性。故而，此节单述民主化和管理民主化，从政治民主与经济民主的协进中分析民主化，在企业管理民主化与企业民主管理制度中分析管理民主化。事实上表达了民主化的两个路径，一个是自外而内的、社会政治民主推动的民主化，一个是自内而外的、企业经营管理者推动的民主化。

一、政治民主与经济民主的协进——基层民主在企业中的体现

职工参与企业管理是民主在产业领域中的反映。长期以来，关于经济民主的论述多是从职工参与企业管理的意义上讲。域外的经验强调政

治民主向经济民主延伸，也有经济民主对政治民主的反馈。从更为宏观的角度来看，民主在当代之含义已经成为一个广泛使用的文化概念，而非政治领域所独享，故而才有所谓经济民主、政治民主等之称谓。经济民主与政治民主的协进恰恰是职工参与企业管理之长远考虑。唯有将基层民主在企业中有效地落实，以职工参与为基础的诸多制度才能有效地制约投资者决策权和经理经营权，才能有效地实现企业民主管理与企业结构治理之间的协调与配合。

(一)企业基层民主与企业民主管理

1. 基层民主的概念

党的十六大报告对基础民主有系统的阐释①。企事业民主管理制度是基层民主在企事业单位中的体现。进而，在理论上对基层民主的界定也以此为基础而展开。如有观点认为，基层民主是中央、地方和基层民主中的第三层，企业民主是基层民主中的农村、城市社区、企业民主中的第三部分。② 然而，同为基层民主，企业基层民主与农村和城市基层民主在制度上有很大的区别：企业基层民主的制度形式是民主管理，农村和城市基层民主的制度形式是村民或居民自治。

大约是因为企业民主管理与村民或居民自治有着太大的区别，我们往往把村民或居民自治理解为基层民主，而忽略了企业民主管理。因此需要强调企业民主管理的基本语境是基层民主，或企业民主管理是我国基层民主的三种存在形式之一。在基层民主的语境中，企业基层民主即企业民主管理，而企业民主管理即企业基层民主，两者之区别更多的是视角上的区别，所指基本一致。

2. 产业民主的概念

当我们明确企业基层民主是基层民主的三种存在形式之一时，有必要介绍一个同企业基层民主极为接近的域外概念"产业民主"。我们认为，介绍产业民主有助于我们进一步明确企业基层民主的内涵。因为仅从字

---

① 报告指出，"扩大基层民主，是发展社会主义民主的基础性工作。健全基层自治组织和民主管理制度，完善公开办事制度，保证人民群众依法直接行使民主权利，管理基层公共事务和公益事业，对干部实行民主监督。完善村民自治，健全村党组织领导的充满活力的村民自治机制。完善城市居民自治，建设管理有序、文明祥和的新型社区。坚持和完善职工代表大会和其他形式的企事业民主管理制度，保障职工的合法权益"。参见《党的十六大报告》。

② 王勇. 推进企业基层民主建设　畅通民主参与路径[J]. 中国党政干部论坛，2011(4)：59-60.

面意义来认知，基层民主可能是在划分层次后界定的某一层次的民主，企业民主也应该系指发生在企业范围内的民主，而这样的理解又与其实质所指有很大差异。我们感觉奇怪的是，基层民主、企业民主、产业民主、经济民主均可以在某种语境下指向同一事物，而其字面意思却有着极大的差异。也难怪这些概念会被模糊使用。

产业民主是一个西方概念，更是一个学术课题。产业民主课题涉及一系列重大理论与现实问题，近一个世纪始终是西方多学科交叉的热点，其作为民主的延续有着深厚而广泛的理论和社会基础，其观念与实践也影响巨大。① 产业民主与经济民主常常所指类似，一般视为是政治民主的延续。换言之，产业民主是政治民主催生的产物，是民主在经济上的表现，或者是民主在产业中的表现。但是同文作者又进一步解释，经济民主是涵盖产业民主的，其认为经济民主更为宏观，产业民主则较为微观。② 可见产业民主与经济民主还是可区别的，只是在混乱使用中存在了模糊使用的空间而增添了区分的困难。

黄越钦老师在其《劳动法新论》中，没有区分产业民主制和工业民主制，但是其所称的产业民主制是一种制度，有着明确的内涵，所谓产业民主是指经营权民主，即从产业主独享到劳资共享经营权。黄越钦老师认为，"各国均以某种程度实施劳工参与经营制度，其中以德国最具典型，已成为产业民主制之代表"。③ 由此实现了劳动者分享雇主经营权的事实。我们所称的企业民主管理也包括这一层含义，如上文以职工参与为背景对投资者决策权与经理经营权制约的实践和建构则属于经营权民主化的表现。因此，产业民主可指经营权民主化，至少产业民主的重心是经营权的劳资共享。而作为基层民主的企业民主管理的重心则会发生偏移，这主要是角度选择的结果。

3. 政治民主与经济民主的区分与界定

我们在此做一个术语转换、语境转换，从而转换一下制度建构的路径和思维。前文我们以制约投资者决策权和经理经营权为出发点进行最直接的制度建构，并顺着这样的思路另辟他径，构建一套不同层次间企业民主管理的制度体系，而终究是围绕企业结构治理所追求的制度协调和配合。而我们在论及职工与经理之关系时似乎找到了要点，却又没了

① 刘军. 试论西方产业民主[J]. 国外社会科学，2007(6)：2-8.
② 刘军. 试论西方产业民主[J]. 国外社会科学，2007(6)：2-8.
③ 黄越钦. 劳动法新论[M]. 北京：中国政法大学出版社，2003：248.

制度来相辅相成。而此，我们跳出就权利讨论权利的思路，将职工参与企业管理转换到民主建设的思路中。以基层民主和产业民主这两个概念的介绍为铺垫，我们将企业基层民主与企业民主管理转换为政治民主与经济民主。故而，我们在这里特别区分"政治民主"和"经济民主"。

（1）在不界定"政治民主"的情况下有关"经济民主"的各种界定

"民主"是政治学中最基本的范畴，以致在不同的语境中"民主"与"政治"往往搭配使用。因而在理论上并不单独界定"政治民主"，而恰恰是在使用"经济民主"的时候为交代"经济民主"而使用"政治民主"。关于"经济民主"的界定大致有三种：

一种是在生产过程中简单扩大了的政治民主。如域外有学者认为，经济民主一般不是指财富的平等分配，主要是指劳动者对经济的控制。[1]经济民主与产业民主在此意义上可替代使用。同样的使用方法在另一种体制的域外经验中也这样使用，如认为，经济民主是使政治民主扩展到经济中以使工人参与决策等。[2] 在此意义上的经济民主有两个基本的限定：其一，作为一种民主，在形式上如同政治民主；其二，并不扩展到经济领域，限定于企业内。

一种是扩展到经济领域中的民主。这时候的经济民主的范围和内涵均有较大的变化。如有观点认为，经济民主有宏观和微观两层含义：在宏观上贯彻经济制度安排的多数人利益原则；在微观上贯彻后福特主义的民主管理。[3] 把域外经济民主的基本内涵变通为微观上的经济民主，而另抽象一个各项经济制度中的宏观民主。按照此种逻辑，人民代表大会通过的有关经济制度的法律属于经济民主的表现形式，而通过的不关经济制度的法律则不属于经济民主。在此意义上的经济民主的基本含义是经济领域中的民主。

一种是在政治与经济的互动关系上界定的经济民主。例如，有观点认为，"现代意义上的政治民主，实际上是市场经济活动中各种具有'民主'特性的精神或原则（即经济民主）在政治形态上的集中体现和必然要求"。[4] 故而经济民主是政治民主的基础和动因。鉴于一般的政治经济学原理，此意义上的经济民主更多强调市场经济活动中的民主对政治民主的作用力。

---

① 萨托利. 民主新论[M]. 北京：东方出版社，1998：10-11.
② 奥塔·锡克. 争取人道的经济民主[M]. 高钴，译. 北京：华夏出版社，1989：344.
③ 崔之元. 经济民主的两层含义[J]. 读书，1997（4）：79-82.
④ 江作军. 论经济民主与政治民主[J]. 江苏大学学报（社会科学版），2003（4）：34-38.

（2）在企业治理中的政治民主和经济民主

难以严格区分政治民主和经济民主。虽然我们可以在大致区分政治、经济、社会、文化等领域性概念的基础上使用政治民主、经济民主、社会民主、文化民主等，但是理论区分在此不仅困难，而且在意义表述上可能有更好的替代语境。换言之，这样使用未必会有意想之中的效果。因而，我们并不在很广泛的意义上使用经济民主，而且我们有意在限定的企业内部同时使用"政治民主"和"经济民主"两个概念。进而可有两种选择：一种是将经济民主界定为以股东或资本民主为核心的民主，而将政治民主界定为职工参与为核心的民主；另一种是将经济民主界定为以职工分享经营权为核心的民主，而将政治民主界定为分享经营权之外的职工参与性民主。我们认为第一种选择更具有逻辑性，却并非惯例；第二种的分类逻辑性很差，却符合我国的现实和国情。进一步讲，职工参与企业管理既是一种政治民主，又是一种经济民主，实际上表明职工参与企业管理可属于两个不同的知识体系，属于典型的交叉性课题。而交叉领域的发达自然需要各相关领域的协进。因此，当我们把职工参与企业管理作为一种基层民主的时候，应该首先确立政治民主与经济民主协进理论。

（二）政治民主与经济民主的协进

1. 我国企业治理中政治民主与经济民主协进之实践

在计划经济体制下，企业治理的经济性和政治性具有高度的一致性。而在改革过程中，领导人也指出，应通过各方的积极参与来防范经济管理体制权力过于集中。如邓小平认为，在经济体制改革中下放权力才有利于发挥国家、地方、企业和劳动者个人的积极性。针对企业而言，国家、地方、企业经营者、劳动者均应发挥其积极性，而并非按照狭义的资本民主来进行体制改革。一方面引进股东会、董事会、监事会这样的经济民主；另一方面保留传统的带有政治意义的党委会、职代会、工会等形式的民主。在我们看来，这正是我国企业治理的特色。而回顾新中国以来企业治理的理论与实践，有两方面内容需要强调：一个是改革开放前的"两参一改三结合"①，一个是改革过程中的合作制。"两参一改三

---

① 1960 年 3 月，毛泽东在中共中央批转《鞍山市委关于工业战线上的技术革新和技术革命运动开展情况的报告》的批示中，以苏联经济为鉴戒，对我国的社会主义企业的管理工作作了科学的总结，强调要实行民主管理，实行干部参加劳动，工人参加管理，改革不合理的规章制度，工人群众、领导干部和技术员三结合，即"两参一改三结合"的制度。当时，毛泽东把"两参一改三结合"的管理制度称之为"鞍钢宪法"，使之与苏联的"马钢宪法"（指以马格尼托哥尔斯克冶金联合工厂经验为代表的苏联一长制管理方法）相对立。两参一改三结合［EB/OL］. 百度百科. http://baike. baidu. com/view/704785. htm.

结合"是针对厂长制改革而言的，是特殊背景下我国企业治理的宝贵经验。我们认为后来的职工董监事制度除了从域外找渊源外，还应该寻找传统经验上的支持。而"两参一改三结合"中的工人参加管理就是职工董监事最好的诠释。

在具体的企业改制过程中，我们最终选择了以股份制为基础的现代企业制度。其中关于股份合作制的实践由来已久，但始终未成为企业治理的主流。股份合作制是一种本土实践，借鉴股份制和合作制的要素，却是我国土生土长的制度，很难在股份制与合作制的分类框架下梳理清楚，一般认为，股份合作制既不同于股份制，也不同于合作制，其是劳动合作和资本合作的整合统一。① 随着改制的深入，虽然仍有观点继续坚持合作制的意义，却更多是理论上的，实践中逐渐实现了合作制向股份制的转换。那么，我们是否还有必要重申合作制的意义，重新导入和扩展股份合作制企业吗？有学者指出了合作制的深刻意义：其一，改革企业制度，在企业内解放劳动、消除剥削，实现经济民主；其二，为政治民主提供社会平等、民主的基础；其三，提供了人的联合的社会合作共同体的现实道路。② 的确，我们应该强调合作制的意义，在企业改制过程中，政治民主和经济民主协进之观念有待加强。不能断言，股份合作制能够更好地实现政治民主和经济民主的协进。至少可以肯定，现代企业制度不能在资本民主上走得太远，而针对诸多企业民主管理制度的弱实施现状，很有必要强调企业治理中的政治民主之维度。

2. 政治民主与经济民主协进之构想

超越企业治理结构上的民主制度，在更为开阔的视野思考政治民主与经济民主协进之构想，可为职工参与企业管理提供更好的制度基础。

(1)各方主体积极参与

政治民主与经济民主协进路径首先体现在各方主体积极参与，在企业范围内落实广义上的民主。党委会应当在企业中积极组织职工参政议政，工会应当在企业中有效地维护职工的权益，职代会应当由工会组织并由党委会支持。各方主体积极参与不仅包括对企业自身事务的参与，而且应该以企业为平台参与社会事务。各方主体在自身宗旨下展开工作，充分拓展企业内的社会化。

① 正确认识股份制和股份合作制[J]. 党建，1998(11)：7-8.
② 朱晓鹏. 从经济民主到政治民主——论合作制的民主原则及其意义[J]. 中共宁波市委党校学报，2005(3)：11-16.

各方主体积极参与的重点在于推动职工的市民化，弱化职工单一的生产功能，从而提升企业民主管理中职工的民主意识。换言之，各方主体的积极参与有利于将职工参与企业管理纳入到更广泛的民主制度体系中。

（2）多种制度同时推进

一方面推进企业层面上的政治民主，如民主选举、民主监督、厂务公开等；另一方面推进企业层面上的经济民主，如完善企业法人治理结构，完善董事会制度，以及职工董监事制度。事实上，完善公司法律制度，将公司组织以及公司行为纳入法治框架中，对于职工参与管理同样有积极意义。一个逃税漏税、股东董事经理一体化的企业尚不能保障中小股东的参与权，又如何实现职工的参与管理；一个不能遵守劳动和社会保障法律制度的企业尚不能保障劳动者法定基准上的权益，又如何实现职工的民主管理。

多种制度同时推进的想法在于强调企业首先处于一个良好的法治状态，然后才能有效地实现职工参与企业管理，实现劳资两利。多种制度同时推进的想法，一方面说明现实中劳资法治有令人忧虑之处，另一方面也说明职工参与企业管理属于劳资法治的一部分。劳资法治既包括纯粹的企业资合性制度，也包括纯粹的劳动和社会保障法律制度，而职工参与企业管理恰恰是交叉领域中的劳资法治。

（3）兼顾职工参与的政治性和经济性

职工参与企业管理既是一种经济制度，又是一种政治制度。我们认为，职工参与企业管理是政治民主在经济领域或生产过程中的反映，这样的观点有需要补充之处。职工参与企业管理不仅是政治民主的补充和扩大，更是政治民主的当然组成部分，此如同村民自治、居民自治一样构成民主政治不可或缺的组成部分。

兼顾职工参与的政治性和经济性是政治民主与经济民主协进之要点。例如，厂务公开制度作为经济民主的特征并不明显，该制度的关键在于通过厂务公开实现对经营管理层的监督，尤其是职工对经营管理层涉及职工利益行为的监督。此种监督制度同村务公开一样属于基层政治民主的表现。企业在社会政治生活中的组织作用越来越大，在某种程度上可以替代社区。在此意义上，职工代表大会的选举将可能发育为重要的基层政治民主形式，它的意义不仅在于产生企业工会、职工董监事，而且可考虑产生人民代表，与国家政治生活联系在一起。而在当下关于职工参与的实践中，厂务公开是典型的政治民主与经济民主协进的例子，体现了企业民主管理制度建设中作为基层政治民主的一面，可考虑兼顾职工参与的政治性和经济性，成为以基层政治民主推动职工参与企业管理的重要切入点。

（三）厂务公开

1. 厂务公开的实践

厂务公开是从地方的自发行为开始的，属于地方经验，后经过中央的推广和重视，提升为基层民主政治的重要形式，而成为一项独特的企业民主管理路径。自 1998 年胡锦涛批示石家庄市天同拖拉机有限公司实行厂务公开，到 1999 年 1 月成立全国厂务公开协调小组在公有制企业中推广公务公开，它已经成为一项的重要的基层民主建设目标。根据已有的厂务公开的实践，可对厂务公开作如下理论描述：

（1）厂务公开的概念

厂务公开不拘泥于"厂"，而且随着行政命令性自上而下的推行，已经扩展到校务公开、政务公开等，而且厂务公开必然会突破所有制在私营企业逐渐推广。但厂务公开并不构成对投资者决策权与经理经营权的直接约束，尚不构成严格的经济民主，更多是一种基层政治民主。故而，厂务公开理论的逻辑是公开厂务、民主监督、民主管理。在此借鉴 1999 年吴邦国讲话所做的概念性描述[①]，可知厂务公开并非简单的公开厂务，而是围绕公开厂务的一系列制度。以下以《关于在国有企业、集体企业及其控股企业深入实行厂务公开制度的通知》为依据，介绍厂务公开的机制、内容、责任。

（2）厂务公开的机制

厂务公开是在党委领导下，是通过厂务公开领导小组开展工作的。企业的厂务公开小组由企业党、政、纪、工的负责人组成，是厂务公开的权力机构。企业工作是厂务公开领导小组的工作机构。此外，企业还成立监督小组，由纪检、工会以及职工代表组成，主要监督公务公开的实施，评议厂务公开的落实。

（3）公开厂务的内容

在政策上允许企业根据实际情况而有侧重地公开厂务，但是要求企

---

① "厂务公开正是从尊重和保障职工群众的民主权利，让职工知厂情、议厂政、务厂事，不断扩大基层民主，调动和发挥职工群众的积极性，推进国有企业改革、发展、稳定的客观需要出发，所做的大胆实践和有益探索。"全国厂务公开协调小组办公室. 厂务公开十年历程[M]. 北京：全国厂务公开协调小组办公室，2008：2.

业公开厂务应该规范化，应该明确、明细、完整。当厂务公开的内容逐渐规范、务实的情况下必然会促进企业生产、完善企业管理、增进企业民主。厂务公开的主要有四个方面内容：其一，企业的重大决策的厂务公开;① 其二，企业生产经营管理重要事项的厂务公开;② 其三，涉及职工切身利益事项的厂务公开;③ 其四，与企业廉政相关事项的厂务公开。④

(4)厂务公开的责任

确立厂务公开的责任，对不执行厂务公开的，追究其责任，以防止厂务公开流于形式，应该明确公开而未公开的决策的效力，加强民主评价的效力，明确违反厂务公开的责任。其一，没有公开，也很难有事实上的职代会审议，此类企业重大决策对内不产生效力，不应实施；其二，在涉及职工利益时，未厂务公开的，则视为无效，但须进一步明确无效的认定机制；其三，在民主评议中应该进行厂务公开，确保职工参与以制约企业管理层；其四，对违反厂务公开的具体企业管理者追究相应的责任，特别是在造成严重后果的情况追究其法律责任。

2. 厂务公开的制度完善

我国的厂务公开已经开展很久，而有关厂务公开的实践仍然是靠政策推动的、局限于国有企业的、目标太过分散的行政化措施。可认为，经过多年的积累，厂务公开制度应该逐渐法律化，逐渐向所有企业普及，逐渐明确政治民主与经济民主协进的思路，逐渐导入法益机制以求去行政化等。

厂务公开制度化应该进一步明确厂务公开的责任主体。明确厂务公开的责任主体有两种思路：一种是规定公司现有治理机构的厂务公开义

---

① 如企业中长期发展规划，投资和生产经营重大决策方案，企业改革、改制方案，兼并、破产方案，重大技术改造方案，职工裁员、分流、安置方案等重大事项。

② 如年度生产经营目标及完成情况、财务预决算、企业担保、大额资金使用、工程建设项目的招投标、大宗物资采购供应、产品销售和盈亏情况、承包租赁合同执行情况、企业内部经济责任制落实情况和重要规章制度的制定。

③ 如劳动法律法规的执行情况，集体合同、劳动合同的签订和履行，职工提薪晋级、工资奖金分配、奖惩与福利，职工养老、医疗、工伤、失业、生育等社会保障基金缴纳情况，职工招聘，专业技术职称的评聘，评优选先的条件、数量和结果，职工购房、售房的政策和住房公积金管理以及企业公积金和公益金的使用方案，安全生产和劳动保护措施，职工培训计划等。

④ 如民主评议企业领导人情况，企业中层领导人员、重要岗位人员的选聘和任用情况，干部廉洁自律规定执行情况，企业业务招待费使用情况，企业领导人员工资(年薪)、奖金、兼职、补贴、住房、用车、通讯工具使用情况，以及出国出境费用支出情况等。

务，如股东会、董事会、监事会等；另一种是成立专门的厂务公开责任机构。我们认为，厂务公开的责任主体应该是现有的公司治理机构，但应该在此基础上给企业工会以特殊授权并构建厂务公开的渠道和平台。如赋予企业工会接受厂务公开的受领权以及请求权。

厂务公开制度化应该进一步明确厂务公开的对象和方式。不同的内容应该有不同的公开对象和方式。我们认为，公开对象包括职代会、工会、职工、职工董监事、不特定主体等。其中，工会应该成为厂务公开的主要对象，工会可作为一个重要的纽带和中介以实现厂务公开的程式化、有效性。职工董监事应该成为厂务公开的特殊对象，一些事关机密的企业经营决策及特别资讯应该向职工董监事公开，职工董监事应该以劳资两利为前提对企业负有特殊的忠诚义务。

厂务公开制度化应该进一步明确厂务公开的内容。我们认为，不应该笼统地规定厂务公开的内容，也不应该太广泛地罗列厂务公开的内容。在具体之公开事项上必然会涉及多方利益，如可能涉及企业的隐私，可能涉及企业的策略，还可能涉及不同事项的不同公开范围。确定厂务公开的内容应该有两个维度：一个是经济民主的维度，一个是政治民主的维度。就经济民主的维度而言，厂务公开的内容应该同职工参与管理、制约投资者决策权与经理经营权的制度衔接起来，如工会、职代会、职工董监事三者的职权应与厂务公开制度有效衔接，职工董监事履行职权所相关之厂务必须向职工董监事公开，职代会行使职权所相关之厂务必须向职工代表大会公开，工会行使职权所相关之厂务必须向工会公开。就政治民主的维度而言，厂务公开的内容应该同基层政治民主相衔接，如基层政治民主中群众监督、检举、建议等所相关之厂务应该向一般职工公开，乃至向一般大众公开。

厂务公开法律化包括两个方面的努力：一方面，加快厂务公开立法，将厂务公开的成熟实践纳入法律化轨道；另一方面，完善厂务公开的法律救济渠道，明确规定厂务公开中各方主体的权利义务。尤其是，当有关厂务公开的纠纷进入司法程序时，由法官来判断特定资讯是否应该公开，由法官来判断特定主体是否具有合格的请求权，由法官来判定厂务公开义务主体的法律责任，那么厂务公开则可称为一项法律上的重要制度，不仅有效地黏合了各种企业民主管理制度，而且承载着政治民主和经济民主协进的步伐。

二、企业管理民主化与职工参与企业管理的互动
——职工参与在民主中的实现

经济民主与政治民主的协进是民主化的一种体现，民主的基层政治必然为职工参与企业管理提供良好的基础。但是在企业的具体管理中，通过基层民主政治实现职工参与往往面临企业经营管理层的压力。换言之，基层民主政治对职工参与的推动往往被企业经营管理的专断所抵消。因此，企业经营管理层的民主观念、民主作风对于职工参与企业管理有现实作用。企业管理民主化与职工参与企业管理之间有着密切而迅速的联动机制。诸多职工参与的自觉个案都是在企业管理层的民主化作风中实现的。

(一)企业管理民主化

1. 企业管理民主化的含义

什么是企业管理民主化？在我们已有的检索资料中不仅未发现对"企业管理民主化"的专门界定，而且常常有"管理民主"与"民主管理"的混同使用。我们在前文专门区分了"民主管理"和"管理民主"。而在"管理民主"之外又使用"企业管理民主化"，可推测我们是在限定之后而概念化的。在此，我们在区分企业管理民主化和企业民主管理制度的基础上使用企业管理民主化。

(1)企业管理民主化的主体是经营管理者，而非其他

企业管理民主化的主体是经营管理者，而非抽象的企业，也非工会、职代会、党委会等，也不是职工。企业管理民主化在此指企业的经营管理者在管理过程中的民主化。与企业管理民主化相对应的是经营管理者的专断。企业管理民主化并不拘泥于特定的公司治理结构，在所有的企业形态中都可能存在。实质上是对经营管理者的一种认知，如认为"某经理很民主"就是企业管理民主化的体现。

(2)企业管理民主化是一种观念、态度、作风，而非制度

与企业民主管理制度相对应，企业管理民主化是经营管理者的观念、态度和作风。如在规模较小的有限责任公司中，经营管理者高度集中，不仅没有完善的企业治理结构，也没有完善企业治理结构的必要，这样的企业不应该适用企业民主管理制度，但是不影响这样的企业在管理上的民主化。另外，企业管理民主化不等于企业经营决策向民主机制转换，而是经营管理中人性化管理，企业决策中兼顾各方利益等。

(3)企业管理民主化是一种企业文化

　　企业管理民主化是一种企业文化，而且随着企业民主文化的渗透，企业管理民主化会向纵深发展。现代企业在关注员工积极性时，往往注意塑造企业文化。而在当下流行的企业管理文化各种各样，其价值也比较多元。而在多元价值中，民主化往往是居于次要地位的。企业管理民主化往往与企业的利润观念、效率观念发生冲突，在这个意义上，企业管理民主化是弱势的。

　　2. 企业管理民主化的存在

　　自如上界定的企业管理民主化，根据企业管理的现实，可认为，企业管理民主化往往与特定因素联系在一起。换言之，企业管理民主化在特定情况下有其存在的必然性，而在某些情况下有其存在的或然性，在某些情况下则不宜存在。

　　(1)企业管理民主化适合于现代化大企业

　　现代化大企业以规模经营为基本特征，意味着企业之运转以制度化运转为宜。故而，个人魅力与制度、结构等配合才能产生可积累的经营文化，而个人高度权威很难适合于现代化大企业，而制度化和结构治理天然与管理民主化衔接在一起。一个不懂民主精髓的经营管理者往往在现代化大企业的经营中出现诸多不畅。

　　而在中小企业中，尤其是小型的、家庭化的企业中，企业管理民主化则不具有必然性。而且常常有相反的例子表明，专断的小企业主往往代表一种魄力，而更容易抓住市场机会，而少有负累。当然，笔者认为，应该鼓励中小企业管理的民主化。但是，就现实存在而言，企业管理民主化在小企业中不具有必然性，而在大企业中具有必然性。

　　(2)企业管理民主化适合于稳定经营的企业

　　稳定经营的企业所面临的风险往往不是企业外部的竞争压力，而是企业内部的利益格局。民主化是实现利益格局合理化的重要手段。倘若稳定经营的企业不考虑经营管理上的民主化，则往往会出现内部利益的冲突与内部主体的分裂。事实上，并非所有的企业一开始就是民主化的管理，而经过较长时期的稳定经营，民主化则会不断地扩大。

　　换个角度看，在起步创业的企业中，或者经营状态极不稳定的企业中，则很难实现企业管理民主化。这是因为，此种状态的企业要么在发展初期，其理想状态是资合和人合的天然统一；要么处在没落时期，民主化有可能消逝企业难得的转机。

　　(3)企业管理民主化适合于企业经营管理者的自觉民主

　　企业管理民主化往往以企业经营管理者的自觉民主为契机。企业经营管理者的民主意识可能来自于两个方面的原因：一个是经营管理者的主动行为，一个是经营管理者的被动行为。被动的企业管理民主化往往是虚假的民主化，虽有其形，难得其神。一般企业管理民主化会表现出自上而下的民主化。唯有经营管理者具有真实的民主化意思，这种自上而下的企业管理民主化才能实现与基层职工民主诉求的有效衔接。

（二）企业管理民主化与企业民主管理制度的互动

在界定了一种区别于企业民主管理制度的企业管理民主化后，可进一步阐释企业管理民主化与企业民主管理制度之间的互动。这里需要分析两个点：其一，两者的互动机制；其二，两者的结合状态。

1. 企业管理民主化是企业民主管理制度实施的重要保障

企业管理民主化是企业经营管理者主动实施的自上而下的民主化。而企业民主管理制度是企业经营管理者之外的一整套职工参与机制。这套机制虽然可能已经在法律上有着详细的描述，而理论上有着深邃的阐释，却终究是对企业经营管理者的种种限制。故而，企业民主管理制度所面临的现实问题常常是来自企业经营管理者的阻扰和阳奉阴违。因而，在具体的个案中，各种施压的效果未必如经营管理者的自觉重要。事实上，说服企业经营管理者往往是现实中推动企业民主管理制度之要害。例如，实行厂务公开，对经营管理者进行监督，没有经营管理者的配合，厂务公开就不可能有效展开。再如，通过职代会选举职工董监事，没有经营管理者对真正代表职工的职工董监事的容忍和支持，就很难选举出真正的职工代表。一言以蔽之，在企业治理结构中，经营管理层是左右企业的实体，没有企业经营管理层对民主化的认知，就很难实施企业民主管理制度。

2. 企业民主管理制度是推动企业管理民主化的重要原因

在辩证的思维中，企业管理民主化和企业民主管理制度是相辅相成、互相依存的。企业管理民主化可以保障企业民主管理制度的有效实施，企业民主管理制度可以推动企业管理民主化。这恰恰说明，民主化是一个不断深入的过程。管理民主化对民主管理制度的接受也有一个从少到多、从浅到深的过程。

但是，需要指出的是，企业民主管理制度是推动企业管理民主化的重要原因之一。其对管理民主化的推动并不是绝对的，特定情况下会给企业管理民主化带来一些压力。故而，我们应该强调企业管理民主化的自觉行为，通过财产制度、基层政治制度、经理职业化制度等来多方面塑造企业经营管理的民主化观念。

3. 浑然一体的民主管理制度与管理民主化将是职工参与企业民主管理的理想状态

企业管理民主化的最终状态应该是民主管理制度，是各种民主管理制度的有效整合和一体化。从当下企业民主管理的目标来看，浑然一体的民主管理制度与管理民主化将是一种理想状态。在该理想状态下，体现为劳资共轭，结果为劳资两利。在企业的经营决策中，资本和劳动均有相应的发言权，投资者与职工在经营管理层上达成稳定的共轭状态，其中，对外经营的重大决策能够较多体现投资者的意志，对内管理的重要事项能够较多体现劳动者的意志。经营决策层的制衡机制从单纯的资本制约走向劳资共同制约。在此意义上，民主管理制度与管理民主化是合二为一的。

（三）在民主中逐渐实现职工参与

企业管理必然走向民主化，其制度化的节点必然是经营管理者的管理民主化。而经营管理者民主化与企业民主管理制度却并非一个层面上的事物。事实上，民主化的程度和状态是整个经济制度和政治制度决定的。当民主成为势不可挡的趋势时，职工参与企业管理的各种制度必然会有效地实施，必然会不断地反馈并与《公司法》《劳动法》《社会法》《宪法》等有效地衔接。换言之，我们关于职工参与企业管理的通达性思考最终寄托在民主之中。这应该是一个更开放的课题，是各种社会力量共同努力的目标。而仅就当下职工参与企业管理而言，完善职工参与企业管理的制度体系至少应包括如下努力：

其一，立法与行政应该重视职工参与企业管理的立法和实施，提升企业民主管理的政策地位。通过前文的分析，笔者认为，企业民主管理制度建设是企业改制过程中的一个遗憾。从逻辑上讲，传统的民主管理机制是我们宝贵的制度资源，倘若能够在现代企业制度中得到很好的保留，其益处不可限量。当下若能在立法与行政上提升企业民主管理制度建设的地位，或许可以弥补此种遗憾。企业民主管理的本质不应该是反腐倡廉，不应该是群众监督，不应该是效率，而应该是职工参与企业管理本身。

其二，加强工会在企业民主管理制度中的地位。割裂工会、职代会、职工董监事、党委会，使得企业民主管理的制度看似多种多样，却很难有效普及、落到实处。而整合各种企业民主管理制度的突破点应该是提升工会的地位。把工会定位为西方的工会是不符合我国国情的。我国的工会不应该仅仅成为代表职工进行集体协商的团体，而应该承担更多的民主职能。

其三，通过各种制度建设塑造企业内的民主文化。例如，加强党委会在企业基层的民主建设，落实企业内群众监督，培育职工的民主观念；完善现代企业治理结构，实现经营管理层的职业化，培育经营管理者的民主观念；推进财产制度法治化，财产透明化，以区分资本与财产的观念来塑造投资者的市民观念；完善劳动和社会保障法治，提升劳动收入的重要性，提升劳动者的发展空间，等等。总之，随着民主建设的深化，必然会在民主中逐渐实现职工参与，理论上建构的职工参与企业管理才能实现。

第七章　职工代表大会

第一节　引言

一、背景

职工代表大会作为一种稳定的、成熟的制度，还有很多需要努力的地方，特别是在法律化的过程中还缺乏深厚的理论积淀。但是职工代表大会作为一种制度努力或者政治追求却比中华人民共和国的历史还要久远。一般可追溯至早期的"三人团"，但是名称更接近解放区公营企业实行的有职工代表参加的工厂管理委员会。① 这种制度实践正是职工代表大会的制度努力，这也是与我党革命的政治理想相一致的，这一点不仅得到了我党政治理论的有力支撑，而且在建国过程中也得到了制度实践的确认。《中国人民政治协商会议共同纲领》对公私企业进行了不同规定：在国家经营的企业中，实行工人参与生产管理的工厂管理委员会；在私人经营企业中，实行劳资两利的集体合同。《中国人民政治协商会议共同纲领》是中华人民共和国成立过程中协商而成并在一定时期内具有临时宪法作用的文件，它对国家经营的企业和私人经营的企业中工人参与的规定基本而真实地反映了当时的现状，由此看，经过革命而得到的胜利果实，在宪法性文件中存在了两种形式，一种是具有管理意义上的职工代表大会，另一种是具有协商意义上的职工代表大会。政治上，工人阶级已经成为领导阶级，掌握了国家政权，在经济上，工人阶级组织起来也是正常的逻辑，职工代表大会制度则既是一种政治制度，也是一种经济制度、法律制度，在中华人民共和国一成立就被确定了下来。因此，有一个不可动摇的背景性结论，即职工代表大会制度的存在是政治理想和革命斗争的结晶，职工代表大会制度作为民主管理的基本形式在制度体系中的存在已经成为一种传统，不具有被质疑的空间。

中华人民共和国成立后，职工代表大会制度得到了空前的实践机遇。

---

① 金朵朵. 德国工场委员会制度与中国职工代表大会制度之比较[D]. 湘潭大学, 2006.

通过社会主义改造，很快建立了公有制的经济体制，特别是通过"和平赎买"的方式迅速地实现了资本主义工商业经济的改造，尽管其间经过了低级阶段向高级阶段的过渡，但是整个过程是很快的。在建立起以全民所有制和集体所有制为特征的公有制经济体制之后，开始了自上而下的社会主义建设的实践。一方面职代会在全民所有制企业中全面实行，另一方面进行了诸多民主管理的实践和经验总结，诸如职工合理化建议、生产班组会、两参一改三结合、工管网、七大员等。① 笔者认为，虽然社会主义改造的过程是短暂的，在此期间，社会主义建设的实践似乎是昙花一现，但是其中的理论价值却是深邃而不容易被挖掘的。也就是说，职工代表大会在那个显性而主流的制度年代里，应该有着其正要被发现的价值，只是因为实践的中断和时空的转移而变得成为一个没有答案的思索摸索。

根据 1982 年第五届全国人民代表大会第五次会议通过的《中华人民共和国宪法》第十六条规定"国营企业在服从国家的统一领导和全面完成国家计划的前提下，在法律规定的范围内，有经营管理的自主权。国营企业依照法律规定，通过职工代表大会和其他形式，实行民主管理"。在宪法的层面解读第十六条，其第二款的职工代表大会和第一款的国营企业自主权是相辅相成的。

无论如何，改革开放引入了崭新的企业制度，同时确立了职工代表大会制度。而如何处理企业治理和以职工代表大会制度为基本形式的民主管理制度，关于职工代表大会制度何去何从的实践和理论研究正具有相当的现实意义和理论意义。

二、问题意识

职工代表大会在不同企业中基本职权的一致性和差异性研究是在改革大背景下、制度剧烈变迁中分析和研究职工代表大会制度的。职权是职责和权力的复合体，职责意味着其存在的基础或者其权力的源泉，而权力意味着存在的形式或者其职责的执行力，因此，职权总是以机构的名义而获得合法的内容，而机构总是一个或者几个利益群体的代表。基本职权则是与机构的性质或者定位密切联系在一起的，要了解一个机构或者组织的性质或者定位可以从机构或者组织的基本职权开始分析。根据 1986 年《全民所有制工业企业职工代表大会条例》的表述，职工代表大

---

① 金朵朵. 德国工场委员会制度与中国职工代表大会制度之比较[D]. 湘潭大学，2006.

会是企业实行民主管理的基本形式，是职工行使民主管理的机构，但是这是在全民所有制工业企业中的界定。而在公司法中，又表述为公司依照宪法和有关法律的规定，通过职工代表大会或者其他形式，实行民主管理。由此看，职工代表大会在我国的法律制度中是民主管理的一种形式。

但是在企业改革过程中，特别是股份制改革过程中，以建立现代企业制度为目标，形成了我国企业制度的多元化实践，在非公有制企业中，职工代表大会制度的性质如何？如何定位？没有明确的法律规定，却有一些具体的制度努力，一方面是公司法等法律制度所作的规定，另一方面是公司出于管理的需要所作的各种实践。在这种情况下，比较职工代表大会在不同企业中的职能就有了制度总结与分析的现实意义，对职工代表大会制度的定性和定位则是一个有意义的研究。在企业制度的变化中分析和研究职工代表大会的基本职能，能够对职工代表大会制度有一个定性和定位上的认识，而这种认识随着企业制度改革的深入和企业制度格局的不断变化又可以实现理论和实践的互相补给。这正是本文研究的一个基本目的。

本文研究职工代表大会在不同企业中的基本职权的一致性和差异性，面临着企业制度的变迁和职工代表大会制度自身的流变，不可能在相对合适的平台上就职权论职权，如果仅仅是分析正在存在的制度中所体现的职权规定同一的地方和差别的地方则只是一个表面的工作而不会达到研究的目的。因此，在路径选择上视野力求开阔。以下，沿着自我改革，对外开放的基本思路，首先分析了我国的企业格局及其成因，力图展现职工代表大会制度异同分析的平台；其次分析了职工代表大会制度在企业多元化过程中的流变，力图展示职工代表大会所作的各种努力和其存在的空间；最后分析职工代表大会在不同企业中的一致性和差异性，对一致性形成的理论反思，对差异性凸显的理论思考都最终归结为职工代表大会制度定性和定位的探索中，正是在这个基础上对职工代表大会制度的未来作了一个尝试性的思考。由此看，本文的研究路径是沿着两条历史实践的主线，围绕一个理论目的而展开的。

第二节　我国的企业格局及其成因

一、我国的企业制度与经济体制改革

我国企业改革的基础或者原态是已经存在的企业及其制度。我国企业制度改革的基础是我国特有的经济体制。我国不同时期的宪法对企业

所有制的表述是不同的，① 这也恰是我国不同时期有不同形态企业的一种反映。根据 1982 年的宪法，也是在改革开放前后所形成或存在的企业形态，则主要有两种：一种是全民所有制企业，一种是集体所有制企业。所要改革的企业也正是这两种企业，并统称为公有制企业。

关于我国改革开放中的体制转轨，可以有不同的阶段分类，但是改革过程的认识一般是一致的，借鉴他人总结，"从总体上看，我国的改革分为三个阶段：从 1978 年党的十一届三中全会到 1984 年的党的十二届三中全会，为第一阶段，改革的重心在农村，确立了家庭联产承包经营责任制，促进了农村经济的大发展；而后，到 1992 年党的'十四大'以前，为第二阶段，改革的重心由农村转入城市，主要是大力发展个体、集体、外资、合资等非国有经济，成效显著。至于国有企业，虽然这期间国家出台了'放权让利'等项措施，但不过是在维系原有体制框架的基础上所进行的一些政策性调整、尚不具有真正意义上的改革性质；党的'十四大'以后，进入第三阶段，改革的重点才是国有企业"。② 从如上所述的改革三阶段的分析来看，在第二阶段会产生许多新的企业形式，而这些企业是从无到有的，对我国的制度而言应该是一种体制性创新，同时也涉及到集体企业的大范围改革。而从第三阶段开始则是主要针对国有企业的改革，但是这三个阶段实质上是相互渗透的，在实践操作中不可能划出一个界限。

有了私营企业，有了非公有制经济，从改革过程中对非公有制经济认识的不断更新，也可以成为分析企业改革的一个视角。而从中华人民共和国成立以来宪法中对经济体制法律规范的分析可以透视我国急剧变迁的社会和不断改革的企业结构。

中华人民共和国刚成立的时候，我国存在多种经济制度，这在 1954年宪法中也有所体现，按照《刘少奇关于中华人民共和国宪法草案的报告》中所作的解释，我国在过渡时期还有多种经济成分，概括后主要有四种所有制：国家所有制、合作社所有制、个体劳动者所有制、资本家所

---

① 根据 1954 年宪法的规定，"中华人民共和国的生产资料所有制现在主要有下列各种：国家所有制，即全民所有制；合作社所有制，即劳动群众集体所有制；个体劳动者所有制；资本家所有制"。而 1975 年、1979 年宪法的一致性规定为，"中华人民共和国的生产资料所有制现阶段主要有两种：社会主义全民所有制和社会主义劳动群众集体所有制。国家允许非农业的个体劳动者在城镇或者农村的基层组织统一安排和管理下，从事法律许可范围内的，不剥削他人的个体劳动。同时，引导他们逐步走上社会主义集体化的道路"。在 1982 年颁布的《中华人民共和国宪法》规定并表述为"中华人民共和国的社会主义经济制度的基础是生产资料的社会主义公有制，即全民所有制和劳动群众集体所有制。社会主义公有制消灭人剥削人的制度，实行各尽所能、按劳分配的原则"。

② 程伟. 计划经济国家体制转轨评论[M]. 沈阳：辽宁大学出版社，1999：503-504.

有制，"国家的任务是尽力巩固和发展前两种所有制的经济成分"，对非社会主义的经济成分要通过一定的过程形式实现社会主义改造，比如对资本主义工商业的则通过"国家资本主义"的过渡形式实现社会主义改造。因此，解读 1954 年宪法，虽然其中规定了保护非公有制经济的内容，但是目的是实现和平的社会主义改造，而改造的成果正是改革开放的起点，从 1975 年宪法和 1979 年宪法中我们还可以看出改造后的经济成分对宪政制度的影响。① 笔者认为，这两部宪法在对待非公有制经济成分的态度上是一致的，但是其细微的变动已经表征了实践的变动，一是安排主体的抽象化说明了个体劳动的发展，二是强调管理的改进说明了个体劳动进一步规模化。

而在 1982 年宪法中，对个体经济的认识有了改变，不再有"引导他们逐步走上社会主义集体化的道路"的条款，根据其第十一条的规定，② 其是对非公有制经济的一个定位，说明公有制经济是需要非公有制经济的，非公有制经济是作为"补充"而存在的，对公有制和私有制发展格局形成了深刻的影响，这在宪法上给非公有制经济提供了长期发展的空间。进而在 1988 年宪法修正案中，第十一条又新增内容，③ 这一处修改在宪法上确认了私营企业的宪法地位，也说明了 1982 年宪法第十一条所提供的非公有制空间建立在经济合理性基础上得到了飞速发展。接着在 1999年宪法修正案、2004 年宪法修正案，宪法第十一条又进行了修改和再修改。④ 可以说，1999 年宪法修正案对非公有制经济是一个积极的重新定位，非公有制经济的地位提升了，成为了社会主义市场经济的重要组成

---

① 具言之，其分别规定"国家允许非农业的个体劳动者在城镇街道组织、农村人民公社的生产队统一安排下，从事在法律许可范围内的，不剥削他人的个体劳动。同时，要引导他们逐步走上社会主义集体化的道路"；"国家允许非农业的个体劳动者在城镇或者农村的基层组织统一安排和管理下，从事法律许可范围内的，不剥削他人的个体劳动。同时，引导他们逐步走上社会主义集体化的道路"。

② 具体规定："在法律规定范围内的城乡劳动者个体经济，是社会主义公有制经济的补充。国家保护个体经济的合法的权利和利益。国家通过行政管理，指导、帮助和监督个体经济"。

③ 第十一条增加规定"国家允许私营经济在法律规定的范围内存在和发展。私营经济是社会主义公有制经济的补充。国家保护私营经济的合法权利和利益，对私营经济实行引导、监督和管理"。

④ 1999 年宪法修正案中第十一条内容修改为"在法律规定范围内的个体经济、私营经济等非公有制经济，是社会主义市场经济的重要组成部分"。"国家保护个体经济、私营经济的合法的权利和利益。国家对个体经济、私营经济实行引导、监督和管理"。并在2004 年宪法修正案中，"国家保护个体经济、私营经济的合法的权利和利益。国家对个体经济、私营经济实行引导、监督和管理"被修改为"国家保护个体经济、私营经济等非公有制经济的合法的权利和利益。国家鼓励、支持和引导非公有制经济的发展，并对非公有制经济依法实行监督和管理"。

部分，2004 年宪法修正案的进一步修正表达了国家对非公有制经济的鼓励和支持。

从宪法看我国经济体制不断的变化，我们可以分析到非公有制经济从无到有、从有到逐渐壮大的不断发展过程，也可以得出这样的逻辑。第一步，非公有制经济经过改造已经不存在，追求完美和绝对的公有制；第二步，允许个体经济，再允许私营经济；第三步，肯定非公有制经济的补充地位；第四步，非公有制经济成为社会主义市场经济的重要组成部分，进而成为经济制度中的重要一极，私营企业的地位也正是在这种宪法背景下得到了确认和发展。不仅如此，与改革同时的开放，又出现了外资企业。于是，在经济体制转轨的过程中，计划经济的运作方式和态度逐渐退出，市场经济的运作方式和理念逐渐深入。在这个过程中，多种制度都在尝试，多种实践都在努力，在宪政的经济体制中，我们分析到了非公有制经济在市场中的活力，乃至火力。其间，哪些企业制度在变革，哪些企业制度在重生，哪些企业制度只是摸索，又有哪些企业制度将得到整合，就现在而言，还是一个正在进行中的实践。

二、我国的企业格局现状

从我国企业制度和经济体制改革的分析中，我们发现，认识我国的企业格局的现状要用动态的眼光来分析和总结，并且要按照不同的标准进行不同的分类，才能对我国的企业格局有一个合适的把握。出于理论分析的需要，以下对我国企业格局现状的分析主要建立在法律制度视角的分析和总结上。我国企业格局的一个很大的特点是多元化，新的制度还在进一步完善，旧的制度仍然在继续努力。以下分别按照所有制和产权为标准对我国企业格局的考察，限于资料和目的，浅尝辄止，只是对我国企业的多元化有一个简要的认识。

1. 以所有制为标准的划分

在计划经济体制下，虽然有全民所有制和集体所有制的划分，但是在制度运行上没有实质性的差别，都是按照行政命令完成生产任务。不过在计划经济体制向社会主义市场经济体制转轨的过程中，两种不同所有制的企业却有了不同，特别是在管理制度上必然造成比较大的区别。同时，随着经济体制的深化改革，私营经济已经成了社会主义市场经济的重要组成部分。因而按照所有制划分，我国现在的企业格局中有国有企业、集体企业、私营企业。

国有企业是一种重要的企业形式，国有企业法律制度也是一种重要的法律制度。1999 年《中共中央关于国有企业改革和发展若干重大问题的决定》强调了国有企业的地位和作用。① 概言之，国有企业是国有经济的重要载体。而在社会主义市场经济条件下，国有经济在国民经济中的主导作用主要体现在控制力上。国有企业的改革要围绕控制力实现战略性重组，在法律实现形式上，则可以有国有独资公司、国有控股公司等形式，因此《公司法》是规范国有企业的重要法律制度，② 在其中有多处专门对国有公司的规定。另外，在国有企业的改革过程中，出台了很多的政策性、行政性文件，从"放权让利"到股份制改革，再到建立现代企业制度，国有企业都处于制度设计的核心，而正是这样的改革过程，我们会发现一些至今专门针对国有企业且有效的立法，包括 1988 年的《中华人民共和国全民所有制工业企业法》、1986 年的《全民所有制工业企业职工代表大会条例》。

集体企业也是一种体现我国经济体制的企业形式。当时集体企业没有像国有企业一样始终在法律制度摸索的合作，也不像国有企业一样在传统的所有制标准主导的立法模式和现代的产权标准主导的立法模式中同时得到关注。也就是说，在以现代的产权标准主导的立法模式中没有专门的法律制度去规范集体企业。而专门规范集体企业的法律有《集体所有制企业条例》和《乡村集体所有制企业条例》。因此，在法律制度上，集体企业又分为城镇集体所有制企业和乡村集体所有制企业。而从集体企业的实践来看，集体企业发展的基础主要是计划经济体制下积累的集体所有财产以及私营经济几乎没有积累的情况下的机会动力，但是在社会主义市场经济体制下，集体企业如何发展还需要进一步研究和相关的支持。但是集体企业作为一种法律制度，作为一种经济体制，在我国还是存在的。

在这里，笔者想提及一种制度努力，即股份合作制，虽然作为基本法律制度，股份合作制并没有在实践的潮流中被确定下来，但是地方法规中多有关于股份合作制企业的法律规定。从诸多的地方立法中，我们可以看出，股份合作制企业立法主要是针对集体企业和中小国有企业而作的改革和努力，其实质是围绕产权的界定，也希望在传统所有制型企

---

① 具体表述："国有企业是我国国民经济的支柱。""国有企业改革是整个经济体制改革的中心环节。""搞好国有企业的改革和发展，是实现国家长治久安和保持社会稳定的重要基础。"

② 其实，从《公司法》的立法背景分析来看，这主要围绕国有企业的股份制改革而诞生的，其中从条款到立法精神都体现了这一点。

业和现代产权型企业之间寻找一种衔接。但是这种实践并不是繁荣的。

私营企业在现代企业立法中已经不这样称谓，因为现代企业立法是默认私营企业的。例如，独资企业、合伙企业，以及公司等都可以是私营企业。而在以所有制为标准的法律体系中，专门规定的私营企业的法律主要是《私营企业暂行条例》，根据这个条例的规定，私营企业包括独资企业、合伙企业和有限责任公司。

2. 以产权为标准的划分

以产权为标准对企业进行划分是改革开放逐步深化过程中慢慢选择的结果，在这个渐变的过程中，以所有制为标准的法律体系虽然很多仍然有效，但是已经走在法律适用的边缘，而以产权为标准的法律体系不知何时开始成为企业法律制度的核心。这些法律制度主要包括《个人独资企业法》《合伙企业法》《公司法》。以这三部法律为主轴，形成了以产权为标准的现代企业分类体系。于是现代企业一般在法律上分为有限责任公司、股份有限公司、个人独资企业和合伙企业。

然而还有一类企业，其产权也是清晰的，那就是以《中外合作经营企业法》和《中外合资经营企业法》为主干的外资企业，当然外资企业也可以按照法律规定和现代企业法律制度成立诸如有限责任公司的企业。但是不可否认的是，在改革开放初期，两部外资企业法律制度的基本法的出台，既是一个产权清晰化的制度，也是一个对外商的优惠制度，还是一个对外来资本和外在制度的认识和借鉴性制度。

3. 我国企业法律制度格局的特点

从以上对我国企业按照两个标准所作的分类和简单的介绍，我们可以进一步认识我国企业法律制度格局的一些特点：

第一，企业法律制度的多元化和多标准。企业改革不只是对原有公有制企业的改革，也在通过制度创新促进了非公有制企业的发展，特别是在20世纪80年代的外资企业立法，在制度上先一步为企业法律制度多元化埋下了伏笔。我国的企业法律制度最终借鉴的是国外的企业法律制度，特别是以德国和美国为代表的公司法律制度，但是我国传统的企业制度直接法律化后仍然有着其巨大的生命力，这不仅是政治意义上的，也是经济和法律意义上的。因此，这种多元化的企业格局是会长期存在的，正如经济体制中公有制和非公有制的共同存在一样。那么这种多元化的企业格局体现在法律制度体系中，是不是可以形成一个标准统一的立法体系？其实这里面有两种选择，一种是分为国有企业、集体企业、私营企业，而私营企业进而分为独资企业、合伙企业和公司，我们可以在改革早期法律文件中总结出这种划分体系的痕迹。另一种是分为个人独资企业、合伙企业和公司，而国有企业实行公司制改革成为公司，集体企业也通过以明确产权为核心的改革进入这种分类体系中，我们可以从股份合作制企业中分析到过渡中的探索和留恋。但是随着改革的深入，以及公有制改革中企业政策中的抓大放小的进一步展开，集体企业实际上是在萎缩和变化，中小国有企业同样在破产性或者消失性的变化中，而唯独国有企业在连续地改革着。那么是不是标准统一为产权标准了？在这里，笔者仍然将关注所有制标准，并在深入分析职工代表大会制度之后，继续关注两个标准的关系问题。

第二，企业法律制度的政治性和经济性。法律体系是由国家的基本体制所决定的，一国法律体系要重大变革总是与此国的政治体制密切地联系在一起。苏联经济改革失败，最终解体，"1992 年，俄罗斯联邦总统叶利钦发表电视讲话，动员全体俄罗斯人以和平、克制和勇敢精神迎接即将到来的经济改革——'休克疗法'式的宏观经济稳定大实验"。① 而对经济体制的改革正是这一步投向资本主义经济体制的私有化改革，这种改革虽然没有了历史负担，却丧失了基本的政治理想。这至少说明了在两种不同经济体制的对话中，法律制度对话中是天然有制度征服的。因此，从苏联经济体制改革的教训来看，我们必须认识和强调企业法律制度的政治性。因此，在我国循序渐进的经济体制改革中，国有企业的控制力必须坚持，这是我国企业的政治性所决定的企业法律制度的政治性，所以必须明确国有企业在企业法律制度中的地位。

同时，企业法律制度是规范企业组织的，企业是一种经济组织，遵守经济规律，就应该遵守产权法律制度的主轴作用，以产权为标准的企业法律制度体系应该成为一门显学。但是，不能一味地选择西方制度中传统的产权理论，否则我们循序渐进的改革和苏联的休克疗法在目的地上就没有了区别。我们必须深入认识我国传统企业制度和现代企业制度的契合之处，这是企业法律制度体系理论的一个起点。

第三，企业法律制度的趋同和反趋同。随着我国法律体系的完善，特别是立法上的繁荣，企业法律制度的体系化成为一个制度追求，同时也是一种实践需要。比如，外资企业法律制度应否纳入公司法典中，传统企业法律制度如何清理？这些问题的研究对立法和实务都具有积极意义。企业法律制度的趋同对我国公司法研究而言应该是一个追求，同时

---

① 王郦久. 俄罗斯：从计划经济走向市场经济[M]. 武汉：武汉出版社，1994：35.

也是社会主义市场经济体制完善之后的要求，也是企业发展的规律。但是，企业法律制度的趋同有多方面的利益障碍和理论障碍，有些是利益考量的问题，例如，是否取消对外资企业的专门立法，进而融入到一般公司法律制度中，涉及对外资企业态度和利益的考虑；有些是理论上的研究还不到位，例如，集体企业法律制度的尴尬处境。总之，企业法律制度相对于西方发达国家的企业法律制度而言，还有很大的趋同空间，但是反趋同的因素也很多。

三、我国企业格局的成因

1. 影响我国企业格局的几个因素

我国的如此独特的多元化格局在前文的论述过程中已经体现出了笔者对我国企业格局成因的一些理解，我国企业法律制度形成目前这样多标准、政治性、难趋同的格局是多方面因素造成的，不能归咎于一个或者几个原因，因为我国的特色的社会主义市场经济实践是摸索前进的，是没有可以照搬的模式的，企业法律制度也是如此。但是，我们可以分析和总结影响我国企业格局的几个因素。

第一，政治体制与经济体制的互动。政治体制直接表现为政治制度，经济体制直接表现为经济制度，政治体制与经济体制之间的互动体现在具体的政治制度和具体的经济制度之间的互相影响上。这里面有两种影响模式，一种是理念上的，一种是行为模式上的。从理念上讲，政治体制上的人民当家作主和社会主义理想作为一种理想影响了经济体制上的所有权理念，直接导致了过分追求公有制的形式，一种社会财富全国人民共同所有的追求成为了经济上的迫切目标，并进而促成了财富所有和支配的非私人化，一切财富行为都以集体的名义而完成。在行为模式上，政治体的人民代表大会影响了企业职代会，企业机构的权利来源于职工代表大会，但是这与企业的国家所有制是不协调的。总之在传统的政治体制和经济体制相和谐的框架下，企业的运行是无法用现代的所有权理论来解释的，但是我国的企业改革是渐进式的，渐进式的改革必须面临新旧理念、新旧制度等的衔接性理论。通过宪法中经济体制规范的解读已经看出经济制度在改革，但是，政治体制没有变革的情况下，经济体制不可能有实质性的变革，于是新旧制度之间的衔接不仅是一个理论问题，而且成为现实需要积极性答案的制度设计问题。而在没有答案的情况下，就必然形成一种缺乏体系性的企业格局。

第二，经济发展与域外制度的互动。我国的企业制度改革在我国的经济改革中是比较落后的，在经历了农村经济体制改革，城镇的个体劳动、私营经济等的改革后，原有的企业制度也只是在"放权让利""利改税"上打转，而这时私营经济已经迅速发展起来，但是在缺乏制度和政策的情况下多数挂了一个集体企业牌子，只是牌子而已，这时候外资企业依托专门立法在企业制度上要优于内资的私营企业和公有企业。但是分析一下，由于我国的经济发展水平落后于西方发达国家，我们的私营经济在自发发展的情况下更倾向于借鉴西方国家正在被反思或者曾经很成熟的制度。《公司法》的出台为各种经济成分提供了一个制度平台，而这个平台更多的是西方经历过的平台。于是，企业改革在逻辑上存在了两种可能，一种是实现制度借鉴的同时，按照新的制度思考和改革原来的企业，并在一定程度上消蚀了原来的企业空间；另一种是在坚持原来的制度不动和不变的情况下，同时移植新的企业制度，这时候不仅在制度上面临一些别扭，而且经济发展上可能需要政策支持方能弥补其运作空间。但是，我国的经济体制只是在私营经济上充分地实现了制度基础与法律制度的对接。也就是说，新出现的企业在实施域外同经济阶段的企业法律制度上不存在问题，但是传统的企业在实施域外同经济阶段的企业法律制度上存在一些问题，在法律上其实是在回避，这是难免的。另外，从域外制度自身的发展来思考，许多崭新的企业法律制度实践在不断出现，我们对那不断出现的域外制度，如何看待，如果迅速地嵌入式接纳，有可能进一步阻碍经济体制与经济制度的协调，因为那是域外经济体制内生的高级制度，更深刻地带有域外经济体制的政治理念。在这一点上，笔者认为，经济的进一步发展，开放的进一步深化，与域外制度的进一步接轨，使得我国的企业格局更趋多元化和多标准化。

第三，企业理论研究和企业法律制度的互动。改革开放虽然是摸着石头过河，但是仍然是有标准的，那就是一定要"抓到老鼠"，而在每一个具体抓老鼠的改革中，已经形成从试验做起的习惯，这种实践之后即可推广的做法有其相当的科学性，但是却缺乏系统性的理论研究。就企业法律制度而言，就没有很好的解决体制转轨中的理论衔接与制度衔接，因而失败了似乎就没有了扫尾工程，成功了就不计较理论基础问题。这样的做法，很容易造成企业理论研究的缺失，特别是在企业理论中具体制度的研究似乎容易出现偏差。例如，域外制度的研究很受热衷，于是如潮的域外制度移植和借鉴可能出现；传统制度的研究受到冷落，于是传统的制度问题不是被回避，就是被扼杀。而正是在理论研究上，对传统问题的回避和域外制度的关注带来了企业法律制度的多元化。

2. 职工代表大会与企业格局

在影响企业格局的具体制度因素中，职工代表大会制度即是一个典型的例子，其实域外制度中的独立董事问题、利益相关者理论、职工持股计划等和传统的职工代表大会制度在所关心问题的实质上是有很大的重叠的，但是职工代表大会制度似乎没有其应该有的理论地位。一方面我国经济体制改革虽然已经深入，但是在宪法根本法上对传统的公有经济体制没有改动；另一方面在经济不断发展，与域外制度不断接轨的过程中，传统制度形式的企业在默默地流转到新生企业制度中，公有财产的流失是一个验证，而公有企业技术人才的流失也是一个验证。而在这个企业制度不断变迁的过程中，职工代表大会制度没有在理论上很好地统合，其实也成了企业格局多元化的一个表征。因此，一方面，职工代表大会制度没有寻找到很好的实现形式，在现实中障碍了企业形式的统合，特别是职工代表大会制度理论研究的滞后与落后，也是传统企业和现代企业的一个趋同障碍；另一方面，职工代表大会制度在各种企业中不同的摸索和实践也成了企业划分的一个方法。例如，可以划分为有职工代表大会制度的企业和无职工代表大会制度的企业。

职工代表大会的一个重要的内容是选择不同企业的类型以及对不同企业背景的认识，只有这样才能实现对职工代表大会基本职能的比较，也只有这样才能使得职工代表大会基本职能比较的制度意义凸显出来和落实下去。在分析我国的企业格局及其成因的过程中，我们已经认识到几种企业的经济空间和制度空间，一是国有企业，国有企业在政治体制中、经济体制中，以及企业格局中都位居核心，应该成为研究的起点；二是集体企业，集体企业同样是传统的企业，但是在逐步改革的过程中为什么会悄悄变化？这与职工代表大会制度有什么关系？三是私营企业，逻辑上积累于个体劳动，起步于补充、发展为重要组成部分的私营经济中的私营企业，其实私营企业与企业改革没有直接的关系，而是与企业法律制度建设有直接的关系，因为私营企业是新生的，一开始就是现代的，那么私营企业与职工代表大会制度有没有关系？有多少关系？这是一个需要理论支撑和政策支持的问题；四是外资企业，外资企业一般为私营企业，其虽然接受我国的法律制度，但是其企业的运作更多的直接受到域外制度影响，这是一般的逻辑，那么域外的新近法律制度成果在外资企业中有多少反映？外资企业与职工代表大会制度之间有多少关系？如上所述的四种企业，如果以国有企业为对比对象，在传统之间是集体企业与国有企业的比较，在传统与现代之间是私营企业与国有企业的比较，在域内与域外之间是外资企业或者外国企业与国有企业的比较。如下正是要如此展开。

第三节　职工代表大会在企业多元化过程中的流变

一、职工代表大会制度之原态

职工代表大会在企业多元化过程中的流变始于在企业多元化前或者在企业多元化开始时的样态。而我国的企业制度在多元化前很长一段时间是不通过法律制度的约束而运行的，行政命令和经济政策起了很大的作用。企业尽管有职工代表大会，但并没有相应的法律规定。没有法律，一种制度很难被确认下来，很难被明确化，除非成为一种习惯被接受。企业制度改革前，职工代表大会制度已经存在在企业具体运行中，表现在具体的企业的内部规定以及政府的行政文件中，应该说职工代表大会制度的原态是一种习惯。而在阶级斗争替代经济建设的时代里，职工代表大会制度更是一种政治、一种政治习惯。

作为习惯，作为政治习惯，职工代表大会性质和职权可以追溯很远，乃至到中华人民共和国成立前的革命时期。早在国内革命战争时期，让劳动者参加企业的管理已经成为我党的民主管理的基本思想，在解放战争即将取得胜利的情况下，职工代表大会已经开始制度化，"根据第六次全国劳动大会和党的七届二中全会的要求，各解放区的工厂企业较为普遍地实行了工厂管理委员会与职工代表会议制度"。① 根据《陕甘宁边区政府关于在国营公营工厂企业中建立工厂管理委员会与工厂职工代表会议的组织规程》(以下简称《规程》)(1949 年 10 月 25 日)第一条规定，"为了办好人民的企业，根据人民政协共同纲领第三十二条之规定及第六次全国劳动大会决议精神，建立工厂管理委员会与职工代表会议。实行民主管理，树立职工群众的企业主人翁思想，自觉地遵守劳动纪律，发扬生产积极性和创造性，加强团结与学习，培养与提高管理企业能力以改进业务，提高生产"。从这个《规程》的规定来分析，职工代表会议的目的在于办好企业，职工代表会议的逻辑基础是职工是企业的主人，职工通过代表会议，进而进入工厂管理委员会而管理企业，职工代表会议的思想基础是民主管理。这个文件体现了中华人民共和国成立后一段时期内

---

① 王持栋，李平. 中国企业民主管理发展史略[M]. 北京：中国工人出版社，1992：34.

的职工代表大会的基本特征，可惜的是，在放弃法制的情况下，职工代表大会的制度化也只停留在这个水平。

二、传统企业中的职工代表大会制度

1. 职工代表大会制度的法律化

我国企业制度改革是在重新确立法制的背景下展开的，因此，改革的痕迹不再只是讲话、文件或者企业内部工作守则，而是可以体现为一定的法律制度，企业制度的改革也自觉不自觉在法制的框架下展开。在企业改革没有实际地展开的时候，以法制的精神开始对存在状况的立法活动，所谓的企业整顿可以从 1982 年中共中央、国务院《关于国营工业企业进行全面整顿的决定》看得出来。而具体确立职工代表大会制度的法律主要包括几个与企业领导体制有关的法律，即 1981 年《国营工业企业职工代表大会暂行条例》、1982 年的《国营工厂厂长工作暂行条例》和 1982 年的《中国共产党工业企业基层组织工作暂行条例》。

《国营工业企业职工代表大会暂行条例》中规定了厂长负责制和职工代表大会的关系：均是党委领导下的。在此基础上明确规定职工代表大会是职工参与决策和管理、监督干部的权利机构。进而详细规定了职工代表大会的五项职权。① 《国营工厂厂长工作暂行条例》和《中国共产党工业企业基层组织工作暂行条例》对涉及职工代表大会制度的规定与《国营工业企业职工代表大会暂行条例》的规定是一致的，明确职工代表大会对厂长的监督，党委对职工代表大会的领导。

2. 国企改革与职工代表大会制度的第一次变革

国有企业经过一个较短的"整顿"后，很快进入了改革期，并影响了国有企业的管理体制，国有企业在法律文件中不再称为"国营"，而是称

---

① 《国营工业企业职工代表大会暂行条例》中，职工代表大会的职权包括：（一）讨论审议厂长的工作报告、生产建设计划、财务预决算，以及重大挖掘革新改造方案和经营管理方面的重大问题，并作出相应的决议。（二）讨论决定企业劳动保护措施资金、职工福利基金、奖励基金的使用，以及职工奖惩办法、职工住宅分配方案等有关职工切身利益方面的问题。（三）讨论通过企业体制改革事项、工资调整方案、职工培训计划和全厂性的重大规章制度。（四）监督企业各级领导干部和工作人员。对工作一贯努力并卓有成绩的干部，提请上级机关予以表彰、奖励；对有特殊贡献的干部，建议上级机关予以提职、晋级。对不负责任、造成损失的干部，建议上级机关予以批评、处分或罢免；对严重失职和违法乱纪的干部，建议党的纪律检查机关和国家政法机关严肃处理。（五）根据企业主管机关的部署，选举企业行政领导人员。民主选举产生的干部，要依照干部管理范围报主管机关审批任命。

为"全民所有制"。① 这时涉及职工代表大会制度的法律文件主要包括
1986 年的《全民所有制工业企业职工代表大会条例》《全民所有制工业企
业厂长条例》《中国共产党全民所有制工业企业基层组织工作条例》。因为
这是国企改革的早期摸索，职工代表大会制度在这个过程中，逐步进入
法制的视野，而且在经济目标逐渐提升、资本地位逐步确立的大背景下，
国企中的职工代表大会的基本职权相对于之前的实践，可能既是确认，
也是理性的思考，在此，笔者称之为职工代表大会制度的第一次变革。

《全民所有制工业企业职工代表大会条例》中也规定了厂长负责制和
职代会的同时存在，并规定职代会是职工行使民主管理权力的机构，进
而规定了职代会的五项职权。②

3. 集体企业立法与职工代表大会制度的一次分流

集体企业是在我国单一的经济体制中实现其物质的原始积累的，在
我国的经济体制中有全民所有制和集体所有制的区别，所以在改革之初
的企业中是有国营企业和集体企业的划分的，但是，改革开放之前，"我
国曾多次出现将城镇集体企业'升级'、'过渡'、'平调'等'改造'浪潮，
到 1978 年，我国的所有集体企业都'成功'变成了'小全民'、'二国
营'"。③ 我们可以推测，在一个不需要法制的时代，国营企业和集体企
业在管理上是一个模式的，集体企业中的职工代表大会制度的初步重建
也是和国营企业同步的。但是在企业的产权界定上，集体企业比国有企
业不仅表现在实务中的复杂和模糊，更表现在理论上的贫乏。集体企业
的产权与集体成员之间的关系是一个很难在传统所有权框架下推理清晰，
这也可能是集体企业立法最终姗姗而来、效力层次比较低的原因。关于
集体企业的立法主要有《乡村集体所有制企业条例》和《城镇集体所有制企

---

① 法律文件中，从"国营工厂"到"国营工业企业"，再到"全民所有制工业企业"，最后到
"国有企业"等称谓的不断变化也标志国企所处的不同阶段。

② 《全民所有制工业企业职工代表大会条例》中，职工代表大会的职权包括：（一）定期听
取厂长的工作报告，审议企业的经营方针、长远和年度计划、重大技术改造和技术引
进计划、职工培训计划、财务预决算、自由奖金分配和使用方案，提出意见和建议，
并就上述方案的实施作出决议；（二）审议通过厂长提出企业的经济责任制方案、工资
调整计划、奖金分配方案、劳动保护措施方案、奖惩办法及其它重要的规章制度；
（三）审议决定职工福利基金使用方案、职工住宅分配方案其他有关职工生活福利的重
大事项；（四）评议、监督企业各级领导干部，并提出奖惩和任免的建议；（五）主管机
关任命或者免除企业行政领导人员的职务时，必须充分考虑职工代表大会的意见。职
工代表大会根据主管机关的部署，可以民主推荐厂长人选，也可以民主选举厂长，报
主管机关审批。

③ 杨钢. 集体企业产权制度改革与股份合作制[M]. 成都：四川人民出版社，1998.

业条例》。

在乡村集体所有制企业中，职代会有权对管理人员提出意见和建议，评议监督管理人员，以及维护职工的权益。但是，乡村集体企业为全体农民集体所有，其最终权利属于全体农民的集体组织。显然，实务中，乡村集体企业中职工可能不是该集体成员，与该集体成员身份分离；法律上，乡村集体企业中的所有权人与职工没有任何关系。

在城镇集体所有制企业中，职代会是权利机构，有权选举管理人员，决定重大经营事项。职代会的具体权利也非常广泛。[①]

从如上的考察来看，乡村集体企业和城镇集体企业有很大的差别，前者主要是改革开放的过程中形成和积累的，而后者则是传统集体企业，从这一点上来讲，城镇集体企业的职工代表大会制度更具有典型性。而从产权理论上讲，前者的农民大会与后者的职工代表大会有着一致性，但是仅仅产权意义上的分析不是这里思考的方向。因此，就城镇集体企业看，显然与国有企业在职工代表大会制度上产生了很大的差异，可以说，这是传统企业中职工代表大会制度的一次分流，在这次分流中，因为集体企业地位的边缘化，集体企业的职工代表大会制度也走到了理论研究的边缘，可以说这里的职工代表大会制度是一个制度分支。

4. 股份合作企业与职工代表大会制度的一种探索

我国至今没有《股份合作企业法》，但是有股份合作企业的实践，特别是集体企业在产权制度上的模糊与不到位，直接推动了股份合作企业法的地方立法实践。而集体企业中产权制度中的问题又与职工代表大会制度直接而密切地联系在一起。因此，笔者把股份合作企业的地方立法探索作为职工代表大会制度的一种探索来分析。

我国有很多地方性的股份合作企业的立法实践，现以 1999 年《北京市城镇企业实行股份合作制办法》（以下简称《办法》）为例分析之。根据该《办法》规定，北京市城镇集体企业、中小国有企业实行股份合作制均适用之。股份合作制是股份制度和合作制度的取舍结合，强调劳动联合，但具有法人人格、法人财产权、独立民事责任等对外的特征，但就对内

[①]　根据《城镇集体所有制企业条例》的规定，集体企业的职工（代表）大会在国家法律、法规的规定范围内行使下列职权：（一）制定、修改集体企业章程；（二）按照国家规定选举、罢免、聘用、解聘厂长（经理）、副厂长（副经理）；（三）审议厂长（经理）提交的各项议案，决定企业经营者管理的重大问题；（四）审议并决定企业职工工资形式、工资调整方案、资金和分红方案、职工住宅分配方案和其它有关职工生活福利的重大事项；（五）审议并决定企业的职工奖惩办法和其它重要的规章制度；（六）法律、法规和企业章程规定的其他职权。

而言其更侧重合作制的底蕴。由此看，与集体企业相比，股份合作企业被赋予了明确的法人地位，把企业的权力与企业成员的权利分开了，这也正是以明确产权为目的的改革所追求的。在股份合作企业的组织机构中，股东大会和职代会是合一的，即股东和职代大会，为企业的权力机构，拥有企业所有的自治权力。①

三、现代企业中的职工代表大会制度

1. 外企与职工代表大会制度的一股暗流

外企可以根据不同的标准对"外"加以理解，因而也有不同的含义，一种理解是相对于中国企业的外国企业，一种理解是相对于内资企业的外资企业，但是由于《外资企业法》是规范只有外商投资的企业的，因而在法律上，这里的外资企业被改称为外商投资企业。

外国企业是外国法律下的企业，与我国的职代会实施本没有关系，但是外国企业中仍然有与职工代表大会相关联的实践，因为企业中劳动和资本两要素的结合必然要体现在公司运行的过程中，在国外，随着劳动和资本理论和实践的发展，在立法中也有相关的反映。而这种反映一般包括二类实践，一类是从劳动者出发的思考和实践，让劳动者参与企业经营，最典型的是德国的《经营参议会法》和《经营构成法》的实践，对于这种实践，我国学者评述认为"共同决定法和经营参议会法所确立的劳资双方共同对企业（公司）的经营、计划具有相应的权利，这些权利的属性到底属于商法中的私权，还是属于劳动法中的劳工参与权，目前尚未有令人信服的理论。但是这种劳资合作、共同决定企业（公司）发展的制度构架，一定程度上促进了德国劳资关系的和谐，并促进了德国经济自第二次世界大战后迅速恢复、进而又重新成为世界经济强国的因素之一"②。这种评价是中肯的，也说明一种从劳动者出发的实践是成功的，理论是模糊的。另一类是从资本出发的思考和实践，一般包括职工持股计划和企业社会责任理论或者利益相关者理论的实践，而职工持股计划

---

① 《北京市城镇企业实行股份合作制办法》中，股东和职工（代表）大会是企业的权力机构。股东和职工（代表）大会行使下列职权：（一）决定企业经营方针和投资计划；（二）选举和更换董事，并决定其报酬事项；（三）选举和更换监事，并决定其报酬事项；（四）审议批准董事会报告；（五）审议批准监事会的报告；（六）审议批准企业的年度财务预算方案、决算方案；（七）审议批准企业的利润分配方案和弥补亏损方案；（八）对企业增加、减少注册资本，以及合并、分立、破产、解散和清算等事项作出决议；（九）修改企业章程；（十）企业章程规定的其他职权。

② 郑尚元. 劳动法学[M]. 北京：中国政法大学出版社，2004：157-162.

往往只是一种激励措施，职工很少参与公司管理，而在企业社会责任理论或者利益相关者理论的框架下，职工因为企业对其所负的责任或者作为企业的利益相关者参与到公司的管理当中也是有实践的，无论效果如何，这种趋势是不可逆转的。① 因此，可以认定，资本在国外的运行已经不可避免地开始注意或者吸纳劳动者的地位或者作用，而这正是外国资本进入中国的背景。

外商投资企业是一个学术概念，却不是一个制度概念，而是一组制度概念的统称，一般在法律制度中被具体化为各种企业形式。在我国，"外商投资企业，是指外国投资者依照中华人民共和国法律的规定，在中国境内，与中国投资者共同投资或者外商独立投资设立的企业"②。外商投资企业主要包括"中外合资经营企业、中外合作经营企业、外资企业、外商投资股份有限公司、中外合作勘探开发自然资源以及 BOT 投资方式等"。③ 而随着我国企业法律制度的完善，特别是随着外资企业国民待遇原则的进一步落实，外资企业的形式将更逐步与内资企业一致，而这里选择外资企业并不是在资本性质上作的考察，而是关注在改革开放初期的外资企业立法。外资企业立法是单独进行的，并在 1979 年颁布《中外合资经营企业法》、1986 年颁布《外资企业法》、1988 年颁布《中外合作经营企业法》。

《中外合资经营企业法》没有规定职工代表大会，特别是在 1979 年的立法中不仅没有关于职工代表大会的规定，也没有关于工会的规定。而在 1986 年的《外资企业法》中仅对工会组织作了规定，明确了外资企业的职工依法建立工会组织的权利，合作企业为本企业工会提供必要的活动条件的义务。1988 年的《中外合作经营企业法》的规定与《外资企业法》在此保持了一致。在 2001 年《中外合资经营企业法》修改中加入关于工会组织的规定，至此，三资企业④在工会组织的规定保持了一致。可以总结为，三资企业应有工会，遵守有关工会的法律制度。

然而尽管存在与职代会相关联的工会制度，但是并没有明确规定职工代表大会制度。但是，在外国企业中工会与我国的职工代表大会有一定程度上的吻合，而外资进入中国后的三资企业的工会制度与我国传统

---

① 刘丹. 利益相关者与公司治理法律制度研究[D]. 中国政法大学出版社，2003.
② 焦志勇. 外商投资企业法概论[M]. 北京：首都经济贸易大学出版社，2000：35.
③ 焦志勇. 外商投资企业法概论[M]. 北京：首都经济贸易大学出版社，2000：35.
④ 三资企业是指中外合作经营企业、中外合资经营企业和外资企业，是一个小于外商投资企业的概念。

的工会制度显然有着不同之处，其工会组织制度更具有职工代表大会制度延伸的味道，之所以这样说，是因为三资企业中的职工群体利益的凝聚体是按照从职工到职工组织的逻辑。所以，笔者把外企中的与资本机构相对应的劳动机构的实践看作职工代表大会制度的一股暗流。称之为暗流，首先是指外国企业的实践，然后是指三资企业的实践，前者之暗，是在比较意义和资本公平意义上讲的：后者之暗，是在我国的职工代表大会法律制度体系流变的意义上讲的。

2. 私营企业与职工代表大会制度的又一股暗流

私营企业在我国的法律框架下本来是与国营企业相对的概念，但是随着法律制度的不断完善，国营企业转型为国有企业，而私营企业和国有企业在以公司法为核心的企业法律制度体系已经逐渐趋同，但是在职工代表大会制度上却始终有差别。根据1988年的《私营企业暂行条例》的规定，没有涉及职工代表大会制度的规定，但是规定"私营企业职工依法组织工会。职工的合法权益受国家法律保护"。而根据该法的精神，私营企业分为独资企业、合伙企业和公司。在此框架下，1999年《个人独资企业法》规定个人独资企业依法有工会，合伙企业法没有明确地规定工会制度和职工代表大会制度，公司法经过多次修改，实际上对职工代表大会制度是有所改进的。

由此看，从私营企业的角度看，职工代表大会制度似乎欠缺了不少立法的影子，这说明私营企业的发展历程基本上是资本历程，劳动者与企业之间关系只是简单的劳动力商品买卖，劳动者作为与资本合作创造企业利润的角色被淡化，但是随着国有企业与私营企业在公司立法上的统一，随着公司法律制度进入我国企业法律制度的核心，私营企业的职工代表大会制度必然要与国有企业保持一定的步调，这在公司法中得到了体现。从我国的改革历程看，私营企业中的职工代表大会则是我国职工代表大会制度的又一股暗流，在这个制度化侧面中，私营企业是否建立职工代表大会，以及如何建立职工代表大会，都是一个很少论及的问题，这与私营企业的发展阶段是联系在一起的，但是我国的私营企业显然不存在西方私营企业漫长的发展时间，因此如何看待企业内生的需要和国家的强制动机是私营企业职工代表大会制度一个很特殊的地方。

3. 国企改制与职工代表大会制度的第二次改革

国企改制是国企改革的思路转型。通过放权让利的改革失败，很快进入了国企改革的股份制改革期，这与传统的计划经济体制有着较大的不同，可以称为国企改制，在这次改制过程中，国企与政府分开，对企业产权进行界定，传统所有制法律制度框架被打破，国企与私营企业共同纳入以公司法为核心的企业法律制度框架。此时公司法律制度成为主流，其中对职工代表大会制度的构造相对于国企改革初期而言，笔者称之为职工代表大会制度的第二次变革。职工代表大会制度的第二次变革成果主要体现在《公司法》中，特别是 1993 年的《公司法》，以及 2005 年的《公司法》修订，具文不述。

四、《公司法》与职工代表大会制度的现状

到目前为止，职工代表大会制度没有专门的统一立法，按照《公司法》的职工代表大会是职工民主管理的一种形式，而职工民主管理也没有专门的统一立法。同时，公司成为企业的主要形式，公司法律制度称为企业法律制度的核心，在这种背景下，《公司法》对职工代表大会制度的规范应该是职工代表大会制度的基本立法现状。

根据 2005 年修订的《公司法》，职工代表大会制度比修订前的《公司法》的职工代表大会制度有了较大进步，职工代表大会制度作为公司法律制度的一部分得到了体现，并形成了独特的制度结构。一是，公司职工代表大会作为一种基本制度确立在公司法总则中。① 二是，在具体的公司法律制度中对职工代表大会制度的职权或者职能作了规定，进而彰显了职工代表大会之存在。具体分析，在所有公司形式中职工代表大会或职工大会都是存在，只是在界定职权的时候有较大的差别。

正是因为这样的立法特点，职工代表大会的制度存在在公司法中并没有体现在其组织制度的确认上，而是体现在以股东大会为权源的公司组织机构中，职工代表大会所分得的一杯羹，例如，一些情况下的意见和建议的权利，对董事会结构的影响，对监事会结构的影响。

另外要分析，职工代表大会仅仅是一种形式，还是一个法律上的主体。从公司法的规定来看，在强调职工代表大会是民主管理的形式，是民主选举公司中特定机构中职工代表的形式。但是形式与内容是互相依存的，不能因职工代表大会形式所负载的权利来源于职工，而否认职工代表大会权利的存在，这同股东大会与股东之间的关系是相同的。所以有必要强调职工代表大会在公司法律制度中作为一种机构的存在，只有这样才能把法律规定的相关职权落实下来，可以说，职工代表大会制度还有很大的完善空间。

---

① 包括两点：第一，职工代表大会是民主管理的基本形式；第二，公司研究决定改制以及经营方面的重大问题、制定重要的规章制度时，应当通过职工代表大会或者其他形式听取职工的意见和建议。

第四节　职工代表大会在不同企业中的基本职权分析

一、职工代表大会基本职权在不同企业中的一致性

1. 职工代表大会基本职权在不同企业中一致性的规范分析

已经分析了我国独特的企业格局，已经分析了职工代表大会在不同企业中的流变，其中已经对职工代表大会存在的时空进行了一定的总结和分析，特别是在时间之维上反映了职工代表大会的制度概况，而在此分析职工代表大会在不同企业中的基本职能，是在企业制度变迁和积累的基础上分析的。不同企业以我国的法律体系为基础进行分类和概括，主要包括公司法律制度、一般企业法律制度、三资企业法律制度，以及股份合作企业法律制度。

在《公司法》中，职工代表大会的基本职能是实现民主管理，而这个规定是抽象的，同时也是很难具体的，因为公司治理是以产权为基础的治理，公司的管理权利分配在不同的公司机关之间，但是权利的源头却是股东，职工民主管理的权源不可能是股东授权，而公司法中并没有首要明确职工之权利，而是直接规定公司通过职工代表大会实行民主管理。那么民主管理的内容是什么，在《公司法》中没有明确的规定，宪法中也没有明确的规定，其他法律指向那些法律，也不够清晰。因而职工代表大会民主管理公司，虽然具有公司法律制度中规范意义上的一致性，却不具有基本职权的现实性。而《公司法》明确规定，公司在改制、经营方面的重大问题、制定规章制度时，要听取职工的意见和建议，此时，职工的意见权和建议权演绎为职工代表大会一项基本职权。

另外，在《公司法》的框架下，有限责任公司和股份有限公司的监事会中均有职工代表，这些职工代表主要应由职代会产生。由此看，在公司法律制度中，职工代表大会的一个一致性的法定的基本职权是选举职工监事。这个职权是具体的、明确的、易于操作的。

一般企业法律制度主要指个人独资企业和合伙企业，在这些企业中没有对职工代表大会制度的明确规定。但是在私营企业法律制度中，有对工会组织的规范，工会作为职工代表大会的延伸机构，我们还是可以推理出职工代表大会制度的存在。但是出于企业规模和制度现实的考虑，一般企业法律制度中职工代表大会应该是一个理论边缘的领域，不能否认职工代表大会制度的存在，在公司法律制度框架下很难有效落实职工

代表大会制度的情况下，一般企业的分析会被搁置。

三资企业法律制度正处于纳入公司法律制度体系的努力中，而且在诸多制度中，三资企业是适用公司法律制度的，但是三资企业是否适用《公司法》所确立公司中职工代表大会制度的一致性职权的规定呢？笔者认为，在三资企业采用公司形式的时候，在法理上是不存在障碍的。同时，三资企业法明确了工会组织制度，并规定企业有义务为工会活动提供必要的条件。即在非公司制的三资企业中，职工代表大会制度仍然停留在对工会组织的确认上。

股份合作企业法律制度主要是集体企业改革的实践，在股份合作企业中，职工的权利是广泛的，与股东的身份也是重合的，因而职工代表大会与股东会或者股东代表大会的职权往往是一个事物，两个侧面。所以其职权必然是在《公司法》确认的范围之内的。

2. 职工代表大会在不同企业中基本职权的内容和基础

职工代表大会在不同企业中的基本职权的内容在如上所述的规范分析中，已经发现《公司法》是职工代表大会制度的一致性基础或者平台，《公司法》确立的职工代表大会对改制、经营方面的重大问题以及重要的规章制度的意见权和建议权是一致性的职工代表大会基本职权。《公司法》对职工代表大会的意见权和建议权的范围进行了规定，包括公司研究决定改制以及经营方面的重大问题、制定重要的规章制度。首先，这些范围的事项是公司经营管理中的重要问题，而这些事项的执行必将深刻影响到职工的利益，虽然不一定是直接的与公司之间的权利义务关系的变化。其次，这些范围的事项都是模糊的，需要公司法的进一步明确，也需要在公司实践中去明确，而公司个案中的明确必然使职工代表大会的基本职权的范围具有了任意性，因为这时职工代表大会是否具有对公司某一事项的意见和建议权是由公司决定的，但是公司的自由裁量权是有限的，毕竟《公司法》已经作了强制性规定。最后，相对于职工代表大会的意见和建议权，公司有听取的强制性义务，故而职工代表大会之意见和建议不仅凝聚职工之权利，而且有对公司之职责和权力，职工可以放弃意见和建议的权利，职工代表大会则不可以。例如，在公司改制过程中，没有职工代表大会的意见和建议权的行使，这个改制过程则是有瑕疵的，首先可能改制方案不能通过相关监管机构的批准，其次可能改制程序违法，乃至改制内容违法。

但是职工代表大会的基本职权不止于公司法的规范，不止于基本法的规范。在一些地方性法律规范中对职工代表大会在不同企业中的一致性的基本职权有着更具体和完备的规定，以 2003 年的《河北省企业职工代表大会条例》为例，就列举了职工代表大会在不同企业中的基本职权。①

由此分析，一致性的职工代表大会基本职权包括意见和建议权、审决权、监督权和选举与罢免权。其中意见和建议权主要是针对企业的重大事项的职权，而此类事项的决定权一般都在股东会或者股东大会的职权中；审决权一般针对职工为一方权益人或者与职工有重大直接利害关系的事项，如集体合同、劳动安全卫生制度等；监督权的内容一般与审决权的事项保持了一致性；最后，选举和罢免职工董事和职工监事是以法律规定或者企业权力机构决定为基础的，不过选举和罢免职工协商代表作为所有企业中职工代表大会制度的基本职权是一致的。

职工代表大会制度基本职权的一致性就不同的权利内容有其个别的理论基础。意见和建议权是与企业的和谐发展联系在一起的，在所有的企业中，职工对企业的归属感和工作的积极性是企业发展的基础，而让职工了解和理解企业的重大发展决策是培养职工归属感的主要途径，因此这里的意见和建议更多地是实现企业与职工的协调，而在实际权益中，职工参与乃至管理企业的权利来源于企业资本权利的一种让渡，而让渡的性质意味着授予，对职工来说是一种参与和分享，但职工作为一种身份却并没有其独立的权益，因此这个意义上职工代表大会虽因为法而存在，却更因资本而存在，具体之，乃系股东会或股东大会之延伸。从这意义上讲，职工代表大会之代表用的贴切，也反映了代表者对职工的抽象代表和形象代表，代表虽然由职工民主选举而产生，却是由公司之需要而产生，故而职工代表大会依附于公司也是应然，职工代表大会在此职权意义上成为参与机构，却不是管理机构。

而就审决权和监督权而言，这些权利涉及职工的经济利益和健康利益，是职工切身利益的集体凝结，因此职工代表大会的权利源于职工的权益。由此看，意见和建议权与审决和监督权是两种不同性质的权利。究其根本，两者有完全不同的产生机理，意见和建议权是在一元核心下的协调，是以产权为基础的公司治理的外围辅助制度；而审决和监督权

---

① 具体为：第一，听取企业关于经营管理情况、职工社会保险费缴纳情况、企业制定规章制度情况以及实行厂务公开、履行集体合同情况的报告，并提出意见和建议；第二，依照法律、法规规定，审议通过或者否决企业集体合同草案、工资集体协议草案以及劳动安全卫生方案；第三，监督企业实施劳动法律、法规和实行厂务公开及履行集体合同的情况；第四，选举、罢免职工董事、职工监事以及职工协商代表。

则是在两元主体下的博弈，是劳资两造的权益分割，这时候严格讲，职工代表大会的职权完全来自于职工权益之凝聚，并且这里的凝聚更倾向于单个职工的明确授权与放弃，或者说不适宜于抽象的代表，从某种意义上讲，这里的职工代表大会实为职工大会，仅仅代表之会显然不符合私权益之精神，但是职工代表大会本身落实之困难只能转化为代表大会之形式，故而其间的授权与代表是需要制度协调的。相比而言，股东大会也有类似的问题，实际上股东大会往往演绎为股东代表大会，只是与会者之代表力通过明确的授权代理机制而落实了抽象的股东大会。笔者按照相似的推理，认为职工代表大会制度是实然的职工大会，之于公司而言，它是因职工而产生的权力机构，之于传统的公司机关而言，它不是参与机构，而是一种权力机构，并且不是股东会职能分割出的机构，而是股东会权力分割出的机构，深层而言，是股东权力分割出的机构。

选举和罢免职工董事、职工监事和职工协商代表的职权则与前者又有很大的不同。无论意见和建议权，还是审决和监督权，职工代表大会都是在公司机构一元核心的框架下存在的，公司的治理结构是排斥职工代表大会制度的，之间的权利模式要么是一种授予，要么是一种博弈。而选举和罢免职工董事、职工监事的职权则与公司治理的权力机构联系在一起，职工代表大会成为继股东大会或股东会之后又一个新的公司权力来源，而且正是因此，职工董事、职工监事与出于专业化目的而出现的独立董事显然是不同的。笔者认为，职工代表大会选举职工董事、职工监事和职工协商代表的权利虽然没有在所有企业中成为一般条款，但是至少所有企业都可以采取此制度，对于非强制性实施此制度的企业而言，这个制度是任意性制度，但是这个制度的存在，凸显了资本和劳动在现代企业中的共轭。劳动和资本的共轭理论和实践的完善必然为职工代表大会向股东大会地位靠拢提供基础。职工代表大会选举职工董事和职工监事已经突破了劳资两造主体之间的对抗性博弈，实现了劳资之间的合作性博弈，并且在公司治理的权力渊源上出现了两个核心，尽管在公司治理中，劳动者之地位远低于股东之地位，但是却不是附属于股东的，进而职工代表大会也不应该附属于股东大会，首先在逻辑上是与股东大会并列的。

二、职工代表大会基本职权在不同企业中的差异性

1. 职工代表大会基本职权在不同企业中差异性的规范分析

职工代表大会在不同的企业中差异很大，在一些企业中，很难推究

职工代表大会的存在程度，如在三资企业中仅仅明确了工会组织；在一些企业中，职工代表大会走了产权的落实路径，与股东大会的角色合并，如股份合作企业。笔者认为，这两个极端，要么缺乏规范分析的可行性，要么缺乏规范分析的必要性，仅此已经判定其间差异之大，性质截然不同。

而在公司法的框架下，职工代表大会基本职能在不同的公司中有一定的差异性，也具有清晰的可对比性。我国公司包括有限责任公司和股份有限公司两大类，这是公司内容框架所采用的分类；同时又有特别的规定适用特定种类的公司，如设专章程规定国有独资公司。总结相关规定，国有公司的董事会成员应该有职工代表，但并不强制其他有限责任公司的董事会中有职工代表。进而在国有公司与非国有公司之间，职工代表大会在选举董事会成员上的职权是有差别的，即在国有公司中，职工代表大会的此职权是法定的，而在非国有公司中，职工代表大会的此职权是意定的，按照一般的公司法理，职工代表大会是否有此职权取决于章程的规定，而章程中是否规定取决于股东会或股东大会，可以说，职工代表大会是否具有此职权是由股东会决定或者授权的。

2. 职工代表大会基本职权在不同企业中差异性的原因

选举职工董事是职工代表大会的一项基本职权，并且在公司法的框架下，在不同的企业中是有差异的，即国有企业中的职工代表大会有法定的选举职工董事的职权，而非国有企业中的职工代表大会有意定的选举职工董事的职权，其原因何在？

其一，企业传统方面的原因。我国的国有企业有职工代表大会参与企业管理的传统，既有职工代表大会直接管理企业成为企业权力机构的实践，也有改革和改制过程中，参与企业管理的实践。在某种意义上或者特定时期内，国有企业之抽象的国有被具体化为国有企业职工的所有，职工代表大会对企业之管理有行使产权的意味。尽管在产权明确的法律制度构架下，这种倾向被纠正，但是国有企业实行民主管理的传统一直没有间断过，国有企业的职工代表大会制度一直是一种法定的制度，并承载着其政治使命。而非国有企业则没有职工参与管理的传统。我国的非国有企业在中华人民共和国成立初期是被改造的对象，并迅速在我国的企业分类中消失，现在的非国有企业是在改革开放之后才出现的，它的发展与壮大是与国家的经济政策联系在一起的，并体现为产权制度的确立。可以说我国的非国有企业多在原始积累的初级阶段，而对于职工相关权益的保护和落实还缺乏内动机制。故而两种企业有两种不同的治理传统，公司法对两种公司中职工董事的不同规范，正是对两者现实的发现和确认。而每一种法律都是一种发现，是神赐予的礼物，是理智者的戒规，一个最低限度的法治概念。[①] 在此，企业不同传统决定的不同立法内容应该是我们这个时代的一种福音，这种尊重传统和现实的精神已经远远超过了政治和政策对这种立法差异的解释。

其二，股东特性方面的原因。职工参与企业管理对企业的长远发展有积极意义，其不仅承载职工的权益，也承载股东权益，其理论基础是复杂而多元的。虽然职工代表大会有着深刻的理论依据，但是在不同的企业中是否能够或者需要存在还需要特定理由。在现代企业制度中，产权清晰成为企业治理的核心，在公司治理中，以利益相关者理论为基础影响的公司治理结构仍然没有动摇股东的地位，"股东导向是利益相关者之间的合约"[②]，这里以一种抽象的合约来解释现今的公司治理结构，说明利益相关者理论的不足，也说明股东导向的公司治理也是一种选择，并不是不可动摇的。

在小公司和大公司之间，股东对公司的控制力和控制欲是有区别的。在小公司中，股东往往是在经营公司，股东对公司有着全面的控制力；而在大公司中，股东往往只是投资公司，股东不仅缺乏对公司的全面的控制力，而且在股东之间也表现出对公司不同的控制欲。故而在小公司中，公司系属于股东之事业，在实际上，股东不仅对其投资享有所有权，所谓股东之权，而且对公司本身也享有完全的所有权，这时候，在公司的导向上，不存在股东与利益相关者之间的合约，因为公司与股东的人格有着重叠的一面。在大公司中，公司不再系属于股东，公司之独立不仅来源于法律的拟制，而且来源于公司的社会化，公司作为一个平台，之于股东更多地是一种投资，公司的运行基础首先是一种惯性，而其导向的选择范围或者考虑因素已经多元化，而且在股东之间不再是一个利益整体，而是分化为控制公司的股东和单纯投资公司的股东，故而大公司按照传统产权治理的机构必然成为个人股东的霸权治理。因此股东特性的不同在酝酿着大公司治理原理的嬗变。这是职工代表大会制度在不同企业中差异性的一个根源。

其三，职工特性方面的原因。虽然职工与企业之间的关系经由劳动法律制度之调整不存在身份歧视的问题，即不会因为企业系小企业，其

---

① 王人博. 一个最低限度的法治概念——对中国法家思想的现代阐释[J]. 法学论坛，2003(1)：13-26.

② 张维迎. 产权、激励与公司治理[M]. 北京：经济科学出版社，2005：117.

职工作为劳动者之权益就弱小；也不会因为企业系大企业，其职工作为劳动者之权益就强大，但是不同时期劳动法律关系的发展所积淀的不同内涵的劳动关系却仍然存在。在企业发展的初期，雇主与劳动者之间的关系是一种纯粹的劳务雇佣合同，但是经过工业革命，随着劳动者权益保护模式从侵权行为法向社会保障法的转化，产业雇佣关系成为一种独立的劳动法律关系而从传统法律制度中分离出来。① 劳动者权益保护模式的变化同时伴随着劳动者法律地位的变迁，职工代表大会在审决和监督方面的基本职权多与劳动者非传统的劳动权益之凝集联系在一起。但是不可否认，在小型企业中，劳动者与雇主之关系仍然倾向于传统的劳务雇佣关系，雇主与劳动者之间还没有出现比较独立的企业人格，雇主与企业是重叠的，从某种意义上，小型企业还没有出现完备的治理需求，更何况劳动者在治理机构中的位置。但是，大型企业中，传统的雇主演变为股东，传统的劳动者演变为企业多元的、多层次的职工，劳动者对企业的归属感和依赖性也越来越强烈，在这个意义上，大型企业在社会化。

就小公司和大公司而言，同样有如上所述的问题，也正是因此，《公司法》对公司治理结构的规定也出现强制性规范和任意性规范并存的局面，并且公司法律发展的趋向在扩大任意性规范。正是因此，职工代表大会也不可能通过强制性规范进入公司治理结构的构架之中。而国有企业，已经毫无例外地属于大企业，规范国有企业中的职工代表大会有着现实合理性。由此看，在职工的社会保障权益和劳动法律制度保护比较严格，职工对企业依赖性更社会化的公司里，职工代表大会制度才会有效地执行，才具备强制性规范的空间。

第五节　职工代表大会基本职权的扩展空间

一、职工代表大会欲触而止的彼岸——企业所有权与公司治理

在职工代表大会的基本职权中，无论对重大事项的意见和建议权，还是选举产生职工董事、职工监事的权利，都是与公司治理紧密联系在一起的。

---

① 郑尚元. 侵权行为法到社会保障法的结构调整——以受雇人人身伤害之权利救济的视角[J]. 现代法学, 2004(3)：38-44.

在传统的公司法律制度中，公司所有权与公司治理是一个事物的质与形的关系。公司所有权一般是指股东对公司的控制权和剩余索取权，公司治理一般是指公司治理结构，包括公司股东会、董事会的职权及其关系。甚至公司治理结构与企业所有权本就是一回事。[1] 故此，股东权利是整个公司治理的基础，离开股东权利，公司治理便没有任何意义，在整个公司治理理论中，几乎所有的制度细节都可看作股东权利的延伸。并且这种公司所有权与公司治理相一致的公司成为处于主导地位的企业形式，"一般来说，在没有政府干预的情况下，我们倾向于认为大型企业理所当然地都应当采用投资者所有权的组织形式"。[2]

但是企业不止于公司，不止于股东所有的制度安排。在美国，"在法律、会计、投资银行、医疗等专业服务行业里，雇员所有的企业一直以来都非常普遍，近来这种所有权形式正在向其他行业扩展，不久前发生在联合航空公司的雇员买断就是一个很好的例子"。[3] 但是在专业服务行业中所实现的多是一种合伙制度。合伙治理仍然是根据所有权理论在展开的。在现代的企业中，无论是投资者、合伙者，还是合作者，都是在企业所有权理论下展开企业治理的。而尽管我们可以把人力资本投资的合伙者看作企业的雇员，把企业看作雇员所有的企业，而合伙与一般公司的治理结构的确有着很大的不同，但是这时候的雇员不具有职工的属性，其终究是在企业所有权的理论下展开的。

而在我国的职工代表大会的历史实践中，存在着虚化企业所有权，出现"职工是企业的主人"的倾向，职工代表大会对企业施行民主管理，但是这种实践很快被以清晰的产权理论所代替或者挤兑。可以说，虽然劳动者创造价值有着深刻的经济原理，但是现今的生产力水平还不能撼动企业所有权与公司治理的一致性。企业所有权是职工代表大会欲触而止的彼岸。故而，职工代表大会之基本职权无论形式如何，其理论基础尚难于建立在职工对企业的所有权理论上。在企业制度框架下，职工作为一种特定身份，与企业之关系，根本的还是契约，而不是产权；职工代表大会作为职工权益之凝聚，与股东大会之关系，根本的还是协调，而不是分割。

① 张维迎. 产权、激励与公司治理[M]. 北京：经济科学出版社，2005：117.
② 汉斯曼. 企业所有权论[M]. 于静，译. 北京：中国政法大学出版社，2001：导论.
③ 汉斯曼. 企业所有权论[M]. 于静，译. 北京：中国政法大学出版社，2001：导论.

二、职工代表大会基本职权的完善——劳资共轭与公司治理

随着企业法律制度的完善，企业之间的差别待遇将逐步减少，在缺乏明确、具体的理由的情况下，企业之间的差别待遇将视之为歧视。而什么样的企业需要建立职工代表大会制度，什么样的企业必须建立职工代表大会制度，以及是否和如何在不同企业中规定职工代表大会的基本职权，这都是完善职工代表大会制度的重要问题。笔者揣摩，以是否为国有公司为标准来规定职工代表大会的基本职权是与国有企业的管理体制有某种关系的。在我国，国有公司是与国有经济的控制力联系在一起的，其改革的结果必然是得到某种形式的加强，但是国有公司按照现代企业制度进行公司治理，实行政企分开、政资分开是明确的。而随着国有企业治理结构改革的深入，必然与非国有企业治理结构互相靠拢，这时候，以是否是国有企业来确定职工代表大会选举职工董事之基本职权是否法定显然是不合适的。总之，不能依靠传统来维持职工代表大会的基本职权。但是，如前分析，职工代表大会又不能依赖所有权理论对企业施行管理。

那么职工代表大会基本职权完善的基础只能是职工与企业关系的再分析。职工为何参与企业管理，而且要通过代表大会的形式参与企业管理，这显然与股东控制企业，并通过股东会或股东大会的形式控制企业不同，因为代表制本身就是一种集中制，其考虑的起点是抽象的整体，从这个意义上分析，职工代表大会基本职权的分析起点是职工代表大会本身的定位，而不是职工身份的定位。

职工代表大会制度能够在自由市场下的企业中存在，首先需要其对企业发展的积极作用。而企业的发展，就内部因素来看，包括资本和劳动两个要素。没有资本，企业无从谈起；没有职工的积极性，企业不可能有效率。简单地说，企业发展是劳资共轭的过程。轭是驾车时搁在牛颈上的曲木，而共轭是两头牛同时拉车时两头牛间的关系，劳资共轭就是在公司经营管理过程中，劳动者和投资者（股东）之间的相互制约、相互配合和相互影响，使公司治理结构合理，效率提高，竞争力增强的一种理论。劳资共轭的逻辑起点是：公司良性运营是劳资共同努力的结果，劳资对抗与合作都不能脱离于此。

劳资共轭并不是劳动和资本分割企业的所有权，进而影响企业的治理格局。在劳资共轭理论下，出资者控制企业并享有利润分配权和剩余索取权，劳动者控制企业并享有包括工资在内的劳动者权益。但是劳动

者的控制以劳动者权益为出发点，故而劳动者控制体现在对企业有效落实职工保护制度而展开的；出资者的控制以利润为出发点，故而出资者控制体现在对企业有效经营而展开的。显然这两者的直接的价值目标是不同的，但是在劳资和谐的理念下，仍然是可以并存的，劳动者的权益保护内容无论法定或约定，都是明确具体的，劳动者通过职工代表大会实现参与企业管理，更多的是劳动者权益相关的管理的参与力度要大，而对公司经营管理则参与力度要小。总之，在劳资共轭的理论下，职工代表大会作为职工的民主机构成为公司管理机构的一个输入源是没问题的，问题是如何输入，输入后如何运作。

随着《公司法》的完善，国有公司积累的职工董事、职工监事的经验，以及非国有公司对职工董事、职工监事的摸索，可以为职工代表大会基本职权的确立与拓展提供基础，同时随着劳资共轭理念深入企业治理，劳资共轭制度化会逐步完善。这时，职工代表大会制度将摆脱是否国有企业的分类标准，进而按照公司规模的标准来重新规范职工代表大会在不同企业中的基本职权，职工代表大会对与职工权益相关的重大事项的意见和建议权将进一步得到加强和普适，乃至对某些重大事项具有一定的否决权；职工代表大会决定董事会、监事会一定成员的基本职权将在强制性范围上进行重新界定。而职工代表大会基本职权的这些扩展都将建立在企业的发展和劳资和谐的基础上。

第六节　欧洲的职代会制度

欧洲各国乃至欧盟普遍存在职代会制度，且形式多样，典型者如德国、荷兰、比利时、法国、意大利和瑞典。评论其典型职代会的历史、特点、共性、问题，尤其是其职代会的代表性及其与工会关系，有助于重塑中国职代会的"土感"。

中国的"职代会"是"职工代表大会"的简称，似乎是一个很土的术语，而且职代会制度还被边缘化，立法进程也不明朗。然而欧洲的职代会制度却显示出职代会制度的另一种存在和发展。介绍欧洲职代会不仅对思考我国职代会的过去和未来有积极启示，而且会使我们对"土"有所自信。为此，必须首先说明一下职代会的概念。在欧洲有一个通用的术语，即Works Council，国内对应有多重翻译，但一旦不能与"职代会"对接，就让人一头雾水。其实，欧洲各国所适用的本土语言也是五花八门，也是最终意译为 Works Council 的。说到底，该术语应当意译为"职代会"，此即本文之初衷，也为本文之后念。

一、多样性以及六国法例

在欧洲的教材中把职代会定义为"在工厂或企业中雇主和雇员之间的代表进行交流的制度化机构"，此种代表机制在西欧广为存在，比较典型的国家有德国、荷兰、比利时、法国、意大利和瑞典。特别是在与其他国家地区诸如美国及非洲国家相比较，这种代表机制早已深入欧洲的企业文化和民主传统，堪称"职代会的欧洲模式"。但是，这种欧洲模式的形式也是多样的，以下简略评价其典型六国之法例。

德国是职代会制度的发源地，也是职工代表权利落实得最充分的国家。其实践可追溯至"一战"前的工人委员会，并在 1920 年法律化。1952年的企业组织法则规定了新的职代会组织，并与工会相分离，没有谈判或罢工的权利。以致后来，职代会、工会及管理者三方关系随此演变，职代会制度的意义也不断变化，实现了管理职能向雇员利益代表职能的转变。①德国职代会权利包括信息知悉权、协商权、共同决策权及管理权。②德国职代会由雇员代表组成，人数随员工总数变化而变化。③职代会与工会在原则上是分而治之的，而实践中则是平等协作、相辅相成的，各自独立、却通过个体实现互惠的。一般认为，在全球化背景下，德国的职代会制度是非常稳健的。

荷兰有遵循务实、协作的磋商的原则来处理产业关系的传统。其职代会立法开始于 1950 年，是第二次世界大战后"向社会民主妥协"背景下劳动关系规制的一部分。其初衷定位为企业内的沟通渠道，设立职代会的企业的最低人数为 25 名雇员(1971 年改革提高为 100 名，1988 年又降低为 50 名)，由雇员组成，但主席由雇主担任(1979 年改革删除了这一要求)。现在，荷兰职代会覆盖率相当高，职代会权利经历了一个逐渐开放的过程，从狭隘的代表协商权到广泛的信息沟通与协商权、监督权、商议权，乃至在裁员和重组事项中的共同决策权。工会开始逐渐重视职代会并互相协作，但一直谨慎地保持着两者之间的分离和独立，两者未来的关系可能性是：两者进一步一体化，或者职代会与管理层进一步一体化。

比利时在 1948 年立法创设了经济领域中的代表和协商机构，职代会则为其一，其设立门槛由最初的 200 名雇员降为 100 名雇员。雇员代表通过四年一次的"社会选举"而来，且只有被认可的工会组织才可提出竞选者。职代会的权利包括信息获得权、协商权、监督权及共同决策权，且 1998 年的"雷诺"法加大了对违反强制协商者的制裁。比利时职代会制度的显著特征是：独立的审计员可向职代会提供关于公司的详细年度报告并对管理层所提交报告和信息提供专业建议。在与工会的关系上，职代会是制度化的法定协商机构，与工会（谈判机构）互相独立但保持着良好的协作关系。在比利时，职代会最初只是一种"边缘现象"，虽渐有好转，却越来越难有可胜任的雇员代表候选人。

法国在劳资关系紧张对抗、社会政治分裂的背景下建立了强制性的法定职代会制度。其始于 1936 年的由雇主负责选举的员工代表团；1945 年依法建立企业委员会，覆盖超过 50 名雇员的企业，代表只有信息沟通和商议权，但有权在第一轮选举中提名候选人；1982 年的《劳动法》改革完善了职代会制度，扩大了代表的信息知悉权、协商权和监督权。法国职代会的问题是"代表的专业化"及由此引发的代表与劳工联系的减少，其实质是一种新的管理主义形式。工会有将职代会组织工会化的趋势，但职代会形式上的自治性依然存在。法国职代会在小公司中的覆盖率甚至高于德国，并依然发挥着作用。

意大利的职代会制度是在第二次世界大战后借助集体协议而得以普及的。1970 年立法创设了具有真实权力的工作场所工会代表机构，并将其成员的法定代表权制度化。1993 年更名为"意大利组工会"，并明确了代表的含义。意大利模式的特点是双重性：在工作场所同时存在工会组织和全体雇员选举的委员会，这种"双通道"体系一般被工会有效控制。意大利组工会每三年选举一次，三分之二的成员直接由员工选举，三分之一则由雇主直接提名（公共部门全部直接选举），且其会员覆盖了除小公司外的大多数雇员。意大利组工会有谈判权，可抵抗雇主的任意调控，但在信息咨询及共同决策方面的权限则十分有限。

瑞典职代会的制度化始于 1946 年，但徒有形式而已。1976 年立法赋予了职代会强大的权力，并借助于六年后的"联合协议"得以实施。在瑞典，工会与雇主的共同决策机制刺激了工会参与管理决策的积极性。瑞典职代会的本质是单一渠道代表制，雇主与劳动者之间的沟通媒介为工会的职场代表或"联络部"。如果把职代会定义为与工会的地位和职能不同的组织，那么可以说瑞典没有职代会；如果把职代会定义为"代表交流的制度化机构"，那么应该说瑞典存在职代会。

二、共性和差异

欧洲职代会的共性有五：其一，职代会是一种强制性的制度安排。

其强制性渊源有国家法律，也有集体协议，这两种渊源在特定国家单独或共同起作用。其二，通常在企业中建立职代会有人数门槛，当然也有例外，如瑞典就没有人数限制。其三，职代会的建立机制需要有特定的"启动者"，有些国家是雇主扮演这一角色，有些国家是雇员及工会。如果仅由雇员或工会负责启动，很容易在小公司出现"弃权"情形。这可以解释为什么在人数门槛最低的德国，有资格的企业中职代会覆盖率只有11％。其四，职代会职能的有效发挥需要雇主的配合。因为职代会的设立目的就是代表劳动者与管理者进行协商及共同决策有关劳动者切身利益的决定，所以雇主的配合就必不可少。其五，必须采取特定的措施使雇主自愿或强制其遵守职代会制度。也就是说，法律应该提供后续保障以救济因雇主违反法律规定而对雇员造成的损害。

差异性体现在三个方面：其一，职代会成员的组成不同，在德国、意大利和瑞典，职代会委员和主席都为雇员代表；比利时、法国和荷兰（1979年后由雇员代表）则由雇主担任主席。其二，职代会成员的数量要求不同，各国的最低及最高限制均有差异，且有些国家对代表的部门来源和性别比例还有规定。其三，职代会代表的选举方式不同，一般情况下，代表由全体雇员选举，但少数雇员代表是直接任命的，比如意大利职代会的管理层代表。

三、问题与启示

职代会制度的根本问题是代表性问题，其问题点有四个方面：职代会的理论代表性、职代会的历史适应性、职代会代表的有效性，以及职代会构成的均衡性。其一，职代会是否能够有效"代表"雇员，即职代会是否可以从雇员的多重利益、期许和不满中建构一种一致的为雇员争取利益的能力，而不仅仅是多数选举问题。其二，职代会的适应性问题，即全球化背景下的工作方式、雇佣结构及企业所有制都在发生变化，这给职代会"代表性"的有效性带来极大的挑战，因为其"代表性"需要雇员与雇员之间、雇员与代表之间、代表与管理者之间长期和稳定的联系与默契。面对越来越复杂的现实，如何保持雇员代表与管理者共同决策机制的有效性，这才是"代表性"问题的关键。其三，职代会代表的有效性问题，即要求雇员代表从雇员中分离出来并从更专业化的角度来识别雇员需求。这种分离导致了代表的专业化和官僚化，以致代表可能不再能很好地代表雇员利益，反而成为了一种非常有吸引力的职业，这进一步使得代表和管理层的关系日益紧密，甚至导致腐败。其四，职代会代表构成的均衡性问题，表现为雇员中的男性、年长者及高级职工被过度代表，而女性、青年职工及非标准形式的职工的代表性却严重不足。这种代表的不平衡不仅存在于雇员代表中，还存在于职代会代表中管理层被过度代表。虽然有研究表明女性的代表性稍有提高，但总体情况仍不容乐观。

职代会的另一个重要问题是其与工会的关系。尽管制度化雇员代表机制有单渠道体系和双渠道体系之区分，但职代会和工会多呈现彼此独立又互相协作的关系。在职代会选举中，比利时和法国的候选人限于工会提出的候选人名单，而德国和荷兰的候选人既可以由一定数量的雇员提名，也可由工会提名。在工作关系中，由于职代会代表的老龄化及工会培育新人难度的增大，两者之间的互相支持日益重要，德国法律规定如果职代会有四分之一以上成员同意，工会干部就可参加职代会活动。因此非常担忧的是，职代会将会取代雇员对工会的依附。但其实只要职代会和工会都做好代表工作，形式如何又何妨。

欧洲职代会形式多样，职能千差万别，也有仅有信息传达与咨询职能的职代会，如匈牙利的职代会以及在欧盟层面上的欧盟职代会。这为我国职代会提供了诸多的比较范例，而无须拘泥于德国职代会。从制度比较的角度看，欧洲职代会的法律地位各有不同：有依法设立的，有以全国性集体协议设立的；其权利各有不同，呈现信息沟通、协商、共决等层次交错的权能；其与管理层关系各有不同，有纯粹雇员构成的，有雇员和管理者联合构成的；其与工会关系也各有不同，既有单通道代表机制，也存在双通道代表机制。

此外，欧洲职代会的另一种启示是职工代表理念的普及和发展。首先，这需要企业的积极努力，职代会制度的盛行有赖于企业观念的跟进，这对当下中国非公有制企业是一个很好的鞭策，即培养工人的企业公民意识，落实宪法规定的劳动者参与权利。其次，也需要政府的积极努力，不断推动职代会的落实以及崇尚渐进的制度建设，政府必须在观念上重新重视职代会制度的价值和功能。再次，充分肯定现有职代会和工会关系的历史合理性，努力推动职代会和工会之间的协作，避免两者关系淡化后职代会的管理化。最后，中国职代会必须根植于中国历史和中国现实，倘若把域外工会对职代会的谨慎态度拿来说辞则明显不着调，唯有秉承多元化方能真正开启本土化的职代会。我国职代会的"土感"不应该是问题太多、缺乏共识，而应该是传承与自信，"土掉渣是很好吃的，必须要推广啊！"

第七节　职工代表大会在规章制度形成中的作用

《劳动合同法》第四条规定了规章制度形成中职工代表大会的讨论权，但这在司法实践中却成为软法，有关规章制度效力的司法判断标准实质上是法官的合理性判断。从职工代表大会的角度看，其是诠释我国政治、经济、文化的重要制度，市场经济转型带来的职工代表大会转型并没有否认职工代表大会作为传统本土资源的价值，职工代表大会在规章制度形成中不仅有国家法明确规定的讨论权，而且有地方立法和实践中的通过权。因此，规章制度既不是资方的单方决定，也不是契约，而是通过代表会议机制形成的自治规范。这里强调，《劳动合同法》第四条是强制性规定，未经民主程序的规章制度则绝对无效。规范制度形成理论的进一步发展应该是赋予职工代表大会更大的权利，并与集体合同制度协调整合一起成为规范集体劳动关系的重要制度。

一、引言

劳动法上的规章制度，或张贴于工作场所，或记录在工作手册，多为劳动者所了解，是用人单位进行劳动用工管理的重要手段。用人单位凭借其劳动用工管理的权利，可将一切劳动争议问题纳入规章制度中，使规章制度成为单方认定双方权利义务的"垃圾桶"。不受制约的规章制度则必然损害劳动者权利，造成大量劳动纠纷，而且常与其他劳动法律渊源产生冲突。① 当下，规范用人单位的规章制度并限制用人单位的单方权利成为重要的劳动法学思潮。郑尚元和王艺非认为规制劳动规章制度的重点是其内容合理性，是实质正义，而非当事人意思。② 秉承此种观点，沈同仙认为，不能一味否认未履行《劳动合同法》第四条有关民主程序的规章制度的法律效力，"一个合法、合理且让劳动者知晓的规章制度对劳动者具有约束力，应该成为法院审理劳动争议案件的依据"。③ 然而，如何判断内容合理性却是一个很大的难题，笔者主张回归《劳动合同法》第四条的严格解释，重视职工代表大会在规章制度形成中的作用。

---

① 谈海圣. 从内部规章制度立法现状看劳动者权益保护[J]. 苏州科技学院学报：社会科学版，2004(2)：55-58.

② 郑尚元，王艺非. 用人单位劳动规章制度形成理性及法制重构[J]. 现代法学，2013，35(6)：72-84.

③ 沈同仙. 试论程序瑕疵用人单位规章制度的效力判定[J]. 政治与法律，2012(12)：33-41.

职工代表大会制度是非常具有中国特色的职工参与制度。① 随着企业法律制度的不断修改和完善，尤其是随着公司治理制度的移植和实践，职工代表大会的形象大跌，职工代表大会制度也在法学研究中被边缘化。然而，职工代表大会的实践和发展并没有停止，以致国外学者如 Cynthia Estlund 开始好奇地关注职工代表大会制度在中国的复兴。② 以下围绕劳动规章制度的形成来分析职工代表大会的作用，希望能够进一步澄清我国的职工代表大会制度。本文将首先分析《劳动合同法》第四条的规定、实施和问题，然后在此基础上探索职工代表大会在规章制度形成中的作用，最后从职工代表大会切入，指出规章制度的性质以及《劳动合同法》第四条的意义及其未来。

二、我国劳动合同法上之规章制度的形成：实施与问题

与《劳动法》第四条笼统的规定相比，《劳动合同法》第四条第二款的规定是一个进步，这是因为规章制度的形成自此有了四个限定：其一，明确了规章制度的范围，并通过罗列的方式包括了直接涉及劳动者切身利益的诸多事项，包括劳动报酬、工作时间、休息休假、劳动安全卫生、保险福利、职工培训、劳动纪律以及劳动定额管理；其二，规定了民主程序，即规章制度形成中的职工代表大会或者全体职工的讨论是强制性程序，也是规章制度形成中用人单位的重要义务；其三，规定了方案和意见的提出，从强化民主程序的角度看这也是用人单位的义务；其四，规定了确定规章制度的平等协商原则，即规章制度的具体条款最终是由用人单位与工会或者职工代表平等协商确定的。这四个限定意味着用人单位不得偷换概念以规避法律义务，必须实质性进行讨论、进行平等协商才能形成合法的规章制度。

规章制度的形成制度的实施主要经历了两个时期：前《劳动合同法》时期和后《劳动合同法》时期。在前《劳动合同法》时期，规章制度与用人单位的单方权力混为一体，不乏用人单位以劳动者不知晓的规章制度惩戒或辞退劳动者的案例，规章制度也多称为劳动纪律；在后《劳动合同法》时期，规章制度与劳动合同混为一体，用人单位很乐意在形式上遵守《劳动合同法》，如经过职工代表的讨论，如让劳动者知晓。法官一般也

① 谢增毅. 职代会的定位与功能重塑[J]. 法学研究，2013，35(3)：110-121.
② Estlund, Cynthia L. "*Will Workers Have a Voice in China's 'Socialist Market Economy'? The Curious Revival of the Workers Congress System.*" NYU School of Law, Public Law Research Paper 13-80(2013).

会对规章制度进行形式审查后认可其效力，但也有进行实质审查而否认规章制度效力的典型案例。如在张某诉阿尔斯通水电设备（中国）有限公司劳动争议案，用人单位以劳动者严重违反规章制度为由单方解除劳动合同，而法院认为，该用人单位的规章制度可操作性不强，且执行中处罚与行为不能相当。① 这说明，即便用人单位在形式上遵守《劳动合同法》第四条后，仍然有法律风险。在张某案中，表面上是用人单位没有把惩戒标准量化，以致让法官认为规章制度可操作性不强；实质上是法官在尝试对规章制度的内容进行实质性判断，以遏制用人单位的蛮横管理。

在最高人民法院起草司法解释时，也暗藏了遏制用人单位蛮横管理的意向。根据司法解释的征求意见稿，未经《劳动合同法》第四条规定的民主程序的规章制度不能作为人民法院审理劳动争议案件的依据。② 然而最终通过的司法解释并没有相关规定，这明显遵循了有关程序瑕疵的规章制度的效力的学者意见和企业意见。董保华认为，征求意见稿的实质是认定程序瑕疵的规章制度自始无效，但这与法律抵触，不合情理，且不合法理。③ 沈同仙针对征求意见稿，援引了企业的抱怨：一方面本身科学的规章制度可能被否认；另一方面担心劳动者恶意诉讼。④ 因此，尽管有《劳动合同法》第四条的规定，民主程序仍然不是法院判断规章制度效力的重要标准；而且当下的劳动法学正在将法院导向实质合理性判断。然而，浏览成千上万的涉及劳动规章的案例，法官能够通过实质性判断否认规章制度效力者寥寥无几；而有关劳动者纯粹主张未经民主程序的规章制度无效的案例也并未发现。可见，有关规章制度形成的民主程序的规定在司法实践中变成了软法，其约束性堪忧。这是谁之过呢？规章制度之属性，抑或职工代表大会之境遇？

三、规章制度形成中职工代表大会之作用：转型与定位

有必要追述《劳动合同法》第四条的渊源，唯此才能澄清职工代表大会在规章制度形成中的作用，解释其软法化之因。1994 年的《劳动法》只

---

① 张某诉阿尔斯通水电设备（中国）有限公司劳动争议案. 天津市第二中级人民法院（2011）二中保民终字第 209 号（2011 年 7 月 6 日）。

② 最高法院关于审理劳动争议案件适用法律若干问题的解释（四）（征求意见稿）。最高人民法院 2012 年 6 月 27 日。

③ 董保华. 规章制度未经民主程序不应作"自始无效"处理[J]. 中国审判，2012(8)：24-27.

④ 沈同仙. 试论程序瑕疵用人单位规章制度的效力判定[J]. 政治与法律，2012(12)：33-41.

是概括地规定用人单位应当建立和完善规章制度，却并没有提及职工代表大会。此时的职工代表大会刚经历1993年《公司法》的冲击，其地位和作用在整个90年代都处在激烈的转型期，这成为2000年后职工代表大会制度重新定位的前提。

（一）转型中的职工代表大会

在回答职工代表大会是什么之前，必须正确认识职工代表大会的转型及其内容。在论及职工代表大会的转型时，以1993年《公司法》为分水岭，很容易看到职工代表大会地位和职权在公司法前后的巨大变化：之前，职工代表大会是权力机构，是与厂长相辅相成的企业治理结构的重要组成部分；之后，职工代表大会甚至不是公司法上公司的必设机构，其地位、性质和职权变得模糊不清。① 然而，职工代表大会的转型是一场深刻影响我国政治经济制度的改革，仅从法律条文的前后比较很难诠释转型中的职工代表大会。笔者认为，转型后的职工代表大会在公司制企业中仍然有重要作用，这是因为职工代表大会制度深深嵌入到我国的文化、政治、经济当中，职工代表大会不仅是企业治理结构中的职工参与机制，而且是我国宝贵的文化资源、基本的基层民主形式。

其一，职工代表大会承载了一种企业文化。在我国，通过代表会议进行企业内部决策和管理是有历史传统的。一般认为，职工代表大会制度的雏形可追溯至中华人民共和国成立之前的共产党领导下的公有企业的工厂管理委员会和职工代表会议；② 职工代表大会制度的民主管理思想可以追溯至共产党刚成立时的民主实践。这意味着我国的企业文化自始就是由工人及其政党塑造的。中华人民共和国成立后，毛泽东对"二参一改三结合"的论述，③ 邓小平对职工代表大会的阐述，均成为塑造我国企业文化的重要思想。

其二，职工代表大会是基层民主政治的基本形式。不仅宪法规定了国有企业和集体企业通过职工代表大会实行民主管理，而且党的文件不断重申以职工代表大会为基本形式的企业民主管理制度。④ 职工代表大会与村民委员会、居民委员会一起并列为我国基层民主的重要载体。因

---

① 谢增毅. 职代会的定位与功能重塑[J]. 法学研究，2013，35(3)：110-121.

② Zheng Shangyuan. *Chinese Staff Congress System：Past，Present and Future*. Systems of Employee Representation at the Enterprise，25-49(Roger Blanpain ed.，Wolters Kluwer，2012).

③ 周勇. "鞍钢宪法"的历史考察[D]. 中国社会科学院研究生院，2011.

④ 十八大报告(全文)[EB/OL]. 新华网，http://www.xj.xinhuanet.com/2012-11/19/c_113722546_4.htm.

此，职工代表大会的存在和发展是政治制度的基本要求。

其三，职工代表大会是衔接传统企业治理结构和公司治理结构的纽带。职工代表大会所面临的重要法律难题是其与公司治理结构如何协调的问题。职工代表大会原有的职权在公司法理论上已经全数被股东会、董事会和监事会所替代，在公司治理层面上并没有职工代表大会的地位。然而，职工代表大会又在实践中存在并不断发展。随着国有企业的改革和完善确立了处理传统企业治理结构和现代公司治理结构的两个途径：一是，交叉任职，即党委负责人通过法定程序进入董事会、监事会，企业管理人员依照党章进入党委会；二是，坚持和完善以职工代表大会为基本形式的企业民主管理制度。① 而随着企业民主管理实践的发展，《企业民主管理规定》以及诸多的地方职工代表大会立法正在赋予职工代表大会日渐清晰的职工参与权利。以职工代表大会为代表的企业治理的传统资源只是在引入西方公司制治理框架后尚未经过足够沉淀的摸索，但是整合本土资源并形成与股东会、董事会、监事会体系相协调的职工参与企业管理的制度体系仍将是我国公司制度的重要发展方向。②

(二)职工代表大会的定位

从职工代表大会的作用看，其有不同的定位。从服务于国企改革的角度看，如张丁华认为，发挥职工代表大会的作用可促进企业领导班子建设，可推进企业改革发展，可搞好国有企业；③ 而从后来的地方立法和职工代表大会的发展来看，职工代表大会的定位虽然多元，但是最重要的还是保障职工参与企业管理的民主权利。而职工代表大会要保障职工的民主权利，就其根本是职工代表大会的权利定位，即(投票)通过权抑或(会议)讨论权之困惑。

其一，职工代表大会的权利定位仍然在通过权和讨论权之间摇摆。转型后的职工代表大会的职能范围明显收缩，主要集中在与劳动者有直接利害关系的事项上。而职工代表大会的权利也因企业性质的不同、地方立法的不同而有所不同。一般国有企业中职工代表大会的权利要大于非国有企业中职工代表大会的权利。一般情况下，职工代表大会的权利包括听取报告、审议方案、提出意见和建议，其本质上均是讨论权的范畴，对企业决定有程序上的制约，但没有实质上否认企业的单方决定权。

---

① 《中共中央关于国有企业改革和发展若干重大问题的决定》。
② 李海明. "老三会"变迁小考[J]. 中国工人，2012(3)：23-26.
③ 张丁华. 坚持和完善职代表大会制度与加强企业领导班子建设[J]. 求是，1997(4)：34-38.

但是在国有企业中，职工代表大会有权审议通过企业合并、分立、改制、解散、破产实施方案中职工的裁减、分流和安置方案。① 在地方立法中，如河北，国有企业职工代表大会有审议通过或否决规章制度的权利。② 可见，职工代表大会只有在个别地方对国有企业的立法中才拥有通过权，而通常情况下职工代表大会在规章制度形成中只有讨论权。

其二，职工代表大会在规章制度形成和集体合同形成中的作用是趋同而又冲突的。根据《劳动合同法》的规定，职工代表大会在规章制度形成中有讨论权，在集体合同形成中对集体合同草案有通过权，而规章制度和集体合同的内容却是重合的，即集体合同所涉及的事项，包括劳动报酬、工作时间、休息休假、劳动安全卫生、保险福利，均属于规制制度所涉及的事项；规章制度还涉及职工培训、劳动纪律以及劳动定额管理。③ 这意味着职工代表大会在不同的制度中有相同的职能、不同的权利。实践中，用人单位必然避重就轻，借助规章制度来限制职工代表大会的权利。而这与西方上世纪 60 年代就完成的法理是相悖的，如 Soloman Barkin argued，"the answer to the issue of work rules lies not in the automatic acceptance as an adjustment to developing technology, but rather in a constructive bargaining relationship."④但这从另一个角度说明，职工代表大会在规章制度形成中仅具有讨论权是不够的。职工代表大会在规章制度形成和集体合同形成中的权利应该协调统一，并实质上起到维护劳动者利益，确保劳动者能够有效参与、平等协商。

另外，《劳动合同法》关于规章制度形成制度的细节是模糊的。在《劳动合同法》所规定的规章制度形成制度中，职工代表大会、工会、职工代表三者的身份和关系是模糊的。从条文内容看，规章制度是由用人单位与工会或者职工代表平等协商确定的，这明显是集体合同的属性；而吊诡的是，集体合同最终是由职工代表大会或全体职工讨论通过的，这明显是规章制度才能有的属性。在实践中梳理三者的关系后，规章制度形成中职工代表大会作用的层次就凸显出来了。以上海为例，工会是职工代表大会的工作机构，职工代表，即职工代表大会的成员，是全体员工的代表，其中一线职工不低于百分之五十，中、高层管理人员不超过百

---

① 《企业民主管理规定》，第 13 条、第 14 条。
② 《河北省企业职代表大会条例》，第 21 条。
③ 《劳动合同法》第 4、51 条。
④ Barkin S. *Work Rules：A Phrase of Collective Bargaining* [J]. Lab. LJ, 1961, 12：375.

分之二十。职工代表大会行使通过权有五道程序：①用人单位和工会协商，共同起草草案；②组织专题会议向职工代表解释说明草案；③用人单位和工会修改草案，职工代表对草案意见分歧较大的，重复上道程序；④提交职工代表大会；⑤职工代表大会审议通过。① 而对比分析《劳动合同法》第四条关于规章制度形成的四个限定会发现，上海作为地方立法实践的通过权与《劳动合同法》所规定的讨论权是一致的，所谓用人单位与工会或职工代表平等协商，确定规章制度在实践中通常会落实为充分征求意见后，最终由职工代表大会审议通过。因此，在实践上，规章制度形成中职工代表大会的作用是，通过最终的审议通过权，保证了规章制度形成过程中的职工参与和平等协商。

其三，职工代表大会在规章制度形成中的作用是有层次的。以职工参与的程度为标准，职工代表大会的作用依次有：公示功能，即用人单位通过职工代表大会让职工知晓其已经单方决定的规章制度，这比保秘的规章制度要好一点；通知功能，即用人单位通过职工代表大会告知拟定规章制度之事项，具有试探职工、乃至咨询职工意见的效果；协商功能，即用人单位通过职工代表大会与职工反复磋商，但并不否认用人单位的单方决定权利；平等协商功能，即用人单位在反复磋商的基础上，将通过规章制度的形式上的权利交给职工代表大会，这实质上具有劳资谈判的功能，但表现为传统意义上企业治理结构中的单位意志，即职工代表大会代表企业通过规章制度。以正常的职工参与的流程为标准，如上述的四个功能是向前包括的，即通知功能包括公示功能，协商功能包括通知功能，平等协商功能包括协商功能；如上述的四个功能又是向后不断发展的，职工代表大会作为公示的途径、讨论的形式、并最终发展到企业民主管理中的共决。

四、规章制度之属性与《劳动合同法》第四条之意义

我国有关规章制度的法学研究沿着从日本到台湾地区，到大陆地区的理论传统，在讨论日本早已提出的"契约说""法规说""二分说""集体合意说"，台湾地区发展出的"定型化契约说"。② 然而，劳动法上的规章制度的形成模式在不同国家是不同的。尽管规章制度之形成大致有三种模式，即有立法规定确定、用人单位和职工代表通过双边协议确定、用人

---

① 《上海市职工代表大会工作规范》。
② 郑尚元，王艺非. 用人单位劳动规章制度形成理性及法制重构[J]. 现代法学，2013，35(6)：72-84.

单位单方决定，单一而典型的规章制度形成模式则极为罕见。① 这意味着不同国家的规章制度的形成制度多是混合模式，且是不断变化的，借鉴域外关于规章制度形成制度的理论就必须注意规章制度形成制度本身的不同。笔者认为，我国有独有的职工代表大会制度，且已经在企业民主管理制度上形成了与域外制度差别较大的本土制度资源，有关规章制度形成的理论就不能援引日本或其他国家地区的学说。

在《劳动合同法》通过前后、实施当中，规章制度的属性问题都是一个重要的学术问题。由于受到域外理论的影响，多数学者表明倾向接受"契约说"，即把规章制度之形成定性为用人单位和职工之间契约；但是，在回应司法实践时，又主张规章制度之内容上的合理性来认定其效力。以沈同仙的观点为例，合理、合法、劳动者知晓成为认定规章制度的三要素，② 因此随着用人单位完善规章制度的公示制度、合规审查制度之后，规章制度的合理性判断只能最终交给法官来判断。笔者认为，把日趋专业化、复杂化的规章制度的合理性交由法官判断，成为法官审理涉及规章制度案件之常态，其结果必然是法官不堪重负或法官难以胜任而使合理性判断流于形式。

规章制度之属性仍然要回到我国的理论和实践当中。从实质意义上的规章制度形成来看，我国企业中所遵循的规章制度有三个来源：立法、集体合同、用人单位决定。用人单位规章制度中关于八小时工作制的规定，实质上是对国家立法的重述，其形成模式属于立法；随着工资集体协商的不断发展，规章制度中有关薪酬的内容也多数成为重述集体合同的内容，其形成模式属于集体谈判；纯粹的规章制度就是用人单位的决定，其在性质上绝对不是合同，顶多是协议，但更像自治规范。从《劳动合同法》的规定来看，基于职工代表大会在规章制度形成和集体合同形成中的作用，关于规章制度性质的契约说是不成立的，我国的规章制度形成模式只有两个：立法、用人单位决定。但是中外理论的混杂使得立法内容看起来不伦不类，但就其实质而言，《劳动合同法》所规定的规章制度形成和集体合同形成均属于用人单位决定。需要注意的是，用人单位决定是以职工代表大会通过为基础的，并不是投资方意义上的企业单方决定，其实质是投资方和劳动者方通过代表机制实现的共决，是西方集

---

① Barkin S. *Work Rules*：*A Phrase of Collective Bargaining*［J］. Lab. LJ, 1961, 12：262.

② 沈同仙. 试论程序瑕疵用人单位规章制度的效力判定［J］. 政治与法律，2012(12)：33-41.

体谈判和用人单位单方决定的中间模式。

因此，不能小觑《劳动合同法》第四条在司法实践和劳动法理上的意义。严格落实职工代表大会在规章制度形成中的讨论权和通过权，可以将规章制度合理性判断的重点从法官转移到企业，而这仅需要法官严格判断规章制度形成中的民主程序，提高认定职工参与的标准。此时，企业可能会担心受制于职工，难以高效地形成规章制度。而从规章制度发展的一般法理来看，越来越多的规章制度会首先通过集体谈判签订集体合同，用人单位能够单方决定的只能是劳动者无法参与的，如纯粹技术规程。职工代表大会讨论或通过规章制度并不违反规章制度发展的法理。在尊重一般法理的基础上，我国的规章制度形成制度继承了传统资源，衔接了企业改革和构建和谐劳动关系，这不仅优于恣意的资方单方决定模式，而且还会比外化的激烈的劳资冲突来形成规章制度要中庸、平和，这恰恰是映衬我国传统文化的。

五、结论

以检讨未经民主程序的规章制度的效力为起点，批判了以合理性判断来认定规章制度效力的司法实践，并通过对《劳动合同法》第四条的严格解释和地方实践的考察，发现了职工代表大会在规章制度形成中的独特作用。笔者主张通过法官对规章制度形成的民主程序的严格判断来倒逼企业完善规章制度，支撑职工代表大会有效发挥作用。然而，这个主张是以肯定我国独特的职工代表大会制度为前提的，尽管该制度在实践中的作用越来越明显，学者对其仍然有偏见，这在一定程度上影响了强化职工代表大会在规章制度形成中作用的观点，因此笔者对职工代表大会的作用做了更为充分的论证。而且，笔者认为职工代表大会讨论通过规章制度并不违反规章制度形成的法理的发展趋势，并建议《劳动合同法》第四条能够根据我国的地方立法和实践明确职工代表大会与职工代表、工会的关系，并将职工代表大会的讨论权提升为通过权。

第八章 职工董事、职工监事

第一节 职工董事、职工监事的理论、
制度与实践：国外考察与评论

一、概述

职工董事制度和职工监事制度是与我国公司治理制度相伴生的职工代表参与管理制度，具有明显的中国特色。很难访得有十分相似度的域外法例，因此不能断言职工董事制度和职工监事制度是移植而来的。尽管提及职工董事、职工监事，往往可追溯德国模式，但若断言我国的职工董事、职工监事立法系移植于德国，则未必可靠。因此，要从域外法例考察职工董事、职工监事制度需明确两个前提：其一，我国股份制改革和公司立法是产生职工董事、职工监事制度的基本背景，而在百年视野中，公司的确是从域外移植而来的，尤其是随着西方公司进入国人视野以及复杂的历史背景下被动形成的。20世纪90年代开始的公司立法已经不是简单而原始的照搬照抄，在域外寻访我国公司制度之原型已不现实。因此，才有公司法的某一个制度细节主要借鉴于某个国家，如公司独立董事制度更多借鉴于美国立法及其实践。其二，职工代表进入公司董事会、监事会与我国的企业民主管理制度天然地衔接在一起，并已经成为企业传统与文化，其寻根路线应该是我党成立初期以及借由社会主义国家而来的中国社会主义思想。这意味着从职工参与的程度来分析，域外之相关实践未必能够体现更多的职工参与思想。但回到公司制度，我国的职工董事、职工监事制度又的确是在过去几十年从国外引进来的，比如，很明显"董事、监事"就是移植的，原来的"厂长"等称谓已属一个过时的制度系统。

相应地，考察域外的董事会制度或监事会制度要相对容易，不仅可以系统考察某国的立法例，还可以超越国家去探讨更为抽象的董事会理论或监事会理论，并有超过国家层面的制度努力，如欧盟的公司法相关指令，也有大量的学术论著、非常普及的公司法学教材等。但是作为整

体去考察"职工董事、职工监事"制度要困难得多，而这可能与上述两个前提有关，即对本土性与移植性的估计不准。在我们看来，本土为职工董事、职工监事的理论基础提供了更多的资源，但是作为公司制度发展的一个趋向，域外的立法和实践同样具有现实的借鉴性。尤其是在全球化背景下跨国公司的崛起，公司实践成为公司制度发展的内生动力，通过国内立法的强制性规范之实施的局限性越来越明显。公司法规范的软法化、私法性在公司治理结构上的体现会越来越明显。这意味着职工董事、职工监事制度研究必须考虑公司治理之趋势，域外实践和经验的重要意义也不言而喻。简言之，职工董事、职工监事制度是一种怎样的公司法潮流呢？在这部分要回答这个问题。

在英文文献中，与"职工董事和职工监事"相对应的是监事会或董事会层面的职工代表，如"employee—elected board members"①，"employee representatives at board level"②或者"board-level employee representation"(BLER).③ 因此把"职工董事、职工监事"称为"职事"似乎更妥当。④ 职事，是职工代表，是与董事、监事并列的称谓，入董事会或监事会，在西方(尤其是欧洲)即董事会(监事会)层面的职工代表。有意思的是，职事制度在英美法系国家并不流行，而在欧洲大陆国家却比较普遍。以英文为重要载体的研究不仅是二手文献，而且与原始文献之间尚有一层语言转换。这为职事制度的系统的比较研究造成了障碍。在欧洲大陆诸国，多有职事制度之立法与实践，从附件一欧洲职事制度分布图来看，欧洲经济区 31 个国家中有 13 个国家有广泛适用的职事制度，而这些国家涵盖了德国、法国、北欧国家，以及东欧南部国家；有 7 个国家主要在国有公司和其私有化后的公司适用职事制度。纵览欧洲职事制度分布图，在欧陆公司中，有职事才是主流。因此，职事制度的比较研究主要是与欧洲国家职事制度的比较研究。欧洲职事制度的框架、特点

---

① 如此文标题所示。Huse, Morten, Sabina Tacheva Nielsen, and Inger Marie Hagen. *"Women and employee-elected board members, and their contributions to board control tasks."* Journal of Business Ethics 89.4(2009)：581-597.

② 如此文标题所示. Conchon, Aline. *Board-level employee representation rights in Europe：Facts and trends.* ETUI, European Trade Union Institute，2011.

③ See TABLE：*WORKER BOARD—LEVEL PARTICIPATION IN THE 31 EUROPEAN ECONOMIC AREA COUNTRIES*，来自 http://www. worker-participation. eu/.

④ 需要说明的是，"职事"一词可能有诸多不妥，如此使用主要是为了简洁方便。此外，约定"职事"称谓也是对我国职工董事、职工监事制度改革的一种提示，虽然无意在整个研究中使用"职事"一词，但"职事"一词的确为本研究提供了不少方便。

等，将是比较研究的基本目标。

欧洲国家的职事制度是非常多样的，严格来说每个国家都有其独有的职事制度，这不仅与公司治理结构有关，而且与该国的历史传统有关，特别是特定情况下的劳资关系有关。因此，在考察特定国家的职事制度之前，应该了解劳资关系的过去和现状，职事制度的生产和发展不能缺少劳动法的视角。例如，一般认为职事制度起源于德国，但是欧洲其他国家也有特色的职事制度，其与德国职事制度事实上是平行的。同样，我国的职事制度也是平行制度。因此，比较的意义不仅仅是提供制度移植的可能性，主要是发现职事制度运行的机理，为解决职事制度的现实问题提供基础。从这个角度来看，欧洲多样的职事制度恰恰为提炼职事制度的基本问题提供了多样素材。职事制度，作为超越国家强制立法的公司规则，其核心问题是什么？这将是本章节研究的最终目标。这也应该与我国职事制度的现实问题有所回应，如职事制度的普及性问题，是否要区分公私企业；职事的代表性问题，如何保障职事是真正的职工代表；以及职事制度与公司治理框架、劳资法制框架的衔接问题，即职事的来去如何，职权如何等。

二、职事制度的理论基础

从法律文本的部门法归属看，职事制度是典型的交叉性制度，即《公司法》与《劳动法》的交叉。从《公司法》的角度看，职事即董事或监事，是公司治理结构的一部分。循着公司治理结构的基础理论，职事制度基础不免要纳入产权关系以及延伸的委托机制。从《劳动法》的角度看，职事即职工代表，是职工参与的一种形式。循着职工参与的基础理论，职事制度基础又应该纳入劳资关系框架中，特别是基本劳动权及其延伸的集体劳动关系框架。这意味着职事制度有两个基础性的关系：即产权关系和劳资关系。然而，从传统的企业所有权关系和劳资对抗与谈判关系都与诠释职事制度的产生和发展毫不相干，乃至完全冲突。因此，职事制度必然是在原有基点上有新的视角、新的思潮。

1. 公司治理理论的开放性：从产权关系到利益相关者

传统的公司治理理论是从产权关系基础上发展起来的，其最根本的问题是所有权人与管理者之间的委托关系。然而，基于委托关系而产生的所有权和经营权一旦分离开，公司治理结构就有自身的独立性。在公司治理结构上发展起来的公司制度因此也不能完全由产权关系来解释。这就是公司治理理论的开放性，即公司治理理论为公司制度的发展提供了开放的空间，其潜在的问答是，公司治理结构自身作为一种系统具有自洽性。当然这种自洽性基本上仍然是围绕产权而展开的，即以结构性的制衡来最终满足产权人之利益。在此基础上发展出来的利益相关者则为职工进入董事会提供了基础。利益相关者理论的适用范围非常广，在公司治理之外也广为关注，是一个流行的管理话语，即有利益相关者，就应该考虑相关者的利益。公司涉及诸多利益相关者，利益相关者理论要求公司治理中要考虑各相关者的利益，即公司不能唯一考虑股东的利润，也要考虑消费者、劳动者、环境等之利益，谓之战略管理、社会责任等。① 而最新的研究希望更多元地考虑利益相关者的价值，如利益相关者还不仅仅是经济利益上的相关性及其回报，还包括更为开放的利益，如幸福、满足、参与、支持等。② 可见，利益相关者理论在修正公司的价值目标，进而使得公司治理结构不是单纯的股东与管理者之间的问题。从这个意义上看，没有利益相关者理论的公司治理是不太可能给职事制度提供空间的。

然而，利益相关者理论并不足以引领职工参与发展出职事制度，其典型例子即美国。利益相关者理论是以美国实践为基础发展起来的，但却并没有产生职事制度。一般的解释是，这与美国的公司文化、政治经济有关，与自由市场中合同机制（集体谈判）的替代有关。在历史上，美国工会并不青睐德国的共决模式，而墨守管理者决策、劳动者干活的成规，但通过谈判来争取工资和工作条件。在 20 世纪，德国经济形势比美国好的时候，开始有美国学者考虑德国的共决模式，如一些研究企业管理的主流美国学者开始认为在科技时代职事制度能够有效考虑雇员的贡献、增强企业的适应性。③ 但主流的声音却非如此。大致的背景是，美国大公司多为机构投资者所有，私有养老金信托人也直接由公司管理人直接指定，机构投资者和私有养老金信托人都无意挑战公司治理结构，也只有公共养老基金和工会基金才有意在董事会中争取自己的声音。④

① Freeman, R. Edward. *Strategic management: A stakeholder approach.* Cambridge University Press, 2010.
② Harrison, Jeffrey S., and Andrew C. Wicks. *"Stakeholder theory, value, and firm performance."* Business ethics quarterly 23.01(2013): 97-124.
③ Gilson, Ronald J. *"Corporate governance and economic efficiency: When do institutions matter."* Wash. ULQ 74(1996): 327.
④ O'Connor, Marleen. *"Labor's Role in the American Corporate Governance Structure (Employees and Corporate Governance)."* Comparative Labor Law & Policy Journal 22 (2000).

这与美国的职工持股计划（ESOP）是相辅相成的，其基本思想是在恪守传统公司治理结构的基础上通过持股来表达职工的声音。因此，股份公司中的职工董事实质上仍然是股东。纯粹的雇员在利益相关者理论中尚不足以进入董事会，而董事会能够在决策时考虑雇员利益已经很不错了。

2. 劳资关系的共轭性：从敌意到介入

把以劳工联合和集体谈判为基础构建的制度体系称之为劳动法是英美法系的贡献，但这却不是劳动法的全部。在大陆法系国家，劳动法有一个非常重要的分支，即劳工参与制度。从工人代表机制的角度看，以工会为唯一代表的体制称之为单通道体系，以工会和职代会双重代表体制为基础的劳动法是双通道体系。欧洲大陆不少国家是双通道代表体系，如德国既有工会，又有职代会。与职代会非常相似的代表机制即职事制度，两者往往是相通的。换言之，双通道代表体系更容易推动职事制度立法并接受职事制度之实施。这里面，最重要的是工会的角色和态度。与美国工会对雇主的敌意和相互独立相比，欧洲大陆的工会则开放得很，与公司合作的程度也广泛得多。而这要归结于职工参与观念的普及和发展。在欧洲大陆，职工参与是在两个层面展开的，即公司董事会层面的职工参与和工作场所层面的职工参与。职事是职工参与的一种形式，而且更为特殊。因此，在理论上，董事会层面的职工代表是与工作场所层面的职工代表区别开的，因此董事会的职事与工会的干部有很大不同。那么，这种独特的职事制度是如何发展起来的呢？一般认为，职事制度起源于德国，如何解释德国职事制度的产生则尤为重要。

当然可以把德国的职事制度追溯至 20 世纪 20 年代，但是其现实意义并不大，毕竟随后的德国政府废弃 20 世纪 20 年代的立法，再加上第二次世界大战造成的断档，很难说德国的职事制度是在 20 世纪 20 年代建立的。因此，当代德国的职事制度一般要追溯至西德 1951 年煤炭钢铁业的职事制度立法。该法又来自于 1947 年英国托管方和工会对煤炭和钢铁公司治理的一项协议。其背景是，英国政府想拆解德国钢铁业，德国工会也想执行英国的计划。在德国管理者和所有者缺席的情况下，协议规定，雇员和股东在约 30 个公司监事会里平分秋色。虽然德国政府（阿登纳政府）开始也反对，但最终没有挡住工会罢工的压力。但是，到了 1952 年，政府稳定，便把职事代表压缩为三分之一。从工会干预的角度上看德国的共决原则，其 1951 年和 1952 年的立法与 1920 年和 1922 年的立法是一致的；但是，第二次世界大战后的政治环境，特别是分解德国钢铁企业之意图是职事制度立法的根本原因。① 由此可见，德国职事制度的重新发展还不仅仅是工会对企业治理的积极干预与介入，而是与特定的政治环境联系在一起的。倘若没有英国政府对德国钢铁业的政治安排，职事制度仍然会是空想。

事实上，对工会而言，其最基本的定位仍然是要与公司治理结构保持距离的。在工会强势的时候，其往往不屑于推动职事制度；而在工会弱势的时候，其又无力于推动职事制度。德国在 20 世纪 20 年代的职代会的立法与实践也往往要在政党执政的背景才能获得可信的解释，然而由于其本身的不稳定性，这里不做过多探讨。那么，中国的职事制度又是如何产生的呢？其实东欧一些后苏联国家的职事制度反而与中国之情形更为相似。如匈牙利和斯洛文尼亚的职事制度发生在社会骚乱和政治转型过程中，没有明显来自劳工或欧盟的影响，其更多是工业领域内劳工代表制度已经成为一个长期的国家传统。② 这说明，职事制度还可以从稳定的政治传统中直接落地，其基础是工人政治地位从国家层面向企业层面的转化，即特定的政治民主模式成就了这些国家的职事制度。

此外，政治干预与政治传统也不能解释职事制度产生和运行的全部。例如，北欧国家也普遍有职事制度，但是其职事制度是建立在广泛的集体谈判基础上的，即最初的职事制度往往是通过集体协议而引入的。劳资关系本身的可塑性仍然是职事制度产生的最终基础。德国的职事制度能够发展为稳定的制度，应该归功于德国工会与德国企业的内在合作；社会主义国家市场化后，自然而然地，职事制度也归功于政治层面所设定的劳资关系定位。因此，公司治理理论的发展为职事制度提供了理论可能，而劳资关系的共轭性为职事制度的产生和发展提供了现实可能。这意味着职事制度的重点是对劳资关系的定性。以下从职事制度的考察中，我们会发现，工会当然是代表工人的，但这不意味着工会的制度框架是以罢工为基础构建起来的集体谈判制度就是全部，实际上工会通过各种途径干预和介入公司管理，这也是工会的一个层面。

---

① Conchon, Aline, and Jeremy Waddington. "*Board-level employee representation in Europe: challenging commonplace prejudices.*" The Sustainable Company: a new approach to corporate governance 1(2011): 91-111.

② Conchon, Aline, and Jeremy Waddington. "*Board-level employee representation in Europe: challenging commonplace prejudices.*" The Sustainable Company: a new approach to corporate governance 1(2011): 91-111.

三、职事制度的立法例及其模式

职事制度主要集中在欧洲国家，但在欧洲国家内部也有不同的立法例。本章附件二《欧洲诸国职事的适用范围、选任、权责表》显示了欧洲诸国职事制度的立法时间，适用的企业类型、企业结构、治理机构内成员比例，职事的提名、资格、选举、任期，以及职事的权利、义务等。从职事制度的适用范围来看：第一类是限制比较多的爱尔兰、希腊和西班牙，只适用于国有公司；第二类是法国和波兰，限于公共部门以及私有化的公司；第三类是捷克、芬兰、卢森堡、斯洛伐克，对私有部门有雇员数量上的要求，而对公共部门则无要求；第四类是奥地利、丹麦、德国、匈牙利、挪威、斯洛文尼亚和瑞典，对私有部门和公共部门没有区别。从职事产生以及与公司内部结构的关系来看，在雇员代表机制单通道的国家，主要由工会提名(芬兰、爱尔兰、挪威、瑞典)。在双通道的国家，主要由职代会提名(如奥地利和斯洛文尼亚)，职代会有唯一提名权。其他，则职代会和工会共享提名权(如捷克、德国)，或与雇员共享(如德国)，或职代会有义务与工会协商(如匈牙利)。我们发现，极少有完全一样的立法例，但是一些国家之间形成了某种相似性，堪称一种职事模式。以下选取一些典型的，分别称之为北欧模式、德国模式、苏联国家欧洲模式，这种模式上的成见与特定国家的地理、文化、传统有很大关系，尽管在法律规定上会有细节上的差异，但是其所秉承的理念和框架却非常相似。

1. 北欧模式

北欧是一个地域概念，主要包括瑞典、芬兰、丹麦、挪威、冰岛(这里不讨论冰岛)，同时北欧国家有着非常相似的经济社会制度，其在公司治理和劳动法上的相似性是很明显的。

(1)立法例

在瑞典，1987 年的《私营部门职事法》(Lagen om styrelserepresentation för de privatanställda)规定了雇员在公司董事会中的权利。该法适用于有 25 名雇员的股份制公司和合作社，包括银行。雇员有权选举两名职事和两名副职事。如果公司跨行业且雇员多于 1000 人的，雇员有权选举三名职事和三名副职事。但雇员代表不能多于雇主代表。地方工会通过集体协议来行使职事选举权，但应与公司董事会沟通。因此，职事是由工会委派的。但对工会有一些程序性规定。例如，如果五分之四的雇员属于同一个工会，那么该工会有权提名所有职事。职事任期由其提名工会决定，但不得超过四年。职事须是公司雇员，集团公司的职事须在集团下一公司受雇。职事之职位与董事同，但职事无权参与处理集体合同、产业争议，以及其他涉及工会利益与公司利益冲突之事宜。①

芬兰是北欧国家中最后一个在公司治理机构层面（Board level）引入职工代表的国家。立法之前，雇主反对通过立法引入职事，主张自愿机制下通过协议在监事会中引入职事。但是 1990 年的《公司行政中的人事代表法》（Lagen om personalrepresentationi företagens förvaltning）通过，并规定雇员有权选举代表并参与公司决策。该法适用于芬兰的股份公司、合作社和其他经济社、保险公司、商业银行和储蓄银行等有 150 名及以上员工的。员工有权在公司机构中提名人事代表，如监事会、董事会、管理层以及其他。人事代表可占四分之一，但最少是一人、最多是四人。人事代表与管理机构中的其他成员同权，但有例外，如无权参与管理人员的任免，也无权触及管理人员的合同条款、雇佣合同的人事条款，也不能参与产业行动。另外，还可通过合同限制人事代表的选举权。②

在丹麦，股份制公司中的监事会（Bestyrelsen）决定公司的政策、预算等重要事项，董事会（管事会）（Direktionen）处理与之相关的日常事务。根据《丹麦公司法》的规定，监事会至少有三名成员，由公司大会选举产生，公司章程可能会规定由公共机构提名监事会成员。如果雇员数量在过去三年里平均不少于 35 人时，雇员则有权选举监事会成员以及副监事长。公司大会选举的监事中应有职工代表，且不少于两名职工代表。一般情况下，有 5 名以上监事的监事会有三分之一是职工代表。职事任期四年，要当选职事须至少已经在公司受雇一年。在关联型集团公司里，雇员有权选举代表到母公司监事会。在其他公司，如小公司，则有《私有公司法》规定，但在过去三年里平均雇员不少于 35 人时也要求监事会中有职事。私有公司的治理结构可能比较简单，如只有监事会或管事会。在有监事会时，有关职事的规定是类似的。③

① Edström，Örjan. "*Involvement of Employees in Private Enterprises in Four Nordic Countries*". "*Stability and Change in Nordic Labour Law*". Scandinavian Studies in Law 43(2002)：159-188.

② Edström，Örjan. "*Involvement of Employees in Private Enterprises in Four Nordic Countries*". "*Stability and Change in Nordic Labour Law*". Scandinavian Studies in Law 43(2002)：159-188.

③ Edström，Örjan. "*Involvement of Employees in Private Enterprises in Four Nordic Countries*". "*Stability and Change in Nordic Labour Law*". Scandinavian Studies in Law 43(2002)：159-188.

在挪威，1997 年的《股份公司法》（Lov om aksjeselskaper）规定公司须有董事会，该董事会更像监事会而非管事会，并在实际中各式各样。常务董事负责日常管理并接受董事会的指示和指令。如果雇员在 200 人及以上，则选举产生公司大会，公司大会至少有 12 名成员，可向董事会提议重要事项，如投资、合理化建议、重组安置等。但是，公司可以和多数雇员或主导工会达成协议而不设置公司大会。雇员可要求董事会中有职事，其数量取决于雇员数量和公司是否有公司大会。①如果雇员不少于 30 人且无公司大会，雇员可要求有一名董事会成员、一名观察员。②如果公司有 50 名以上雇员且无公司大会，雇员可要求在董事会中有三分之一的职事，且不少于 2 名。①

（2）特点

其一，工会直接介入。北欧国家的公司治理结构主要是单一董事会，也有如丹麦在立法上的选择模式的。因此，职事制度也主要指职工董事。北欧国家的劳动法的特点是集体协议比较发达，以芬兰为例，集体协议有全国、行业、企业等三个层面的集体协议，其最大的特点是全国或行业集体协议具有类似法规的效力，其适应范围是超越签约双方及其会员的。因此，由集体协议来约定或引入公司治理结构层面上的职事制度也毫不奇怪。北欧国家的立法都规定了职事制度，并都规定职事与监事会或董事会的其他成员有一样的职责。有所不同的是，瑞典立法规定，与雇主签有集体协议的工会有权委任公司职事；而在芬兰和丹麦，员工有权选举职事；在挪威，多数雇员或主导工会委任职事。②可见，在北欧国家，工会直接介入职事之产生，显示了职事自身的存在基础。北欧工会的强大、入会率之高，都与其在职事产生上的直接权力密切联系在一起。而且工会直接介入，还影响了职事的履职过程、现实效果。简言之，有能够作为的工会，职事很大程度上是工会的直接延伸。

其二，受限制的职事权利。整体而言，职事之职权体现在两个方面：对公司经营的参与与监督；对高管的任免与评价。在瑞典和丹麦，职事遵守利益冲突规则，不参与集体争议、集体协议，以及任何在工作场所工会与公司有实质利益冲突的讨论和决定。而在芬兰，还规定法律规定

①　Edström，Örjan. "*Involvement of Employees in Private Enterprises in Four Nordic Countries*". "*Stability and Change in Nordic Labour Law*". Scandinavian Studies in Law 43(2002)：159-188.

②　Edström，Örjan. "*Involvement of Employees in Private Enterprises in Four Nordic Countries*". "*Stability and Change in Nordic Labour Law*". Scandinavian Studies in Law 43(2002)：159-188.

职事不能参与管理者任免、任期的决定。这个特点是与其工会的介入性相关的。因为职事很明显地受到工会的影响，因此在履职中的权限也受到限制。尽管如此，一般认为，北欧职事在中小公司中更明显，并在监事会会议中作用更明显。

2. 德国模式

德国模式是典型的双层公司治理结构。在双层公司治理结构模式下的职事制度很多受到了德国的影响。由于德国职事制度发展的传统，一般认为，德国职事在双层治理结构的大公司中非常明显，但是其在中小企业中实施效果却并不佳。应该说，德国模式是欧洲职事制度中比较典型的一种，但远非全部，实际上德国职事制度的可移植性受到诸多限制，实为德国特色。但是，德国的职事制度随着劳资共决理念传入中国，为国人视为经典。然而我国的公司治理结构与德国的公司治理结构却有很大的不同。德国公司结构也包括董事会和监事会，但是其董事会和监事会的权力格局与我国大有不同。在德国，由股东、职工、银行共同组成监事会，监事会再聘用董事组成董事会，董事会负责公司的具体管理和运行并直接受监事会节制。监事会的权力包括：聘用董事、决定其薪酬、监督其行为；批准年度报告；向股东会提交分红方案等。① 可见，德国监事会在权限上类似于我国股东大会和董事会的混合体，而其董事会更多向总经理的职责移动。而监事会的构成明显有着利益相关者的痕迹，即股东、雇员、债权人都进入了监事会。与北欧模式相比，德国模式至少有以下特点：

其一，德国职事制度与职代会制度联系在一起，职事虽然可以由工会提名，也可由工会干部担任，但是德国工会并不直接委任或产生职事。工会制度、职代会制度、职事制度三者之间仍然相对独立，在法律上并没有制度延伸的关系或逻辑。

其二，德国职事的权利并不受限制，与其他监事的权利和义务完全一样。而且德国职事在监事会中较高，在大公司中则达到一半，这意味着职事在董事会中有非常高的发言权。与北欧模式不同，德国职事可以参与劳资问题的讨论和决定。

3. 苏联国家欧洲模式

苏联国家欧洲模式是指从苏联解体后独立的国家纳入到欧洲制度视

---

① 赵炜. 也谈借鉴国外职工董事监事制度[J]. 中国工运学院学报：工会理论与实践，2000(6)：21-25.

野的国家的立法模式,波兰、捷克、斯洛伐克、斯洛文尼亚等都是"苏联国家",这些国家多数接受了双层制的公司治理结构,因此与德国模式也比较接近。但是,欧洲学者并不认为其职事制度是移植的德国模式,而是其从苏联习得的政治传统。因此,虽然在制度设计的方方面面都类似于德国模式,但是仍然有着潜在的差异,并形成其如下特点:其一,专门规定国有企业的职事制度,并且与非国有企业的职事制度有很大不同,而且从国有企业改革而来的私有化企业也与一般私有企业的职事制度有区别。这的确是传统的继承和延续。其二,为了让职事发挥作用,法律还特定规定职事有权在股东会议上发表意见。

四、实践与问题

凡是职工参与制度的实施都面临一个根本性的拷问,即职工代表是否有效地代表了职工、现实地为职工争取了权益,以及其是否异化等问题。换言之,职事之本质或其角色并不应该是董事或监事,而是职事本身。倘若职事在董事会或监事会中毫无可识别性,其价值也将大打折扣。同时,职事也不是独立董事,其并非在董事会中提供专业的咨询意见,而要代表雇员在监事会或董事会中发挥作用。

1. 模式差异与集体谈判的内在关系

北欧模式、德国模式和前苏联国家欧洲模式有很大的差异。一般认为这与公司治理结构有关,单层治理结构、职事制度类似北欧模式;双层治理机构、职事制度类似德国模式。苏联国家欧洲化后多采用了双层制模式,因此制度设计上更类似德国模式。但是,这只是表面上的对比。实质上,模式差异还体现了职事制度的有效性问题。在北欧模式中,职事的权利受到了限制,而那些被限制的权利事项实际上纳入到集体谈判的框架中,即由工会直接影响结果。其实,德国模式也有仅属于集体谈判的事项,如工资谈判。因此,集体谈判在何种层面展开以及其效果是模式差异背后更有意义的问题。

德国模式中,职事伴随着两个复杂化:一个是公司治理结构的复杂化,尤其是监事会和董事会职能的清晰划分为开放的监事会构成提供了基础,因此监事会中不仅有股东代表,还有债权人代表,当然雇员代表还占据了半壁江山;一个是雇员代表机制的复杂化,工会、职代会、职事等制度功能各异,尽管通过代表的一身多职在代表的一致性上有些协调,但是雇员代表机制自身的复杂化使得制度运行也必然变得复杂。这意味着移植德国模式的皮毛非常容易,但是运行德国的制度则非常困难。

就连英国学者也认为，德国的共决制度是在特定背景下形成的，英国在历史上没有形成共决制度，当下也很难再形成共决制度。[1] 同时，我们也发现，德国这种模式把公司治理结构、职代会、工会纳入到一个空间中，这意味着其企业层面同时运行着劳动对抗与合作，有关劳资关系的诸多问题都应该在企业层面有效解决。于是，有效德国模式的前提是应该有效的底层工会以及一般工人的有效动员。一旦普通工人忽视该制度，职事必然异化。这可能是德国模式难以复制的重要原因。也难怪东欧国家表面上在移植德国模式，却仍然在运行着其传统模式。简言之，德国模式是与有效的企业层面的集体谈判密切联系在一起，其劳资关系环境是在企业层面上雇员能够有效自我动员。

北欧模式是与非常高比例的工人入会率相匹配的。而高比例的入会率伴随着行业集体协议和全国性集体协议的发达，这意味着有关劳资条件的诸多协商主要不是在企业层面展开的。工作场所的工人代表更多是工会组织向企业的延伸。相应地，职事之功能相比德国职事就要弱一些。在制度上，北欧模式的职事也伴随着两个简化：公司治理结构的简化和雇员代表机制的简化。公司治理结构的简化，即多采取单层制的董事会模式，在北欧国家多数如此。雇员代表机制的简化，即工会往往是唯一的雇员代表渠道。以瑞典为例，瑞典职代会的本质是单一渠道代表制，雇主与劳动者之间的沟通媒介为工会的职场代表或"联络部"，因此如果把职代会定义为与工会的地位和职能不同的组织，那么可以说瑞典没有职代会；如果把职代会定义为"代表交流的制度化机构"，那么应该说瑞典存在职代会。[2] 在芬兰，职代会的实践更不明显，而工作场所职工干事制度却非常发达。北欧国家工会运作的发力点主要是在行业层面和全国性层面的集体协议，企业层面的职工代表机制具有向上的依附性，进而形成了与德国不同的职事制度特色。因此，从制度移植的角度看，北欧的职事制度更适合于社会主义国家公司化过程中的职事制度立法。

因此，从劳资关系的角度看，职事制度模式差异的实质是雇佣和工作条件主要是在何种层面上形成的。职事制度是劳资关系框架的一个部分，也必须基于劳资关系的运行来确定其功能。倘若雇佣和工作条件实

[1]　Zahn, Rebecca. *"German Codetermination without Nationalization, and British Nationalization without Codetermination: Retelling the Story."* Historical Studies in Industrial Relations 36(2015): 1-27.

[2]　Wilkinson, Adrian, et al, eds. *The Oxford handbook of participation in organizations.* Oxford University Press, 2010.

质上是在企业层面谈判形成并进而延伸影响整个行业或国家的劳资关系状况，那么职事制度就可以是德国模式；而雇佣和工作条件实质上是在行业或全国层面的谈判或运作而形成的，那么职事制度就应该接近北欧模式。苏联国家欧洲模式虽然在公司治理结构上趋近于双层制。单层制或双层制对职事制度的模式更多是移植惯性，即公司治理结构上采用双层制的同时如搭便车般地也采用了德国模式的职事制度，但是却并没有充分考虑德国职事制度本身所处的复杂的劳资关系框架。对职事制度的模式及其运行效果有决定性影响的是劳资关系状况和结构，与北欧工会具有更多类似性的社会主义国家倘若能够采用其职事制度，则可能会强化其本有的工会特点，如极高的入会率，企业工会的终端化而非起点化。需要强调的是，德国模式和北欧模式之间并无优劣之分，而在其与社会现实的契合性。实际上，北欧国家均位列超发达国家之列，但由于其国家规模均比较小而容易忽视其劳资关系的内部结构和可移植性。

2. 职事制度的有效性问题

在德国模式中，职事与职代会有着密切的联系；在北欧模式中，职事与工会干事也有着密切的联系。从雇员的角度来看，不管是双代表通道，还是单代表通道，在实务中都是特定的雇员代表是否能够有效表达雇员的声音。从公司治理结构来看，不管职事的权力是大是小，在实务中只在乎产业关系是否和谐以及职工代表是否能够把雇员的声音落实到集体协议或公司决定中。因此，有关职代会代表性问题的发问与职事的代表性问题是一致的。其一，职事机制是否能够有效代表雇员？从立法上看，德国模式赋予了职事充分的共决权，其有效性要高；但在北欧模式中，职事机制的代表性要低一些，相应地涉及劳资争议之事项要直接在更高层面展开。其二，职事本身的有效性问题，实际上职事本身不一定是雇员，这在北欧模式中更为明显，但职事的专业化也必然伴随着与雇员之间距离的增大，代表能力和代表意愿在职事本身上有着潜在的冲突。其三，职事结构的均衡性问题，如职事的性别等是否会造成代表过度的问题。其四，职事与劳动关系发展趋势的适应性问题，在全球化背景下，劳动关系面临着空前的调整，如工作方式、雇佣结构、企业所有制等，职事是否能够在此背景下代表雇员。[1] 换言之，在劳动关系去规范化的背景下，职事是否有作为可能性和作为空间。实际上，雇员有性

---

[1]　Wilkinson, Adrian, et al, eds. *The Oxford handbook of participation in organizations*. Oxford University Press, 2010.

别之分、老幼之别、职位差异，乃至个体差异，每个雇员都是独立的，其在董事会或监事会中的集体利益如何形成，这与资本股东有着天壤之别。

职事实践的有效性主要还是围绕德国而展开的，其他国家中的职事制度并不构成劳资关系的核心或最大特色从而在劳资关系中的影响也会受限制。因而在欧盟层面上讨论更多的仍然是职事的制度化及其基础，而很少关注其实际运行中的角色如何，但也有人开始关注职事制度起作用的机理。如有学者认为，在瑞典职事制度运行相对还不错，但是职事的角色却非常边缘化，董事会的其他成员左右着董事会。例如，在工资议题上，职事无力影响公司决策而空招致其他董事敌意，这是由于职事与地方工会联系太密切，因而职事应该与其他董事及公司领导有效合作才能让职事制度很好运行。① 职事制度的有效性还取决于工会的态度，倘若工会把职事制度作为一个危险信号，则可能根本不足以支撑职事制度之出现，这也是为什么职事制度在北欧更普遍，而在英美无有成果。例如在丹麦，职事同时在职代会、工会任职并在一定程度上就劳资事宜比其他董事或监事更专业而会受到尊重。② 有问卷调查发现，职事与其他职工代表渠道密切相连，并对其职位相对满意，并在公司决策中有重要影响；尽管这个结果也是值得讨论的，也有研究认为职事对公司决定的影响有限，但其毕竟有资格影响公司决定，而该资格已揭示了劳资关系对公司战略的重要性。③ 可认为，职事制度的价值更多是理论价值，而实务以及学者并寄希望于职事有效地左右公司决策。这种模糊飘忽的职事实务应该是一个根本性的问题。而从实务调查来看，职事发挥作用的关键并不是职事本身的专业性或独立性，而是与工会等其他雇员代表机制的衔接。这既是问题，又是基本原理。所谓问题，主要是很难在逻辑上把工会与企业管理的关系梳理通顺；所谓基本原理，主要是职事的定位必然是职工代表，而非天然的公司治理结构的一部分。

① Levinson，Klas. "*Employee representatives on company boards in Sweden.*"Industrial Relations Journal 32. 3(2001)：264-274.
② Gold，Michael. "'*Taken on board*'：*An evaluation of the influence of employee board-level representatives on company decision-making across Europe.*"European Journal of Industrial Relations 17. 1(2011)：41-56.
③ Gold，Michael. "'*Taken on board*'：*An evaluation of the influence of employee board-level representatives on company decision-making across Europe.*"European Journal of Industrial Relations 17. 1(2011)：41-56.

第二节　我国职工董事、职工监事制度的现状与问题

一、职工董事、职工监事制度立法及其发展

1. 我国职工董事、职工监事的立法基础

特定国家的职事制度立法与职事制度的一般理论基础是有差异的。前文从公司治理理论的开放性和劳资关系的共轭性两个角度分析了职事制度产生的基础。而从公司理论的发展过程来看职事制度的建立，则可能会把诸多观点或理论纳入到职事制度的理论基础，如经济民主理论、人力资本理论、公司社会责任理论等。[①] 但是不同理论的制度化有明显不同的侧重点，并均没有直接指向职事制度。应该说诸多提及职工参与的理论均可作为职事制度的相关理论，但其贡献更多是为职事制度的萌芽提供了合适的环境，并不是职事制度最初的胚胎。从公司理论的发展来看，职事的胚胎应该是某种所有权理论，如职工持股、职工所有权。尽管美国没有发达的职事制度，但是通过养老基金、工会基金等机构而实现的股东参与就是一种实质上的职事。从劳资关系理论的发展来看，职事的胚胎应该是某种劳动关系理论，如劳资共决、职工参与等。德国、北欧国家的职事制度虽然落实为公司治理结构的发展，但是其根源却是劳动关系理论的发展，尤其是在北欧国家劳资合作的现实促进了职事之制度化。当然，从历史的角度看，职事制度之出现还涉及一些偶然的因素，如政治环境或阴谋，如德国职事制度产生时的英国托管方的政治安排，这些因素看似偶然却具有决定性的作用。因此，我国职工董事、职工监事的立法基础也应包括原核性基础、偶然性因素。

分析职工董事、职工监事立法的原核性基础的意义非常明显，即明确其基础是产权关系，还是劳动关系。很容易形成一种直觉，即我国职工董事、职工监事立法的基础是产权关系：其一，基于公有制为基础的经济体制，职工在企业中的角色存在一定程度的混淆，而在积极恢复和发展职代会的同时，职工董事、职工监事之产生作为职代会的延伸具有天然的产权色彩，即"企业归全民所有、职工有权参与管理"；其二，职工董事、职工监事的制度设计明确区分了国企和私企，董事会和监事会，

---

① 中华全国总工会民主管理部，中国人民大学法学院. 职工董事、职工监事制度理论基础及运行规则研究[R]. 企业民主管理理论专项课题研究报告集，2010.

这进而强化了职事制度与产权关系的联系，即产权性质不同对职工董事、职工监事之有无至关重要，董事会和监事会与股东的不同衔接也影响了职工董事、职工监事之有无。实际上，这种直觉是非常不利职工董事、职工监事制度发展的，实践中非公有制企业中很难普及职工董事、职工监事制度与最初立法基础上的误解有很大关系。实际上，职工董事、职工监事立法的原核性基础仍然是劳动关系，即职工董事、职工监事是基于劳动关系而产生的，是劳动关系向企业治理结构的延伸。但应该如何理解这种延伸呢？

　　职工董事、职工监事制度的基础是职代会、工会，还是其他？有学者认为，职工董事、职工监事与职代会原本毫无联系，随着国企改革的深入才内在地发生了联系。这种观点更多主张职工董事、职工监事是市场经济条件下公司发展的产物，① 强调两者共同的基础是劳动者，即劳动关系，但并不深入讨论两者谁为前提、谁为结果。这也是我国职工董事、职工监事制度显得"孤独"而边缘的一个重要原因。在欧洲，职事制度与职代会、工会的关系还是相对明确的，尤其是在职代会、工会提名职事的情况下，职事制度明显是职代会、工会制度在公司治理中的延伸。所谓"共决"并不是同时强调股东和雇员均有决定权，因为股东之决定权是传统的、当然的，"共决"所强调的是雇员的决定权，是劳动关系的分量。尽管法律和政策对职代会、工会、乃至其与职工董事、职工监事的选任有规定，但我国职工董事、职工监事在产生之初的基础似乎被刻意模糊了。因此，没有职代会、工会，也可能有职工董事、职工监事，其由职工直接选举产生或由企业自己任命。实际上，在完善职工董事、职工监事制度的过程中，非常有必要夯实职工董事、职工监事的原核性基础。而究竟是职代会，还是工会，这在实务中似乎不是大问题，但在论理上却有很大区别。学者很早就开始注意职工董事、职工监事与职代会的内在联系，这种趋向是符合我国实际的，即把职工董事、职工监事制度建立在职代会制度之上更具有合理性。但这明显与西方职事制度的基础有差别。在德国，职事制度或共决制度是工会制度的延伸，而非职代会的延伸；在北欧国家，职事制度就更清楚地建基于工会制度之上。从这一点来看，我国的劳动关系基础是有特殊之处的。笔者认为，在我国，职工董事、职工监事绝不是市场经济条件下公司发展的产物，而是从计

---

　　① 冯同庆. 试论职工董事、监事制度与职工代表大会制度的关系[J]. 中国工运学院学报：工会理论与实践，2000(4)：7-11.

划经济向市场经济转型过程中原计划经济中的职代会制度在新条件上的发展与延伸。换言之，职工董事、职工监事多少带有点职工所有权的色彩，是社会主义条件下劳动者参与管理的制度化形式，而职代会则是其基本形式，职工董事、职工监事是基本形式基础上的延伸。但这不等于职工董事、职工监事与工会联系不密切，这需要在各方的论述中详细说明。

我国职工董事、职工监事制度产生过程中是否有偶然性因素呢？实际上《公司法》出台前也并无充分的学术讨论，之前文献几乎不见"职工董事"的提法，职工董事、职工监事制度随同《公司法》突然而至。这使得职工董事、职工监事制度的理论解释充满了想象和猜测并难以辩驳，如可主张从国外移植，毕竟欧洲有相关立法和实践，我国公司法在结构上也貌似更多借鉴了欧洲模式；如可主张继承和传统，毕竟类似职工董事、职工监事的机制一直在运行着。此外，在《公司法》之前的零星文献中，仍然能够看到职工董事、职工监事是如何进入制度设计者视野的。在构想乡镇企业股份化时，股份制的内部监督机制不仅包括股东大会通过董事会对经营者的约束，还包括在董事会中规定外部董事、非股东董事、以及职工董事。① 又如在完善社会主义企业制度的三十条建议中提出实行全员经营责任制，具体办法是实行董事会领导下的经理负责制，由职代会发挥监事会的作用，并由职代会选举职工董事参加董事会。② 从这些细节看，我国的职工董事、职工监事制度在设计之初有双重契合，一是同传统制度与本土资源的契合；一是术语转化与域外立法例的契合。从这个角度看，我国职工董事、职工监事制度的偶然性因素是明确的股份制改革与快速的公司立法进程。这个偶然性因素促进了公司治理结构话语体系的形成以及职工董事、职工监事等术语的形成，同时快速的公司立法也客观上中断或削弱了平行的企业制度探索上的努力，一种以职代会为核心权力的公司治理架构并未得到充分发育而夭折。进一步看，这个偶然性因素带来了更多域外制度的影响，即职工董事、职工监事制度更多在模拟德国模式，但却并没有形成德国的双层制公司治理结构。在某种程度上，我国公司治理结构的精髓是美国式的，职工董事、职工监事也因为两种移植的错位而难以有效发挥作用。

---

① 吴俊. 乡镇企业股份化的构想[J]. 农业经济问题，1992(4)：23-27.

② 张劲夫. 痛悼蒋一苇同志[J]. 中国工业经济，1993(4)；参见中国企业改革与发展研究会课题组. 完善社会主义企业制度的三十条建议：征求意见稿[J]. 改革，1991(6)：7-12.

2. 我国职工董事、职工监事制度的立法与发展

一般很少分析我国职工董事、职工监事制度的发展过程，这主要是因为职工董事、职工监事制度是以《公司法》之颁布为起点而直接就职工董事、职工监事的制度实施而展开，似乎缺乏挖掘其发展过程的必要。其实，从完善职工董事、职工监事基础理论的角度出发，有必要从一个较为开阔的视野去审视我国职工董事、职工监事制度的立法与发展。我们认为我国职工董事、职工监事制度的立法与发展至少要经历四个阶段：自主摸索阶段；快速移植阶段；实务普及阶段；再调整阶段。而目前尚处于实务普及阶段。

第一阶段是自主摸索阶段，一般从改革开放初期国企改革开始到1993年《公司法》颁布结束。这一阶段并没有提到职工董事、职工监事这一术语，但是这的确是我国职工董事、职工监事的起步阶段。由于没有与域外公司法对接的话语体系，这一阶段的努力容易被忽略。其实，从更为开阔的视野来看，中华人民共和国成立之初有关企业制度建设的努力都可能纳入到自主摸索阶段。但是，从连贯性的角度来看，改革开放初期国企治理结构的摸索才是职工董事、职工监事制度的起点。当然有个疑问，即在《公司法》职工董事、职工监事并不衔接的情况下，为什么要从改革开放初期考虑我国职工董事、职工监事的起点呢？这是因为单纯地从1993年立法考虑职工董事、职工监事制度的起点则失去了我国职工董事、职工监事制度的真正基础和前提。在《公司法》之前的"摸石头的"阶段，至少应该把以下两种制度摸索纳入职工董事、职工监事制度的第一阶段：

其一，企业管理委员会、职代会中工人代表以及工会代表。企业管理委员会，也称之为民主管理委员会，简称管委会，其历史可追溯至我党成立之初在经济、政治、军事上普遍采用的民主原则。在中华人民共和国成立伊始，管委会很快就成为国企的基本治理结构，即由厂长、党组织、职代会代表组成企业的领导机构，其中职代会的代表多由工会组织选举产生。此后的改革中，管委会的地位不断沉浮，但其基本框架始终如一。在改革开放初期，这种实践也很快写入法律文本，如1981年《国营工业企业职工代表大会暂行条例》即把职代会定位为企业实现民主管理的基本形式，职工群众参加决策和管理监督干部的权力机关，并明确"职工代表大会的代表应有工人、科技人员、管理人员、领导干部和其他工作人员，其中工人代表一般不得少于职工代表总数的百分之六十。科技人员、管理人员、青年职工和女职工代表，应各占一定比例"。从雇

主雇员角度来分析，这个职代会就是企业的决策机构，其中百分之六十的职工代表就是职事。客观地讲，无论名称如何变化，中国职事制度的起点正在于此。

其二，承包经营管理以及股份制摸索阶段的工人代表以及工会代表。然而规范职代会的同时又恰恰伴随着国企治理结构的不断改革，这意味着企业内部治理结构不断调整与变化，在放权让利阶段，主要是摸索政府与企业的关系；在承包制阶段则把政企关系摸索转化为承包关系。经济学者认为承包制这种治理结构本身有天然的缺陷，也到 1992 年而被放弃。[①] 而从法律制度的角度看，承包制也是一种权利义务安排形式，而在此过程中也同样有股份化的尝试和摸索，而且这种摸索明显是非常有限地考虑西方公司治理结构的话语体系或术语体系。其最重要的尝试就是股份合作制。股份合作制企业被认为是一种新的企业组织形式，在西方 20 世纪 80 年代的实践中以此来促进投资，而在我国主要以此来促进企业结构改革，并被认为这种企业组织形式在国外发展并不充分却非常适合我国的政治目标和经济特征。[②] 在股份合作制企业中，根据 1997 年国家体改委《关于发展城市股份合作制企业的指导意见》，"股份合作制企业是独立法人，以企业全部资产承担民事责任，主要由本企业职工个人出资，出资人以出资额为限对企业的债务承担责任"。其符合公司制的诸多法律特征，而唯独在出资人上有特殊之处，即由职工投资入股。也因此，股份合作制企业的权力机构是"职工股东大会"，其董事会成员也往往同时具有职工董事和资本董事的双重特征。

第二阶段是快速移植阶段。这个快速移植阶段几乎是瞬间完成的，即以《公司法》的颁布及其生效为时间点快速完成了西方公司制企业的基本架构。这个移植过程是瞬间完成的，以至于政策调整还经历了一段时间，这才有股份合作制企业的规范化跨越了这个时间点。然而无论是以职代会为权力核心的企业治理结构，还是以职工股东大会为权力核心的企业治理结构，均是非常短暂的实践与摸索，最终都让位于以股东大会为权力核心的企业治理结构。职工在企业治理结构中的角色突然落空，没有逻辑基础，并最终依附在股东大会、董事会、监事会为基本框架的资本导向的治理模式中。一般认为快速移植阶段的职工董事、职工监事

---

① 段强. 经济转轨过程中我国国有企业治理结构变迁分析[J]. 经济学动态，2002(2)：26-29.

② Gu, Minkang. *"Joint-Stock Cooperative Enterprise: A New Independent Legal Entity in China, The."* Hastings Int'l & Comp. L. Rev. 23(1999)：125.

即我国职事制度立法的起点，这从文本分析的角度来看并无太大问题。但却有必要界清快速移植阶段中职工董事、职工监事的真正基础。

其一，我国公司立法的制度移植更多是术语体系的引入和基本原理的植入，但却并没有清晰的"抄袭"对象。在西方，公司治理结构有单层制和双层制之分。单层制以英美为典型，由股东会选举产生董事会，董事会聘任经理，有明显的董事会中心主义倾向；双层制以德国为典型，由股东会等选举产生监事会，监事会聘任董事会。[①] 这已然是个常识，然而这种常识有被严重符号化的趋势。从形式看，两者差异在于有无监事会，而其实质则是企业权力机构的权利基础不同。在美国学者眼里，域外双层制有两种，众所周知的德国制度和少为人知的日本模式，但美国学者建议的却是以独立董事为基础的根本不同的双层制。[②] 其认为，德国的双层制与美国的单层制是类似的，而且德国监事会对董事会的控制要远远弱于美国董事会对管理层的控制。[③] 这种判断直接穿透了双层或单层的符号化，以特定的目的来考虑制度的架构。如果从有效地监督董事会行为的角度来看，强调独立的、外部的监督无疑是最根本的；但如果从利益相关人参与的角度来看，在董事会之上由各利益相关者组成监事会也是明显具有针对性的，诸种绝无不可。但是，我国的监事会和董事会却是平行架构，职工可同时进入监事会和董事会，显然没有清晰的目标设定。

其二，从职工参与的角度看职工董事、职工监事制度的设置虽有移植的痕迹，如职事的名额有类似的域外立法例，但其实质却是两种制度体系的嫁接，即传统的职工代表大会为核心权力的治理结构向以股东会为核心权力的治理结构的有限嫁接。这种嫁接造成了"老三会"和"新三会"的冲突。而且，并没有任何制度努力去协调这种冲突，而是通过政策性的双向任职隐藏了治理结构上的冲突。而政策安排是从党委的角度来考虑公司治理结构的，并形成了两个路径或事实：第一，双向进入，即国有公司的党委负责人通过法定程序进入董事会、监事会，董事会、监事会、经理层及工会中的党员负责人依照党章进入党委会；第二，两种平台，一种平台是董事会对重大问题统一决策、监事会进行监督的平台，

---

① 陈剑. 论我国公司重整中的治理结构[D]. 宁波大学，2014.

② Dallas, Lynne L. "*Proposals for reform of corporate boards of directors: The dual board and board ombudsperson.*"Wash. & Lee L. Rev. 54(1997)：91.

③ Dallas, Lynne L. "*Proposals for reform of corporate boards of directors: The dual board and board ombudsperson.*"Wash. & Lee L. Rev. 54(1997)：91.

另一种平台是党组织按照党章、工会和职代会依照有关法律法规履行职责的平台。① 也因此，职工董事、职工监事往往并不是由普通雇员构成的董事或监事，也很难说是普通雇员选任的董事或监事，而是党员董事或监事、工会干部董事或监事。

第三阶段是实务普及阶段，即以《公司法》及其修订为核心的一系列法律法规以及政策的出台为载体不断普及职工董事、职工监事制度。实务普及阶段让职工董事、职工监事制度在各个企业首先建立起来，而其实际所起的作用则远远没有步入公司实务与司法。实务普及主要在两个方面进行：一个方面是制度完善与地方立法；另一个方面是制度实施与企业落实。《公司法》没有详细规定职工董事、职工监事，而在公司治理框架下职工董事、职工监事又往往被忽视，由立法规范职工董事、职工监事则显得尤为重要并主要在地方立法层面上展开。而这一工作主要是在企业民主管理的框架随同职工代表大会、厂务公开等一起进入地方立法视野的。有的地方有专门的职工董事、职工监事的立法，有的地方在职工代表大会中同时规范职工董事、职工监事制度，也有的地方在企业民主管理立法中规定职工董事、职工监事制度。可以说，职工董事、职工监事在地方立法中已经全面推开，从任职资格到选任，从权限再到履职，均有相应的规范。尤其是，《中华全国总工会关于进一步推行职工董事、职工监事制度的意见》提供了一个全国层面的准法律规范或标准。从制度实施的角度来看，全国及地方各级工会积极在企业中建立工会、职代会、职工董事和职工监事。同时，职工董事、职工监事制度也从国企扩展到私企，职工董事、职工监事已经成为企业公司拥有完备公司治理结构的重要内容。可以预见，在企业中建立职工董事、职工监事制度将与企业工会、企业职代会同步落实，乃至落实幅度比企业工会、企业职代会的落实幅度还要大，当然这仅就在企业治理结构中有形式上的职工董事或职工监事而已。

3. 我国职工董事、职工监事制度中的问题：第四阶段之未来再调整

画个纸老虎并不困难，但放个真老虎就困难了。我国职工董事、职工监事制度的问题在未来，而不在当下。当下职工董事、职工监事制度的难题主要是落实和推广过程中的问题，强调各方要高度重视，制度规范的重心是如何实施，而不是如何有效。在未来，我国职工董事、职工监事制度将逐步从"有"到"有效"，而要让职工董事、职工监事在公司治

---

① 李海明. "老三会"变迁小考[J]. 中国工人，2012(3)：23-26.

理中真正起作用则必须有所调整。我们认为，再调整将从三个层面或角度展开：其一，职工董事、职工监事自身的角色定位与制度塑造；其二，工会制度及其职能的完善发展以及以其为核心而引发的职工董事、职工监事的动力机制；其三，公司制度及其结构的完善发展以及其所带来的职工董事、职工监事的履职空间。就这三个调整方向的当下问题而言，可分述如下：

其一，公司监事会乃至董事会中有职工董事、职工监事，但职工董事、职工监事并不起作用，要么在监事会或董事会决定中被边缘化，成为摆设；要么在监事会或董事会决策中与其他监事或董事无异，毫无职工参与的实质内容。

其二，公司法应把职代会和职工董事、职工监事作为整体性的制度，乃至直接把职工董事、职工监事与职工联系在一起，而隐藏了工会与职工董事、职工监事之间的关联。这实质上是忽略了职工董事、职工监事的发挥作用的动力机制。而这个制度性的问题在操作性上问题却并不大。真正的问题是如何让工会发挥作用以及如何调整企业工会及上级工会与职工董事、职工监事的关系。

其三，我国现行的公司治理结构肯定需要再完善，尤其在职工参与制度上，需要脱胎换骨性的改造。例如，职工董事、职工监事必须在不区分国企和私企的前提下普遍适用，以及非常有必要重新改造监事会。从劳资关系的调整机制来看，公司治理结构必须能够回应劳资冲突问题、能够促进产业和平。首先，公司治理结构不能建立在唯利润原则上，不能让股东利益成为公司的唯一利益；其次，公司权力机构的决策机制必须能够考虑并积极回应劳动关系问题以及劳动者权益问题。当下的公司治理结构在劳动关系问题只以合规或合法为目标，而根本不考虑现实的劳动问题，以致劳资冲突问题往往以非常规的权利救济方式而进行。这不能仅仅归因于劳动法律制度不合理，也不能主要归因于工会的不作为及其问题，而应该从公司治理结构中的决策机制寻找出路。倘若公司能够任意关闭、随意裁员，而怎么好指责工人的极端救济。这本来是一体两面，而公司这一面更为根本。从长远来看，公司关闭与裁员的基本要求并不仅仅是合规或合法，而是让职工董事、职工监事能够切实为职工发声并有效地在公司决策过程中考虑职工利益。

从完善职工董事、职工监事制度的角度来看，其问题还很大。就公司法与劳动法的现状来看，争议性也会很大。这里主要强调其未来之趋向以及所要解决之问题。当下，则可主要围绕职工董事、职工监事制度的实施以及职工董事、职工监事的定位来分析其显性问题，不是重新定位、不是外部制度环境之重构，而是当下需要并可以完善的问题：即职工董事和职工监事制度的运行问题、职工董事和职工监事的定位问题。

二、职工董事、职工监事制度的运行及其问题

职工董事、职工监事制度的运行需要明确的运行规范或标准，有些是由法律明确规定的，有些是政策法规和地方立法规范的，这包括了职工董事、职工监事(本节以下简称"职事")的资格条件、人数比例、产生程序、权利义务、工作职责、工作制度、履职规则、业务培训等相关问题。这可归纳为选任问题和履职问题两大类，另外还应该考虑职事制度的适用问题，这也包括选任问题中的一些关联性问题，如人数比例问题。以下分别述之。

1. 适用问题

《公司法》对职事制度的适用规定还是比较复杂或分散的：首先区分有限责任公司和股份有限公司，其次在有限责任公司中又特别规定国企，最后还区分监事会和董事会。就刚性规定有：其一，在国企中，在法律上，国企董事会中必须有职工董事，而其他则无强制性要求。其二，在法律上，公司制企业有监事会的，应确保不低于三分之一的职工监事。可见，如此分散的规定仅可归结为两点：对国企职工董事有一定的强制性，并没有更进一步的明确规定；对所有公司的监事会均有强制性要求，即不低于三分之一的职工监事。与欧洲职事制度相比，有如下几个问题点：

其一，关于企业性质问题。在欧洲国家，多数情况下并不对企业性质有不同的设定，但有些国家也的确对国有企业有专门规定，这在由苏联转型而来的欧洲国家更为明显。以芬兰为例，国有企业的董事会必须至少有一名职事。从这个角度来看，区分企业性质在立法例上并非孤例。但是问题的关键在于在所有企业中区分职工董事和职工监事，而职工董事在私企中并无强制性要求。由于监事会的边缘化，其实真正需要的是董事会职事。从这个角度讲，差距很大。全总的意见是只要公司治理中有董事会、监事会，就应该有相应的职工董事、职工监事。而事实上，从上市公司的情况看，其仍然是从合法的角度只建立了职工监事制度。

其二，关于企业规模问题。我国公司立法以及全总的意见中均没有提到企业规模与职事制度的联系。而在欧洲国家多数立法例均把企业规模作为适用职事制度的条件。并相应规定不同的职事数量或比例。如在

瑞典，最低企业规模是 20 名雇员；在丹麦，最低企业规模是 35 名雇员；在芬兰，国有公司一律适用，而私有公司的最低企业规模是 150 名雇员；在挪威，最低企业规模是 30 人；德国，最低企业规模是 500 名雇员；奥地利，最低企业规模是 300 名雇员；而捷克、斯洛伐克、斯洛文尼亚，最低企业规模是 50 名雇员；而波兰虽无企业规模限制，却局限于国企或历史上是国企的企业。如此等等，可见以企业规模设定职事制度之强制性是非常普遍的。其实，我国也暗含着此种考虑，即有限责任公司没有监事会的，则不作要求。但这把自由裁判还给了企业，其实非常不妥。鉴于我国的监事与德国的监事有巨大差别，在企业规模上完全没必要采取数百雇员的底线，可考虑北欧模式以数十名雇员为底线。而从普及职事制度的角度看，平均雇员规模在仅两年保持在 20 名及以上的，必须设立职工监事，无监事会得直接设立职工监事。

其三，关于企业治理结构问题。在欧洲国家，双层制模式的则要求在监事会有职工监事，而对董事会并不做要求；在单层制模式的则在董事会内有职工监事。但的确如美国学者所言，这种差别在监督与经营上的分离功能并无太大差别。对职事制度而言，双层制以德国为例意味着职工监事相对多数以及其能够在监事会内实现有效的共决功能。而单层制下职工监事的功能明显变小，有关劳资事宜往往不能在公司治理结构中直接解决，而交予工会进行集体谈判。从这个角度看，我国公司的监事会必须进一步向职工监事倾斜，比如在法律上赋予职工监事在监事会中的绝对优势地位。

其四，关于职事数额或比例。从欧洲的立法例来看，对职事数最低限制有 1 名或 2 名之别，如瑞典、丹麦、挪威均有最低 2 名职事的要求。其中缘由未有详情，但从职事履职与职事独立的角度来看，最低 2 名职事明显有利于职事履职和职事独立。至少多数职事能够防止贿买，也有利于形成合力。监督者或秉有权力者必须有个伴，似乎也是一个普世真理。从职事比例来看，三分之一的比例的确是多数立法例之选择，但是有意思的是在斯洛文尼亚区分了公司治理结构，即在单一董事会中为四分之一，而在双层制的监事会中为三分之一到二分之一。这样分析来看，我国规定的职事数量有些偏低，可能进而影响职事发挥作用。把职工监事比例提升到一半，最低名额为 2 名，可能是符合我国的公司治理结构的。

2. 选任问题

简单的选任就是由谁选谁的问题。但是第一个"谁"有两种意义：由谁启动或提名的问题，以及由谁及如何投票的问题；第二个"谁"也可有两种意义：职事资格问题，以及职事任期问题。虽然《公司法》对此言之寥寥无几，但是这个问题确是地方立法以及全总意见的重要内容或核心内容。实际上这也是职工监事职工董事最为现实的问题，尤其在当下积极推动企业治理结构中有职工董事、职工监事时就更为重要了。

其一，关于提名问题。根据《公司法》规定，职事"由公司职工通过职工代表大会、职工大会或者其他形式民主选举产生"。《工会法》更是明确"公司的董事会、监事会中职工代表的产生，依照公司法有关规定执行。"而看似如此简单的规定却实质上忽略了职事制度的启动问题。在我们看来是至关重要的。从全总的意见来看，"职工董事、职工监事的候选人由公司工会提名，公司党组织审核，并报告上级工会；没有党组织的公司可由上一级工会组织审核。工会主席一般应作为职工董事的候选人，工会副主席一般应作为职工监事的候选人"。而从现实来看，职事之提名往往被公司方所左右，有关职事提名所暗含的雇员不满也有案例佐证。由于职代会主要是个会议机制，由其提名职事并不合适。工会提名也符合欧洲一些国家的立法例，也并无问题。但是，还可以考虑应该明确雇员的直接提名机制，以及上级工会、企业工会、党委、雇员若干主体之间的协商沟通机制。毕竟良好的提名机制才有利于培育良好的潜在职事。

其二，关于资格问题。法律对职工董事、职工监事的资格并无规定，从寥寥无几的选举规则，即"监（董）事会中的职工代表由公司职工通过职工代表大会、职工大会或者其他形式民主选举产生"来看，也并无职工董事、职工监事任职资格的任何信号。但是，从通常的字面意思理解来看，任职职工董事、职工监事的一个重要前提似乎是"职工"身份。从全总意见来看，也的确如此。① 从其列举来看，首先，贸然限定"本公司职工"不仅说理性不够，还存在潜在的麻烦。例如，公司集团中就不能由下级公司的职工来选任母公司的职事，明显不妥。再如，"本公司职工"若意味着建立劳动关系和实际受雇，那么"职工董事、职工监事"天然就是一个兼差，这在会议并不频繁的监事会中还说得过去，但是在频繁会议的董事会中就麻烦了，何况法律还赋予了监事列席董事会会议的权利，哪

---

① 其列举的资格有："本公司职工；遵纪守法，办事公道，能够代表和反映职工的意见和要求，为职工群众信赖和拥护；熟悉企业经营管理或具有相关的工作经验，有一定的参与经营决策和协调沟通的能力。"并进一步明确"未担（兼）任工会主席的公司高级管理人员，《公司法》中规定的不能担任或兼任董事、监事的人员，不得担任职工董事、职工监事"。

个有本职工作的职工能够经常列席呢！这至少说明，在制度设计上对职事的工作性质没有考虑清楚。一个专职的、非职工的职事不是明显有可行性吗?! 从欧洲立法例来看，单层制公司治理结构中的职事任职资格多要求是公司雇员，但在德国就不限于雇员，外部工会干部也有资格的。此外，职事资格的根本要求还是能够有效代表雇员，其实质上要与雇员形成一种委托关系，在其履职过程尽管需要与其他董事会监事会成员、与工会保持良好的、可沟通的关系，但这并不是重要要求，也很难有效考量。事实上，适当引入一些并非"办事公道"的职事可能会产生另一种积极的现实效果。因此，在职事资格上就一条：有能力、有意愿在董事会、监事会中代表雇员的利益，可选项、或优选项包括工会干部、劳动法律师，以及职工代表。我们认为，在大企业中由上级工会委派一定数量的职工董事、职工监事是非常合理的，在同一地区的若干小企业中由上级工会委派一名职工董事、职工监事更是非常有效的。此种提议虽然大胆，但是必须在不久的将来认真考虑。

其三，关于选举问题。《公司法》对此还是有规定的，即"监（董）事会中的职工代表由公司职工通过职工代表大会、职工大会或者其他形式民主选举产生"。可是这个规定采用兜底性规定是个非常大的失策，明显没有充分考虑该选举的基础及其严肃性。例如，有上市公司通过网上投票来选举其职工监事，而投票之细节并无透露。在科技发达的今天，的确可以避免现场直接投票，但是这不意味着在职工代表大会、职工大会之外要另起炉灶。在由雇员选举产生雇员代表的原则下，必须明确有限清晰的选举形式。全总对此的意见是明确的无记名投票，以及工会的备案程序。① 此外，有必要注意代表投票和直接投票的差异并明确选择顺序，尤其是在网络发达、直接投票变得可行的情况下，更需要明确的选举形式及其选择顺位。另外，选举实际上是以雇员的有效动员和参与为前提的，如果忽略这一点，就可能使得选举难以进行或者不能真实反映雇员意愿。因此可以考虑另一种选举或替代模式。在北欧模式中非常流行由工会直接产生职事。而且在企业规模非常小，已经形成在所有员工包括管理者形成熟人圈子的情况下，通过选举产生职事的做法也并不一定理

---

① 具体表述："职工董事、职工监事由本公司职工代表大会以无记名投票方式选举产生。职工董事、职工监事候选人必须获得全体会议代表过半数选票方可当选。公司应建立健全职工代表大会制度，尚未建立的，应组织职工或职工代表选举产生职工董事、职工监事，并积极筹建职工代表大会制度。职工董事、职工监事选举产生后，应报上级工会、有关部门和机构备案，并与其他内部董事、监事一同履行有关手续"。

想。因此，可考虑在 300 或 500 人以上的公司必须选举产生职事，但是在规模中小的情况，除了选举之外，由上级工会与企业工会协商直接任命职事。当然，这需要工会自身非常有效的代表性及其与雇员之间的信任关系、与公司直接的合作关系。猜想，在一个二三十人的小公司中，由上级工会安排一个职事必然会起到意想不到的效果。当然，这涉及修改法律，当下的难度很大。但是，在实践中完全有必要考虑其价值与意义。

其四，关于任期问题。全总对职工董事、职工监事的任期形成了任期、补选和罢免三个方面的详细意见。[1] 其意见的基本精神是在期限上职事与其他董事、监事同进退，在制度设计上重点保护职事的劳动合同权益。从比较的角度看，这应该是有些偏失的。首先，职事的产生机制与其他董事、监事不同，其任期应该有独立规定，完全没必要参照其他董事、监事，从法理上将，其依据首先来自职代会，然后是工会"意见"，最后才是公司立法。而且倘若以公司章程为依据，其最后权力来源也应该是职代会，而不是股东会。其次，倘若职事任期问题的重点是职事个人的劳动合同权益问题，那么其何来代表众职工之利益，从这个角度也能显出职事角色的特殊性。从理想的角度看，兼职职事适合由工会干部担任，专职职事是雇员的，其雇佣合同暂时中止即可。从欧洲的立法例看，职事任期最长限从 3 年到 6 年不等，一般北欧模式中职事任期要短一些，灵活性也大一些，如芬兰为 1 年到 3 年。我国也可以考虑灵活的任期规则，使得各个董事监事的任期稍微错开也许更有益处。

关于任期问题所延伸的补选与罢免问题涉及职事任职资格问题。在职事任职资格丧失的情况下，应尽快启动终止或罢免程序或及时补选新的职事。同时，职事也有权在合适的情况主动辞去职事之职务。在西方立法例中，尤其是在北欧模式中，相关规则由工会确立，职事实际上与工会之间存在委任关系。在我国，职事被认为是全体职工选举产生的，其辞职或罢免条件都将复杂一些，具体制度设计上必然雷同一般董事监事的辞职或免职。

---

[1]　具体如，"职工董事、职工监事的任期与其他董事和监事的任期相同，任期届满，可连选连任。职工董事、职工监事在任期内，其劳动合同期限自动延长至任期届满；任职期间以及任期届满后，公司不得因其履行职责的原因与其解除劳动合同，或采取其他形式进行打击报复。职工董事、职工监事离职的，其任职资格自行终止。职工董事、职工监事出缺应及时进行补选，空缺时间一般不得超过 3 个月。职工代表大会有权罢免职工董事、职工监事。罢免职工董事、职工监事，须由三分之一以上的职工代表联名提出罢免议案"。

3. 履职问题

职事要履行职责至少包括其权利、其义务、其行为以及其责任等若干方面。这些方面的问题即履职问题。有必要讨论的问题至少包括：职事是否与其他董事或监事享有同等权利；职事是否与其他董事或监事有同样的义务，尤其是保密义务问题；职事参与会议、投票问题，以及与雇员、工会、其他董事或监事的沟通问题，尤其是开会频率问题、投票问题。

其一，关于职事的权利问题。职事处于两个法律关系中，一个是与职工之间的法律关系，实质是委托关系，作为受委托方更多是履行受委托的义务，其权利则包括其薪酬、工作保留等；一个是与董事会或监事会之间的关系，实质是会员关系，其作为会员的权利和义务。这里所谓职事的权利义务主要是就其会员关系而言的。从西方的立法例来看，有规定职事与其他同等权利的，如德国模式即如此。有原则规定与其他董事或监事同权利，但在具体事项上有限制，如瑞典规定，职事遵守利益冲突规则，不参与集体争议、集体协议以及任何在工作场所工会与公司有实质利益冲突的讨论和决定；如丹麦规定，职事遵守利益冲突规则，不参与集体争议和集体协议的讨论和决定；再如芬兰规定职事与其他并不同权，并规定职事不能参与管理者任免、任期的决定，不能参与有关产业关系的决定。还有赋予职事更多权利的，如匈牙利、捷克、斯洛伐克都规定职事有权在股东会议上发表意见的权利。整体而言，德国模式是在监事会给职工监事毫无差别的权利；北欧模式是在董事会中对职事有排除性限制，主要集中在劳资冲突事项上限制职事的权利；在苏联国家欧洲模式中，往往额外强调职事在股东会上的发言权。

在我国，从全总的意见来看，是在强调职工董事监事与非职工董事监事同等权利的基础上，列举了职工董事监事的一些特殊职责或权利。①这些权利可分别总结为与雇员的沟通权、发表意见权、内部监督权、与工会沟通权，以及外部监督权。这些内容从委托关系看是职事的职责与

---

① 这些权利包括："职工董事、职工监事应经常或定期深入到职工群众中听取意见和建议。职工董事、职工监事在董事会、监事会研究决定公司重大问题时，应认真履行职责，代表职工行使权利，充分发表意见。职工董事在董事会讨论涉及职工切身利益的重要决策时，应如实反映职工要求，表达和维护职工的合法权益；在董事会研究确定公司高级管理人员时，要如实反映职工代表大会民主评议公司管理人员的情况。职工监事要定期监督检查职工各项保险基金的提取、缴纳，以及职工工资、劳动保护、社会保险、福利等制度的执行情况。职工董事、职工监事有权向上级工会、有关部门和机构反映有关情况"。

本分，但从其会员关系看却是非常大、非常特殊的权利。从比较法的角度看，非常类似于苏联国家欧洲模式中的发言权，但所指内容明显不同。这些内容涉及职事与工会、党委等机构的关系，在下节另述。但仅从职事的权利看，其权利是非常特殊的。有些内容，其他董事或监事也有，并也会行使，如内部监督权中对企业各项劳动保障制度的执行情况。但是这并不是作为决策机构或监督机构的重要内容。在理论上，其主要权利应该体现在企业决策以及高管任免上。从这些意见来看，发表意见权才是地道而被特别强调的职事权利，这包括对公司决策以及对公司高管任免上的权利。但是这些权利均停留在"反映"和"表达"的层面，与其董事或监事身份并不够吻合。笔者认为应该在研析公司治理结构中监事会和董事会运行规则的基础上，探索职事拥有有效权利的真正空间，即在何种条件职事能够启动或并有效罢免高管；在何种条件下职事能够有效影响公司的重大决策。例如，是否可以考虑在公司社会保障制度违规的情况，启动程序罢免公司相关负责人；在违法劳动法律政策的情况下，阻止公司作出相应的决策。再进一步讲，职事是否能够有效代表职工在公司的重大决策中实现劳资利益的平衡，这在当下是不可能的，除非重构企业治理结构。

其二，关于职事的义务问题。在欧洲立法例中，有关职事义务问题主要是指在何种程度上确定其保密义务。一般有两个考虑：如果涉及商业秘密，职事就应该遵守保密义务；如果该信息为董事会或监事会所掌握，而公开的话会危机公司利益，那么职事就应该遵守保密义务。我国公司法并没有对职事的保密进行特别规定，但从董事或监事的一般义务来看，职事也应该遵守该保密义务。但是由于职事身份的特殊性，其在我国是否有特殊之处呢？从全总的意见来看，职事的一些权利有突破其保密义务之可能，尤其是"职工董事、职工监事有权向上级工会、有关部门和机构反映有关情况"是开放性的，这就意味着职事可能会将不利于公司的信息反映到相关机构中。此外，职事与雇员之间的委任关系也在一定程度上影响其保密义务。例如，公司在酝酿裁员计划或兼并方案时，职事是否有权利就此与雇员和工会沟通，这必将成为职事制度有效运行后的首要难题。

其三，关于职事的活动问题。董事或监事的活动主要是参加董事会或监事会会议并通过投票影响公司决策，职事的活动也是如此。在欧洲国家中，北欧模式多由法律规定在需要开会时就开会，而德国则要求每季度开一次或在非上市公司中半年开一次，而有些国家如捷克则是每月开一次。其实职事的行为都在集体活动中，其开会的频率取决于董事会或监事会的开会频率。其中最为关键的是，职事作为一类代表特别利益群体的董事或监事是否有权启动会议。我们认为，在完善我国职事制度的过程中，应该考虑赋予职事以特定事由下的会议启动权。此外，董事会或监事会的决策机制是票决机制，在欧洲立法例中均按照简单多数来决定职事的投票效果。这样做自然有其好处。但是，是否需要考虑职事在特殊情况下的否决权呢？尤其是在职事根本无法左右议程、并常常被边缘化的情况下，是否可以考虑设置一个底线并赋予职事否决权。当然考虑这个问题是需要非常谨慎的。

三、职工董事、职工监事的定位及其问题

在我国，如何处理职工董事、职工监事与党委、工会、职代会以及股东会、董事会、监事会、行政部门等企业组织机构的关系是一个非常基础性的问题。而在欧洲可能没有如此复杂，但同样要处理职事与工会、职代会的关系问题。

1. 职事定位问题：职工董事、职工监事制度的价值

在第一节的分析中，我们认为职事制度的触发点是政治环境，动力机制是工会介入，制度环境是开放的公司治理理论。但主要是从职事产生的理论基础来分析的。而在完善职事制度的过程中，就又需要重新审视职事制度的价值和功能。与对其产生机制的分析有所不同，职事定位问题更多从现实的角度考虑职事的价值和功能，以从更高的角度去统合职事的运行制度。我们认为，在当前我国，加强职工董事、职工监事制度建设需要从政治、经济、制度三个维度来强调其价值。

首先，从政治角度来看，职工董事、职工监事制度是我国社会主义民主政治建设的重要内容，是基层民主中职工参与的一种形式。而且职工董事、职工监事并非被动地从域外制度借鉴而来的，而是我国长期以来关于社会主义建设的政治框架下的企业实践，是对之前劳动者参与企业民主管理实践的经验总结。倘若一味迷信西方的资本导向的公司制，倘若不顾及政治目的和政治理想，那么就无法认清职工董事、职工监事的政治意义。因此要强调职工董事、职工监事在政治上的重要性，而这在当今世界是无从借鉴的，必须走自己的路，因而必须要有制度自信。

其次，从经济角度来看，完善并有效运转职工董事、职工监事制度是非常急迫的。我们可以看到我国经济发展所取得的成绩，同时我国也正处于非常特殊的历史关头：例如，经济增长面临压力，劳资关系问题

日益突出，国家经济环境充满危机。因此，我国的企业如何转型，如何构建和谐劳动关系，等等，均需要有及时而有效的经济措施。其中，非常关键的一点就是尽快摆正资本利润与劳动、环境、社会等多元价值之间的关系。而这需要在企业治理结构层面上首先要有突破。因为公司的内部决策机制才是影响整个经济形态的原始起点，这犹如大树植根于土壤的无数个终端。从这个角度来看，有效运行职工董事、职工监事制度是非常急迫的，再不启动这个机制，将危及整棵大树的有机性，其后果不堪设想。因此，完全可以大胆假设职工董事、职工监事的作为空间，将无数企业打造成大树有机性的清洁源头。当从此出发时，赋予职工董事、职工监事特别事项上的否决权又有何不可。

最后，从制度角度来看，实施职工董事、职工监事制度也是完全有必要的。这是因为无论英美，还是欧洲、日本，公司治理结构都已经超越原始的唯利润论，资本投资者已经远非公司目标的全部。所谓现代企业制度，早已经超越狭义的产权，而形成了非常开放的公司治理结构。在当今社会，倘若再把资本作为投资者利润的永动机而毫无任何制度上的限制与转接，那是非常不可思议的。而职工董事、职工监事制度就是限制资本与人性贪婪无限结合的一个重要的、关键性棋子。尽管在历史上，德国的职事制度有其政治阴谋的一面，但是不可否认的是职事制度已经成为公司治理结构发展中一个非常重要的模式而备受推崇。在超大公司中，必须有效落实雇员的声音，这才是根本，而德国模式中的劳资共决、美国模式中的职工持股（机构持股）上的差异又在其次。在中小公司中，就非常有必要学习北欧模式，赋予工会以强大的介入能力，通过职事来落实社会性的目标。从完善我国的公司法和劳动法的角度来看，尤其从全总意见所显示的职事职责来看，其制度贡献也是非常明显的。例如，维护劳动者权益，尤其在公司关闭、并购、裁员等事项上，在酝酿阶段即植入职工利益；从内部监督与落实劳动社会保障法规的角度看，有利于提高企业合规水平，防止企业陷入重大的社会保障违法境遇；从对公司管理人员的制约来看，还有助于约束公司管理人员的行为。

2. 职事定位中的一般问题

职事定位的一般问题是职事与工会、职代会的关系问题。这个问题是个普遍性问题，非我国独有。从欧洲国家的立法例来看，工会是普遍存在的，而职代会则并不是普遍存在的，但是在有职事制度的国家里又往往有职代会之实践。因此要首先确定职事、工会、职代会三者所形成的结构。一般按照代表雇员渠道的单一性和二元性而分为单一代表渠道和双代表渠道。单一代表渠道是指工会是唯一的雇员代表渠道，在这种模式下，工会直接介入职事制度的建立与运行，职事是工会的延伸，虽然雇员也可提名职事，但职事终究是由工会委任的。双代表渠道是指工会和职代会构成两个独立的代表渠道，职事在一定程度上也是一个独立的代表渠道，但由于职事由工会或职代会提名，实际上属于双代表渠道的延伸。一般认为，这两种模式有着明显的适应偏向性，即单一代表渠道更适合中小企业，而双代表渠道更适合大型企业。

在我国，职工董事、职工监事是以工会、职代会为基础的。在法律上，企业工会是职代会的办事机构，而企业工会同时又受上级工会的指导。职工董事、职工监事经由职代会选举产生，此也成为工会的重要的工作内容。而且实践也是如此运行的。但是问题在于，我国的工会和职代会的关系与双代表通道仍然有很大的区别。首先，在我国，企业工会和职代会往往存在很大的模糊空间。例如，企业工会会员大会与企业职工代表大会明显难以区分，实务中也是比较混乱。进而，工会与职工董事、职工监事运行机制产生了很大的隔阂。尽管工会在职工董事、职工监事上也很积极，但是真正左右职工董事、职工监事的却是企业的管理者。在我们看来，其中最关键的链条是因为企业工会与上级工会直接的链条不稳或已经断裂。我们认为，在未来应该区分两种情况：在大企业，直接建立企业工会与上级工会之间的从属关系，把企业工会真正地改造为工会分支，或者工会在工作场所的工会干部；在中小企业，普遍设工会干事制度，在其上设置地区性的工会组织。唯有如此，工会才能真正影响职工董事、职工监事制度。

在我国实务中，也强调"各级地方工会和产业工会要进一步加强对职工董事、职工监事工作的领导"。但是真正需要的并不是工会自己给自己设定任务再去领导该工作，而是把实际影响职工董事、职工监事的制度空间留在工会组织中。这要求加强工会组织建设，在职工董事、职工监事运行上更多向工会赋权，并严格限制公司控制职工董事、职工监事的可能性。其实这种思路的制度空间是存在的，现实问题是如何培养大量而合格的工会干部将企业工会与上级工会紧密地联系在一起，因为现在的企业工会干部与上级工会的联系并不密切并因而更多具有企业管理者的性质。我们认为，工会的发展必须逐渐重置企业工会，其关键就是在企业工会的上级工会层面上直接培育工会干部，并由上级工会干部来重新改造企业工会的运作模式，而雇佣直接选举的职工代表作为上级工会干部储备逐渐纳入专职工会干部队伍中。如此，才能逐渐落实北欧模式或德国模式的一些精髓：要么由工会委任职事，要么由工会左右职事。从我国目前工会的一些工作精神来看，干部培养也是毋庸置疑的。例如，"公司工会要为职工董事、职工监事开展工作提供服务"等，这些工作和服务虽然已经由从传统的公司工会来做，但是倘若不提高这些工会干部的独立性、专职性，其就往往与职工董事、职工监事难以区分，并延伸出与企业治理结构的关系问题。可以首先在中小企业的地区工会基础上培养大量的工会干部，彻底改变中小企业的企业治理形态；然后通过干部调转把企业工会干部的隶属关系从企业内部转移到企业外部。

3. 职事定位中的特别问题

职事定位中的特别问题是我国特有的问题，主要包括两个方面的关系：职工董事、职工监事与党委的关系，职工董事、职工监事与企业治理结构如股东会、董事会、监事会、管理层等的关系。职工董事、职工监事与党委的关系有两个层面：一是政治层面上，职工董事、职工监事作为企业民主管理的一种形式，应该纳入到党委的领导之下；二是干部管理层面上，职工董事、职工监事的选任、履职应该接受企业党委的领导和监督。但应该强调的是，职工董事、职工监事与党委的关系更多是干部管理与监督层面上，而职工董事、职工监事之具体履行职责仍然是在工会、职代会体系内完成的。因此，在实务和规范上，主要有两点：第一，职工董事、职工监事之选任应该得到企业党委的审核；第二，职工董事、职工监事之履职应该按照党管干部的原则纳入党委的监督和考核范围内。

职工董事、职工监事与企业治理结构的关系主要是指职工董事、职工监事如何有效地在现有企业治理结构中有效运行的问题，实际上会涉及职工董事、职工监事的权利义务，涉及职工董事、职工监事的履职。首先，职工董事、职工监事与其他董事监事地位相同，但其着重要考虑的是如何在会议机制中充分代表职工并反映职工心声。这要求职工董事、职工监事积极与其他成员沟通、凸显自己在劳资关系领域的专长，以及与雇员基于委任关系上的顺畅沟通的优势，争取有效发挥作用，得到其他成员的认可和尊重。其次，从职工董事、职工监事与股东会的关系上可以效仿前苏联国家欧洲模式为职事赋权，使其能够在股东会上有发言权。由于我国股东会还不仅仅是输送董事的会议机制，而且在法律上对公司的重大战略发展具有最终的决策权，这意味着我国的董事会和监事会的合体也不构成公司决策的实际控制者，从影响决策的角度看，非常有必要把职工董事、职工监事的发言权落实下来。这也是有制度空间的，即至少可以在董事会、监事会的报告中特别预留职工董事、职工监事发挥的空间。最后，职工董事、职工监事履责时需要与企业管理层以及各职能部门进行协调。职工董事、职工监事的角色和功能天生就是多元的，需要在与企业各个职能部门以及管理层充分接触、有效沟通的基础上才能落实其内部监督职责、反映职工声音之职能。在当下，应该重视职工董事、职工监事个体的沟通能力，并可考虑职工董事、职工监事兼有工会干部、党组领导的三重身份。而从长远的发展来看，主要还是从兼有工会干部身份的基础上提升其独立性，并在法律上充分赋权。

第三节　健全我国公司制企业职工董事、职工监事制度的思路与对策

一、基本思路

在完成国外、国内职工董事、职工监事的基础理论和制度，及实际问题研究的基础上，本节旨在明确地指出健全我国公司制企业职工董事、职工监事制度的基本思路以及相应的对策建议。如何健全我国公司制企业职工董事、职工监事制度必须首先认清古今中外，有个清晰的思路。通过对域外制度的研究以及对我国现有实践及问题的分析，要健全我国公司制企业职工董事、职工监事制度并须要有一个基本的思路，而这得包括三个点：起点、终点以及重点。唯有把这三点充分融汇到一起，才能最终完善我国公司制企业职工董事、职工监事制度。

其一，健全职事制度的起点是公允的制度认知和自信。倘若一开始就认为我国的职事制度一无是处，形同虚设，那么也谈不上完善。尽管上述的研究不是围绕此而展开的，但是公允的制度认知与自信仍然是本研究的起点。客观地讲，国外职事制度的实践已经充分证明了公司治理理论的开放性，也显示了不同国家在公司治理结构上有着体现职工参与的不同特色与进路。例如，美国就强调股权路径，通过职工持股计划由养老金机构、工会机构实现公司治理结构层面的职工参与；在德国就强调劳资平等自决，以监事会向上衔接股东、债权人、雇员，向下衔接董事会，并在监事会层面上让雇员代表拥有相对多数而实现有效参与；在北欧就强调工会的单渠道模式，工会通过集体协议直接在工作场所安排工会干事，在公司治理结构上也可由工会直接委任职事。如此千差万别，都可以从对方的实践中看到可喜之处，也同样能够嗅到其潜在的危机。

因此，应该在理念上深深铭记每个国家作为实践个体的独特性以及自洽性，推行所谓普世制度不过是另一种霸道及其霸道下的暴力。应当说，这是我们非常缺失的，而正是这种缺失让我们有些急躁和不自信，也客观上造成了我国职工董事、职工监事制度发展必然需要某种回归，以弥补公司法对职事制度设计过于仓促下的不足和遗失。目前来看，我国职工董事、职工监事制度存在的一些问题并不是移植的不像，而是继承的不够。例如，公司治理结构到底是单层还是双层的？职工代表渠道到底是单渠道的还是双渠道的？党委、企业工会难道就那么不能去认可一下吗？此种问题的回答往往是充满悖论的：按照移植来的理论会得出一个答案，按照本土的资源又会得出一个答案，而麻烦的是两个答案恰恰相反。应该说，在职工董事、职工监事制度的完善上，既要充分注意域外的制度及其细节，又要深刻领会我国的现实和问题，把制度完善的起点建立在批评的制度借鉴和适度的制度自信上。

其二，健全职事制度的终点必须要有政治意识和社会主义情怀。政治意识首先要考虑制度效果，必须同时强调职工合法权益、和谐劳动关系、企业健康发展等往往在个案中会冲突的目标。其实职事制度本身并不会直接导致三个目标的冲突，而且恰恰职事本身能够很大程度上有效协调权益、稳定、发展等价值目标。问题的关键在于与职事制度相关的制度构架上。如认为我国的公司制度不伦不类，坚决采取所谓标准的单层制或双层制，其结果就可能是瞎折腾；如认为我国根本没有劳动法，坚决以自由的姿态强调结社、谈判、罢工，以为唯此才能为职事制度注入活力，不敢断言必有大乱，但至少会有太多失控因素可以预见。另外，政治意识必须要求政治稳定的意识，充分尊重经济制度的设计本身最终要在既定的政治框架下完成，否则无异于添乱。因此政治意识的另一个意义必须是在制度上落实好职工董事、职工监事与党委的关系。就社会主义情怀而言，是要明示职事制度的终极关怀必须是职工的权益，是职工有效地参与企业民主管理，并实际上能够影响企业的决策。这在现在看来不切实际，其实就同直接制度化西方的自由情怀区别并不大，甚至要好于自由情怀，至少这是保守的。那么，为什么把社会主义与自由相对而言呢？这并不是要任意树立概念对立，主要是强调，公司发展也不全是自由，将越来越多是社会责任；劳动关系也不全是对抗，没有一个成功的劳资关系模式把罢工当成家常便饭。以北欧为例，有例证，几十年没有一次像样的罢工，而即便几十年一遇，给人的感受也不过尔尔。殊不知北欧劳动法知名学者的眼中，北欧模式的特点就是能最大限度地维持产业和平。① 因此，如果劳资对抗的制度模式很有自信，其背后莫不是对劳资合作的制度事实更为欣慰。

其三，必须以工会为抓手，实现职工董事、职工监事制度建设的重点转换。前两点是起点和终点问题，旨在解决自信问题并明确目标。但在具体的制度完善过程中，基本思路是寻找一个衔接两点的抓手，而这个抓手就是工会。但提到工会，往往是抽象的，并因人而异有不同的认识。对我国的工人来说，工会可能就是企业工会；对北欧的工人来说，工会可能就是那个工会干事。但在理论上，可能会很容易区分出产业工会、地区工会，以及一个公司内若干工会，一个工会在若干公司，等等。以工会为抓手，必须明确以何种印象上的工会发挥作用。从职工董事、职工监事的实践来看，制度建设主要在全总、省总层面上展开，而企业的建制建设主要在企业工会层面上展开。很明显，之间有个空虚，即省总之下、企业工会之上的工会。以工会为抓手，不仅是指要让两端的工会组织发挥作用，更重要的是让中间的工会成为发力点并进而有效激活整个工会组织体系，其重点是在这个层面培养工会干部。即必须以县、乡、街道等层面的区域工会为抓手，推进职工董事、职工监事的落实。此外，要转换职工董事、职工监事制度建设的转换。当前，职工董事、职工监事制度建设的重点是如何让地方有立法、有规范，如何让企业有建制，即在形式上让职工董事、职工监事存在起来，有意义的事情即统计有职工董事、职工监事的企业数以及其比例。转化重点后，要区分企业情况，落实职工董事、职工监事的有效性。而落实有效性有两个考虑：一个培养职工董事、职工监事的独立性；一个分类推进工会组织体系对职工董事、职工监事的有效影响。本着如上述的思路，可有如下对策与建议。

二、对策与建议

可见，基本思路的关键是让现有的工会组织在职工董事、职工监事背后有效发挥作用。而这样做明显是要削弱企业股东对董事会、监事会及其成员的控制并在企业治理结构中切实增强工人的影响，必然会遇到阻力。然而这个问题并非无解，须遵循以下二策，即可水到渠成：其一，逐步增加县级工会与企业工会的联系，从任职交流逐渐过渡到调职实现

① Bruun, Niklas. "*The future of Nordic labour law.*"Stability and Change in Nordic Labour Law, Scandinavian Studies in Law 43(2002): 375-385.

企业内工会干部向企业外工会干部的转移；其二，加强党委、职代会、企业工会的制度整合，尤其应该考虑党委定位要从双向交叉任职中逐渐追求党委的独立和权威，实现党委、董事长身份的分离。而从制度完善的角度，可有如下建议：

(1)不区分企业性质，在所有企业中均强制要求有职工董事、职工监事。全总意见已经如此，关键在于进一步推动立法。在推广建制的角度看，有必要单独审视非公有制企业。但从无视企业性质的角度看，应该逐渐淡化"非公有制企业职工董事、职工监事"的提法，直接用"公司制企业职工董事、职工监事"等。

(2)区分企业规模，在20名雇员以上的公司必须要有职工董事、职工监事；在300名雇员以上的企业才可以考虑间接选举。

(3)无差别强制推行职工董事、职工监事。这是由于我国公司的企业治理结构决定的，倘若只推行职工监事，而不仅监事会作用有限，职工监事又不能主导监事会，因此从有效考虑，应该在所有企业中推行职工董事。

(4)职工监事最少2名，最低三分之一；职工董事最少一名，但可不考虑比例限制。

(5)在300名雇员以上企业中，以工会提名为主，雇员提名为辅；在300名雇员以下企业中，考虑工会委任非雇员的职工监事。

(6)向企业工会的直接上级工会的工会干部开放任职资格。

(7)明确区分直选和间接选举的适用条件，防止选举形式的随意化。

(8)增强职工董事、职工监事任期的灵活性，与其他成员的区别性，以及考虑初次任职更为短期。

(9)考虑给监事会赋权，把股东会的重大战略决策权转移给监事会；但在现有治理结构下，给职工董事、职工监事在涉及重大劳动者权益上以否决权，此点应谨慎考虑，涉及公司治理结构的大调整。

(10)在保密义务上，适当减低职工董事、职工监事的责任，打开其与上级工会的沟通空间。

(11)区分兼职和专职，明确专职的条件。

(12)推动职工董事、职工监事与工会干部的交叉任职，尤其给县级工会干部任职进行实践。

(13)推动职工董事、职工监事与党组织领导的兼任。

(14)提议采用"职事"概念的可能性。

附件一 欧洲职事制度分布图

Worker board-level participation in the 31 European Economic Area countries
Aline Conchon, Norbert Kluge and Michael Stollt - European Trade Union Institute
(August 2015 update)

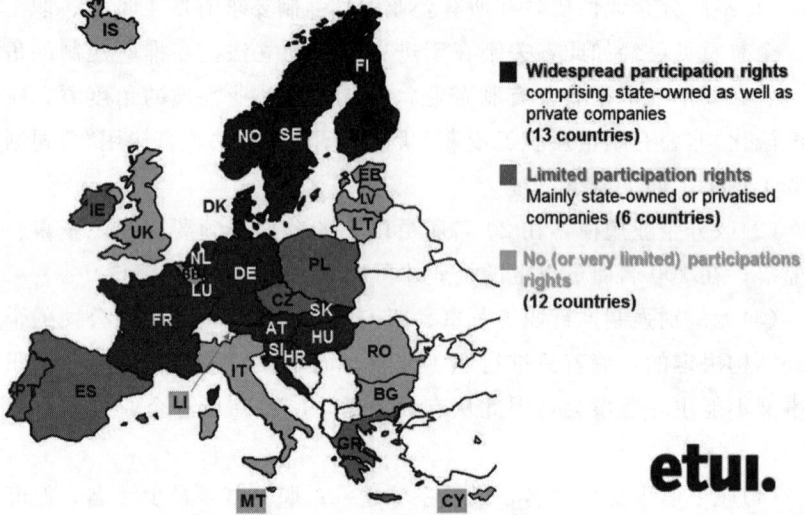

■ **Widespread participation rights**
comprising state-owned as well as
private companies
(13 countries)

■ **Limited participation rights**
Mainly state-owned or privatised
companies (6 countries)

■ No (or very limited) participations
rights
(12 countries)

etui.

来源：http://www.worker-participation.eu/
说明：该图颜色的深浅显示了不同国家职事制度的强弱。

附件二 欧洲诸国职事的适用范围、选任、权责表

国家	立法时间	企业性质	企业规模（雇员数）	企业治理结构	职事数量比例	提名职事	职事资格	选举	任期	职事是否合同权利义务	如何不同	是否有保密义务	会议频率	投票程序	关于女职事
奥地利	1947、1974	有限责任公司	300及以上	双层制	监事会的1/3	职代会	职代会成员（即公司雇员）	职代会	4年	是，法律明确规定	但，职事无报酬，在董事免上无决定权	是	至少一季一次	简单多数	私企，合理性处理性代表；到国企，到2018年达到35%
		股份公司	所有	双层制	监事会的1/3										
捷克	1990、1991、1997	国企	所有	双层制	监事会的1/3	雇主和工会的协议	雇员	职工	最多5年	是，法律明确规定	但，职事有权在股东会议上发表意见	是	无法律规定，公司治理准则推荐每月一次	简单多数	无
		股份公司	50及以上，章程可约定更小规模	双层制	监事会的1/3，章程可规定达50%	私企中，董事会、工会、职代会、10%职工	雇员或董事会外部上会干部	职工	最多5年						
丹麦	1973、2009	股份公司和有限责任公司	35及以上	选择	4/3，且最低2名（母公司3名）	法律无规定	雇员	职工	4年	是，法律明确规定	职事遵守利益冲突规则，不参与集体和集体协议的讨论和决定	是	法律规定，需要时开	简单多数	私企，灵活，有公司自定目标并报告国进度，33%～40%

续表

国家	立法时间	企业性质	企业规模（雇员数）	企业治理结构	职事数或比例	提名职事	职事资格	选举	任期	职事是否同权利义务	如何不同	是否有保密义务	会议频率	投票程序	关于女职事
芬兰	1990	股份公司和责任公司150及以上	选择	约定，无约定则1/5且不超过4名		工会	庸员	工会或无协议时职工	1~3年	否	法律规定职事不能参与管理	是，商业秘密	法律规定，需要时开	简单多数	私企，公司治理准备有推
	1987，2011	国有公司	所有	单一董事会	至少1名										
法国	1983	国有企业	所有；200及以上的（包括子公司）	选择	单一或母公司；庸员有200以内的，2%~33%；子公司：200~1000庸员的，3名；其他，1/3	工会，私有化企业中至少5%的庸员，国有企业的职工代表	庸员	职工	国企，5年；私企，最多6年	在私企，是；国企不是	国企中，职事无报酬，责任也少	是，主席指定的保密信息	无法律规定，公司治理推荐应达到深入评论讨论的程度	简单多数	上市公司，股份公司在2017年达到40%
	1994，2006	私有公司	所有	最低1~3名，依规模和立法定											

续表

国家	立法时间	企业性质	企业规模（雇员数）	企业治理结构	职事数或比例	提名职事	职事资格	选举	任期	职事是否同权利义务	如何不同	是否有保密义务	会议频率	投票程序	关于女职事
德国	1951	煤炭钢铁业的股份公司和的股份有限责任公司	1000及以上	双层制	监事会的1/2（还有一名双方约定的独立的外部人）	工会和职工会代表	雇员、外部工会干部、外加非雇员也非上会干部的人	股东会议	最多5年						
	1952,2004	股份公司和有限责任公司	500~2000	双层制	监事会的1/3				最多5年	是		是	季开，非上市公司限定位六个月一次	简单多数	
	1976	股份公司和有限责任公司	2000及以上	双层制	监事会的1/2，主席由股东指定并在票数相等时有决定权	雇员、职工代表、工会	雇员、职工、外部工会干部	职工，8000雇员以上时的雇员代表选举团							
希腊	1983,2005	国有企业	所有	单一董事会	1名或2名，取决于董事会规模	法律上是雇员，实务中是工会	雇员	雇员并由行政主管批准	最多6年	无特别规定		无法律规定，公司治理准备有规定	无法律规定，公司治理准则规定次数足够	简单多数	私企、公司治理推荐要多元化；过且，33%

续表

国家	立法时间	企业性质	企业规模（雇员数）	企业治理结构	职事数或比例	提名职事	职事资格	选举	任期	职事是否合同权利义务	如何不同	是否有保密义务	会议频率	投票程序	关于女职事
匈牙利	1988, 2013	股份公司和有限责任公司	200及以上	选择	监事会的1/3，如果是单一董事会由职工代表和董事会多约定名额	职代会，但须与工会协商	雇员	股东会议	最多5年	是，法律明确规定	但，职事有股权在股东会议上发表意见	是，商业秘密	无法律规定，公司治理准则推荐要经常开	简单多数	无
爱尔兰	1977, 1988	国有企业和机构	所有	单一董事会	董事会的1/3	工会，集体谈判的代表组织	雇员	职工并由行政主管批准	最多4年	是		无法律规定，公司治理准则有规定	无法律规定，公司治理准则推荐要经常开	简单多数	无法律规定，但政府任命的女职事40%
卢森堡	1974	股份公司	1000及以上	单一董事会	董事会的1/3	职工代表、钢铁工会的	雇员，但钢铁工会委任的3名不须是雇员	雇员代表、雇员大会	最多6年	是	是	无法律规定，但公司治理准则推荐季度开	简单多数	无法律规定，公司治理准则推荐适比例
		国有份额至少25%的国有企业	所有	选择	1/3										

续表

国家	立法时间	企业性质	企业规模（雇员数）	企业治理结构	职事数或比例	提名职事	职事资格	选举	任期	职事是否同权利义务	如何不同	是否有保密义务	会议频率	投票程序	关于女职事
挪威	1972，1997	股份公司和有限责任公司	30及以上	单一董事会	30~50名雇员的，1名；50及以上的，最低2名，最多到1/3。200雇员以上且无公司大会的，董事会的1/3外加一个额外名额	企业工会	雇员	职工	2~5年	是		无规定	无规定	简单多数	股份公司，40%
	1991	国有企业	所有	双层制	职代会是职工治理机构										
	1981	国有企业	所有	双层制											
波兰	1990，1996	商业化公司（国有独资有限责任和股份有限公司）私有化公司（国家不再是唯一股东）	所有	双层制	商业化公司监事会40%的私有化公司监事会中2~4名	法律无规定	无法律规定	职工	最多5年	是		是，尽管是间接得来的	国企和有限责任公司无规定股份公司每年3次	简单多数	无法律规定，公司治理准则推举合适比例

续表

国家	立法时间	企业性质	企业规模（雇员数）	企业治理结构	职事数或比例	提名职事	职事资格	选举	任期	职事是否权利义务	如何不同	是否有保密义务	会议频率	投票程序	关于女职事
斯洛伐克	1991	股份公司	50人及以上，章程可约定更小规模	双层制	监事会的1/3，章程可规定50%	工会，10%的雇员	无限制	职工	最多5年	是	但，在私企，有权在股东会议上发表意见	是	无规定	简单多数	无规定
	1990	国有企业	所有	双层制	监事会的50%，不包括监事会主席	法律无规定	雇员，工会名额由工会会员	职工、工会直接任命的工会名额	最多5年						
斯洛文尼亚	1993	股份公司和有限责任公司	50人及以上	选择	单一董事会中1名到25%，监事会中33%到50%	职代会	雇员	职代会	最多6年	是		是，商业秘密	季度开	简单多数	私企，公司治理准则推荐男女平等的原则；国企，政府委任的，40%
西班牙	1986、1993	国有企业	1000人及以上（500人及以上的金属业）	单一董事会	2或3名，每个工会提名1个	工会	无限制	工会	最多6年	是，法律明确规定		是	季度开	简单多数	大公司，40%；公司治理准则推荐女职工少的上市公司积极寻找女职事候选人

续表

国家	立法时间	企业性质	企业规模（雇员数）	企业治理结构	职事数或比例	提名职事	职事资格	选举	任期	职事是否合同权利义务	如何不同	是否有保密义务	会议频率	投票程序	关于女职事
瑞典	1973，1987	股份公司和有限责任公司	25及以上	单一董事会	25～1000 的雇员，2名；跨行业大公司，3名，最多50%	企业工会	应该是雇员，但无明确限制	企业工会	最多4年	是	职事遵守利益冲突规则，不集参与集体争议、集体协议、以及任何在工作场所工会与公司有实质利益冲突的讨论和决定	无规定	法律规定，需要时开	简单多数	无法律规定，公司治理准则推荐要争取性别比例平等等

第九章　职工股

第一节　我国职工股的经验与价值

在全民所有制企业和集体所有制企业为主的经济背景下，职工参与中有明显的所有权观念。在国企改革逐步深化、现代公司制度逐渐普及的背景下，职工参与中几乎不存在所有权观念。然而，在中国经济转型过程中，曾存在一种试图融合职工所有观念与现代公司制度的制度，即职工持股。中国的职工股伴随着企业改革不断变迁，有早期自发的，如融资性职工持股；有中期行政主导的，如内部职工股、公司职工股、股份合作制；有至今留存的，如职工持股会。目前，一般认为，职工股是一种公司制度、商事制度，其作为职工参与普遍形式的实践尚不畅通，职工参与的"股东化"径路尚有诸多的障碍。但是，中国转型中的职工持股至少蕴藏了职工持股作为职工参与形式的理论价值和实践努力，职工股作为基层民主制度的价值有待挖掘和强化。

一、引言

中国的"职工股"不同于美国的"雇员持股计划"，所谓职工股，其实是一种非常具有中国特色的企业改革思路。尽管我们会介绍美国的职工持股计划以诠释我国的职工股实践，尽管个别学者会从劳动力产权的视角注释职工股理论，我国的职工股似乎并不属于劳动法上的概念，而纯粹地属于企业法问题。① 然而，不可否认的是，以职工股为媒介，职工与企业间的关系发生了深刻的变化，且其最明显的变化莫过于职工参与的基础。此前，在全民所有制企业和集体所有制企业为主的经济背景下，职工参与中有明显的所有权观念；此后，在国企改革逐步深化、现代公司制度逐渐普及的背景下，职工参与中几乎不存在所有权观念。本文要介绍的恰恰是这个变化过程中，职工股所携带的信息及其最终留存的信

---

① 中国(海南)改革发展研究院. 职工持股与股份合作制——职工持股暨股份合作国际研讨会文集[C]. 1版. 民主与建设出版社，1996-11.

息，尤其关注职工股何以没有成为一种法定的企业民主制度。

二、职工股的实践：盛于股份制，衰于股份制

在我国，职工股作为一种现象，至少可以追溯至晋商中的顶身股以及资本主义工商业改造前的干股。但是，大范围、制度化的职工股则是改革开放以来伴随着公有制企业改革而出现的。在公有制企业改革过程中，职工股扮演了一个仅次于股份制的改革思路。自 1979 年至今，可以见到几种实质上有较大差别的职工股实践，可以根据当时的称谓，分别称为内部职工股、公司职工股、股份合作制、职工持股会，等等。这些职工股的称谓不仅因改革渐次展开，在出现时间上有明显的先后，而且往往代表一种具有特定目的的摸索，即每一种职工股的实践都是被赋值的。恰恰因为被不断赋值，职工股的实践注定是割裂的、不完整的。从可见的规范文本来看，这期间涉及职工股的文件虽然不少，但是其法律效力层次较低，内容也比较零碎，制度变迁幅度比较明显，政策性比较强。以下阶段化分析职工股的几种实践：

（一）股份制前的职工股：自发的、摸索的国企改革

入股天然具有融资功能，在企业缺乏资金的情况下向职工发行股票，就应该是一种自发的职工股。改革开放后最先出现的职工股是自发的职工股，自发的职工股有两个特点：（1）自发性，即便采取试点的形式，也是企业和职工的双方自愿，而不是由法律或政策强制性引导的；（2）在没有可依循的股份制度的情况下，自发的职工股与企业向职工筹资的性质类似。因此，自发的职工股可追溯至 20 世纪 80 年代初的企业向职工筹资，[①] 甚至国企改革中最早的职工持股的北京天桥百货也是自发的职工持股。"天桥百货股份有限公司是北京市第一家股份公司"，其股票不仅"几乎是一抢而光"，而且"购买者大部分是企业，还有区人民银行，个别购买者基本限于本企业职工"。[②] 在企业融资渠道非常有限的背景下，职工股成为股份制改革最重要的表现。

在现在看来，股份制前的职工股是自发自觉、尝试摸索的股份制。一方面没有任何关于股份制的法律法规或规范，另一方面其具体设计也与现在的股份制有所不同。当时并没有清晰的股份概念，自然不会有标

①　杨欢亮. 职工持股在中国的发展[D]. 四川大学，2004.

②　贺杰，闵学冲，彭代武. 关于天桥百货股份有限公司的调研报告[R]. 北京商学院学报，1986(1)：37-41.

准的股份制公司，更不会有典型的职工股。这种股份制前的职工股在股份制改革过程中被逐个规范，不复存在。

职工股伴随着股份制的摸索而出现并盛行起来，同时也出现了不少问题。在问题分析上，多数人看到职工股泛化造成的国有资产流失，[①]也有人认为职工持股的宿命在于无处不在的政府管制措施使其最终陷入困顿。[②] 事实上，股份制前的职工股探索没有流行几年即很快纳入政府严格管制的视野。

（二）内部职工股：以《公司法》为归宿的股份制

一般把职工股称为"内部职工股"，其不仅强调职工持股，更强调这种持股形式的内部性，这是广义上的内部职工股。进一步区分，内部职工股可以分为股份制企业内部职工持股、股份公司的职工股、有限责任公司的职工股。"内部职工股"是我国职工股早期的规范术语，是在 1992 年国家体改委发布的《股份制企业试点办法》中，明确为"股份制企业内部职工持股"。根据该办法，内部职工股采用记名股权证的形式，股份有限公司转为向社会公开发行股票时，内部职工持有的股权转证换发为股票，并依法转让或交易；转为有限责任公司的，内部职工所持股份可以转为"职工合股基金"，以"职工合股基金"组成的法人成为公司股东。然而在 1993 年《公司法》中并没有明确规定职工持股。《股份制企业试点办法》为内部职工股的归宿做了初步安排，即淡化内部职工股，引入个人股（自然人股），并设计了两种转化模式：换发股票或合股为法人。职工股持股会正是后一种转化思路的产物。

1. 狭义的内部职工股之禁止

狭义的内部职工股是指股份公司的职工股，尤其针对后来的上市公司的职工股遗留问题而言。对此，颁布文件主体层次最高的是《中共中央、国务院关于当前经济情况和加强宏观调控的意见》（中发〔1993〕6号），根据该意见，重申严格执行《国务院办公厅转发国家体改委等部门关于立即制止发行内部职工股不规范做法意见的紧急通知》，主要从证券发行的角度限制内部职工持股。此后，根据《中国人民银行关于对停止发行公司职工股的意见的函》（银办函〔1998〕406号），证监会命令禁止发行

---

① 孙延生，等. 职工持股公司境外上市实务[M]. 北京：中国民主法制出版社，2007：35.

② 姜朋. 管制、困境与解脱：中国职工持股的法律之路[D]. 中国政法大学出版社，2003.

公司职工股，股份公司内部职工持股成为历史股。

2. 纳入《公司法》后的职工持股会

与股份公司不同，有限责任公司中虽然存在职工直接持股的情况，但更多是以职工持股会的形式出现。职工持股会源自于1992年成立"职工股合股基金"的思路，并表现出多种不同的形式。我国的职工持股会主要有三种形式：（1）新设社会团体法人；（2）设立非法人团体，依托工会运作；（3）企业法人形式。① 根据民政部办公厅2000年7月6日发布的《关于暂停对企业内部职工持股会进行社团法人登记的函》，第一种形式已不存在。根据证监会2000年12月11日发布的《关于职工持股会及工会能否作为上市公司股东的复函》，第二种形式则阻碍公司上市。

事实上，《公司法》对职工持股不做规定对于职工持股来说是非常消极的，从《公司法》的规定来看，职工持股会完全是由于《公司法》对公司股东人数的限制而造成的。如仅仅是股东人数限制这样一个技术性规定已经让职工持股陷入一个非常尴尬的境遇。

（三）股份合作制企业的职工股：曾经火热却归属不清的股份合作制

股份合作制在性质上属于合作制，其雏形属于1983年中央一号文《当前农村经济政策的若干问题》所倡导的"适应商品生产的需要，发展多种多样的合作经济"，其后在1985年中央一号文《中共中央、国务院关于进一步活跃农村经济的十项政策》中肯定为"股份式合作"②，最终在党的十四届三中全会的《中共中央关于建立社会主义市场经济体制若干问题的决定》（1993年）中明确提出国有小企业和集体企业可以实行股份合作制。然而，尽管有关于股份合作制企业的地方立法，却没有统一的《股份合作制企业法》，国家体改委在1997年发布《关于发展城市股份合作制企业的指导意见》中可见，"股份合作制是采取了股份制一些做法的合作经济，是社会主义市场经济中集体经济的一种新的组织形式"。目前，仍然存在数量可观的股份合作制企业，有报道显示约400万家。③ 事实上，这个数字可能会越来越小，曾经火热的股份合作制面临诸多内生性弊端，日渐让位于现代公司制度。

---

① 王保树. 职工持股会的法构造与立法选择[J]. 中南政法学院学报：法商研究，2001（4）：3-10.

② 即"有些合作经济采用了合股经营、资金分红的方法，资金可以入股，生产资料和投入基本建设的劳动也可以计价入股，经营所得利润的一部分按股分红"。

③ 张玉雷，刘长杰. 从一起股权之争看股份合作制企业走向[N]. 中国经济时报，[2012-9-13]. http://finance.sina.com.cn/roll/20120913/110613129253.shtml.

股份合作制在形式上有股份制的特征，这意味着职工持股是股份合作制企业的基本特征。然而，股份合作制企业中的职工股与公司中的职工股有很大不同。股份合作制企业中职工入股、转让、退股均有限制。如根据上海市 2010 年修订的《上海市股份合作制企业暂行办法》，"股份合作制企业全体职工股东持股总额不得低于企业股本总额的 51％"，"股东所持股份不得退股。但遇职工股东调出、辞职、除名、退休、死亡等情况，可由企业按企业章程规定或者股东大会决议处理"。这些规定明显与《公司法》的规定不同，但是这种不同到底有多大，往往成为实践中相关纠纷的导火线。

(四)小结

股份制改革有域外成熟的制度和经验，一开始就是奔着"公司化"努力的；股份合作制则是借鉴农村股份合作制的经验和思路，自始就是混合观念的产物。因此，前一种实践中的职工股的职工身份逐渐弱化，归为商事法律问题也是理所当然；后一种实践中的职工股的职工身份却表现的甚为尴尬。在笔者看来，我国职工股的实践虽然有两大类不同的思路，但是其核心概念均是"股份"，然而，有意思的是，两种思路下的职工股均因追逐股份制而盛行一时，又均因股份制的建立和完善而呈衰退之相。职工股与股份制的内生性契合令人生疑？换言之，职工股究竟是一种普通的个人股，还是一种具有彰显人和性的制度呢？职工股盛衰的经验让我们倾向于前者。

三、职工股的机理：背景、问题及其出路

(一)企业法体系的转换与职工股的制度背景：企业改革中的职工股及其问题

改革开放四十多年，我国企业法由以所有制为标准的企业类型化立法逐渐转换为以责任为标准的企业类型化立法。以 1988 年《全民所有制工业企业法》为核心形成了按所有制不同进行分类的企业法体系；以 1993 年《公司法》为核心形成了按企业责任形式不同进行分类的企业法体系。"《公司法》以及相关配套法律规范的实施，彻底改变了我国国民经济体制中的经济主体结构，促进了我国经济体制的根本性变革，深刻影响了经济法学理论研究的发展走势。"[①]职工股恰恰是在以所有制为标准的企业形态向以责任为标准的企业形态过渡过程中普遍存在的一种现象。

---

① 　沈贵明. 企业法演变与经济法科学化发展[J]. 东方法学，2009(4)：38-45.

职工股不仅是国企改革的一种思路，而且在企业形态转换过程中起到了非常重要的作用。如我国著名民法学者江平的观点，"内部职工股出现在那个特殊的时期，它本身应具有的对企业和职工的激励约束机制并未显现，呈现在人们面前的只是它的利益带来的诱惑，这种形式的内部职工持股并没有在中国形成真正意义上的职工股份制"。① 在此背景下，职工股实践中的问题直接导致了职工股的结束。

根据官方的文件，职工股的弊端至少有三个：①发行范围难以控制；②容易滋生腐败；③与社会公众股同股不同价。② 循着这条线索，学者进一步指出，"致使内部职工股'不规范'的恰是那些试图使之规范起来的东西：来自政府部门的管制……于是，职工持股是否'规范'已不再是主要的问题，要紧的是政府管制在扭曲和阻遏职工持股的同时，也使自身深陷于生存困境之中"。③ 更有学者针对多经企业认为应清退职工股，其对职工股弊端的认识更为直接，"职工持股多经企业不但造成国有资产流失，对国民经济的发展有重大不利影响，而且对多经企业自身也是不利的，严重拖累了一些优秀三产多经企业的发展，后劲不足，管理层积极性不高"。④ 倘若官方的做法仅仅是停止发行职工股，而理论上的推演已经到了清退职工股的地位，看来职工股的实践问题远非制度性问题，也不仅仅是管制问题，可能最为要害的问题在于职工股本身："规范"的职工股是否仍然有其正当性？

后来上市的 TCL 集团职工股应该是相对比较规范的职工股，以此职工股为例，"自 1997 年实行国有资产授权经营以来，经惠州市政府批准，公司建立了员工持股制度，先后以奖金折股、业绩奖励转股、管理层人员和技术骨干现金增资、市政府因员工出资而配发股份等形式实现职工持股，至 2001 年 12 月，参与持股的员工达到 3520 人，由公司工会工作委员会代表其持有占 TCL 集团注册资本 23.14％的股权"。⑤ 可见，职工持股的特殊之处在实现职工持股的方式不同，而不是简单的职工入资，

---

① 江平，卞宜民. 中国职工持股研究[J]. 比较法研究，1999(Z1)：399-410.
② 参见中国人民银行关于对停止发行公司职工股的意见函(银办函〔1998〕406 号　1998 年 10 月 9 日).
③ 姜朋. 管制、困境与解脱：中国职工持股的法律之路[D]. 中国政法大学出版社，2003.
④ 唐忠良. 国有企业职工持股的所属多经企业的未来出路[J]. 中国集体经济，2011 (33)：89.
⑤ 林嘉，李敏. TCL 集团职工持股信托方案评析——运用信托方式解决职工持股问题的法律思考[J]. 法学杂志，2005(5)：138-140.

而多表现为折股或转股。从股份制的角度看，折股或转股具有很强的内部性、任意性，这与现代公司所确立的股份制有诸多难以克服的差异，难怪职工股没被写入《公司法》。

（二）被压缩的制度空间：职工股被法律"平等"抑或"歧视"

内部职工股在我国是一个历史性概念，与现在企业对员工激励形成的职工股相比有诸多不同。但是，内部职工股作为一种事实又不是个案，相关的法律问题仍然具有非常强的实务性。实践中，职工股东因参与公司治理而产生的纠纷比较少。尽管有案例提到职工股东参与公司治理出现僵局的情形，如"某卷烟厂破产重组，所欠职工工资量化为股份，并成立职工持股会，职工持股会作为股东占注册资本 20％与另外三个自然人投资者成立新的有限责任公司。自然人股东及其组建的公司管理层与公司持股职工之间的矛盾不断激化，该公司职工最终联合行动将三个自然人股东及其聘任的经理赶出公司，公司经营陷于困境"。① 尽管此种实务也具有很好的理论价值，职工股的法律问题主要表现在职工股被动处理的问题上。

1. 职工股第一次被法律处理是因为法律对公司股东规模的限制

根据《公司法》的规定，有限责任公司的股东人数不得超过 50 人，② 改制形成的有限责任公司一旦有职工股，其人数往往远远高于 50 人。为了适应《公司法》关于股东人数上限的限制，职工持股会成为一种变通方法。

2. 职工股第二次被处理是因为证监会对公司上市的审查

中国证监会法律部〔2004〕24 号函指出，考虑到作为上市公司股东身份与工会设立和活动宗旨不一致，暂不受理工会作为股东或发起人的公司公开发行股票的申请。根据证监会法律部给北京市中伦金通律师事务所的函件，证监会暂不受理工会作为股东或发起人的公司公开发行股票的申请，其理由在于职工持股会属于单位内部团体，不具有法人资格；工会作为上市公司的股东，其身份与工会的设立和活动宗旨不一致。③ 可见，在公司上市角度中，职工股持股会是经不起推敲的。这意味着，有职工股的公司在国内是无法发展为公开公司的。

---

① 于洪文. 公司治理视角下我国职工持股制度的完善[D]. 苏州大学，2010.

② 《公司法》第 20 条。

③ 关于职工持股会及工会能否作为上市公司股东的复函. 2000 年 12 月 11 日，法律部〔2000〕24 号.

3. 职工股的第三次被处理是规范国企改革、防止国有资产流失

根据《关于规范国有企业职工持股、投资的意见》，不仅要指导职工持股、规范引入职工持股，而且要"加强企业内部管理，防止通过不当行为向职工持股、投资的企业转移国有企业利益。"[①] 职工持股使得企业处于被防备的不利地位，职工持股的弊害仍然备受行政部门的重视。

倘若影响内部职工股的主要是法律、行政部门，那么影响股份合作制企业发展并当然限制另一种职工股存在的则主要是企业自身的经营者。然而在股份合作制企业中同样面临着一样的问题：即法律并没有肯定职工股的特殊性，在把职工股看作一般的投资者入股的同时，还通过关于公司的一般立法限制了职工股存在的空间。因此，与其说职工股被法律"平等"看待，不如说职工股在企业法律制度中备受"歧视"。

（三）职工股的出路

我国职工股的出路在哪里？按照我们对职工股恶性的认识，职工股的未来并不是职工参与，而是选择合适的时机套现。如采用信托方式在境外成功上市后的自评是，"它（民事信托机制规范职工股）依据境内外法律实施，规范了职工股权益的形成和流转，彻底地解决了困扰企业多年、实质性阻碍企业上市的职工股历史遗留问题，开拓了职工股境外上市及其股份变现取得外汇资金回境的新渠道"[②]。但是，职工股作为一种制度，其出路又在哪里呢？在笔者看来，不外乎两种视角："贵族化倾向"与"平民化难题"。

1. 股权激励与职工股的贵族化倾向

股权激励在性质上也是一种员工持股制度，但是股权激励却很少与职工股联系在一起，这是因为股权激励的典型是股票期权。我国目前对股票期权的定义比较狭窄，"股票期权（亦称认股权），是指企业根据股票期权计划的规定，授予其高层管理人员（或经理人）在某一特定的期限内（通常在 5～10 年内），按约定价格（认股价或行权价）购买本企业一定数量股票的权利（一般在 10 万元以上），持有这种权利的经理人可以在规定的时间内行权或弃权"。[③] 可见此种所谓的职工股的最大特征是仅仅针对高管。就此而言，倘若把职工股定位为一种股权激励，那么其结果必然是职工股的贵族化，以致更有利于公司高管套现公司红利。

---

① 《关于规范国有企业职工持股、投资的意见》，国资发改革〔2008〕139 号.

② 孙延东. 职工持股公司境外上市实务[M]. 北京：中国民主法制出版社，2007.

③ 张先治. 股票期权理论及在公司激励中的应用研究[J]. 会计研究，2002(7)：16-24.

2. 职工参与理论与职工股的平民化障碍

在我国职工股理论架构中有一种重要的目标，即职工参与的观念。即便是在国资委的近年文件中也保留有"落实好职工参与改制的民主权利，尊重和维护职工股东的合法权益"①，而职工参与理论中也一直有职工股的研究进路。不仅著名的公司法学者认为，"职工持股立法应建立在人力资本理念基础之上，这是将职工持股引向深入的关键"②。职工参与理论研究者更是注重职工股研究，认为"职工持股制度是改革开放以来伴随股份制经济的发展而出现的新生事物，在以职工管理参与和职工福利为主体的中国式职工参与体制中，它在职工利益参与方面显示出了新的发展方向与可能性"。③ 然而，甚为怪异的是，职工股在职工参与理论中重要性和妥当性并没有给职工股的普及提供更多的操作规程。事实上，职工股存在着深层的平民化障碍，以致其在职工参与中的作用并不明显。股东民主是资本民主，在职工参与的意义上认识职工股必然导致劳动民主与资本民主的冲突，这是我国职工股实践中本来考量而事实上被搁置的基础性理论。笔者认为，应当重视职工股的深层基础性理论，这是我国特殊的职工股实践留给理论研究者的重要课题与使命。

四、职工股的民主价值：兼论职工参与的持股进路

在我国的政治体制中历来强调基层民主制度的重要性。在党的十八大报告中同样明确指出，"全心全意依靠工人阶级，健全以职工代表大会为基本形式的企事业单位民主管理制度，保障职工参与管理和监督的民主权利"。④ 企业民主管理制度是我国经济民主的表现形式，其基本形式是职工代表大会。本来在企业民主管理制度中被寄予厚望的职工股逐渐从企业民主管理制度中淡出，这说明职工股与我国基层民主制度没有很好地结合起来。

职工股之所以没有融入到企业民主管理制度中，是因为职工股的民主价值没有充分发挥。职工股作为一种自发的、不断摸索的中国实践，其赋值过程经历了企业集资、政府管制与禁止、法律限制与否认等若干

---

① 冯国珍. 管理学[M]. 上海：复旦大学出版社，2011：41.

② 朱慈蕴. 职工持股立法应注重人力资本理念的导入[J]. 法学评论，2001(5)：125-132.

③ 周超. 职工参与制度法律问题研究[D]. 西南政法大学，2005.

④ 胡锦涛在中国共产党第十八次全国代表大会上的报告. 坚定不移沿着中国特色社会主义道路前进为全面建成小康社会而奋斗[R].

阶段，以致职工股的民主价值被淹没，而职工股作为个人股的投资与套现功能被放大，职工股没人沦为与股票市场上的散户一样的投资人。因此，实务中的职工股与公司股份制度紧密地结合在一起。职工股成为职工身份与股东身份的叠加，并在公司制度中仅仅体现为股东身份，即便通过职工持股会也毫不改变职工股的唯一身份：股东。接下来，顺乎逻辑地，职工股与基层民主毫无关系，职工股与企业民主管理毫无关系。按此发展，职工股的宿命只能是针对高管的股权激励。

可见，按照股东权益的制度框架来认识职工股，其不仅是普通的个人股，而且还可能是有问题的个人股，职工股的发展必然受阻。根据我国的制度环境，必须在完善基层民主制度、实现经济民主的思路上落实职工股的民主价值。落实职工股的民主价值不能机械地聚合职工和股东身份，而应该通过立法的方式明确职工权益中的股权因子。所谓股权因子，是指职工作为职工应享有的类似股权某种权能的权益。从企业民主管理的角度出发，职工应该有权参与到企业治理结构中，职工应该分享企业发展的成果，职工事实上必然会承担企业失败带来的损失。职工股恰恰能够将一般的职工权益向股东权益靠拢，这意味着职工股有可能是职工参与机制中最彻底、最有力的进路。

职工参与的持股进路不是简单地把职工转换为另外一个角色，而是在职工身份的基础上融入股权权能的某些因子。可考虑在国有大型企业或者大型股份企业中完善职工代表大会制度，应该引入一些决策权力，可考虑在特定的范围内引入职工分享企业利润的机制，更可考虑企业职工入股普惠、持股规范情况下的税收支持，还可考虑对股份合作制统一立法并提升其职工股的民主功能，等等。

五、结论

在未来的几十年要研究过去几十年的职工参与，职工股将是一个不可回避的、丰富的思想宝藏。在时间上，职工股早于股份制；在逻辑上，职工股被股份制慢慢吸收；在法理上，职工股被不断地赋值，而最终没有如同股份制一样成为一种法定的、基本的企业制度。因此以《公司法》的颁布为界限，此前，在全民所有制企业和集体所有制企业为主的经济背景下，职工参与中有明显的所有权观念；此后，在国企改革逐步深化、现代公司制度逐渐普及的背景下，职工参与中几乎不存在所有权观念。然而，在中国经济转型过程中，职工股作为一种试图融合职工所有观念与现代公司的制度实践与改革进路却是存在的。

　　中国的职工股伴随着企业改革不断变迁，有早期自发的，如融资性职工持股；有中期行政主导的，内部职工股、公司职工股、股份合作制；有至今留存的，如职工持股会。目前，一般认为，职工股是一种公司制度、商事制度，其作为职工参与普遍形式的实践尚不畅通，职工参与的"股东化"径路尚有诸多的障碍。但是，中国转型中的职工股至少蕴藏了职工持股作为职工参与形式的理论价值和实践努力，职工股作为基层民主制度的价值同样有待挖掘和强化。

　　然而当下的职工股很多成为遗留问题，衍生不少纠纷。有两类特别的例子都是涉及退股的。一个是有没有退股说不清而职工请求确认股权的纠纷，如著名的尚志才诉新和成控股集团公司就是一个典型的案例。[①]涉及权益"价值亿元"，并诉至最高人民法院，应属于重大疑难案件了。一个是绝大多数职工都在退股后反悔的事件，[②]这必然在法律上无解，却极易酿成事件。这些纠纷并不涉及真正的职工股理论，而仅仅是满足职工股的形式而已，其实质是纯粹的股权转让而已。而这正是当下职工股理论不受重视，其法律属性被误解为与职工身份并无多大关联的原因之一。事实上，只要有职工股存在，就不应该是一个遗留问题，而应该是正常经济生活的一部分，就应该有其合适的地位：一种处在雇员和股东界点上的主体。而我们对这个界点的研究还远远不够，以致诸多异常成为正常后，可能仅存工人内心的一份失落而已。

第二节　吊诡的英国雇员股东制度

　　英国雇员股东制度的实质是以职工持股来交换雇佣保护，其可能将是放松劳动关系管制背景下与劳务派遣相"媲美"的制度创新。但是这种吊诡的雇员与股东身份的转化理论否定了劳动法理论中的最核心概念，是对劳动法学的巨大冲击和破坏。

　　何为雇员股东？本来就是职工持股，同样的英文术语（Employee Shareholder）换了个译法而已。但是这种硬生生的翻译却把另外一个问题形象地呈现给我们：即职工持股后的身份问题。本来职工可以同时是雇

---

①　参见最高人民法院〔2013〕民申字第 820 号民事裁定书；参见孟勤国. 法官自由心证必须受成文法规则的约束——最高法院〔2013〕民申字第 820 号民事裁判书研读[J]. 法学评论，2015，33(4)：144-152.

②　有一个非常极端的个案：为配合公司改制，所有职工股都折现了，唯独一个职工"失踪"不能签字而保留股东身份，结果该职工变现了价值百万的权益，而其他所有职工的权益仅数万元不等，由此而酿成上访事件，但似在法律救济上无解。

员和股东，但是英国的雇员股东制度却让我们不得不去纠结一下。在全球经济危机背景下，为了应对不甚明朗的经济形势和持续增加的政府债务，为了创造产业繁荣的良好环境，英国政府在 2013 年对劳动法进行改革后引入了雇员股东制度。这项改革在职工持股和解雇保护关系上的奇葩设计对公司和雇员的基本权益有巨大影响，乃至深刻影响英国劳动法之未来。

一、英国雇员股东制度

(一)英国雇员股东制度的内容

签订了雇员股东合同，雇员就成了雇员股东。在英国，雇员股东是一种就业方式。在双方自愿的前提下签订雇员股东型劳动合同后，雇员在无须支付对价的情况下将获得不少于价值 2000 英镑的公司股份，同时成为股东的雇员不再享有一般雇员所享有一些法定权利，如不公平解雇的相关保护、遣散费的支付请求权，以及一系列附随性权利。

(二)雇员股东型劳动合同的生效

根据英国法律的规定，雇员股东型劳动合同有三个必备的生效条件：其一，合同必须是在双方当事人意思表示一致的前提下达成的，雇员有接受或拒绝订立雇员股东型劳动合同的权利，雇主不得因雇员拒绝而解雇雇员或对雇员不利；其二，雇主公司须提供价值不少于 2000 英镑的实缴股份，低于 2000 英镑者则无法成为雇员股东；其三，雇员无须以任何方式支付股价。为了充分保障雇主和雇员的合法性权益，雇员股东型劳动合同的生效还需要具备一系列的程序性条件：其一，雇主必须提供关于雇员股东地位的书面声明，书面声明必须明确雇员股东地位的内涵，包括雇员股东不再享有的劳动权益，并简要说明股份配发的条件。同时，书面声明还应对该股份的持有者是否享有投票权、股息红利分配权、赎回权、优先购买权和公司清算时的剩余索取权，以及股份是否存在转让限制、雇员股份与其他股份的不同之处等事项作出说明。其二，须由独立第三方出具关于合同的法律意见。为确保合同的有效性，须由第三方专业机构向未来的雇员股东提供关于合同条款及其法律后果的独立意见。无论雇员最终是否成为雇员股东，相关费用均由雇主支付。其三，"7 天冷静期"的要求，即雇员只有在上述声明和独立法律意见出具 7 日后才能同意或拒绝雇员股东型劳动合同，使合同最终生效或不生效，这一要求的目的在于给予雇员充分的思考时间和空间，确保其能以理性、谨慎的态度决定是否成为雇员股东。

（三）雇员股东型劳动合同的法律效力

雇员股东型劳动合同的法律效力主要体现在对雇员权益的影响上，因为雇员股东享有的劳动权益范围与一般雇员有所不同。从雇员股东的劳动权利来看，首先，成为雇员股东后，雇员仍有权享有法定病假工资，法定的带薪产假、陪产假和收养假，带薪年假、事假、国家法定最低工资保护、离职时的最短通知期限、公司转让时的雇佣保护等；其次，雇员还享有休息权、裁员时的集体协商权，不被非法克扣工资、不因非全职工作或固定期限工作而被差别对待、不受歧视的权利；最后，当雇员出于当然不公的原因，例如基于歧视或与身体健康安全有关的原因被解雇时，雇员享有不公平解雇的相关保护。

但是另一方面，雇员股东在获得公司股东地位的同时将不再享有下列权利：《就业权利法案》第 94 节规定的"一般"不公平解雇保护，而上面提到的当然不公解雇除外；请求支付法定遣散费的权利；为灵活安排工作而请求变更劳动合同的权利，但是育婴假结束后两周内除外；离岗学习或进行职业培训的权利。另外，在结束产假、育婴假、收养假，重返工作岗位前，雇员股东须遵守更长的通知期限，雇员股东须提前 16 周告知雇主其将重返工作岗位，而不是一般雇员只须提前 8 周告知。当然，这只是关于雇员权利的一般规定，允许雇主自愿赋予雇员更多劳动权益。此外，雇员股东型劳动合同是劳动关系的重要根据，即使雇员股东出售其股份，其就业方式和权益也不会发生变化，只有在变更合同的基础上才能改变其地位。

（四）相关税收政策

雇员股东制度在实际实施过程中产生的税收缴纳问题应按照英国法有关所得税和资本利得税的规定：雇员取得公司股份所有权应缴纳的所得税参照《2003 年所得税（收入与养老金）法》；而雇员股份价值变化所带来的资本利得税则参照《2013 年财政法案——23 号计划》的有关规定。同时，为鼓励雇员股东制度的发展，英国政府专门针对雇员股东股份出台了一些免税政策，如对雇员取得的第一笔价值 2000 英镑的股份免除所得税；以及免除雇员股东处分首笔价值 50000 英镑（以从公司取得股份所有权时的股份价值为准）股份产生的资本利得税。

二、英国雇员股东制度的实施评析

英国政府进行劳动法改革，引入雇员股东制度的目标是扩大劳动力市场的自由度，是在降低政府监管成本的同时刺激经济增长。其产生的积极影响体现在三个方面：其一，公司通过引入雇员股东制度在劳动力市场上更具竞争力，从而吸引到更优秀、更适合的求职者；其二，雇员获得股东地位之后，将与公司具有更直接、更紧密的利益关系，雇员对公司的利益认同感增强，从而提高自身工作自觉性和积极性，促进公司经营业绩的增长；其三，雇员作为股东参与公司治理，包括参与公司的决策、管理和监督，有利于公司治理结构的合理化和公司决策的科学化，最终实现公司的经营目标。英国雇员股东制度在实施过程中确实发挥了上述积极作用，但同时，其产生的实际影响与政府预期目标存在一定差距，这主要表现在以下两个方面：

其一，雇员股东地位的引入使得其现行劳动法体系更加复杂、低效。一方面，雇员股东合同作为新的就业方式不仅增加了就业类别，同时也难以融入英国现行的劳动法体系；另一方面，股票估值作为雇员股东制度中的必经程序增加了雇主的成本。英国大部分雇主公司的股票并没有公开发行，因此没有一个确定股份价值的公开市场，而现有的估值机制又有诸多限制，雇主只能一次次委托费用高昂的外部评估机构进行估值，而高额的费用均由雇主来负担。

其二，难以在股份所有与雇员身份之间建立联系。一般观点认为，拥有股份与受雇结合起来时会实现利益最大化。雇员股东制度显然没有将两者有效结合，相反，雇员股东在提出工作条件和要求接受职业教育和培训方面处于更不利的地位，其难以真正参与到雇主企业中去。

（一）雇员股东制度对劳动法学理论的冲击

从劳动法学的角度看，雇员股东理论是一种吊诡的转化理论，实质上是以持股来交换雇佣保护。这可是对劳动关系的深刻变革，是对劳动法核心制度的巨大冲击。面对此种制度"创新"，笔者深感诡异和恐慌，此种感觉同十多年前第一次遇见劳务派遣案例一样。在这种制度没有泛滥流行之前，希望能够从法学的角度不断得到反思，也谨防此种制度不受节制地传播。简要来说，英国的雇员股东制度至少在两个方面冲击了劳动法学的基本价值，即劳动合同法功能的丧失和劳动权利的商品化。

（二）劳动合同法的核心功能丧失

从历史上看，劳动合同是限制雇主权利的工具；雇主缴纳税款和失业补偿金的义务也使得劳动关系成为分配社会和经济风险的重要工具。由此，在劳动关系中由雇主承担社会和经济风险成为一项基本原则。劳动合同制度也随之发挥公共规制之功能，这从劳动者个体的角度来看则涉及福利分配，成为福利与效率之间的一种平衡。而这正是英国雇佣法中甚为基础的规制工具，即所谓"经济调节功能和风险分配功能"。

而雇员股东地位的引入对劳动合同法的公共规制功能造成了巨大冲击。一方面，雇主基于其天然优势地位享有对一切生产要素的广泛权力；另一方面，取消对雇员的不公平解雇保护以及剥夺雇员的失业补贴（遣散费）等其他重要权利事实上削弱了雇员抵抗风险的能力。事实上，在雇员持有雇主公司股票的情形下，雇员的全部股权都集中在一个投资对象上，无法通过分散投资保护自己，因此也面临着更高的风险。这产生的直接结果是显著的风险转移和严重的劳动关系失衡：雇主只需承担很小的成本，即可以享有广泛的权益。这种失衡致使劳动合同难以再有公共规制的功能。

（三）劳动者权利的商品化

雇员股东制度不仅使劳动合同丧失了公共规制和风险分配功能，它同时也意味着劳动者权利不再是劳动合同关系的必然或天然特征，意味着劳动权利可以从劳动关系中剥离或割裂出来。这种割裂意味着劳动者权利开启了商品化时代。正如当初"劳动的商品化"一样，劳动者权利也同样被视为具有纯粹经济价值并可以被雇主以一定费用收买的物（商品）。

在过去半个世纪里，劳动者权利一直被视为公民的重要权利，在英国也同样通过立法和行政得到了保护。而如今，以前被认为是不可减损的权利现在被看作雇主和劳动者个人选择的体现。劳动权利不仅被认为是可交易的，而且成为正当的消费对象。由于作为劳动合同一方当事人的劳动者不再享有风险分配机制的保护，劳动者权利将沦为市场机制的附庸。雇主可以不受约束地与雇员讨价还价，用金钱买断劳动者的权利。在这一过程中，雇员处在明显劣势地位，劳动者个人很难与具有信息优势和谈判能力的雇主抗衡。雇主利用雇员股东型劳动合同这一法律形式掩盖了这一交易背后的不平等。

第三节　劳动者分红的权利化

长期以来，职工股作为企业激励策略的实践并没有惠及普通劳动者，也没有承载职工分享企业利润理论的原初观念。法律上的税收优惠措施带来了更多的企业职工持股计划，它们也同样没有承载普遍的劳动者分红观念。但是，劳动者分红权利化具有广泛的正当化基础，也有相应的社会条件和制度空间。在立法上确立劳动者分红的权利只需确定劳动者分红权利的存在，但是分红形式或其比例则属于意定的范围，尚无基准规则产生的土壤。

一、引言

有一个很有意思的现象：在企业民主管理的理论和体系中职工持股似乎是当然的企业民主管理的形式或渠道，[①] 但是目前的企业民主管理制度又似乎并不包括职工持股。[②] 在诸多有关企业民主管理的规范性文件中，将职工持股纳入企业民主管理范畴者必属个例。[③] 有分量的有关职工持股的研究多数出自民商法学者之手，[④] 笔者在此前的研究中也承认这样一个事实，"职工股是一种公司制度、商事制度，作为职工参与普遍形式的实践尚不畅通，职工参与的'股东化'路径尚有诸多障碍。"[⑤]然而，这个事实中所提到的"职工股"和"股东化"在个案中的关系并不密切。[⑥] 在介绍国外职工持股时，仅从宏观的角度讲社会福利政策推动了职工持股的普遍实施，然此也并未考证。[⑦] 那么，国外的职工持股计划是否与职工参与（企业民主管理）有着普遍的联系？我国的职工持股实践为什么没有在企业民主管理制度体系中登堂入室？这两个问题背后是有关企业民主管理制度理论化、体系化中的一个深层疑问：劳动者为什么要参与企业管理？在劳动法中列有七项劳动者权利外加兜底项，[⑧] 这些权利都是可请求的、可救济的，劳动者应具有实施这些权利的天然动力。但是劳动法有关劳动者参与民主管理的规定却仅规定了参与形式，[⑨] 其中的权利属性并不明显，其动力机制更是含糊。这里主张劳动者七项权

---

① 刘文华，赵磊. 企业民主管理法律规制研究[J]. 中国劳动，2017(10)：4-10.

② 根据《企业民主管理规定》，企业民主管理的形式应仅包括职工代表大会、厂务公开、职工董事、职工监事。

③ 当然也有个例存在，简单检索后仅发现一例，即中共吉林省委办公厅、吉林省人民政府办公厅转发《关于进一步加强国有企业民主管理工作若干问题的意见》的通知(吉办发〔2000〕6号)专门提到了职工持股会。

④ 对职工持股有研究的民商法学者如王保树、朱慈蕴、蒋大兴、江平等。参见朱慈蕴. 职工持股立法应注重人力资本理念的导入[J]. 法学评论，2001(5)：125-132. 王保树. 职工持股会的法构造与立法选择[J]. 中南政法学院学报：法商研究，2001(4)：3-10. 蒋大兴. 中国职工持股立法难点问题研究——一个经验、理论和立法的分析[J]. 西北政法学院学报：法律科学，2001(2)：94-112. 江平，卞宜民. 中国职工持股研究[J]. 比较法研究，1999(Z1)：399-410.

⑤ 李海明，李文佼. 经济体制改革背景下的职工股及其基层民主管理价值[J]. 重庆理工大学学报(社会科学版)，2016，30(12)：90-96.

⑥ 职工无论以何种方式取得股份，其在法律上之身份已经转变为股东。在此意义上，职工持股与职工参与是两回事。

⑦ 李国海. 职工持股的法律调整[J]. 中南政法学院学报：法商研究，1998(4)：48-53.

⑧ 《劳动法》，第3条。

⑨ 《劳动法》，第8条。

利中的取得劳动报酬的权利是一项内涵广泛的权利，劳动报酬不仅应包括现行法律中的工资，[①] 还应包括一项应然的权利，即劳动者分红的权利。这样的观点似乎明显不符实然状态，却是职工股和企业民主管理在未来的真正融合。以下将分步解析劳动者是否应该、是否可以，以及如何拥有一项普遍的分红权利来详细阐释这一论断。

二、劳动者分红权利化的价值

劳动者分红权是指劳动者分享企业利润的请求权。在性质上，劳动者分红接近劳动分红，属于广义劳动报酬的范畴。因而这里所指的劳动分红并不同于一般的职工持股，但是接近职工股中的干股。"干股又称红股、技术股、贡献股，是股东没有投入资本、没有参与经营、没有分担风险，却分享利润的特殊资本"。[②] 实践中，干股是股东对高级雇员的让利，这不仅存在于我国明清时代的商业实践中，[③] 也存在于当下的公司事务中。劳动分红的实践也仅止于此。一种更为普遍的劳动分红机制存在于合伙经营中，而并没有在现代公司中加以确认。公司法上的职工持股多数要求职工现实地出资购买公司股份，主张引入人力资本入股者也以公司持有自己的股份和对人力资本的独立评估为基本假设。[④] 这些均在理念上接近劳动者分红，但却并不是真正的劳动者分红。劳动者分红作为一种权利，应具有如下特征：

其一，劳动者分红是一项雇员权利。在企业有利润的情况下，雇员身份就意味着劳动者具有分红的当然权利。在性质上，劳动者分红将构成劳动报酬的一部分。劳动者在依法、依约定取得工资的情况下，再享有利润分红的权利。

其二，劳动者分红应是一项法定权利。通过契约对个别劳动者（雇员）的分红约定属于现行的职工持股，其既不是针对一般劳动者的，也不是建立在劳动者权利基础上的。劳动者分红若成为一项劳动者权利，则须以法律的强制性规定为前提。因此，劳动者分红应是一项法定权利，应表现为劳动法与公司法协同的强制性规定。

其三，劳动者分红是劳资约定才产生的具体权利。在法律规定劳动者享有利润分红的前提下，劳资双方可约定劳动者分红的比例或额度。

---

① 《劳动法》，第5章。
② 薄燕娜. 股东出资形式多元化趋势下的劳务出资[J]. 政法论坛，2005(1)：116-125.
③ 郑文全，卢昌崇. 晋商的制度逻辑[M]. 大连：东北财经大学出版社，2009.
④ 朱慈蕴. 职工持股立法应注重人力资本理念的导入[J]. 法学评论，2001(5)：125-132.

在具体之制度安排上，劳动者分红可发生在扣除税金前后。在性质上，劳动者分红应与股东分红发生在同一阶段，以体现劳动者对企业最后盈余的分享。

其四，劳动者分红是经由公法规定转换而来的私法权利。在规范上，劳动者分红表现为具有基准性质的公法规范和具有意定成分的私法规范的融合，属于典型的劳动与社会保障法上的规范。其规范表达与工资法律制度相似。在劳动者分红未成为现实的情况，有关劳动者分红的描述是以创新和强制为前提的；在劳动者分红成为现实的情况下，劳动者分红更应该是一种社会习惯。劳动者的分红权与工资权并无二致，同属劳动报酬权。

满足此四个特征的劳动者分红权利只是将实践中约定的干股改造为法定权利。作为法定权利的劳动者分红的法律实施会巨大改变公司的利润分配模式、劳动收入分配模式。尽管这样的定义也可能仅仅是形式意义大于实质意义，劳动者尽管获得分红，但比例或数额可伊始有限。即便如此，劳动者分红权利化将打开一个全新的世界。窃以为，劳动者分红权利化至少有规范、法理、社会、经济等四方面的价值，并可大致择要总结为以下四点。

（一）促进劳动者参与

肯定一项权利的规范价值是指该权利法律化后对法律规范的有效供给及其作用。劳动者分红权利化的规范价值有三个层次：第一层规范价值是提供劳动者分红法律规范本身；第二层是整体性地激活现有的劳动者参与法（企业民主管理制度）；第三层是搅动整个劳动法和公司法的制度逻辑和规范体系。

我国目前是缺乏普遍的劳动者分红法律规范的。虽然在城镇集体所有制企业中规定，集体企业税后利润以规定确定公积金、公益金、劳动分红和股金分红的比例，① 但是这不能为劳动者分红提供普遍适用的法律规范。数据显示，1998 年到 2017 年的规模以上工业企业利润总额中的集体企业从 394.8 亿元缓慢上升到 894.62 亿元后又很快下降到 400 亿元；规模以上工业企业单位数中的集体企业更是从 1994 年的 385100 亿元很快下降到 1998 年 47700 亿元，再逐年下降到 2016 年 2092 亿元。②

---

① 《中华人民共和国城镇集体所有制企业条例》(2016 修订)，第 46 条。
② 参见中经网统计数据库，检索"规模以上企业利润总额—集体企业""规模以上工业企业单位数—集体企业"。

现实中的集体企业已经无法代表典型的企业类型，其利润和数量均无法承载劳动者分红规范的普遍化。职工持股虽然可能承载劳动者分红之效果，但须以劳动分红为职工持股计划的前提。目前的职工持股（员工持股）计划根据资金来源而分为杠杠性持股和非杠杠性持股，其中的杠杠是公司为员工担保的贷款，贷款本息由股票分红来偿还。① 杠杠性职工持股计划尽管在性质上属于股权认购，但已经接近劳动分红，具有劳动者分享利润之性质。在美国，根据其税法，雇主给付雇员的股票奖金、养老金、利润分享、年金计划，以及延迟给付或累计后给付的报酬，可在法定情形下做税收扣除。② 美国学者在 20 世纪 90 年代就认为，美国的职工持股计划数量可观，并在快速增长。③ 这种法律上的税收优惠和现实中的实践增长的相映生辉是我国所没有的。即便是在发展混合所有制的政策背景下，我国的职工持股所面临的问题却罗列为"认识不深刻、制度设计不明确、法律政策不到位、机制衔接不通畅、政策执行落实有障碍、实践操作有困难"等。④ 职工持股的法律规范缺失已述说得淋漓尽致，有言企业无奈放弃职工持股计划者，只怕也不是传言。劳动分红权利化可提供明确的职工分享企业利润的法律规范，促进职工参与企业利润分配。

我国目前有看似发达的职工参与形式或渠道，但是职工参与所聚合成的企业民主管理制度却呈现出制度虚设、内容空洞之现象。现行法下职工参与的形式主要有职工代表大会、厂务公开、职工董事、职工监事。首先，职工代表大会曾在我国的企业管理中地位显赫，但是在发展市场经济和公司制改革的背景下，其地位和作用发生了明显变化。权威学者认为，嬗变中的职代会"作用日渐式微与定位渐趋模糊"。⑤ 职工代表大会在企业治理中的法律意义更多是有限监督与陪衬，例如在程序上制约企业劳动规章制度的制定。⑥ 即便是倾向于为职代会扩权的观点中，也承认职代会在企业劳动规章制度形成中的讨论权在司法实践中也是软法

---

① 吴永庆. HPR 公司员工持股计划案例分析[D]. 哈尔滨商业大学，2017.
② 参见 26 U. S. C. A. § 404, I. R. C. § 404 § 404. Deduction for contributions of an employer to an employees' trust or annuity plan and compensation under a deferred-payment plan.
③ Hansmann H. When Does Worker Ownership Work? ESOPs, Law Firms, Codetermination, and Economic Democracy[J]. Yale Law Journal, 1990, 99(8): 1749—1816.
④ 李红娟，张晓文. 员工持股试点先行：值得期待的国企混合所有制改革——基于江苏、江西国有企业员工持股改革分析[J]. 经济体制改革，2017(4)：96-101.
⑤ 谢增毅. 职代会的定位与功能重塑[J]. 法学研究，2013，35(3)：110-121.
⑥ 《劳动合同法》，第 4 条。

约束。① 其次，厂务公开源自于国企基层民主的经验，其推广主要依赖于政策和政府对国企的要求，却并没有在企业与职工之间建立起明确的权利义务关系。厂务公开的实际情况是由企业管理者的观念决定的，一般认为，应该加强厂务公开的制度化、规范化。② 最后，职工董事、职工监事制度中职工监事的法律强制性更强，但是职工监事的效果也不被看好，职工监事的设置是形式上的，职工监事的权利是名义上的。③ 整体来看已经纳入法律框架的三种职工参与形式均缺乏职工参与的动力。概因为职工并不能从这些参与中获得直接的、可预期的经济利益。一旦法律上赋予职工分享企业利润的权利，职工参与的此三种形式便可激活。这是劳动者分红权利化后最可能实现的价值目标。

倘若劳动者分红权利化，劳动法与公司的制度逻辑和规范体系都将发生变化。目前以个别劳动关系法《劳动合同法》为核心的劳动法体系中将注入一股新的集体劳动法体系。该体系不以域外的"劳动三权"为基础，而是以职工代表大会、职工董事监事、劳动者分红权为基础和框架的制度体系。落实劳动者分红权必将改变公司法的制度逻辑，职工代表大会将成为公司治理中的重要机关。公司法和劳动法在劳动者分红上交叉将使得企业民主管理规范形成一个闭合的权利体系，职工参与将成为公司法和劳动法上的核心观念和基本范畴。

(二)落实宪法上的权利

在法律上确认劳动者分红权利的意义远不至于在劳动者参与上的规范供给，其法律意义之根本在于落实我国宪法上的劳动者权利。宪法并没有直接规定劳动者的分红权利，但是为劳动者分红权提供了宪法基础。首先，在经济体制上，宪法规定了按劳分配的原则。④ 其次，在企业制度上特别规定了国有企业和集体经济组织，并明确规定国有企业和集体经济组织实行民主管理。⑤ 最后，在劳动的权利和义务上，"国有企业和城乡集体经济组织的劳动者都应当以国家主人翁的态度对待自己的劳

① 李海明，Sun Yongmei. 职工代表大会在劳动规章制度形成中的作用(英文)[J]. Social Sciences in China，2016，37(1)：152-163.
② 濮宗元. 厂务公开民主管理规范化、制度化建设研究[J]. 山东工会论坛，2016，22(4)：12-13.
③ 杨瑞龙，刘诚，党力. 职工监事、经济民主与企业内收入分配——央企上市公司的经验证据[J]. 中国人民大学学报，2017，31(4)：48-62.
④ 《宪法》，第6条。
⑤ 《宪法》，第16条、第17条。

动"。① 这些宪法规定均有赖于劳动者分红权利的确立方得以有效实施。

宪法的按劳分配应该落实到具体的法律规范中。首先在所有制意义上，按劳分配是公有制下的分配制度，与按资分配相对应。改革开放以来随着经济体制改革与国企改革的深入，最终在宪法上确立的社会主义初级阶段的分配制度是按劳分配为主体、多种分配方式并存。② 正是因此，实践中的按要素分配才是符合宪法规定的。其次，法律原则意义上的按劳分配在不同的历史背景下有不同的理解和解释。改革开放初期的按劳分配原则是就反对平均主义而言的，但理论上也提出收入分配既要反对平均主义，也要反对过分悬殊。③ 一般认为累进税可有效应对贫富悬殊问题，但累进税并没有区分资本来源中是否含有劳动因素，还可能阻碍创新和经济增长。④ 现在看来，按劳分配的具体规范也应该考虑其在收入分配过分悬殊上的效果。劳动法下的按劳分配是通过劳动合同、集体合同和法定工资标准组合来实现的。⑤ 在法定最低工资标准作为空间有限，集体合同制度实施效果不佳的情况，按劳分配则主要表现为约定工资。过分市场化的约定工资会造成无谈判能力者的在职贫穷，按劳分配的宪法意义得不到彰显。劳动者分红权利化并不以有劳动因素的资本收入和知识产权为前提，而是以一般劳动者在获得工资的前提下参与企业盈利的分配。此时，宪法上的按劳分配原则主要表现为劳动、资本各要素在盈利上的分配。

劳动者分红权利化也是宪法上的民主管理和主人翁态度得以实施的应有之义。前文已经分析了劳动者分红权利化在促进劳动者参与所具有的规范价值。从宪法实施的角度来看，劳动者参与的依据主要是国有企业和集体经济组织的民主管理和其劳动者的主人翁态度。民主管理不应该是狭义的企业管理的民主化，主人翁态度也不应该是纯粹的奉献精神。只有系统理解按劳分配、民主管理和主人翁态度，以劳动者分红权为重心，宪法上的这些制度才能转化为权利义务关系，滋养鲜活的私法活动和司法实践。根据现行法，集体经济组织的法律治理结构中是含有劳动分红的机制的，但是国有企业的公司化改革中并没有规定劳动者分红的

---

① 《宪法》，第 42 条。
② 《宪法》，第 6 条。
③ 刘贯学，刘军. 按劳分配理论和实践的发展——从〈贯彻执行按劳分配的社会主义原则〉讲起[J]. 中国人力资源社会保障，1999(10)：12-14.
④ 徐大建，郭娆锋. 贫富悬殊、按劳分配与创新发展——基于对《21 世纪资本论》的批评[J]. 上海财经大学学报，2016，18(3)：4-15.
⑤ 《劳动法》，第 48 条；《劳动合同法》，第 11 条。

权利。在公司立法中引入劳动者分红权正是强调劳动者分红权利化的具体内容，也是完成从宪法到企业法之间法理融合的关键所在。

(三)社会正义

确认劳动者分红的权利属性具有深远的社会价值。这项社会价值可概括为社会正义。有意思之处在于，"社会正义"本身存在概念上的争议、内涵上的异义。西方学者如哈耶克和罗尔斯均反对把选择具体的制度或选择分配欲求之物的方式，这个任务视为是正义的做法，强调纯粹程序正义，构想最可欲的社会秩序时采用无知之幕的思考进路。[①] 在此意义上，"社会正义"概念本身就可能被否定，劳动者分红是否是应然的权利则与是否正义无关。但是，根据马克思的正义思想，正义包括了个人所有权、分配正义，以及人的自我实现在内的递进的、立体的内容。[②] 劳动者享有分红权属于分配正义，其可以让劳动者参与企业利润的分配，类似于张国清所定义的社会应得。[③]

此外，有必要强调劳动者分红权所具有的一般正义的两点特征：其一，劳动者所应得的利润分红并不完全是社会所得，其不仅可在制度上纳入劳动报酬，而且在马克思剩余价值理论下利润更是其劳动力的转化，在劳动者的社会心理中总会把其劳动与所在企业的利润建立起连续；其二，劳动者应得利润分红并不意味着个案中的劳动者会在受雇中获得绝对更多的报酬，利润分红权仅是丰富了劳动回报的形式，具有纯粹程序供给的属性，劳动者是否能够在工资与利润分红二元收入中获得更多的报酬仍然存在障碍因素或影响因子。窃以为，利润分红就是劳动者之应得，劳动者享有利润分红权就是正义。劳动者分红可缓解贫富分化。

(四)分享经济

劳动者分红权利化在经济上是一种分享经济模式，吻合分享经济极速发展的潮流，具有经济上的合理性。但是，原初的分享经济是一种极端的理论假设，其源自马丁威茨曼的分享经济理论，[④] 威茨曼提出以分享制度替代工资制度，其基本观点是：静态来看，工资制度和分享制度

---

① 周濂. 哈耶克与罗尔斯论社会正义[J]. 哲学研究，2014(10)：89-99＋129.

② 李佃来，谌林，张文喜. 马克思思想资源中的社会正义[J]. 中国社会科学，2014(3)：4＋204-205.

③ 张国清. 分配正义与社会应得[J]. 中国社会科学，2015(5)：21-39＋203-204.

④ 代明，姜寒，程磊. 分享经济理论发展动态——纪念威茨曼《分享经济》出版 30 周年[J]. 经济学动态，2014(7)：106-114.

无甚差别；但是当经济遭受打击时，分享经济具有正向的返回均衡的倾向。① 在这种假设中，只有劳动者参与分红，没有工资，是一种克制通货膨胀的理论假设。尽管最初提出的克制通货膨胀的分享经济与现在互联网时代的分享经济已经远非一物，发生了"跨越式转变"②，但是那种从分享替代工资的一脉相承的假设和实践却凸显得淋漓尽致。现下我国流行的滴滴和美团中均不见劳动者的工资，仅有劳动者与平台的比例分成。

劳动者分红权利化的经济理性还不在宏观的经济目标，也不是发生质变的经济模式。窃以为，劳动者分红权利化的经济理性在于个案中劳资两认可，在于个案中资方的主动选择。其中的原因大致有二：一是劳动者参与分红对雇主而言具有管理上的激励效果；二是税收政策上的鼓励。此外，劳动者参与分红会给劳动者带来收入上的不确定性，反而会减低企业的工资支付压力；甚至在劳动者通过认购持股而参与分红的情况下，劳动者参与起到了企业融资的效果。劳动者参与分红对企业而言并不是什么洪水猛兽，在条件允许的情况下劳动者参与分红权利化也不应存在经济上的障碍。

分享经济在经济理论和社会实践中风起云涌，而法律上怎么能没有足够的回应呢！

三、劳动者分红权利化的基础

多方面的价值和意义说明劳动者分红权利化是大势所趋，但是目前来看，劳动者分红作为雇员的普遍权利的条件和基础尚不成熟。为此，劳动者分红权利化应有三个方面的努力，以建构劳动者分红权利化的观念、惯例和立法条件，此也可称之为劳动者分红权利化的现实路径。

(一)劳动者分享利润的观念

劳动者分红权利化的思想基础是劳动者分享利润观念的生成与普及。劳动者分红权利化在规范、法理、社会、经济等方面所表现的价值仅仅是其意义论证，这并不等于劳动者分享利润观念本身。这些意义对劳动者分享利润的需要会催生或辅助劳动者分享利润观念的生成，但其并不是劳动者分享利润观念的自我表达。劳动者分红权利化所需要的劳动者

---

① 威茨曼，M. L. 分享经济：用分享制代替工资制[M]. 北京：中国经济出版社，1986：76.

② 刘权. 分享经济的合作监管[J]. 财经法学，2016(5)：46-52＋40.

分享利润是当然的、不证自明的、可信服的主流社会观念。劳动者分享利润与资本独享利润的观念相对立，并与劳动应得之观念相补充。其核心是对资本雇佣劳动的再认识。

劳动者分享利润之观念在当下鲜有提及，似乎处于历史上的荒芜期。中华人民共和国成立伊始，《共同纲领》就明确了经济制度中的"劳资两利"，① 实践中私营企业鉴于形势而主动让利给劳动者、职工持股的现象非常普遍。经过计划经济体制后，在改革开放初期，劳动分红是一种非常自然的想法。学界不仅译介了提倡以分红替代工资的《分享经济》和主张工资收入者在自己企业的资本所有权中拥有真正份额的《争取人道的经济民主》，而且形成了以蒋一苇为代表的社会主义经济民主思想。② 蒋一苇强调，"如果不与企业利益相联系，单纯地讲个人的按劳分配，倒有可能产生个人主义倾向"，③ 当时学界把蒋一苇的经济民主观念中的企业分配总结为"两级按劳分配"。④ 所谓两级，就是作为明确工资的按劳分配和作为分红的按劳分配。但是，随着国企改革的深入，《公司法》的颁布实施，劳动者分享利润观念仅在形式上保留在职工持股中，劳动者分享利润的思想或设想经由短暂的讨论后就搁浅了。有关职工持股的制度中，与劳动者分享利润观念较为接近的人力资本出资也并未成为公司治理中的核心问题与主流观念。学者认为，员工持股与职工参与"实质上已经或正在赋予职工对公司的剩余索取权和剩余控制权，其权利内容与传统公司法上股东所享有的管理权与财产权并无本质的区别"。⑤ 按照这种理解，人力资本出资的逻辑也是按照资本出资的逻辑而展开的，劳动分红的观念并没有脱离开资本分红的思维定式。

劳动分红的观念应该脱离资本分红的思维定式，逐渐独立为劳动者分享利润的观念。其一，应该在观念上去除资本雇佣劳动的某些观念。资本雇佣劳动并不天然就是工资制，毕竟资本主义早期的雇佣劳动还表现为学徒。⑥ 工资制以及工资基准的确立与增强是劳资关系经由资本主义不断发展和劳工运动不断抗争的结果。工资制和分享制的融合是劳资对抗向劳资合作的观念转化。劳资合作的做法往往是针对性地消解劳资

---

① 《共同纲领》，第 26 条，第 32 条。
② 参见：分享利润，争取人道的经济民主，蒋一苇. 社会主义经济民主理论研究［M］. 北京：经济管理出版社，1993.
③ 蒋一苇. 企业本位论［J］. 中国社会科学，1980(1)：21-36.
④ 蒋一苇. 社会主义经济民主理论研究［M］. 北京：经济管理出版社，1993：4.
⑤ 李友根. 人力资本出资问题研究［M］. 北京：中国人民大学出版社，2004：14.
⑥ 参见《学徒健康与道德法》。

对抗的空间，早期有关职工分享利润的做法也有缓解劳资对抗之初衷。我国在劳动关系矛盾凸显和多发的背景下，政府提出要构建和谐劳动关系，其中一个原则就是坚持共建共享的原则，其内容主要就是"企业和职工协商共事、机制共建、效益共创、利益共享"①。其中，利益共享的实施就应该包括劳动者分享企业利润，这是对现实中工资买断劳动力的资本中心主义观念的有力纠正。可惜的是，利益共享并没有在构建和谐劳动关系的政策框架内形成明确且具体的劳动者利润分享规则。

其二，应该明确历史贡献和域外经验的价值，形成劳资共轭的新型劳资观念。以企业形态所有制来区分劳资关系的现实意义仍然是很明显的，但是以此为基础而认为私营企业中资方拥有完全的企业控制权和剩余索取权则过于保守。现实中，国有企业中职工过于浓厚的身份属性和私营企业中劳动者过于强调雇佣下的契约属性均不是我国企业改革的应有方向。在改变劳资关系的努力上，工作场所民主和效率追求共同促成了员工所有权的发展，但是，劳资分享控制权也并非就那么有效率，以利润分享计划配合民主化的员工参与机制更受推崇，本着为劳动者管理替代由劳动者管理的观念才促进了或解释着美国职工持股计划的长足发展。② 在当下之中国，应该理解和谐劳动关系政策下的劳资共轭的基本事实，不能把和谐劳动关系理解为稳定论的管制工具。因此，劳资关系同时赋予股东和劳动者相应的分红权利，不应该是法律上的莽撞行为，而应该是社会观念的渐次转变；不应该是资方单方的效率追求，也不应该是劳方单方的所有权要求，而是共轭关系的共生经验。

(二)劳动者分红的类似惯例

劳动者分红权利化的社会基础是劳动者分红或类似分红的事实存在、惯例形成，以及量质互变。在存在劳动者分红或者类似劳动者分红的前提下，劳动者分红作为一种社会惯例、商业惯例才能逐渐形成。一旦劳动者分红成为惯例而存在就为劳动者分红的制度化提供了社会基础。类似劳动者分红的惯例虽然是通过公司或股东与劳动者约定而得以存在的，却事实上供给了劳动者分红权利，故其本就属于劳动者分红权利的内容，其与法律上的劳动者分红权仅有一步之遥。倘若把企业向劳动者的让利做法均纳入到劳动者分红的范畴，职工持股、年终奖或奖金、提成则均

---

① 《中共中央国务院关于构建和谐劳动关系的意见》。

② Hansmann H. *When Does Worker Ownership Work? ESOPs*, *Law Firms*, *Codetermination*, *and Economic Democracy*[J]. Yale Law Journal, 1990, 99(8): 1749—1816.

可属于劳动者分红。

职工持股不仅是一种成熟的类似劳动者分红的惯例，而且有明显的制度化趋向。在资本市场不稳定的情况下，证监会鼓励上市公司的董监事通过增持股份来稳定股价，[①] 这不仅是明显的行政干预，且不论此种监管手段的方式是否妥当，其至少带来了一种具有半强制性的职工持股实践。[②] 这种半强制持股以救市，显然不是以劳动者分红的制度化为出发点。国家政策也有支持职工持股发展的意见和措施。2015 年，中共中央、国务院《关于深化国有企业改革的指导意见》中提出，要探索实行混合所有制企业员工持股，并明确了员工持股政策的内容，概况起来其实是两点：其一，员工持股的目的是建立激励约束的长效机制，此处的员工主要是科研人员、经营管理人员和业务骨干，因为这些人员对企业经营和发展影响直接、深远；其二，员工持股的方式是出资入股，如增资扩股、出资新设，关键是防止利益输送。[③] 从随后的试点意见来看，特别强调员工的实力出资，既不允许所在企业或关联方无偿赠送股份，也不允许其向员工提供财务资助，还限制杠杆融资。[④] 这种审慎的员工持股也不是以劳动者分红为出发点的。国资委研究员认为，"我国员工持股模式的演进呈现出由激励与福利并重转向过度激励；由全员持股向少数管理层过度倾斜；由长期稳定发展的初衷转向兑现短期利益的趋势。"[⑤] 而这也是仅就国有企业而言的，民营企业的职工持股更多是企业内生的自愿与激励。[⑥] 职工持股的贵族化趋势是不利于劳动者分红的惯例形成与制度化的。

比较而言，奖金更平民化一些，也更为普遍。例如，作为企业惯例或文化，年终奖是年终发生的企业给员工的一次性奖励，但是年终奖在企业与员工之间产生了实在的法律关系，并产生了两重含义和解释逻辑：一个是基于盈利的奖励，具有分享利润的性质；一个是基于额外劳动贡献的奖励，具有劳动报酬的属性。以我国台湾地区之法制，奖金列入劳动基准之工资名目，但是年终奖则另规定为分红，不具工资之性质。一种实践或观点认为，无论在法理上抑或制度上，奖金以雇主有无裁量余

① 《关于上市公司大股东及董事、监事、高级管理人员增持本公司股票相关事项的通知》，证监发〔2015〕51 号。
② 王行. 政策冲击与员工持股计划的市场反应[D]. 厦门大学，2017.
③ 《关于深化国有企业改革的指导意见》。
④ 《关于国有控股混合所有制企业开展员工持股试点的意见》。
⑤ 俞力峰. 员工持股进入审慎有序时代[J]. 国资报告，2016(9)：16-17.
⑥ 何少攀. 民营高科技企业员工持股计划内生视角研究[D]. 华南理工大学，2015.

地而区分为恩惠和工资。① 但是，实务中对年终奖之性质颇有争议，尤其在提前离职则无年终奖之约定效力的分析中，年终奖的定性成为争议的焦点，其判断也有赖于法官的态度。② 在奖金作为分红的性质经过恩惠向权益转化之后，雇主在奖金之给付上将彻底丧失裁量余地，无论报酬抑或分红，雇主均应按规则行事，而不能以恩惠的姿态决定给付与否。此时，年终奖的性质就是现金分红。

实践中的提成各式各样、差异巨大，在劳动合同或独立协议中约定的提成是否属于工资是一个理论难题，③ 日常生活中的"提成"在法官眼里则主要按照提成工资的认定来确认其劳动报酬之属性。④ 但是，提成制的灵活应用已经给劳动法制带来了重大挑战。在完全的提成制下，资方和劳方完全按照营收来确认各自的所得。有劳动者按比例提成的，例如销售人员的提成收入；有资方按比例或按定量提取的，例如平台对平台内劳动者收入的提成。窃以为，提成是微观的、单笔的类分红制，完全提成是劳动者放弃工资后取得的剩余所有。但是，就企业利润来看，劳动者与资方的关系从企业内转移至企业外后更无指向企业利润的请求权利。需要指出的是，劳动者分红之惯例需以工资保障为基本前提，放弃工资后的分红会异化为提成人员，这绝非劳动者分红权利化之理性目标。

(三)劳动者分红的立法环境

立法条件是否成熟主要是立法者的判断。琢磨立法者所处之情境，笔者认为劳动者分红立法虽难提上立法议程，但是却有几个提请议案的理由。

其一，员工分享利润的立法例的存在。埃及法中，要求企业每年的利润必须拿出不低于10%的额度给员工分红。⑤ 在美国有着成熟而发达的职工持股以及类似分享企业利润的税收优惠制度。在立法上引入劳动者分红之制度也并非没有可借鉴之经验。

其二，劳动者分享企业利润之实践亟待立法规范。一方面，劳动者在企业中之所得很难区分为工资所得和分红所得，通过立法可规范此两

---

① 谢棋楠. 台美劳基法律中奖金名义给与之法律性质分析——以其工资属性认定比较观察[J]. 海峡法学，2017，19(4)：16-30.
② 余春明. 年终奖的享受条件与限制[J]. 中国社会保障，2017(8)：52-53.
③ 李海明. 从工资构成到工资定义：观念转换与定义重构[J]. 西北政法大学学报：法律科学，2013，31(5)：108-119.
④ 程立武. 提成的认定和法律适用[J]. 中国劳动，2015(7)：56-58.
⑤ 宋志平. 企业应是共享平台[J]. 中国企业家，2018(17)：102-103.

种性质不同的劳动报酬；另一方面，劳动者与企业在分享企业利润以及类似做法的约定需要相应的立法规范，包括约定之性质、效力以及与之相应之救济，等等。

其三，劳动者分享企业利润有着现实的政策支持和社会基础。在政策上，鼓励企业与劳动者共享企业利润。在社会基础上，企业经营者、劳动者均有相应的现实需求。

四、劳动者分红权的制度设计

劳动者分红权的制度确定在于确立一种普遍的劳动者分享企业利润的制度基础，因此有必要明确劳动者分红的适用范围、权利性质以及权利实施与救济。其中，劳动者分红的权利性质的意义决定劳动者分红与关联制度的关系。

(一)劳动者分红的适用范围

劳动者分红包括强制的劳动者分红和任意的劳动者分红。当下之制度仅在集体所有制企业中明确规定了劳动者分红，一般之公司制企业中并无劳动者分红之制度设计。从公司治理模式法定主义的角度来看，劳动者分红还缺乏相应的制度空间。换言之，公司制企业给劳动者分红很可能会构成对股东利益的侵犯。

如果要确定普通意义上的劳动者分红权，则凡是有利润的企业，均有义务向劳动者分红。在企业分类中，不以所有制来区别设计劳动者分红。在企业责任模式中，不分合伙、独资公司、有限责任公司以及股份有限公司，均应确定产生利润时的劳动者分红权。非企业单位中，如机关事业单位，所实行之年终奖全然是一种特殊给付方式的工资，不应与劳动者分红相混淆。从向普通劳动者倾斜的角度考虑，劳动者分红主要指现金分红。

(二)劳动者分红与工资给付、利润分配的关系

确立劳动者分红权将重新定义工资与利润。对劳动者而言，分红和工资有以下区别：其一，从给付时间来看，工资主要是按月给付的，分红主要是按年给付的。劳动者在企业中所获得按年计的收入应逐渐明确其分红属性。其二，从给付的依据来看，工资主要是根据劳动给付来确认的，分红主要是根据企业利润情况来确认的。工资之给付遵循同工同酬的原则，同样的劳动获得同样的工资。一份劳动，一份工资收入。分红之给付以企业利润分配为前提，劳动者团体可与企业协商具体之分配比例。其三，从给付的价值来看，工资以保障生存为目的，分红以保障

发展为目的。工资和分红的同时存在可兼顾企业和劳动者的生存与发展。不会因为劳动者工资成本过高而影响企业生存与发展，也不会因为企业利润过高而影响劳动者应得之报酬。其四，从形成机制来看，分红遵循工资法上的诸多制度，如协商机制、基准机制均是分红权的重要制度保障。

劳动者分红将重新定义企业利润。一般意义上的企业利润是可给股东分红的企业收入。在引入劳动者分红之概念后，企业利润将包括劳动者分红和股东分红两部分。事实上，这种改变只是逻辑上的。从操作的角度来看，劳动者分红可作为企业利润前最后一种成本给予扣除即可。

(三)劳动者分红权的实施与救济

劳动者分红权的实施需要两个制度保障：一是法律上企业有明确的给劳动者分红的义务，二是组织上劳动者有与企业协商以确定劳动分红比例的机构。劳动者分红权的实施完全可以纳入到工资集体协商的范畴。在此意义上，确立劳动者分红权可丰富劳动者集体协商的内容。从劳动者实际的收入水平来考虑，劳动者分红权的确立并不意味着劳动者从企业中的所得总是会变高。劳动者分红权的现实意义主要在于将来劳动报酬分化为工资和分红两部分。在企业经营状况不佳时，劳动者所得比原来更低；企业经营状况良好时，劳动者所得应该会高些。从权利救济的角度来看，劳动者分红权之救济以集体劳动争议处理机制为上策。由于劳动者分红直接分割企业利润，其一般不应该如工资权救济那样进入个别救济的领域。

后　续　劳资共轭及其法规范

一、问题

劳资共轭论是本著作的一个重要创新观点，是立论的支撑点，是框架中的主线。劳资共轭理论是在经济民主、劳资合作的域外理论基础上酝酿，是在中国的职工参与管理实践和劳资和谐理念中提出，并在职工参与管理的法理和路径阐释中进一步展开的。本著作首先对劳资共轭有一个概括的原理阐释，体现为第三章第四节之三；然后对劳资共轭的样态、劳资失衡假设、劳资平衡的实现进行了深入分析，体现为第五章第三节；此外，本书也在多种情况下提到劳资共轭的事实、观念、理论，使得劳资共轭成为本书的重要话语。在企业民主管理法的理论与制度研究中，劳资共轭论的提出、阐释和应用已经相对完整。

企业民主管理法仍然是劳动法的组成部分，这必须加以强调，否则专业外人士从名称上可能将之理解为公司法或企业法的内容。劳资共轭论是一种劳资关系理论，是劳动法应秉承的观念和原理。但是，劳资共轭论所展开的制度主要是劳动法制中相对边缘的制度，本著作所分论的职代会、职工董监事、职工股均未在当下劳动法制中占据核心地位。甚至，职工董监事制度直接规定于公司法，职工股主要是公司法的实践，仅剩的职代会也被公司时常、明显地虚置。审视理论的制度化，劳资共轭论又似乎是一种公司法的观念和原理。这种法属性上的区分看似无聊，但是却深植于理论的价值检讨中。换言之，定位于企业民主管理的自我体系化是不够的，劳资共轭论的舒展需要更进一步的对话。劳资共轭论唯有与劳动法、公司法、乃至社会法进行对话，其才会有学术价值和现实意义。

二、劳资共轭的运行机制

（一）劳资对抗的发生及其制度化

从公司良性运营的角度来看，劳资对抗是劳资共轭机制下的失衡后恢复机制。具言之，劳资对抗的原因是劳资失衡。在劳资失衡假设下，劳资对抗的制度化是企业危机处理的常态化。在个别企业中将是对抗和合作的不断交替。资方的对抗手段是闭厂，劳方的对抗手段是罢工，但这些手段多数是威胁性的、临时性的，是作为对抗的手段而存在的。终极的对抗则是破产和失业，已经没有合作的可能和因素，公司之运营的基础也不存在。

劳资对抗是以劳资较力为前提的，劳资较力是以劳资力量的形成为前提的。在工厂劳动中，雇主与个别劳动者之间的较力常常是难以在企业运营中展开的。两者关系源于主仆关系，其基本内容是雇主的管理权利和照顾义务，雇员的劳动给付和忠诚义务。但是，在工厂劳动发展为不同于传统的雇佣劳动时，雇主管理、惩戒、给付均具有明显的抽象行为的效果，工人（劳动者）天然地具有联合的趋向。这个联合是需要历史沉淀、文化积累的。一旦工人联合成为不可忽视的现实力量，劳资对抗则会有序展开。在劳资对抗能够整体出现平衡时，劳资对抗则成为劳资共轭的基本样态。

劳动对抗的制度化是工会法、集体谈判法、集体行动法。劳动法中的劳动三权"团结权、谈判权、争议权"则是劳动对抗制度化后的核心法理。理想的劳资对抗是劳资自治的产物，也是劳资天然的状态。劳资对抗一旦达成平衡的共轭状态，就会形成排斥国家干预的劳资关系模式。一般认为，英国劳动法有着浓厚的不干预色彩，属于劳资对抗下的劳资共轭。

（二）劳资合作的发生及其制度化

劳资合作是劳资共轭机制下的主动平衡机制。从资本逐利、劳动者发展的角度来看，劳资一般不会主动达成平衡机制。以企业利润为例，资本将劳动视为成本，尽量压低成本，以追求利润的最大化；劳动将利润视为其所创造的价值，尽量要求更多的报酬，强调资本对劳动的剥削。但是劳资的利益冲突往往会在劳动对抗中出现破产与失业的结果。因此，个别企业会主动寻求、强调与劳动者的合作，进而出现了职工股的做法。但是，劳资合作的大发展却是以国家的强制、鼓励为特色的。职工参与企业经营就是典型的公法干预，如德国的劳资共决制。我国的职工代表大会制度也是以工人阶级领导的国家的建立为前提，同样是公法干预的结果。没有法律上的强制，资本基于利润追求而实施的劳资合作措施会是非常有限的。

劳资合作是以劳资平衡为前提的，劳资平衡的动力来自于劳资之外的力量。劳资合作中的平衡不是通过劳资反复对抗实现的，而是通过政府对劳资关系的干预而实现的。其要点是政府通过强制性措施改变了劳资共轭的较力点。劳资合作成为劳动政策的重要内容，劳动基准的内容也日益丰富并扩展到劳动就业的方方面面。劳资对抗的制度也会纳入劳动政策之内容，进而劳资对抗的动力机制也发生极大变化。

劳资合作的制度化是职代会、职工董监事、职工股，以及广义上的各种企业管理民主化的措施。基于政府干预的理念，各种劳动基准也可认为是劳资共轭的合作样态，但是一般的劳动基准，如工资、工时、安全卫生方面的强制规定，并不直接表现为劳动者的参与。因此，一般把劳资合作的制度化限于职工参与的诸种形式。

（三）劳资共轭论的基本判断

劳资共轭是劳资关系的事实描述，劳资两方有冲突，也有合作，但终究需要一个相对的平衡。因此，劳资共轭的逻辑起点是：公司或企业良性运营是劳资共同努力的结果，劳资之间可以有对抗，也可以有合作。劳动共轭也是对劳资关系的重新诠释，劳资共轭论不同于经济民主论，也不同于劳资合作论。在现有的制度框架下，职代会、职工董监事、职工股被认为是职工参与的重要形式。但是，劳资共轭论并不是与此类制度的总和划等号的，劳资共轭论强调这三种制度更多是从现状出发的制度梳理与努力。

劳资共轭论对现有制度与理论有批判性认知。其一，劳资关系不能等同于民事雇佣关系。民事雇佣关系是简单化的、单纯的劳务给付与报酬给付，劳动力是量化的商品，不存在劳资共轭现象。其二，劳资关系也不能成为劳动者拥有企业。劳动者拥有事业是初级的劳动者合伙，劳动与资本分离时资本则表现为债，资本是量化的商品，也不存在劳资共轭现象。

劳资共轭论以劳资有效对抗和合作下的平衡为目标，以劳动和资本要素的全面主体化为制度形式，摒弃劳动力或资本的“商品化”。这里的“商品化”是指以固定回报替代主体化的全面参与。在资本雇佣劳动的现实中，资本的主体化已经通过股权得以很好的实现，但是劳动的主体化并没有通过劳权很好地实现劳动者的去商品化。因此，要强调职代会、职工董监事、职工股的制度完善和落实。

三、劳资共轭论与劳动法

（一）劳资关系的多样化

劳资关系早已不拘泥于工厂劳动。在劳资关系的范围不断拓展的过程中，劳资关系的形式也多元化。以资本雇佣劳动为实质内容的劳资关系开始表现出更复杂的、异化的样态。传统的劳资关系中，劳动者在工厂中劳动，资方拥有企业；劳动者按月获得固定或相对固定的工资收入，资方通过成熟的层级管理和公司治理获得对劳动过程的全面控制以及不断积累的、资本化的利润。但是在后工业社会，以信息革命为先导，以人文、人口等方面的事实为诱因，劳动生产发生了或正在发生着深刻变革。特别是，企业内科层治理向企业外契约的不断转化使得劳资结合点复杂化。

第一层转化是企业的内部承包。劳动者虽然仍是企业的员工，但是在企业内获得相对独立的劳动自主权。内部承包比计件工资更向前一步，劳动者所得是整体性的工作承揽，其可能进一步雇佣企业外人员承做。例如，饭店将后厨承包给大师傅，工厂将车间承包给班组长。各企业中普遍存在的承包责任制多数属于此种情形。

第二层转化是企业业务的向外承包。企业可以将零件、产品、劳务进行个别打包或组合后外包。外包后的企业越来越精简，但是其利润率却极速高涨。外包有着天然的层层外包的动力，只要层层外包能够余留适度的利润。外包的结果是生产的专业化，层层外包的结果却可能适得其反。例如，建筑领域的包工头现象明显是层层外包的产物。

第三层转化是企业运营的平台化。企业以信息技术为基础，形成信息服务平台，进而实现以平台为基础的众包、提成。平台之下的劳动就业各具特色，其劳资关系也扑朔迷离。在众包中，平台的收入可能是多元的，但是其与众包工之间的分成收入则是最基本的。其中最基本的分成规则是提成，有众包工按单提固定收入的，也有平台按单提固定收入或比例的。例如，在滴滴顺风车中，多种表象表明，平台处于居间地位，顺风车司机就是一个闲人或散工，平台按约定提成，司机与乘客之间成立劳务关系。但是，此种劳务关系是个别识别的，从劳资共轭的角度来看，此恰是新型的劳资关系，只是这种劳资关系尚需必要的平衡机制。

(二)《劳动法》所面临的挑战

《劳动法》所取得的最大成就是实现了劳资关系治理的法治化、精细化。法治化、精细化的劳动法律制度构成了一个复杂的框架，在此框架下劳资共轭现象趋于平衡，劳资和谐成为共识。但是在劳资关系多样化、平台化的背景下，劳动法面临着两个挑战：

第一，《劳动法》的适用范围面临着萎缩的风险。越来越多的劳动者自愿或不自愿地逸出劳动法的适用范围。特别是在平台就业中，劳动者与平台的关系日益接近自治的劳务提供、承揽、承包。例如，传统的快递员是快递公司的职员，但是外卖快递员则是众包实践中的"散工"。

第二，《劳动法》的内容因重心偏移而萎缩。无论是英国自治特色的劳动法，还是欧陆以德国为代表的干预性的《劳动法》，《劳动法》均是独立的复杂体系。在这个体系中，曾有过民事侵权、刑罚犯罪的治理方式，但均在宪法化的背景下构筑了集体劳动关系法，并形成了女职工保护、劳动基准、社会保障等制度。但是，随着工会的衰落，《劳动法》从集体法向雇佣法偏移。《劳动法》的内容越来越局限于劳动合同法律制度。劳动合同法律制度的解释重心也逐渐回归私法自治的传统，但是这个自治中并没有多少劳动者集体的力量。

（三）劳资共轭论对劳动法的意义

以《劳动合同法》为基础的《劳动法》很容易陷入适用私法的迷思。劳资共轭论反对以劳动或资本任何一方的商品化为基础的体系构建。从劳资共轭论的角度来看，平台化是严重的劳动力商品化。《劳动法》所建立的劳动权利、劳动保护、解雇限制、劳动参与等一系列的劳动者去商品化机制整体性坍塌。从劳资共轭论的角度来看，首要的是回答《劳动法》的适用迷思，进而建构以劳资共轭论为基础的机制与制度。

从劳资共轭论的角度看，劳资关系的法律制度不宜纳入私法的体系。公司法和劳动法的分别独立恰恰是劳资共轭中资方和劳方的主体化努力。一旦纳入私法，前两个体系均面临挑战。从《劳动法》的独立与自足出发，应该摒弃机械的劳动关系认定理论，借由劳资关系的判定来扩展劳动法的适用范围。资本雇佣劳动以获取利润，劳资关系就已经成立，个别之劳动关系也随之定性。在资本雇佣劳动的情况下，劳动法律制度中的集体劳动法和个别劳动法的区分主要是学术的，但并不是逻辑的。在逻辑上，集体劳动法旨在为个别之劳动者提供劳动条件，两者是衔接关系，而非并列关系，故而劳动合同之法理阐释不能缺失集体劳动法的努力，更不能忽视资本雇佣劳动的基本事实。若此，平台就业当然应纳入《劳动法》的视野。

劳资共轭论以劳资的有效对抗与合作所产生的平衡为劳动法的制度前提。过于强调劳动者的从属性地位，过于强调独立合同人的自治性地位，均不可能实现平衡的劳资共轭。劳动者要么通过团结实现有效的对抗，要么通过公法干预形成有效的参与和利润分享，否则就只能按照私法自治的思维形成严重的劳资失衡、迭生的社会问题。按照劳资共轭论，在平台就业中，同样应该有劳动者代表机制以决定其劳动条件、提成机制等权益，应该有职工董监事机制以进入企业治理当中，应该有劳动者分享利润机制以协调劳资受益上的差异。如果平台业务是众包工作，那么按单提成只是一方面，另一方面应该是利润众分。在此意义上，平台资本和独立工人的平衡将是劳动法最重要的当代使命。

四、劳资共轭论与其他法律

在劳资共轭状态下，劳动与资本均有效对抗和合作，这不仅丰富了《劳动法》的内容，而且也丰富了《公司法》、社会法等相关法的内容。劳资共轭论可以解释劳动法的名称沿革中出现的"工厂法"（factory act）和"工业关系"（industrial relations）。这些称谓恰恰是《劳动法》脱胎于企业法或《公司法》的烙印。《劳动法》和《公司法》严格的泾渭分明恰恰是没有遵循劳资共轭原理、将劳动者客体化、商品化的表现。按照劳资共轭论，《公司法》和《劳动法》将出现相当大一部分交叉，这部分内容构成了企业民主管理法。劳资共轭论也可以解释《劳动法》与社会法的深度交叉。在劳动者主体化的基础上，企业将对劳动者承担越来越多的责任。其中一些责任的社会化成了社会法的重要内容，如工伤保险、失业保险、职业养老保险。一般而言，劳资合作下的劳资共轭倾向于产生更多、更复杂的社会法规范。

在资本作为商品的情况下，资本成为劳动的附属物，相应的制度形态是借贷。在劳动作为商品的情况下，劳动成为资本的附属物，相应的制度形态是民事雇佣。由此看，劳资共轭论天然排除了适用于私法的基于借贷的劳动者合作、基于民事雇佣的资本合作。这并不意味着纯粹的劳动者合作、资本合作没有存在的社会基础，甚至在特定的情况下劳动者合作、资本合作都是重要的社会生产方式。但是，其相应的规范是私法规范，强调并尊重劳动或资本元素的商品化，此时的劳动法是特别私法，公司法也是特别私法。劳资共轭论则为劳动与资本要素的结合提供了否定元素商品化的理论起点，相应的法律规范也迥异于既有的私法体系。劳资共轭理论下的劳动法与公司法、社会法有着更多的交叉，但与劳资商品化理论下的私法有着明显不同的理念和现实的界分需要。

后　记

　　多数知识的习得都有赖于体系化地接收、理解和探索，我们学习一门课程、了解一个学科都是如此，并以之为基础去解决域内的问题。这个过程的理想状态就似金庸武侠里的各种武功，追溯至武功的原本，习得武功的全本，然后纵横天下。法科学生对原本、全本的追求明显高于邻近社科学生，而原本、全本背后的体系化任务则交给了法学院的教师。这对于传统的法学科目，诸如民法、刑法，则并不困难，毕竟西方（包括前苏联）的法学教科书均已注塑了一些定式。然而，这对于一些新兴的法学科目则是一个难题，选择劳动与社会保障法学的同学就易生体系性之惑。在学生时代，我也有体系性之惑，但总体上是宽心的，并特别记得郑师所释：其脑海中有十几本劳动法的应然著作，可成体系。有人昭示前方树荫，我自无忧虑焦灼。我正是在这样的背景下接触到企业民主管理法的。郑师曾为全总课题拟就了一个研究纲目，其中的问题、框架、取向早已解决了我等新生的体系性之惑。只是，十多年后我仍觉得自己仅致力于整备与梳理，希望其间的努力如同博士生时对劳务派遣的整理，虽不是"原本"、不够"全本"，但是至少是向着体系化努力的。总觉得，企业民主管理涉及多个学科，其中的问题非常复杂，劳资共轭论若是一本武功秘籍，则明显是有点杂、特别新的功夫，兼容性、江湖排名可能均不会很理想。幸有郑师为序，其平淡言语恰如当年，一以贯之而又深刻地说明了企业民主管理法的节点与要害。

　　升级劳资共轭论的关键是根植本土规范与时代发展，唯此方能在技术上不断完善劳资共轭论的内容。本土的基本情况是缺乏法律规范意义上的责任规范，难以从可救济的权利语境下全面展开企业民主管理。时代的基本情况是私法体系发展和法治氛围渐浓，企业管理的文化基因在溢生民主。这是一种辩证而乐观的学究判断，与企业管理者、法律从业者、受雇养家糊口者的接触中却会听到很多截然相反的声音。这个问题的思考已置于本书的开头，这里想强调的是本土文化所滋养的民主管理：我只是朦胧感觉其中的传统资源，却远不如我同学大谋理解的深刻。大谋不仅是一位有着丰富执业经验的律师，而且是一位真正的中国传统学问的传承者。几年前在一次小范围的证据与劳动纠纷的讲坛上，我同学以易经八卦开讲，最后又以易经八卦收尾，令人印象深刻。他在本书的序言中旁征博引、阐释其所理解的企业民主管理，令人和风如沐。

　　依稀记得，小时候的乡村，倘若给小孩取名者不是亲属，多会认门干亲。后来在赫村经历了域外风情才发现，给小孩取名者就成了孩子的教父，这个教父没特别的宗教性，更像是中国的干爹、义父。这是东西方共同的习俗，拜此方有本书。本书的书名是在提交国社科后期课题申请时自定的，匿名专家曾建议改名为《企业民主管理法的基本范畴》，我深表赞许，只是后来考虑到出版成果与申请书的一致性，最终又采用了原名，这里要感谢匿名专家的诸多宝贵建议。感谢李红芳女士，感谢郝凡斐、王文、段泽钰、赵安书、杨娟、罗浔阳、罗丽娜、陈艺文、陈珂，感谢李文佼、陈亚楠、刘建武、张韵以及郑尚元老师，你们要么统筹编辑，要么辛苦校对，要么与著者合作研究，特别感谢你们。本书的内容是在我参与和主持的全总课题的基础上进行扩展、挖掘和整合而成的，要特别感谢全总民主管理部。此外，要特别感谢郑尚元老师、樊大谋同学，两位的序言才是本书更具有教义意义的原本，我将秉承所示，往前行。

　　献给范范、京京和小丁。

　　都说相由心生，做学问就是做自己。尽管有关企业民主管理法的研究还任重道远，余话绵绵不尽，但是我仍然希望附上新近小记一篇，以道心肠：

　　比较《现代汉语词典》和《辞源》会发现，"厚"的古今字义应是有变化的。至少曾经的"厚"，含义更为丰富和抽象，当代更多在厚薄相对的意义上使用"厚"字。然而，另外一个意义上的"厚"则可能更厚植于农耕文明，这要从母亲不经意的一句话说起。

　　人生很长的一段时间都在不停地读书，也事实上处于一个人放逐的状态，自己的人生大事总是自己就简单做主了，唯独婚姻大事总要父母来瞅一眼的。那时，小十年前，父亲送母亲一人上车去清河看我和范范，我去车站接母亲，路上并无太多话唠，出上地地铁后左转，母亲看着马路边停的一溜小汽车，突然说，"这车厚哩！"我只当这是一个有意思的病句。后来不断忆起和琢磨，才确定这并不是病句。在农村面对长势不错的麦地或者瞅着田间地头的杂草，农人会感叹，"这麦子长得厚哩！""这草厚哩"。这里的厚有两层含义：第一层是多，第二层是浓密或茁壮。借用英文的单复数规则，这里的厚是绝对不针对单数或个体的，仅适用于成片聚合的情形。所以，"车厚"是说停靠的车拥挤而且多。细琢磨，在这里，"厚"远比"多"传神。

还有一种情况，用词的变化更多体现了神秘性，是否传神则令人生疑。曾经在钻研"48 小时"条款时顺路发现了"热射病"这个频繁出现的词儿，并大致梳理了热射病的病程以及仅在工伤因果中的关联性。这个意外的知识却在关键时刻如神助我。回头再看这个名儿，的确不似本土名儿。细查，正如煜宁说。在日本，热中症分两种：重症为热射病，轻症为日射病。所谓热中症，就是中暑，因此热射病就是重症中暑。其实，《后汉书·伏湛传》就有"因宴见中暑，病卒"的记载，"中暑"一词不仅久远于历史记载，而且常见于生活话语。再如，《康熙字典》解释，"暑，煮也。热如煮物也。"无论字形释义，"暑"比"热"更要真切！以我看，"暑"也有两层含义：第一层是热，第二层是受热的情境或起因。当然，暑与热二字考究起来就复杂了，"中暑"和"热中"的优劣倒在其次，至少"热射"二字是很难理解的吧！这个很难理解的词儿在医学中普遍应用徒增神秘性，可能很多时候会吓着患者家人，毕竟重度中暑会要人命的！

无论是农耕向商业的社会转变，还是西学东渐下的文明传播，个体所经历的可能不仅仅是学习和适应，而且还包括对过往认知的省思和重构。仅就语言文字而言，还有很多如同"厚""热射"这样的字词，令人费解又饱含深情！而这深情既是非常个体的，又是极其集体的。从法学评论的思路来看，省思和重构往往意味着否认、割除和标新；而从个体经历的认识来看，省思和重构则往往意味着宿命、回归和重释。在此意义上，生于斯，既生初心。母亲所说的厚，定不是傻话，而是宿命于农耕的自然表达！

李海明